2017 年度教育部人文社会科学研究一般项目
课题编号：17YJA770011

清朝治理西藏主要财政支出研究

Qingchao Zhili Xizang Zhuyao Caizheng Zhichu Yanjiu

梁启俊　著

中央民族大学出版社
China Minzu University Press

图书在版编目（CIP）数据

清朝治理西藏主要财政支出研究 / 梁启俊著 . —北京：中央民族大学出版社，2023.6

ISBN 978-7-5660-2236-3

Ⅰ . ①清… Ⅱ . ①梁… Ⅲ . ①行政管理—财政支出—研究—中国—清代 ②西藏—地方史—研究—清代 Ⅳ . ① D691 ② F812.949 ③ K297.5

中国国家版本馆 CIP 数据核字（2023）第 125258 号

清朝治理西藏主要财政支出研究

著　　者　梁启俊
责任编辑　罗丹阳
外审编辑　苏发祥　康厚桥
责任校对　杜星宇　邱　械
封面设计　舒刚卫
出版发行　中央民族大学出版社
　　　　　北京市海淀区中关村南大街 27 号　　邮编：100081
　　　　　电话：（010）68472815（发行部）　传真：（010）68933757（发行部）
　　　　　　　（010）68932218（总编室）　　　　（010）68932447（办公室）
经 销 者　全国各地新华书店
印 刷 厂　北京鑫宇图源印刷科技有限公司
开　　本　787×1092　1/16　　印张：23.25
字　　数　333 千字
版　　次　2023 年 6 月第 1 版　2023 年 6 月第 1 次印刷
书　　号　ISBN 978-7-5660-2236-3
定　　价　98.00 元

目 录

绪论

清朝是自元以来对西藏地方治理的集大成者。清朝廷对西藏地方的政治、经济、军事、宗教、教育等方面进行治理，在不同阶段、不同方面采取不同的财政支出策略和实施方法，从而维护西藏地方的安定，缓解西藏人民的生存压力。清朝治理西藏地方财政支出研究涉及清朝藏族史研究和清朝经济史研究、中央与地方关系史研究、藏传佛教史研究和英帝国、俄帝国涉藏史研究等诸多领域。着力清朝廷治理西藏地方财政支出的研究，能够进一步认识清朝廷治藏政策，进一步看清清朝廷是否对西藏的经济治理采取无为而治态度，为剖析与考辨一些重要的涉藏历史问题提供有力的理论支撑，强化论证西藏地方是中国领土一部分、西藏地方参与认同中国大一统的历史过程等。

藏学是一门综合性的国际显学，通过既科学又合理的学术研究，为祖国统一和民族团结提供理论支持，始终是中国藏学研究的一个根本出发点与落脚点。

对清朝治理西藏地方财政支出进行全面、系统的学术研究，做到以真实历史面貌示于人、引导人，促使大众对藏学进一步了解与理解，增强藏族等各民族同胞的向心力和中华民族的凝聚力，推动爱国主义教育和维护祖国统一，有力回击“藏独”势力的分裂思想与行动等。另外，希望通过对清朝治理西藏地方财政支出的研究为今天发展西藏地方经济给出借鉴和补益。

纵观历史，清朝治理西藏地方的时间跨度最长，涉及面最广。学者们关于清朝治理西藏地方的研究主要集中在政治制度史、宗教方面。国外学者关于清朝治理西藏地方的记载和研究，主要分为三种情况：第一种即早期的传教士，第二种是考察队，第三种是侵略者。他们对西藏的经济都曾做过描述，尤其是侵略者，如荣赫鹏、贝尔、黎吉生等人都对清朝中央政府后期治理西藏有过记录，可以为研究清朝治理西藏地方财政支出提供参考材料。但是，就作者目力所及，在外文文献中至今尚未有专门研究清朝治理西藏地方财政支出的专著问世。国内关于清朝治理西藏地方经济研究多见于阶段性研究，如清朝中期主要围绕福康安善后章程的经济思想进行论述，清朝后期主要集中于英俄对藏殖民经济和西藏新政研究。这些内容多见于期刊论文和少部分专著的部分章节之中，除了中央民族大学陈小强博士对清朝中央政府治理西藏地方的行政财政政策和军事管理财政支出以期刊论文形式进行阶段性研究之外，其他相关论文和专著相关章节的内容主要涉及清朝治理西藏地方经济政策及措施，没有涉及清朝治理西藏财政支出。成崇德、张世明合著的《清代西藏开发研究》① 主要是从清前期在西藏的经济政策、清代西藏社会结构、英俄侵略对西藏经济的影响、清末新政与西藏开发方面进行研究，很少涉及清朝廷对西藏地方财政支出的研究。陈小强《清朝治理西藏的财政政策》② 主要是从清朝治理西藏财政政策方面着手，没有对清朝治理西藏的实际财政支出进行研究，没有探讨清朝治理西藏的实际财政支出的特点、原因及影响。

综上，学界关于清朝治理西藏地方财政支出的研究还不够重视与完善，从研究现状来看，研究者很少，没有一本专门介绍清朝治理西藏地方财政支出的专著，因此关于此方面研究的可开拓学术空间非常宽广。从研究内容看，已有研究主要是以制度史研究为主，缺少经济史、社会史等领域的研究。从研究的角度看，已有研究主要以清朝廷为出发点分析治理西藏地方财政支出的影响，而没有从西藏地方为出发点分析其影响。从史料挖掘看，近些年新出的各种史料完全可以用来研究，但一直没有利用。

---

① 成崇德、张世明:《清代西藏开发研究》，北京燕山出版社 1996 年版。

② 陈小强:《清朝治理西藏的财政政策》，中央民族大学博士论文，2001 年。

鉴于清朝治理西藏地方财政支出的研究现状，本课题拟进行全面、深入、系统的整体性研究。通过多角度对清朝廷治理西藏地方实际财政支出、支出原因等方面进行研究，旨在对清朝廷治理西藏地方财政支出进行整体性研究，希望为今天发展西藏地方经济提供有益的借鉴与参考。

第一章　努尔哈赤、皇太极时期西藏地方财政支出

第一节　努尔哈赤关注藏传佛教历史背景和财政支出

明朝东北地区分布着女真诸部，从北向南分别为东海女真、海西女真、建州女真，其中建州女真无论是农业经济还是文化程度，在女真诸部中都居于领先地位。明朝廷先后在女真诸部分布地区设立辽东都司、奴儿干都司，建立羁縻卫所，封授女真诸部各酋长为卫、所长官，使女真诸部在政治上与明朝廷形成隶属关系。另外北方的蒙古毗邻女真，对女真的畜牧业发展也产生重要影响。由于长期受明朝和蒙古的影响，至明朝中叶以后，女真诸部经济、军事、政治、文化等方面都获得了前所未有的发展，到十六世纪下半叶各部蜂起，互相战杀，称王争长，一幅混乱局面。正是在这样的历史背景下，来自建州女真的左卫首领努尔哈赤应势而起，以赫图阿拉为基地，以十三副遗甲起兵，经过三十余年的兼并战争，统一了东北地区的女真诸部。万历四十四年（1616年），努尔哈赤于赫图阿拉（今辽宁新宾）称汗，建立后金政权，为其继任者们建立清朝奠定了基础。

明朝建立之初，朱元璋对西藏地方采取恩威并施政策，一面派遣军事力量西征，一面派遣使臣入藏招抚。处于观望中的西藏地方政教上层人物看到元朝大势已去，纷纷响应明朝的招谕，表示归附。他们将明朝视为元朝的继承者，遣使向明朝廷求职，以求获得明朝廷封授从而达到巩固在西

藏地方的合法地位和身份的政治目的。明朝廷针对西藏地方宗教派系众多、盘根错节的状况，采取“多封众建，因俗以治”的治藏政策，只要藏区政教上层人物向朝廷交回故元印信，表示效顺，来者皆授官，明朝廷保持他们原有的辖地范围、属民数量、原有官职或旧有地位。其中帕竹政权在明朝保持着对卫藏地方的控制权；萨迦派控制着后藏一些地区；噶玛噶举派的势力范围遍及川、康、卫藏地区；在噶当派教义的基础上发展而来的格鲁派，在藏区拥有广泛的势力和信众，到16世纪中叶以拉萨三大寺为中心的众多格鲁派寺院已遍布卫藏各地。这些宗教派系之间、贵族之间、宗教首领与贵族之间矛盾重重，明代中后期西藏地方势力的混战和争斗持续不断。努尔哈赤在东北建立后金政权两年后（1618年），后藏日喀则辛夏巴·彭措南杰推翻了早已名存实亡的帕竹地方政权，建立了第悉藏巴政权。在第悉藏巴政权存续期间，西藏各宗教派系之间依旧矛盾重重、斗争不断。

明朝正德末期至嘉靖早期，蒙古土默特部逐渐崛起，其右翼三万户首领巴尔斯博罗特济农的次子俺答取得汗号后，势力大增，在不断征战过程中，逐渐成为蒙古诸部势力最为强大的一部。俺答汗不但频频侵扰明朝蒙古边界地区，而且率兵西进，攻占西海（今青海），势力进入藏区。俺答汗在藏区接触并皈依新兴起的藏传佛教格鲁派，青藏高原的藏传佛教格鲁派随之传入蒙古地区。在俺答汗极力推崇之下，藏传佛教格鲁派主动扩张传播范围和影响力，先从右翼蒙古诸部传播到左翼蒙古诸部，后传播至察哈尔部及喀尔喀部，最终在蒙古诸部中成为主要信仰。万历十六年（1588年），三世达赖喇嘛圆寂，西藏的格鲁派势力为了能够在与宁玛派势力的斗争中获取蒙古军事力量支持，由护法和上师预言并认定俺答汗之孙苏密尔台吉新生之子为三世达赖喇嘛转世灵童。转世灵童于万历三十七年（1609年）入藏，亦即四世达赖喇嘛云丹嘉措。藏传佛教格鲁派的传入，深刻影响着蒙古诸部的民众生活习俗。

蒙古科尔沁、内喀尔喀和察哈尔等部在地缘方面与女真诸部毗连。因此，努尔哈赤在统一女真诸部时，对毗邻的蒙古诸部采取了战争、联姻、贸易、结盟等方式进行征服。而科尔沁、内喀尔喀和察哈尔等部作为藏传佛教传播区，来自西藏的传教大喇嘛很希望借助地缘关系到女真诸部传播藏传佛教，获得供养。努尔哈赤也从宗教信仰方面迎合蒙古诸部，尊崇和优待来自西藏地方的藏传佛教大喇嘛，以便与蒙古诸部政治联盟。天命六年（1621年）来自西藏地方的老囊苏喇嘛从科尔沁到达后金，进入努尔哈赤的宫廷。努尔哈赤从坐着的地方站起来，握喇嘛的手会见，陪坐并设大宴招待老囊苏喇嘛。① 这是努尔哈赤第一次会见藏传佛教大喇嘛，也是第一次产生与藏传佛教有关的财政支出。

在努尔哈赤攻取辽东前，老囊苏喇嘛先后两次到后金拜见努尔哈赤，都获得了礼遇。在努尔哈赤取得辽东后，囊苏喇嘛再次前来拜见。囊苏喇嘛高度赞赏努尔哈赤支持藏传佛教的态度与做法，并告诉努尔哈赤自己常常感觉身体不好，即将要在英明汗（按：即努尔哈赤）这里离开人世。不久，囊苏喇嘛病情严重，圆寂前他交代后事，要把自己的遗体委托给辽东的巴噶巴喇嘛祭祀。努尔哈赤遵守囊苏喇嘛的遗愿，在辽东城的南门外的园庄里修建寺庙，安放囊苏喇嘛的遗体。努尔哈赤委托巴喇嘛祭祀，派遣一个名叫图鲁什的人接手率领在科尔沁的囊苏喇嘛属下的诸申六十三户，给予尼堪的一堡，住在安放囊苏喇嘛遗体那里。为了便于守卫囊苏喇嘛遗体，努尔哈赤令这些属民习射，赏弓五十五张、甲五十付、马五十头、驴二十头，使役的阿哈男五十人、女五十人。②

在努尔哈赤时期，女真人在信仰方面还是以原始的萨满教为主，不同部落信奉不同的神灵，设有专门祭祀神灵的“堂子”。明朝晚期，努尔哈赤接触藏传佛教僧人，并支持藏传佛教在女真地区传播。著名的沈阳黄寺及东、西、南、北四座佛塔，就是在女真人进入辽沈地区后兴建的，藏传佛教也逐渐为满洲人了解和接受。但由于此时期后金还处于通过征战扩张

① 《满文老档》第二十二卷，天命六年五月。转引自张羽新:《努尔哈赤与喇嘛教》,《西藏民族学院学报》1983年第二期第60页。

② 《满文老档》第四十卷，天命七年三月。转引自张羽新:《努尔哈赤与喇嘛教》,《西藏民族学院学报》1983年第二期第60—61页。

版图的阶段，努尔哈赤的军事目标是与女真诸部犬牙交错的明朝辽东各城和蒙古科尔沁、内喀尔喀和察哈尔等部。至于西藏，由于距离遥远，不了解西藏地方局势，暂未列入目标。努尔哈赤对待囊苏喇嘛的态度，可被视为他对待喇嘛教政策的体现。努尔哈赤接待囊苏喇嘛的礼仪，主要不在于他是喇嘛，而首先在于他代表了与努尔哈赤保持友好关系的科尔沁部蒙古王公。努尔哈赤对待囊苏喇嘛的态度，实际上也反映了他对待蒙古王公的态度。①

第二节　皇太极时期西藏地方财政支出

一、皇太极时期藏传佛教的历史背景

天启六年（1626年）努尔哈赤逝世，其第八子皇太极继承汗位。皇太极继续征战，经过十年努力，征服并控制周边地区。随着版图的扩大和人口增多，旧有的女真族称已经不合时宜，难以通用，于是皇太极于后金天聪九年（1635年）废女真旧号，改定族称为“满洲”（即满族）。崇德元年（1636年），皇太极于盛京举行隆重登基典礼，宣布国号为“清”。

皇太极在位时期，西藏历经藏巴汗政权时期和固始汗（一译顾实汗）统治时期。在藏巴汗政权时期，后来居上的格鲁派因利益的矛盾与冲突，与噶玛派的关系产生了严重危机，而藏巴汗选择压制格鲁派发展。在军事方面藏巴汗与林丹汗、却图汗、白利土司等形成压制格鲁派联盟，在经济方面积极打压供奉格鲁派的施主，在政治方面采取几欲根本性消灭格鲁派的措施。在高压情形之下，为了抗衡藏巴汗，四世班禅和五世达赖喇嘛把

① 赵云田:《清代前期利用喇嘛教政策的形成和演变》,《西藏民族学院学报》，1984年第1期，第64页。

求援的眼光投向厄鲁特蒙古和硕特部首领固始汗，他是藏传佛教格鲁派支持者。固始汗率兵进入青藏高原，于崇德六年（1641年）发兵攻打藏巴汗，次年击败藏巴汗。最终格鲁派僧众在固始汗的支持下取得了巨大胜利，在宗教势力上、经济实力上占据了绝对优势，固始汗成为整个藏族地区的最高统治者，形成了由蒙古汗王和格鲁派领袖联合统治藏区的局面。此时期格鲁派在固始汗军事力量支持下逐渐摆脱了危局，藏族、蒙古族藏传佛教格鲁派喇嘛频繁出入西藏、蒙古地区。

与努尔哈赤的后金政权相比较，皇太极的大清政权开始重视并利用藏传佛教。此时期信奉藏传佛教的喀尔喀蒙古扎萨克图汗“僭拟大国之主，妄自矜诩，书不称名，动以佛教为言”，并“兴兵构怨”，“谋掠归化城”。①这引起皇太极对藏传佛教的重视，也引起他对西藏地方具体局势的关注，也使得清政权对于西藏地方有了明确的财政支出。这些财政支出主要体现在清朝对藏传佛教的财政支出和对西藏地方政教上层人物的财政支出。

二、皇太极时期藏传佛教的财政支出

1.修建老囊苏喇嘛宝塔

来自西藏的老囊苏喇嘛去世后，按照他的遗愿，努尔哈赤在辽东城妥善为其安葬，安排人员看护和祭祀。“太祖有敕，修建宝塔，敛藏舍利。缘累年征伐，未建寿域，今天聪四年，法弟白喇嘛奏请，钦奉皇上敕旨、八王府令旨，乃建宝塔，事竣，镌石以言其胜。”② 天聪四年（1630年）皇太极敕旨为老囊苏喇嘛舍利修建宝塔。

2.修建实胜寺

皇太极征伐蒙古察哈尔部落获得大胜，被征服的蒙古首领约定要前往

① 《清太宗实录》卷五十三，崇德五年十月癸丑;《清太宗实录》卷四十二，崇德三年七月丁卯。

② 《大金喇嘛法师宝记》，收入《满洲金石志》（罗福颐编著），原碑现存辽阳市文管所。转引自张羽新:《努尔哈赤与喇嘛教》,《西藏民族学院学报》，1983年第2期，第61页。

盛京朝贺，随行的喇嘛墨尔根向皇太极呈贡了西藏载古八思巴喇嘛所供嘛哈噶喇佛像。崇德元年（1635年），皇太极命人在盛京城西三里外，建寺供奉佛像，三年告成，赐名实胜寺。实胜寺“大殿五楹，装塑西方佛像三尊，左右列阿难、迦叶、无量寿、莲花生、八大菩萨、十六罗汉，绘四怛的喇佛城于棚厂，又陈设尊胜塔、菩萨塔、供佛金华严世界，又有须弥山七宝八物及金壶、金钟、金银器皿俱全。东西庑各三楹，东藏如来一百八龛托生画像，并诸品经卷，西供嘛哈噶喇。前天王殿三楹，外山门三楹。至于僧寮、祥宝、橱舍、钟鼓音乐之类，悉为之备”。又在实胜寺之东西两侧，建两块石碑，“东侧一碑，前镌满洲字。后镌汉字；西侧一碑，前镌蒙古字，后镌土伯特字”①。

实胜寺竣工后，皇太极于崇德三年（1638年）八月十二日“率内外诸和硕亲王、多罗郡王、多罗贝勒、固山贝子、文武众官，出盛京城怀远门，幸实胜寺。……宴毕，发内库银一千六十两、蟒缎三匹、缎五匹、三等黑貂皮端罩一件、二等雕鞍辔一具，赐建寺人役”。皇太极阅视完毕，又对建寺监工及匠役人等，分别等级行赏：“一等毕礼克图囊苏，马两匹、驼一只；二等雕鞍辔一具、银一百两；二等钟诺依、达特巴喇嘛、吴巴希、毛堂、拜星、李塑匠、姚画匠等七人，各马一匹、银六十两、缎一匹；三等吴兰班弟、古鲁斯希布、绰莫斯替特、李茂芳、杨文魁等五人，各马一匹，银三十匹；四等什布察喇嘛、嘎布楚喇嘛、托音喇嘛、希雅喇嘛、诺莫浑喇嘛等五人，各蟒缎一匹、银十两；五等画匠谭代、马画匠、高画匠、王画匠、森特和、张画匠、毛画匠等七人各银十五两，冰图喇嘛、牛喇齐班弟、色楞高宗、达喇图、孙珠、高山、李泽、姚光新、张画匠、刘画匠、古古礼、王画匠、孟画匠、李达、福来、新达礼、色木肯、刚画匠、杨达、尤画匠、隆画匠、董阿礼、萨努虎、刘青、张亮、杨画匠、王画匠、韦画匠、海杜、勒伯礼等三十人各银十二两、貂皮一张、纸一百张；六等木匠赵木匠、高木匠、王木匠、阔画匠、张木匠、陈木匠、劳木

① 中国第一历史档案馆、中国藏学研究中心编《清初五世达赖喇嘛档案史料选编》，中国藏学出版社1998年版，第3—4页。

匠、白木匠、陈木匠、方木匠、黄木匠、张铁匠、张铁匠、贺铁匠、浩铁匠、浩铁匠、杨铁匠、劳铁匠、劳铁匠、佟铁匠、吴铁匠、贾铁匠、王铁匠、赵铁匠、周塑匠、马塑匠、孙塑匠、贺勒塑匠、庞塑匠、张铁匠、吴铁匠、刘铁匠、抽铁丝匠、方铁学、韦铁匠、朱泥水匠、抽铁丝匠赵泰、吴泥水匠、霍铁匠及各色小匠役十八人各赏银六两。”①

三、皇太极时期西藏地方的财政支出

1. 皇太极时期往来西藏地方使者的财政支出

皇太极时期，西藏和蒙古地区的藏传佛教喇嘛不但到处传播宗教，而且还充任西藏地方与蒙古地方之间、蒙古诸部之间的使者，因此皇太极在不了解西藏局势的情况下也借助喇嘛了解西藏地方，联系西藏地方政教上层人物。皇太极与西藏土伯特汗首次联系就是借助车臣顾实绰尔济完成的。车臣顾实绰尔济是鄂尔多斯蒙古人，为额齐格喇嘛门徒，有伊拉古克三（意为“佛祖使者”）称号。他于崇德二年（1637年）十一月十五日带着皇太极致土伯特汗的书信从盛京启程前往西藏。之后西藏地方的政教上层人物也通过藏、蒙喇嘛出使盛京与皇太极取得联系，清政权对担任西藏与盛京使者的藏传佛教喇嘛给予财政支持。

崇德七年（1642年）十月初二日，五世达赖喇嘛派遣使者伊拉古克三胡土克图、戴青绰尔济等至盛京，获得皇太极隆重接待，皇太极赐予一行喇嘛大宴于崇政殿，“命八旗诸王、贝勒各具宴，每五日一宴之，凡八阅月”②。同年十月二十五日，皇太极“以朝鲜贡物分赐图白忒部落达赖喇嘛所遣伊拉古克三胡土克图，戴青绰尔济、戴青俄木布，鄂尔多斯部落台吉巴什、青俄木布、哲喇嘛，苏尼特部落叟塞济农、白希台吉、沙吉代台吉，蒿齐忒部落博洛特额尔德尼、图勒台吉，阿坝垓部落达尔汉诺颜、阿玉石台吉、苏墨尔塞布、衮楚克，乌朱穆秦部落代音楚克台吉、吴善台

① 《清初五世达赖喇嘛档案史料选编》第5页。

② 《清太宗实录》卷六四，崇德八年五月丁酉；《清初五世达赖喇嘛档案史料选编》第8页。

吉，喀尔喀部落土谢图汗下达尔汉苏白齐、戴青诺颜下拜虎，厄鲁特部落古，木伊尔登下和尼图、奇尔山下土尔噶图、达赖巴图鲁下喀喇户济、阿巴赖山津、塔赖都喇尔和硕齐下额尔德尼、桑噶尔塞伊尔登下额尔白黑、王什克下库尔墨、窦尔格齐诺颜琐诺木、颧尔克塞桑下吴兰、包虎寨桑下翁阿代、迈达里噶布楮下莽郭、噶尔马伊尔登下布尼、绰克图卫征诺颜下班弟，科尔沁国土谢图汗下俄莫克图、额尔克楚虎尔下萨马达、科尔沁国国舅桑噶尔寨、国舅巴特玛等缎布、腰刀、顺刀、豹皮、水獭皮、胡椒等物有差”[①]。崇德八年（1643年）正月初一日皇太极“命备茶赐呼图克图、戴青绰尔济等众喇嘛饮，诸王大臣亦入餐。八家俱筵宴呼图克图及众喇嘛”[②]。崇德八年（1643年）五月初五日，五世达赖喇嘛的使者要返回西藏，皇太极“赐伊拉古克三胡土克图喇嘛及偕来喇嘛等银器、缎、朝衣等物有差。又赐厄鲁特部落和尼图巴克式、阿巴赖达赖、都喇尔和硕齐下额尔德尼巴图鲁、奇尔三下土尔噶图、阿巴赖山津等朝衣、帽靴等物。上率诸王、贝勒等送至演嘛。仍命和硕睿亲王多尔衮、多罗武英郡王阿济格、辅国公硕托、满达海率梅勒章京、参政以上各官送至永定桥，复设宴饯之”[③]。

2.皇太极时期西藏地方政教上层人物的财政支出

皇太极借助西藏、蒙古的藏传佛教喇嘛出使西藏，与西藏地方政教上层人物取得联系，了解西藏地方局势，深知藏传佛教对于清政权进取中原，建立全国政权的重要性。因此，皇太极委托西藏、蒙古的藏传佛教喇嘛联系西藏地方政教上层人物，同时也带去相应赏赐物品，形成财政支出。

崇德二年（1637年），皇太极派遣蒙古喇嘛车臣顾实绰尔济携带书信给西藏土伯特汗，同时也赐吉祥哈达给西藏地方政教上层人物，由车臣

① 《清太宗实录》卷六三，崇德七年十月壬戌;《清初五世达赖喇嘛档案史料选编》第7—8页。

② 《清初五世达赖喇嘛档案史料选编》第8页。

③ 《清太宗实录》卷六四，崇德八年五月丁酉;《清初五世达赖喇嘛档案史料选编》第9页。

顾实绰尔济到达西藏后转交。[①] 崇德八年（1643年）五月初五日，五世达赖喇嘛的使者要返回西藏，皇太极致书各一函并附给物品。随函附给五世达赖喇嘛的物品有金碗一、银盆二、银茶筒三、玛瑙杯一、水晶杯二、玉杯六、玉壶一、镀金甲二、玲珑撒袋二、雕鞍二、金镶玉带一、镀金银带一、玲珑刀二、锦缎四。随函附给四世班禅的书函内容与附送物品与五世达赖喇嘛相同。随函附给宁玛派领袖噶尔马的物品有银茶筒二、银盆二、玛瑙杯一、水晶杯二、玉杯五、玉壶一、金甲一、镀金甲一、玲珑撒袋二、雕鞍二、金镶玉带一、镀金银带一、玲珑刀二、锦缎二。随函附给昂邦萨斯的物品有银盆一、银茶筒一、玛瑙杯一、水晶杯一、玉杯三、玉壶一、金甲一、玲珑撒袋一、雕鞍一、金镶玉带一，玲珑刀一、锦缎一。随函附给济东胡土克图书一，鲁克巴胡土克图书一，达克龙胡土克图书一。书词及附送礼物与昂邦萨斯俱同。随函附给藏巴汗的物品有银一百两、锦缎三匹。随函附给臧霸汗的物品有甲胄全副。[②]

3. 皇太极时期西藏地方的财政支出的原因

尽管努尔哈赤优礼藏传佛教喇嘛与西藏地方无关，但他已知道藏传佛教的重要性，蒙古诸部信仰的藏传佛教来源于西藏的藏传佛教，尊崇与优礼喇嘛能够达到"安众蒙古"目的。皇太极已经深层次意识到西藏藏传佛教的重要性，"当太宗皇帝时，尚有喀尔喀一隅未服，以外藩蒙古惟喇嘛之言是听，因往召达赖喇嘛"[③]。虽然漠南蒙古已经归顺清政权，但漠北喀尔喀仍未臣服，双方因喀尔喀蒙古与明朝贸易等事情时常发生摩擦。崇德二年（1637年），清政权为阻止喀尔喀与明朝直接贸易，与喀尔喀札萨克图汗部之间发生了严重的冲突。崇德三年（1638）正月，札萨克图汗率众至归化城北驻扎，欲与明朝贸易。皇太极率大军亲征，札萨克图汗被迫退走。三月，札萨克图汗遣使通好。皇太极谕其使臣达尔汉囊苏喇嘛时，

---

① 《清初五世达赖喇嘛档案史料选编》第2—3页。

② 《清太宗实录》卷六四，崇德八年五月丁酉；《清初五世达赖喇嘛档案史料选编》第8—9页。

③ 《清世祖实录》卷六八，顺治九年九月壬申。

责备扎萨克图汗不来归顺，反而来侵犯归化城，表示若不来认罪，必定出征。[①] 崇德五年（1640年），札萨克图汗接受了皇太极的挑战，召集喀尔喀和卫拉特各部首领举行会盟，制定了《察津毕其格》（今称《1640年喀尔喀 — 卫拉特法典》）。漠北喀尔喀蒙古部落迟迟不肯臣服清政权，不断与明朝进行贸易，用马匹作为贸易商品，助长了明朝的军事实力。明朝曾通过边境贸易优遇喀尔喀蒙古部落，利用喀尔喀蒙古部落的军事力量牵制清政权的军事力量，分散清政权的兵力，使清政权轻易不敢冒犯明朝关内的领土。另外皇太极也担心被清政权收复的漠南察哈尔蒙古部落的处境，其位于明朝和漠北喀尔喀部之间，如果发生战争，会出现腹背受敌的情况，清政权有可能失去漠南蒙古。漠南蒙古的失去会带动很多依附清政权的蒙古王公对其失望，甚至脱离与清政权的关系，意味着清政权军事实力的削弱。因此皇太极对喀尔喀蒙古部落恩威并施，不时对喀尔喀与明朝贸易发出警告，甚至发出战争的威胁。

如果成功地邀请到五世达赖喇嘛，借助五世达赖喇嘛对蒙古的影响，至少可以让漠北蒙古喀尔喀各部不能与清政权为敌，这样清政权征战明政权便无后顾之忧；如果喀尔喀各部归顺清政权，听候皇太极的调遣，对于清政权更是大有裨益。历史上满族生活是以渔猎经济为主，当时清政权拥有的兵力少，而蒙古各部一直是马背生活，能征善战，能够很好补充清政权的兵力。此时清政权没有入关，以推翻明政权为重，皇太极不可能有统一西藏的想法。后金在征战察哈尔部过程中，察哈尔部首领林丹汗被迫迁徙青海，后金军事势力范围扩大，蒙古各部喇嘛商来往行走于西藏、清政权之间，都使皇太极注意到了西藏，此时他主要是希望通过借助西藏格鲁派牵制喀尔喀各部。利用西藏格鲁派的领袖人物对于蒙古诸部的号召力、影响力已作为一项基本政策纳入清政权的对蒙、藏民族的政策体系中，一直影响有清一朝。[②]

---

① 《清太宗实录》卷四二，崇德三年七月丁卯。

② 梁启俊：《清朝关于西藏经济政策研究》，中央民族大学博士论文，2013年，第13—14页。

第二章　顺治时期西藏地方财政支出

第一节　顺治时期西藏地方财政支出历史背景

皇太极去世后，由其第九子福临继位，年号顺治。顺治元年（1644年）李自成领导的农民起义军攻入北京，崇祯皇帝自缢身亡，明朝被推翻。在此期间雄踞山海关外的清政权也企图入主中原，于是招降明朝镇守辽东的宁远总兵吴三桂，两者联手击溃李自成起义军。顺治元年（1644年）清军入关，攻入北京，年幼的顺治帝以及清政权由东北的盛京迁都至关内北京，准备夺取对全国的统治权。

虽然清政权“定鼎燕京”，但在全国范围内阶级矛盾和民族矛盾十分尖锐突出。李自成的农民起义军撤离北京，但战斗依然在其他地方发生，即便是农民军首领李自成、张献忠牺牲后，农民军余部的战斗依然在持续。明朝残余势力扶持福王朱由崧于顺治元年（1644年）在南京称帝，改元弘光，建立起偏安一隅的南明政权，随后明朝鲁王、唐王先后在残明将相的扶持下在绍兴、福州建立政权。明朝桂王朱由榔在部分残明将相的拥立下，于顺治三年（1646年）底在肇庆称帝，建立桂王政权，年号永历。部分残明将领与农民起义军余部在西南地区联合，坚持抗清，数次对清军予以打击。

清军入关后极力笼络汉族官绅地主，获得他们的支持，围剿农民起义军，推翻残明政权。南明政权于顺治二年（1645年）被清军推翻，弘光帝被擒，福王政权灭亡，随后清军接连推翻鲁王、唐王政权。到顺治十五年（1658年）农民起义军在清军打击下完全失败。顺治十八年（1661年）吴三桂率领大军擒获桂王朱由榔，最后一个南明政权至此灭亡。顺治十九年（1662年）大西农民军统帅李定国去世，其子李嗣兴拜表投降清朝廷，大西军瓦解。

顺治时期清政权主要目的是推翻南明政权，扫除农民起义军，所以主战场在南方和西南地区，而对于西北地区、北方地区的尚未归附的蒙古诸部没有过多余力经略。在西北地区的蒙古瓦剌各部早已经过长时期的迁移、战争、融合和吸收周围突厥语系及东蒙古诸族的成分，发展变化形成了厄鲁特（亦称卫拉特、额鲁特）蒙古，分为准噶尔部、杜尔伯特部（辉特部附之）、土尔扈特部、和硕特部四大部，四部互不统属，但各部间建立了一个松散的“丘尔干”议事机构，并设有厄鲁特联盟盟主“达尔加”，盟主“达尔加”随着各部的实力消长而发生替换。至十七世纪二三十年代，随着准噶尔部实力不断强大，其成为实际上的盟主。在皇太极时期，厄鲁特蒙古与喀尔喀蒙古外受沙皇俄国侵略势力步步紧逼，内部各封建主纷争不已，他们对清政权几乎都曾遣使通好、奉表纳贡。到顺治时期，厄鲁特蒙古对外进行抗击沙俄侵略的战争，在向西、向南发展过程中与哈萨克、柯尔克孜、诺盖等族发生一系列冲突战争，并从对哈萨克战争的劣势转为优势；[①] 对内开始了确立厄鲁特部统治权的斗争，对于清朝廷则继续遣使纳贡。

十六世纪末至十七世纪初，厄鲁特蒙古四部的盟主是和硕特部首领拜巴噶斯。万历四十四年（1616年）前后，厄鲁特封建主在拜巴噶斯的倡导下，正式宣布藏传佛教格鲁派为厄鲁特宗教信仰，并承认达赖喇嘛为精神上的领袖。杜尔伯特部的达赖台吉、准噶尔的哈喇忽剌及楚琥尔乌巴什、土尔扈特的和鄂尔勒克、和硕特的昆都仑乌巴什等都派出一个儿子当朵内（贵族喇嘛）。拜巴噶斯当时尚未有儿子，也以本部的咱雅班第达为

① 《准噶尔史略》编写组:《准噶尔史略》，人民出版社1985年版，第65页。

义子，于万历四十五年（1617年）送往西藏当喇嘛和学习，后来成为准噶尔历史上起过启蒙作用的宣教者和翻译家。藏传佛教格鲁派在厄鲁特各部的传播，也是极为迅速的。清崇德二年（1637年）前后，和硕特首领拜巴噶斯之弟图鲁拜琥（固始汗）灭却图汗占据青海，并至拉萨会见达赖五世和班禅四世，被授予“顾实·丹增曲结”（“国师·教持法王”）的尊号。后在格鲁派的邀请下又灭康区白利土司。清崇德七年（1642年）固始汗又乘西藏内乱之机，借维护藏传佛教格鲁派为名，兴兵入藏，杀藏巴汗，排挤噶玛噶举派，支持达赖喇嘛建立噶丹颇章政权。固始汗遂成为藏传佛教格鲁派的护法王，确立了五世达赖喇嘛和四世班禅等藏传佛教格鲁派领袖的统治地位。自此厄鲁特各部进藏熬茶不用再走那条翻越昆仑山脉的艰险道路，可通过取道青海直至西藏的捷径，这有利于藏传佛教格鲁派广泛传播。藏传佛教的传入，对厄鲁特人的意识形态和社会生活各方面都产生深远的影响。一方面，开拓了天文、历数、医学、艺术、宗教、哲学等知识的新领域；另一方面，也给厄鲁特人民注入安于贫困、放弃斗争的思想，麻醉人民斗志，阻碍厄鲁特社会的发展。[①] 顺治十一年（1654）固始汗去世，汗位由其长子达延鄂齐尔继承。达延鄂齐尔于顺治十四年（1657）抵达拉萨就任，他在任期间五世达赖喇嘛扩大了自己在世俗的权力，使和硕特蒙古汗王的权力被削弱。

此时期漠西、漠北蒙古诸部仍在清政权版图之外，未归附的蒙古诸部却对清政权虎视眈眈，把战争矛头指向刚入关的清政权。清初喀尔喀蒙古社会没有形成统一的政权，内部各自为政，割据一方，各部封建主纷纷称汗，主要分为喀尔喀西路札萨克图汗部、土谢图汗部、车臣汗部、赛因诺颜部等。长时间的内部相互讨伐征战，使得喀尔喀蒙古内部没有形成稳定的社会经济发展的良好环境，为了获得生存资源，他们频频南下劫掠。在归附清政权之前，喀尔喀蒙古诸部与清政权保持着时敌时和的复杂关系。崇德二年（1637年）归附清政权的墨尔根台吉腾机思，在顺治三年（1646

① 《准噶尔史略》第56—57页。

年）背叛清政权投向喀尔喀，即腾机思叛清事件。其后多尔衮率领清朝大兵深入喀尔喀腹地，打败了腾机思和喀尔喀军事力量。顺治六年（1649年），多尔衮在获知喀尔喀军队准备偷袭清军的情况下，再次派兵征讨喀尔喀军队。最终因侦探消息失真，多尔衮率兵在出征二十多天后收兵而回。另外，虽然漠南蒙古在十七世纪三十年代被后金政权征服，但内附的蒙古贵族归属性很不稳定，如果他们不满清廷，就可以北走投向漠北喀尔喀。在这种历史背景下，征服喀尔喀蒙古是清初朝廷的既定目标。

为了求得漠北局势安稳，达到“安众蒙古”的政治目的，在无暇顾及漠北蒙古诸部的情况下，顺治时期清政权只好借助“蒙古惟喇嘛之言是听”，采取怀柔政策。喀尔喀蒙古诸部此时期基本是藏传佛教格鲁派的信众，甚至有的依仗五世达赖喇嘛的影响力号召部众而称汗。如诺诺和长子阿巴岱，因曾赴西藏拜谒达赖喇嘛，迎经典归，为蒙古部众所服，因此称汗。阿巴岱之子额列克，号莫日根汗；额列克子衮布，始号土谢图汗。此外喀尔喀蒙古还有赛因诺颜部，伟征诺颜诺诺和第四子图蒙，也因护持藏传佛教格鲁教派有功，被达赖喇嘛授予赛因诺颜号，所部奉之视同三汗。[①] 围绕西藏地方的政教上层人物，特别是五世达赖喇嘛，顺治时期清朝廷因此产生相应的财政支出。

① 香莲:《简述漠北喀尔喀归附清朝的过程》,《赤峰学院学报》，2011年第12期，第13页。

第二节　顺治时期赏赐西藏地方政教上层人物财政支出

皇太极时期西藏地方政教上层与清政权之间的互使为藏、满民族关系的发展打开局面，顺治时期这种关系得到进一步加强和巩固。"当太宗皇帝时，尚有喀尔喀一隅未服，以外藩蒙古惟喇嘛之言是听，因往召达赖喇嘛。其使未至，太宗皇帝晏驾。后睿王摄政时往请，达赖喇嘛许于辰年前来。及朕亲政后召之，达赖喇嘛即启行前来，从者三千人。今朕欲亲至边外迎之，令喇嘛即住边外。外藩蒙古贝子欲见喇嘛者，即令在外相见。若令喇嘛入内地，今年岁收甚歉，喇嘛从者又众，恐于我无益。傥不往迎喇嘛，以我既召之来又不往迎，必至中途而返，恐喀尔喀亦因之不来归顺。其应否往迎之处，尔等各抒所见以奏。"① 此时期西藏地方原藏巴汗和噶玛噶举派的势力已被来自和硕特蒙古的固始汗率兵击败，确立了蒙古和硕特在西藏的统治地位和格鲁派在西藏的宗教地位，其中优礼、赏赐西藏地方政教上层人物是清朝廷继续发挥"安众蒙古"策略的方式之一。因此顺治时期为了赏赐西藏地方政教上层人物，清朝廷承担了财政支出。

一、顺治时期赏赐西藏地方宗教上层人物财政支出

（一）顺治时期赏赐五世达赖喇嘛财政支出

顺治二年（1645年）十二月，五世达赖喇嘛遣派人员跟随清朝廷遣往西藏地方的钦差大臣一起到达京城，上表朝贡，清朝廷以甲胄、弓

① 《清世祖实录》卷六八，顺治九年九月壬申。

矢、撒袋、大刀、鞍辔、银器、缎匹、皮张等物赏答之。[①] 顺治三年（1646年）十月，达赖喇嘛遣员表贡方物，宴如例。[②] 顺治四年（1647年）二月，达赖喇嘛与西藏地方其他政教上层人物遣派人员进京上书请安，并献方物。至是，遣喇嘛、侍卫、格隆等存问，各赐金玉器皿、缎匹、雕鞍、甲胄等物。[③] 顺治五年（1648年）正月，达赖喇嘛遣员表献方物，宴赉如例。[④] 同年三月，达赖喇嘛遣员表贡方物，宴赉如例。[⑤] 同年五月，顺治皇帝遣喇嘛席喇布格隆等赍书存问达赖喇嘛，并敦请五世达赖喇嘛进京，赏金镶玉带一个、金镶银茶筒一个、银酒樽一个、玲珑金漆鞍一副、缎十匹。[⑥] 顺治六年（1649年）十月二十四日设宴款待达赖喇嘛所派噶布初西喇布一行二十三人，及护送彼等前来之厄鲁特固始汗属下墨尔根和硕齐一行四十六人，共六十九人。宰牛羊，备桌案，携烧酒往其下榻处筵宴。[⑦] 十一月二十六日，赐喇嘛银器、雕鞍、纹革，赐固始汗甲胄、腰刀、雕鞍、银器、彩币、纹革、玛瑙尊爵；赏噶布初西喇布等甲胄、弓矢、刀、鞍、银器、丝等物有差。[⑧] 清单为：赏达赖喇嘛银鼎一个、银筒一个、银酒海一个、玛瑙壶二个、缎四十匹、带马鞴单之雕辔一副、海獭皮二张、豹皮一张、虎皮一张；赏达赖喇嘛属下噶布初西喇布银筒一个、银酒海一个、玛瑙壶一个、缎三十匹。[⑨] 顺治八年（1651年）二月，达赖喇嘛遣员上表问安，赐达赖喇嘛所差人员宴于礼部。[⑩] 同年三月遣官赍敕谕、礼物，往召达赖喇嘛。[⑪] 同年

---

① 《清世祖实录》卷二二，顺治二年十二月壬辰。
② 《清世祖实录》卷二八，顺治三年十月戊寅。
③ 《清世祖实录》卷三〇，顺治四年二月丙戌。
④ 《清世祖实录》卷三六，顺治五年正月甲寅。
⑤ 《清世祖实录》卷三七，顺治五年三月乙巳。
⑥ 《清世祖实录》卷三八，顺治五年五月甲申。
⑦ 《清初五世达赖喇嘛档案史料选编》第18页。
⑧ 《清世祖实录》卷四六，顺治六年十一月辛巳。
⑨ 《清初五世达赖喇嘛档案史料选编》第19页。
⑩ 《清世祖实录》卷五三，顺治八年二月壬寅。
⑪ 《清世祖实录》卷五五，顺治八年三月乙酉。

三月达赖喇嘛遣员贡方物，宴赉如例。[①] 同年四月遣钦差多卜臧古西为首六人往请达赖喇嘛，并随带礼物：全鞍马两匹、镶金茶筒一个、镶金酒樽一个、金百两、银两千两、缎百匹。[②] 顺治九年（1652年）至顺治十年（1653年），五世达赖喇嘛应邀进京，关于五世达赖喇嘛遣派人员进京上表朝贡在另文专门记录。顺治十一年（1654年）九月，顺治皇帝派遣满珠习礼绰尔济、诺尔布温布、苏鲁木、阿金等人藏，赍赐嵌金绿松石珊瑚之四十两金茶筒一个、玉瓶二个、玉杯四只、镶金雕鞍一副、缎十匹。[③] 同年十月，达赖喇嘛遣员贡方物，赐达赖喇嘛银六百两、银鼎一个、茶筒一个、金盆一个、缎二十匹、玲珑雕鞍一副、虎皮五张、海獭皮五张、茶叶四篓；赐所遣人员扎鲁藏布衣服一件、缎十五匹、毛青布三十匹、茶叶二篓；赐第巴银茶筒一个、玲珑雕鞍一副、缎五匹；赐达赖喇嘛属下善楚特巴诺布缎七匹、毛青布三十匹、茶叶一篓。[④]

顺治十二年（1655）十二月应允达赖喇嘛请给其专员照验印信，自西宁至京师支给驿马供应。[⑤] 顺治十三年（1656年）二月，顺治帝赐达赖喇嘛专员拉穆詹巴等宴。[⑥] 同年二月赐达赖喇嘛专员拉穆詹巴等雕鞍、银器等物。[⑦] 同年三月特遣厄木齐喇嘛等赍敕存问达赖喇嘛，赐以珊瑚绿松石嵌金茶筒、玉壶、杯等物。[⑧] 顺治十四年（1657年）四月，顺治皇帝同意内大臣伯索尼会同理藩院议复："如奉旨令汤古忒地方诵经，彼时酌量遣官，达赖喇嘛、班禅胡土克图等各给银千两。"[⑨] 同年五月，达赖喇嘛遣员上表谢恩，并贡方物，赐缎币等物。[⑩] 又赐达赖喇嘛专员卓礼克图俄穆布

① 《清世祖实录》卷五五，顺治八年三月乙未。

② 《清初五世达赖喇嘛档案史料选编》第20页。

③ 《清初五世达赖喇嘛档案史料选编》第53页。

④ 《清初五世达赖喇嘛档案史料选编》第54页。

⑤ 《清世祖实录》卷九六，顺治十二年十二月乙亥。

⑥ 《清世祖实录》卷九八，顺治十三年二月戊午。

⑦ 《清世祖实录》卷九八，顺治十三年二月戊寅。

⑧ 《清世祖实录》卷九九，顺治十三年三月丙戌。

⑨ 《清世祖实录》卷一〇九，顺治十四年四月丁亥。

⑩ 《清世祖实录》卷一〇九，顺治十四年五月壬子。

等宴。[1] 同年六月赐达赖喇嘛专员银茶筒、蟒缎等物。复遣西喇布喇嘛、萨木坦格隆等存问达赖喇嘛，赐以金茶简玉瓶等物。[2] 顺治十五年（1658年），达赖喇嘛等进贡，赐银器、鞍辔等物。[3] 同年十二月，达赖喇嘛具表请安，遣喇木札木巴喇嘛、滚布格隆等赍敕存问，并赐雕鞍、玉壶、缎币等物。[4] 顺治十七年（1660年）四月，达赖喇嘛遣员表贡方物。宴赉如例。[5] 同年六月，达赖喇嘛遣员奉表问安，命喇木扎木巴喇嘛等赍敕存问，并赐雕鞍、玉壶、缎匹等。[6]

（二）顺治时期赏赐四世班禅喇嘛财政支出

顺治四年（1647年）二月，四世班禅与五世达赖喇嘛及其他宗教领袖派遣人员进京上书请安，并献方物。至是，顺治皇帝遣喇嘛、侍卫、格隆等存问，各赐金玉器皿、缎匹、雕鞍、甲胄等物。[7] 顺治五年（1648年）五月顺治皇帝遣钦差大臣入藏邀请五世达赖喇嘛进京，遣书存问四世班禅，希望四世班禅劝达赖喇嘛进京，随书并赐赏金镶玉带一个、金镶银茶筒一个、银酒樽一个、玲珑金漆鞍一个、缎十匹。[8] 顺治八年（16 51年）四月初二日顺治帝为已遣钦差大臣往迎来京给达赖喇嘛、四世班禅敕谕，随书送四世班禅镶金茶筒一个、镶金酒樽一个、金百两、银两千两、缎百匹。[9]

顺治十一年（1654年）六月二十一日，四世班禅派遣人员进京奏书献礼，顺治皇帝遣钦差大臣赏赐银壶一、缎十匹。[10] 顺治十一年（1654年）九月，顺治皇帝派遣满珠习礼绰尔济、诺尔布温布、苏鲁木、阿金等入

① 《清世祖实录》卷一〇九，顺治十四年五月辛酉。
② 《清世祖实录》卷一一〇，顺治十四年六月甲午。
③ 《清世祖实录》卷一二〇，顺治十五年九月癸卯。
④ 《清世祖实录》卷一二二，顺治十五年十二月乙丑。
⑤ 《清世祖实录》卷一三四，顺治十七年四月壬子。
⑥ 《清世祖实录》卷一三七，顺治十七年六月庚子。
⑦ 《清世祖实录》卷三〇，顺治四年二月丙戌。
⑧ 《清初五世达赖喇嘛档案史料选编》第16页。
⑨ 《清初五世达赖喇嘛档案史料选编》第20页。
⑩ 《清初五世达赖喇嘛档案史料选编》第49页。

藏，赍赐嵌金绿松石珊瑚之四十两金茶筒一个、玉瓶二个、玉杯四只、镶金雕鞍一副、缎十匹。① 同时理藩院尚书、都统明安达礼等上奏，前往西藏的察干喇嘛回京后称，往请达赖喇嘛时，班禅呼图克图告称，察干喇嘛在皇帝身边，或可得到缮写甘珠尔经之纸张。察干喇嘛返京后，已全数觅得缮写甘珠尔经之纸。明安达礼认为钦差大臣既然前往，相应准其所请出资送往，获得顺治皇帝同意。②

顺治十三年（1656年），顺治皇帝派遣厄木齐喇嘛等人员入藏赍敕存问达赖喇嘛、班禅胡土克图，赐给四世班禅珊瑚绿松石嵌金茶筒、玉壶、杯等物。③ 顺治十四年（1657年）四月，顺治皇帝同意内大臣伯索尼会同理藩院议复："如奉旨令汤古忒地方诵经，彼时酌量遣官，达赖喇嘛、班禅胡土克图等各给银千两。奏入，报可。"④ 同年五月四日，四世班禅遣员上表谢恩，并贡方物，顺治皇帝赐缎、币等物。⑤ 同年六月，顺治皇帝赐给四世班禅派遣入京的专员卓礼克图俄穆布等银茶筒、蟒缎等物。复遣西喇布喇嘛、萨木坦格隆等存问四世班禅，赐以金、茶筒、玉瓶等物。⑥ 顺治十五年（1658年），四世班禅派遣人员进京具表请安，顺治皇帝遣喇木札木巴喇嘛、滚布格隆等赍敕存问，并赐雕鞍、玉壶、缎、币等物。⑦ 顺治十七年（1660年），四世班禅遣员表贡方物，宴赉如例。⑧ 同年六月，四世班禅遣员奉表问安，顺治皇帝命喇木扎木巴喇嘛等赍敕存问，并赐雕鞍、玉壶、缎匹等。⑨

---

① 《清初五世达赖喇嘛档案史料选编》第53页。
② 《清初五世达赖喇嘛档案史料选编》第51页。
③ 《清世祖实录》卷九九，顺治十三年三月丙戌。
④ 《清世祖实录》卷一〇九，顺治十四年四月丁亥。
⑤ 《清世祖实录》卷一〇九，顺治十四年五月壬子。
⑥ 《清世祖实录》卷一一〇，顺治十四年六月甲午。
⑦ 《清世祖实录》卷一二二，顺治十五年十二月乙丑。
⑧ 《清世祖实录》卷一三四，顺治十七年四月壬子。
⑨ 《清世祖实录》卷一三七，顺治十七年六月庚子。

（三）顺治时期赏赐阐化王财政支出

阐化王为乃东的帕竹家族后裔，顺治时期已归格鲁派管辖，但在顺治皇帝继位初期，由于清朝廷对西藏错综复杂的政教关系不是十分了解，政治上仍未形成归属。顺治初期，阐化王多次派人到北京进贡，清朝廷对阐化王进贡给予接待。顺治五年（1648年）六月初八日，阐化王派索诺木扎西喇嘛、鄂木布、班第等七人，跟役八人，与自巴州前来之散宝、兰占巴喇嘛二十二人，与归化城锡勒图呼图克图之叔、子罗玻木额尔杰等三人，合为四十人，均由礼部宰牛羊，备席宴之。① 顺治六年（1649年）六月二十四日，乌思藏阐化王遣锁南必拉式进贡到京，经户部尚书巴哈纳等核查，赏缎匹、银两，俱颁付锁南必拉式领讫。又赏茶三万六千斤，原定在陕西河州、西宁、兰州三处茶马司照旧给予。但据茶臣佟风彩疏奏，河、兰各司旧茶为数无几，且多陈腐，岁获更少，若尽数搜以给赏，招中遂至无资，似量给茶篦一半，其余听督抚二臣酌议赏给银两，以昭皇恩。② 顺治七年（1650年）六月，阐化王遣使进贡方物。宴赉如例。③ 顺治十年（1653年）九月，阐化王遣索嫩毕喇席等进千人贡物。赏赉如例。④ 顺治十三年（1656年）十一月，阐化王遣国师坚错那卜等贡方物。宴赉如例。⑤

顺治年间阐化王多次派人到北京进贡，后又要求清朝廷更换明朝赐阐化王的玉印。清朝对阐化王进贡给予接待，但怀疑是有人冒充阐化王之名遣使，故两次派人进藏查验实情。顺治十四年（1657年）六月查知阐化王原系图白忒国主，后为图白忒藏巴汗所破，隶之属下。明季藏巴汗又为厄鲁特国顾实汗所破，以阐化王敕印予达赖喇嘛，又转给第巴。第巴因有

---

① 《清初五世达赖喇嘛档案史料选编》第17页。

② 中国藏学研究中心、中国第一历史档案馆、中国第二历史档案馆、西藏自治区档案馆、四川省档案馆编《元以来西藏地方与中央政府关系档案史料汇编》，中国藏学出版社1994年版，第239页。

③ 《清世祖实录》卷四九，顺治七年六月甲辰。

④ 《清世祖实录》卷七八，顺治十年九月丁未。

⑤ 《清世祖实录》卷一〇四，顺治十三年十一月戊午。

阐化王敕印，所以派遣贡使假冒阐化王进京朝贡，获取赏物。清朝官员又问来使坚错那卜等，言阐化王久隶第巴，而此次奏章复言皆为阐化王所奏，贡赋亦称阐化王。阐化王既属第巴，而屡次进贡仍称阐化王原名，今番进贡请换敕印，又不奏明，前后甚属不符。可将原委具实备书，付存问使人西喇布喇嘛、萨木坦格隆具奏。[①] 故未准换印，自此以后阐化王进贡之事遂绝。

（四）顺治时期赏赐西藏地方其他宗教上层人物财政支出

顺治四年（1647年）二月，西藏的巴哈胡土克图、鲁克巴胡土克图、伊尔札尔萨布胡土克图、萨思夏喇嘛、额尔济东胡土克图、伊思达格隆胡土克图各上书请安，并献方物。至是，清朝廷遣喇嘛、侍卫、格隆等存问，各赐金玉器皿、缎匹、雕鞍、甲胄等物。[②] 顺治四年（1647年）九月初三日，顺治皇帝于太和殿赐厄鲁特部顾实汗属下卫征噶布楚等十四人，喀木布呼图克图属下达赖鄂木布等二十五人，锡图呼图克图属下都拉尔鄂木布等三人，合计四十二人宴。以拜见礼，随赞礼、郎赞礼，行三跪九叩之礼毕，杀牛羊，备席宴赉，并以宴赉礼。[③] 顺治六年（1649年）三月，伊喇古克三胡土克图属下戴青温布达尔汉囊苏等暨厄鲁特部落顾实汗子下达赖吴巴什温布塔布囊等来朝贡。宴赉如例。[④] 顺治九年（1652年），色呼呼图克图来时，清朝廷赏头等盔甲一副、头等雕鞍一副、三十两重银茶筒一个、银五百两，二等蟒缎一匹、三等蟒缎四匹、二等妆缎三匹、三等妆缎四匹、氆氇二块、金子缎四匹、大缎九匹、红青缎三匹、彭缎五匹、绸五匹，共缎四十匹，毛青布四百匹，豹皮五张、虎皮五张、海獭皮五张。[⑤]

---

① 《清世祖实录》卷一一〇，顺治十四年六月甲午。

② 《清世祖实录》卷三〇，顺治四年二月丙戌。

③ 《清初五世达赖喇嘛档案史料选编》第13页。

④ 《清世祖实录》卷四三，顺治六年三月己巳。

⑤ 《清初五世达赖喇嘛档案史料选编》第47—48页。

二、顺治时期赏赐西藏地方政治上层人物财政支出

（一）顺治时期赏赐西藏地方蒙古上层政治人物的财政支出

1.清朝廷赏赐固始汗的财政支出

顺治二年（1645年）十二月遣往达赖喇嘛之察罕喇嘛，以甲胄、弓矢、撒袋、大刀、鞍辔、银器、缎匹、皮张等物赏固始汗。① 顺治三年（1645年）十月，厄鲁特部落固始汗遣员表贡方物，宴赉如例。② 顺治四年（1647年）九月初三日，顺治皇帝赐宴厄鲁特部固始汗属下卫征噶布楚等十四人，喀木布呼图克图属下达赖鄂木布等二十五人，锡图呼图克图属下都拉尔鄂木布等三人，合计四十二人。顺治四年（1647年）九月三十日，将厄鲁特固始汗遣至贡马之达赖鄂木布等二十四人引至部里，杀牛羊，备席宴筵。③ 顺治五年（1648年）五月二十日，顺治皇帝敦请达赖喇嘛来京敕谕固始汗，随书赏金镶玉带一个、金甲一副、金漆撒袋一副（弓矢全）、玲珑金漆剑一柄。④ 顺治五年（1647年），厄鲁特部落固始汗等遣员表贡方物，宴赉如例。⑤ 同年五月厄鲁特部落固始汗遣员贡方物，宴赉如例。⑥ 顺治六年（1649年）十一月厄鲁特部落固始汗遣墨尔根和硕齐等来朝贡，清朝廷赏厄鲁特固始汗披甲一副、玛瑙壶一个、玛瑙杯二只、银鼎一个、银酒海 一个、银筒一个、刻花腰刀一把、刻花鞍辔一副、虎皮二张、海獭皮二张、缎三十匹。⑦

顺治八年（1651年），固始汗遣员贡方物，宴赉如例。⑧ 同年四月初二日，顺治帝为往迎达赖喇嘛来京给固始汗等敕谕，派遣人员以多卜臧

① 《清世祖实录》卷二二，顺治二年十二月壬辰。
② 《清世祖实录》卷二八，顺治三年十月戊寅。
③ 《清初五世达赖喇嘛档案史料选编》第12页。
④ 《清初五世达赖喇嘛档案史料选编》第16页。
⑤ 《清世祖实录》卷三七，顺治五年三月乙巳。
⑥ 《清世祖实录》卷三八，顺治五年五月辛巳。
⑦ 《清初五世达赖喇嘛档案史料选编》第18页。
⑧ 《清世祖实录》卷五五，顺治八年三月乙未。

古西为首六人进藏。送其礼物有：衣、帽、带、靴、甲、胄、鞍辔、弓、矢、箭，银茶筒、银酒樽各一个，银千两，豹皮三张、虎皮三张、黑头红牛三头。[①]

顺治九年（1652年）三月，固始汗为敦促达赖喇嘛早日东行上奏书，提到顺治皇帝颁给敕谕并恩赏礼物。[②] 顺治十年（1653年），厄鲁特部落固始汗遣旦巴温布等贡马及方物，宴赉如例[③]。顺治十一年（1654年）六月二十二日，固始汗叩谢赏赐，奏书提到圣上遣钦差大臣赐小僧之厚礼，俱已祗领。[④] 顺治十一年（1654年），厄鲁特部落固始汗等遣员贡方物，宴赉如例。[⑤] 同年（1654年）九月二十一日，顺治帝为请安回赏给固始汗敕谕，派满珠习礼绰尔济、诺尔布温布、苏鲁木、阿金等进藏，赍赐嵌金雕鞍一副、腰刀一把、玉瓶一个、玉杯二只、缎十匹。[⑥] 同年十月初六日，固始汗等遣员进贡方物，顺治回赏物品清单，赐固始汗银二百三十八两、银茶筒一个、金盆一个、玲珑雕鞍一副、缎十匹、茶叶二篓、虎皮二张，海獭皮二张。[⑦] 顺治十三年（1656年）正月，理藩院向顺治奏闻厄鲁特固始汗病故，念其归顺清朝以来克尽忠诚，常来朝贡，深为可嘉，宜予祭典，以酬其忠，因此清朝廷最后一次钦差大臣使进藏赏赐祭典固始汗。[⑧]

2.顺治时期赏赐其他西藏地方蒙古上层人物的财政支出

顺治二年（1646年）十二月，厄鲁特部落固始汗之子多尔济达赖巴图鲁台吉来请安，贡马四匹、氆氇多块，这是西藏和硕特蒙古上层人物首次直接与清朝廷来往。顺治四年（1647年）九月十三日，厄鲁特固始汗等派人进贡，清朝廷赏厄鲁特固始汗属下卫征噶布楚二等黑貂皮里一件、

① 《清初五世达赖喇嘛档案史料选编》第20页。
② 《元以来西藏地方与中央政府关系档案史料汇编》第228页。
③ 《清世祖实录》卷七三，顺治十年三月壬午。
④ 《清初五世达赖喇嘛档案史料选编》第50页。
⑤ 《清世祖实录》卷八六，顺治十一年十月壬戌。
⑥ 《清初五世达赖喇嘛档案史料选编》第53页。
⑦ 《清初五世达赖喇嘛档案史料选编》第54页。
⑧ 《清世祖实录》卷九七，顺治十三年正月癸未。

二等蟒缎一匹、洋缎一匹、蓬缎一匹、毛青布二十匹、三十两银盆一个，赏其跟役六人缎各一匹、毛青布各八匹；赏济克希库巴图鲁台吉属下布库和硕齐一等蟒缎一匹、纯团龙缎一匹、红青缎一匹、毛青布二十四匹，赏其跟役三人，缎各一匹、毛青布十六匹。同年十月初十日，赐厄鲁特固始汗属下卫征噶布楚二等黑貂皮端罩一匹、二等蟒缎一匹、洋缎一匹、彭缎一匹、毛青布二十四匹、银盆一个、奶茶壶一个，赐跟役六人各缎一匹、毛青布八匹。[①] 顺治六年（1649年）三月，伊喇古克三胡土克图属下戴青温布达尔汉囊苏等暨厄鲁特部落固始汗之子属下达赖吴巴什温布塔布囊等来朝贡，宴赉如例。[②] 同年十一月二十六日，赏进京进贡的墨尔根和硕齐银筒一个、刻花腰刀一把、缎七匹、缎袍一件，赏霍金台巴克什银筒一个、带弓及箭十枝并钉七个铁式件之刻花撒袋一个、刻花腰刀一把、缎五匹、缎袍一件，赏依斯旦金台吉带马鞧单刻花鞍辔一副、缎五匹，赏墨尔根济农盔甲一副、银筒一个、带马鞧单刻花鞍辔一副、缎十匹，赏厄鲁特固始汗福晋玛瑙壶一个、玛瑙杯二只、貂皮十张、染水獭皮四张、海獭皮二张、银酒海一个、银筒一个、刻花鞍辔一副、缎二十匹。[③] 顺治十年（1653年）二月十六日，理藩院尚书尼堪等奏报，厄鲁特固始汗之婿诺木齐台吉来朝入贡，携来马三百匹、驼二十峰；专员丹巴鄂木布携来马二十匹、驼二峰；诺木齐台吉之弟多尔济台吉携来马二百匹、驼十八峰；专员毕礼克图侍卫携来马十匹、驼一峰。其随从有三十五人。顺治皇帝准仍赏入朝。[④]

顺治十一年（1654年）十月初六日，赐固始汗所遣专员诺木浑巴克希蟒袍一件、缎八匹、毛青布二十匹、茶叶一篓，赐阿嘎格楚勒缎六匹，赐达赖喇嘛属下善楚特巴诺布缎七匹、毛青布三十匹、茶叶一篓。[⑤] 顺治

① 《清初五世达赖喇嘛档案史料选编》第12页。

② 《清世祖实录》卷四三，顺治六年三月己巳。

③ 《清初五世达赖喇嘛档案史料选编》第18页。

④ 《清初五世达赖喇嘛档案史料选编》第29页。

⑤ 《清初五世达赖喇嘛档案史料选编》第54页。

十七年（1660年）四月，厄鲁特部落鄂齐里汗遣员表贡方物，宴赉如例。[①]同年六月，瓦齐尔汗遣员奉表问安，命喇木扎木巴喇嘛等赍敕存问，并赐雕鞍、玉壶、缎匹等。[②]

（二）顺治时期赏赐第巴财政支出

第巴制度是西藏地方一种传统的行政体制，来源于吐蕃时期的岱制度。甘丹颇章地方政府建立之初，根据蒙藏联合政权的行政规划，由第巴负责地方政府的具体政务，因此先后任命了第巴索南绕旦等七任地方政府行政长官。理论上他们秉承五世达赖喇嘛的意旨处理西藏内部事务，但是由于当时西藏内外政治环境和社会背景的变化，历任第巴的任命方式和权限等也有所不同，不能一概而论。第巴是西藏地方政府职官体系内的某一官职。[③]

顺治八年（1651年）四月初二日，顺治帝为促进五世达赖喇嘛进京，遣钦差大臣多卜臧古西为首六人往西藏地方邀请。顺治九年（1652年）五月初一日，第巴为迎聘达赖喇嘛赴京事奏书，其中提到清朝廷为迎聘达赖喇嘛赴京，派遣钦差大臣入藏敕谕，并恩赏第巴物品。[④]敕谕第巴，望劝喇嘛动身来京。为行前在庙前念太平经所需布施，特交第巴银两万两，望召集僧侣念经。往请使者以多卜藏古西为首六人，赐给礼物有银茶筒一个、银酒樽一个、银五百两、缎十匹。[⑤]

三、顺治时期西藏地方进京人员财政支出

据《大清会典·理藩院》，顺治十三年题准：厄鲁特达赖汗等使人还

① 《清世祖实录》卷一三四，顺治十七年四月壬子。

② 《清世祖实录》卷一三七，顺治十七年六月庚子。

③ 才项卓玛：《西藏第巴制度研究》，西藏大学博士论文，2021年，第VII页。

④ 《元以来西藏地方与中央政府关系档案史料汇编》第228页。

⑤ 《清初五世达赖喇嘛档案史料选编》第21页。

者，给驿马二十五匹、马车十二辆，其他来马驼，每宿处给与草料，至西宁止。[①] 顺治时期，西藏地方政教上层人物所遣进京人员在返程时，清朝廷为其提供车辆、牲畜、草料等沿途供给，一直到西宁与西藏交界处为止。这样清朝廷每年为来自西藏地方的使者及使团返程提供物资支持也是西藏地方的一项重要财政支出。

第三节　顺治时期五世达赖喇嘛进京朝觐财政支出

清初，蒙古喀尔喀部、和硕特部、准噶尔诸部力量强大，直接威胁到内地的稳定。而满洲刚入关，忙于对付农民军及南明政权，百废待兴。喀尔喀与清军经过几次军事较量之后，谁都没有足够的力量击垮对方。但是，清朝统治者优待五世达赖，使其心向清朝，发挥对喀尔喀、和硕特、准噶尔诸部的影响力，以稳定蒙古地区。达赖喇嘛则始终尊奉清朝，但又与蒙古各方友好团结，对稳定蒙古地区局势及促进清朝的统一发挥了独特的作用。[②] 因此，顺治时期清政权继续皇太极时期的对藏政策，继续派遣钦差大臣进藏邀请五世达赖喇嘛。

崇德七年（1642年），五世达赖喇嘛所遣队伍抵达盛京，为清政权与西藏地方政教集团建立友好关系之始。在达赖喇嘛的所遣队伍返回时，皇太极派遣清政权的代表团同行前往西藏。清政权的代表团于顺治元年（1644年）的冬季第一次成功进入西藏。而此时，双方的政治地位和社会影响力都发生了根本性的改变，清军已闯出东北，入主中原，为天下之

① 康熙《大清会典·理藩院》，转引自张羽新编著《清朝治藏典章研究》，中国藏学出版社2002年版，第955页。

② 张双志：《五世达赖喇嘛对清初蒙古地区稳定的贡献》，《中国藏学》，2008年第2期（总第82期）第7—8页。

主。藏传佛教格鲁派在和硕特蒙古的支持下在青藏高原取得绝对优势，五世达赖喇嘛成为藏传佛教教主，为蒙藏共尊。清统治者深刻认识到藏传佛教在蒙古人中的巨大影响，不断延请五世达赖喇嘛，想以此促使喀尔喀部“来归”，以稳定蒙古地区，进而稳定内地。而达赖喇嘛愿意进京朝见顺治，也是基于政治等多方面的考虑，主动寻求中央政权的支持，为此突破了重重阻力。顺治五年（1649）达赖喇嘛正式告知顺治帝，愿意进京，在清朝廷和达赖喇嘛的共同努力下，终于实现了历史性的会面。①

一、顺治时期五世达赖喇嘛进京途中财政支出

顺治九年（1652年）二月初五，顺治皇帝派遣理藩院侍郎等往迎并给达赖喇嘛、固始汗等敕谕，随敕赐礼物，其中随敕赐五世达赖喇嘛珍珠、数珠、帽、袍、靴、雕金鞍辔、黄表马八匹、手鞭等礼物，随敕赐顾实汗镶金雕鞍一、镶金玲珑佩刀一。② 与此同时，还派遣原先前去延请达赖喇嘛之内大臣多尔济达尔汉诺彦一行，又派遣内大臣二员、喇嘛三人，各给二百两银粮石遣往，共计一千两银粮石，拨给驿马二百六十四匹遣往。③ 顺治九年（1652年）八月十三日，顺治帝因西南用兵，羽书来往频繁，皆系军国重务，难以轻置，不能出边相见达赖喇嘛，派钦差大臣于边内近地亲迎，给达赖喇嘛敕谕并赐哈达、珍珠、数珠。同年八月二十九日在代噶给达赖喇嘛敕谕并赐白哈达一方。④ 为了迎接五世达赖喇嘛进京，顺治帝事前派遣理藩院侍郎沙济达喇同户、礼、兵、工四部理事官前往西藏地方往迎五世达赖喇嘛，这些朝廷钦差大臣也带去了顺治赏赐达赖喇嘛袍、帽、鞍马、珍珠、数珠等物。因第巴诺门汗劝导达赖喇嘛来朝，并赐

① 张双志：《五世达赖喇嘛对清初蒙古地区稳定的贡献》，《中国藏学》2008年第2期（总第82期）第8页。

② 《清初五世达赖喇嘛档案史料选编》第21—22页。

③ 《清初五世达赖喇嘛档案史料选编》第42—43页。

④ 《清初五世达赖喇嘛档案史料选编》第24页。

其袍、帽、鞍马、玲珑佩刀等物。[①] 送去谕旨、珍珠念珠、帽子、以锦缎披风为主的各色套装、以配有金鞍的白马为主的良马一百匹等赏赐物。钦差牟尼等几位蒙古人布施了一些马匹、羊只。[②] 五世达赖喇嘛于顺治九年（1652年）三月从拉萨动身前往京城，顺治皇帝派遣户部、礼部、兵部、工部、理藩院五部官员迎至青海，拨给马匹、盘费，直至京城。[③] 五世达赖喇嘛进京沿途不断派遣人员到京奏陈队伍行使情况，三月二十五日清朝廷宴请达赖喇嘛所差人员车臣囊素等于礼部。[④]

清朝廷为了五世达赖喇嘛一行僧众进京，在青海备乌拉马三千匹、驼六百峰供使用。[⑤] 当五世达赖喇嘛一行僧众抵达西宁时，西宁城的两位官员派遣专人送来了茶叶、大米、水果等，五世达赖喇嘛一行僧众在塔尔寺居住了两天。启程之日，西宁城的官员白副将、何参赞、总爷、汪爷等四人在一百名乘骑者的簇拥下前来迎接。[⑥] 离开西宁时，两位官员以汉俗接待侍奉。抵达平戎驿时，当地的官员以茶、冰糖、水果、肉、酥油等盛情招待。

抵达庄浪城时，官员德仲、色拉隆等三十名乘骑者赶来迎接。在德仲、色拉隆属下五百名僧人的列队迎接下，来到斯日德仲，官员李庞学按汉俗接待侍奉。德仲囊索索巴仁钦和温布喜饶扎二人布施了百匹缎子、华盖、马鞍等物。在庄浪城的马站，庄浪城的彭爷、总爷、鲁参赞三人依次奉上汉式油炸面点，当天午饭时没有水，所以用马站和乡村的马车运水来。庄浪城的官员扎下一顶白色大帐篷设灶郊迎。随后，达赖喇嘛一行穿过一条长长的村镇红土巷道，左右两边是手拿小旗的人，中间有手持各种乐器的汉民骑马作前导，渐次来到庄浪城附近设帐。三位官员送来各种面

---

① 《清世祖实录》卷六三，顺治九年二月丁未。

② 阿旺洛桑嘉措著，陈庆英、马连龙、马林译《五世达赖喇嘛传》，中国藏学出版社2006年版，第223页。

③ 《清初五世达赖喇嘛档案史料选编》第36页。

④ 《清世祖实录》卷六三，顺治九年二月戊午。

⑤ 《清初五世达赖喇嘛档案史料选编》第37页。

⑥ 《五世达赖喇嘛传》第224页。

食和鸡、猪等，达赖喇嘛将这些家禽家畜放生。一位老官员向达赖喇嘛奉献了披风缎，年轻的官员鲁参献上哈达、有底座的碗、筷子、八个锡盘、缎匹、马鞍等。达赖喇嘛一行在该地歇宿后，于二十八日到达平定城。当地官员在吉叶接待侍奉，嘉多尔达主仆一行六十人前来奉献了以银壶、茶滤子、净瓶、曼遮、绸缎、鞍具等为主的大批礼品。随后，他们到达了属于满洲地界的景泰城，朝廷派遣的诺木齐喇嘛和一名宫廷侍卫、一名章京抵达，递交了敕谕和礼品珍珠念珠。① 往宁夏城行进时，五世达赖喇嘛改乘官府提供的"轿子"，由人用肩抬的座位，其上有歇山顶式房屋并饰有鳌头。在众人迎接之下，来到中卫，以当地的两位官员和头戴宝石的顶戴官帽、身着官服的都爷、总爷为首的主仆约一百人来此按汉俗举行了接风宴会。行抵镇虏堡时，以察罕达尔汗曲杰为首的皇帝的使者奉献了马匹、骆驼近四十匹，行至称为"石空寺"的城堡附近住宿。官员庞枢送来各种汉族食品。在称为"枣园堡"的小城，官员曹枢接待了他们。在离"广武"城不远的地方住宿，戴水晶顶戴官帽的官员于吉设宴款待，并布施了蓝缎子等物品。玉泉营一位身着官帽官服的参将爷举行了宴会。随后，来到一片茂密的森林，林间的路像铺展开的氆氇。之后又行至一座称为"商渠堡"的小城附近。宁夏的两位官员奉献了以金香炉、四张银盘、四匹缎子以及缎坐垫为主的大批礼物。九月二十一日，他们来到黄河口岸，河水三倍于雅鲁藏布江，似乎要融入蓝天，泛着赤红的色泽。他们从这里登上几只非常大的汉式双层船渡到河对岸，两位前来送行的官员将从这里返回，他们按汉俗献了布施。行抵鄂尔多斯地面的夏丹地方时，宁夏的六位小官员敬献了绸缎和瓷器，凉州的官员尽其所有满载粮捆等物来此。二十三日，给皇帝赍送奏折及礼品的沙济达喇返往京城。此后，皇帝派遣的侍卫拉玛、侍卫衮布、巴台章京抵达，递交了皇帝的敕谕及所附礼品。②

五世达赖喇嘛一行僧众行至蒙古布尔斯克，次日行至称为"哈喇乌苏"的森林时，给西藏赍送皇帝福田施主的印玺和用具的鄂勒噶喇巴冈巴

① 《五世达赖喇嘛传》第227—229页。

② 《五世达赖喇嘛传》第230—231页。

抵达。五世达赖喇嘛随即携带回复敕谕的奏表动身前往京城。他们从鄂日库启程，在中午打尖时，诺木齐喇嘛及随从四人前来禀告克辛格亲王正在迎接途中。此后的两三天里，一路上有无数骑着马、骆驼和牛的人前来献礼绕拜，似乎没有尽头，喧声震耳，而且五世达赖喇嘛每天要给三千来人摩顶、撒花。他们的谒见哈达堆得满满的，像是下了一场雪一般。一位被称为“皇帝寺庙管庙人”的人奉献了带黄金底座的碗、玻璃和黄金制的器皿等。十一月初二日，迎接的人们按照律例举着各种兵器和法器，吹打着各种乐器，走在前面的克辛格亲王由两千名乘骑者簇拥着，左右的人擎着伞盖、飞幡、羽扇，场面有如帝释天的殿堂，整齐有序地来临。就座之后，亲王向五世达赖喇嘛递交了皇帝的敕谕和饰有珍珠祖衣等各种器具的赏赐物。亲王还奉献了饰有七政宝图纹的金曼遮作为他本人的贽见礼。因亲王的驾临，所以五世达赖喇嘛在此地歇宿了三天。① 十六日，五世达赖喇嘛一行僧众抵达代噶，清朝廷在代噶为五世达赖喇嘛修建了新的住处，一处带围墙的汉式行宫，房屋为汉式屋顶。亲王给五世达赖喇嘛送了种类齐全的缎匹。五世达赖喇嘛一行僧众抵达代噶时，达赖喇嘛遣派嘎鲁嘎布楚进京奏陈，清朝廷赏嘎鲁嘎布楚银茶筒一个、缎九匹、毛青布五十匹。②

二、顺治时期五世达赖喇嘛在京财政支出

五世达赖喇嘛一行僧众在清朝亲王和官兵护送下从位于长城内的“张家口”城边经过，在鲁雅村歇宿。顺治皇帝为了迎接五世达赖喇嘛，派遣黄寺的喇嘛桑洛阿香师徒三十人来到此地，特遣洛桑格隆送来七政宝之一的配鞍宝马二匹、日光吉祥缎一匹。这两匹马非常肥，不便乘骑，但因是皇帝特赐，不宜不用，所以达赖喇嘛挑了一匹白马乘骑。渐次行至被称为“沙河城”的有吊桥的城堡附近，一位叫玉衮的官员接待了他们。又前行

① 《五世达赖喇嘛传》第232—234页。

② 《清初五世达赖喇嘛档案史料选编》第35页。

至称为“清河”的城镇的桥上时，钦差辅政亲王济尔哈朗在三千名乘骑者的簇拥下来迎，他们举着如树林般的兵器、华盖、飞幡、宝幡、乐器等，亲王留下仪仗队并向达赖喇嘛敬献了玛瑙念珠、用五十两黄金制成的金茶筒、镶嵌珠宝的金鞍、大哈达等贽见礼。由此前行，在前流（前楼）驻锡两天。皇帝按以前的诸典籍所载，以田猎的名义前来迎接。① 顺治九年（1652年）十二月十五日，五世达赖喇嘛于南苑谒见顺治帝，顺治帝赐座、赐宴。② 顺治皇帝盛宴招待五世达赖喇嘛后，当晚五世达赖喇嘛返回前一天的驻锡地歇息。在距转轮圣王大都治下语言各异、具有二利的紫禁城北京有两俱卢舍之遥的地方，皇帝用九万两白银作顺缘，专门建起称为“黄房”的精舍，即黄寺③ 。作为五世达赖喇嘛的行辕，黄寺有如天神的林苑，围墙环绕着房舍，正中的内室和外室之间没有间隙。色彩上，用了大量金箔，光彩夺目。④ 五世达赖喇嘛于次日抵达黄寺。

顺治十年（1653年）正月十六日，顺治帝在太和殿筵宴达赖喇嘛并赐金器物、彩缎、鞍马等物。⑤ 跟随五世达赖喇嘛进京的僧众三百人，顺治皇帝也给予了丰厚的赏赐，赏给他们银一万两、缎一千匹。⑥（藏历）二十五日，顺治皇帝遣内大臣噶巴喇阿玛和鄂罕阿玛等人来黄寺，颁赏了银曼遮、瓷器、黄金制成的托盘、器皿、净瓶、绘有彩龙的瓷盘、香炉、长号、唢呐等，另外还有幡、华盖、宝幢、飞幡以及幡伞等合于帝师身份的用具。⑦ 此后，皇帝派噶巴喇阿玛和鄂罕阿玛二人传旨，要五世达赖喇嘛进宫，五世达赖喇嘛遵旨前往像毗沙门宝殿一样的大殿，在一个两肘宽的坐榻上落座，噶巴喇阿玛近前翻译圣谕，按昨天的规矩捧茶饮茶。接着，举行了盛大的宴会，每张桌子上都叠放着五十张盘子，皇帝用的是金

① 《清初五世达赖喇嘛档案史料选编》第241—242页。

② 《清初五世达赖喇嘛档案史料选编》第27页。

③ 《清初五世达赖喇嘛档案史料选编》第252—253页。

④ 《清初五世达赖喇嘛档案史料选编》第242页。

⑤ 《清初五世达赖喇嘛档案史料选编》第28页。

⑥ 《清初五世达赖喇嘛档案史料选编》第40页。

⑦ 《清初五世达赖喇嘛档案史料选编》第242页。

盘，余者都用银盘。皇帝还赏赐了第穆活佛、白居寺堪布、宰桑第巴、墨尔根噶居巴、车臣温布及达赖喇嘛的索本、森本、却本、翁则、香灯师等十五位显贵。宴会后达赖喇嘛返回自己的驻锡地。时隔三日，辅政亲王之子显塞王兄弟二人布施了金曼遮和珍奇的金鞍，额辛格亲王布施了带金座的瓷碗、净瓶、器皿等物品。又隔四日辅政亲王为五世达赖喇嘛举办了有八十张席桌的宴会。①（藏历）二月十二日，皇帝派遣噶巴喇阿玛赏赐给五世达赖喇嘛以珍珠斗篷为主的各色缎匹、两拇指大的价值无比的珍珠；给五世达赖喇嘛的仲科尔们每人赏五十两重的元宝三个、银茶筒一个、大缎十五匹，还有缎绫、薄绫和带鞍、带镫、坐垫的鞍具等。（藏历）二月十八日，皇帝派人来召请，五世达赖喇嘛应召前往皇宫，赐宴丰盛一如以前。从皇宫返回的途中，五世达赖喇嘛给黄寺的三世佛殿撒花祝赞。此后，皇帝又厚赏五世达赖喇嘛重五十两的金茶筒一对、金盘一对、黄金五百两、银茶筒八个、银盘八个、白银一万两、重一千两的大银罐一个、大缎一千匹、金鞍十副、虎皮、豹皮、水獭皮各十张、茶叶一百包作为送别之礼品。又蒙皇帝的母亲皇太后赏赐黄金一百两、白银一千两、大缎一百匹。②

五世达赖喇嘛从黄寺启程返回之际，皇帝特遣钦差大臣贝固颁赏了百粒食指头大小的玛瑙珍珠串成的朝珠一串，又传旨将以前赏赐给五世达赖喇嘛的伞盖、经幢、飞幢和旗帜等列于队伍之前。队伍渐次缓行，当晚至清水河（即清河），代表顺治皇帝的辅政亲王及其随从三千余人送行至此。亲王给五世达赖喇嘛赠送了新奇的汉式帐幕以及用蒙古缎做的帘幔、华盖、坐垫、靠垫等，并举行了以皇帝名义赏赐的丰盛宴会。午宴后又前行三俱卢舍之地，辅政亲王将由此返回，他又把自己的坐骑赠送给五世达赖喇嘛。③

因“外藩部长客臣初次来京，间有奉旨令亲王、郡王筵宴者”之先例，

① 《清初五世达赖喇嘛档案史料选编》第243—244页。

② 《清初五世达赖喇嘛档案史料选编》第245—246页。

③ 《清初五世达赖喇嘛档案史料选编》第246页。

所以顺治皇帝要求“达赖喇嘛一行，诸王依次设宴，就彼馆舍款之”。[①]辅政亲王之子显塞王兄弟二人布施了金曼遮和珍奇的金鞍，额辛格亲王奉献了以黄金百两、大缎一百五十匹为主的千份礼品，布施了带金座的瓷碗、净瓶、器皿等物品。衮布台吉向五世达赖喇嘛布施了黄金茶筒、一千两白银、八十匹缎子，还给五世达赖喇嘛的随行人员发放了银两和大缎。格隆桑珠曲培布施了用三十两黄金、三百两白银打造的曼遮。辅政亲王为五世达赖喇嘛举办了有八十张席桌的宴会，奉献了以黄金百两、金茶筒、金盘和大缎百匹为主的千份礼品。恰噶岱亲王款待五世达赖喇嘛。依哩图王为五世达赖喇嘛举行盛大宴会。额辛格亲王举办了八十张席桌的宴会，并布施了铃铎、念珠、伞、坐垫等许多用具。额尔克王和属下的两位贝子奉献了金银曼遮、马匹、缎子等许多物品。贡贡为五世达赖喇嘛举行了同前几次相同的宴会，尼勒格王为五世达赖喇嘛举行了宴会。其他各王也奉献了与此相当的礼品。强林诺门汗奉献了以珍珠念珠、黄金三百两以及哈达幔为主的千份礼品。[②]

三、顺治时期五世达赖喇嘛离京返回西藏途中财政支出

顺治十年（1653年）二月十八日，顺治帝在太和殿为达赖喇嘛赐宴饯行，并赐鞍马、金银、珠玉、缎匹等物。[③]同年三月初三日遣礼部尚书觉罗郎球、理藩院侍郎席达礼等于代噶地方赍送达赖喇嘛金册金印，封五世达赖喇嘛为西天大善自在佛所领天下释教普通瓦赤喇怛喇达赖喇嘛，同时赐顾实汗金册金印，封为遵行文义敏慧顾实汗。[④]印文为“西天大善自在佛所领天下释教普通瓦赤喇怛喇达赖喇嘛”的汉、蒙古、藏三种文字合璧的金印和金册，金册有最厚的书页那么厚，而且很均匀，宽度为四指，

① 《清世祖实录》卷七一，顺治十年正月甲申。

② 《五世达赖喇嘛传》第244—246页。

③ 《清初五世达赖喇嘛档案史料选编》第30页。

④ 《清初五世达赖喇嘛档案史料选编》第31—32页。

一卡（拇指尖至中指尖伸开的长度）长，有十五页，神奇地连接在一起，可以折叠。还有用上述三种文字书写的让五世达赖喇嘛管领西方众生的敕书及赏赐物品等。金印、金册在盛大的宴会上颁赏。①

四月十六日，五世达赖喇嘛于代噶派遣索诺木旺扎勒进京奏陈，清朝廷赏其银茶筒一个、缎七匹、毛青布三十匹。留在代噶的跟随五世达赖喇嘛的僧众、跟役共有一千九百七十四人，在离开代噶返藏时，理藩院会同礼部也进行赏赐。② 五月初九日，五世达赖喇嘛遣派喇希、楚呼二人进京奏陈，朝廷赏喇希缎五匹、毛青布二十匹，赏楚呼缎三匹、毛青布十匹。③ 五月十三日，五世达赖喇嘛遣派达穆尔、鄂齐尔二人进京奏陈，二人职同喇希、楚呼，拟照喇希、楚呼例赏赐，赏达穆尔缎五匹、毛青布二十匹，赏鄂齐尔缎三匹、毛青布十匹。④ 六月初八日，五世达赖喇嘛遣派松朱喇木扎木巴喇嘛进京奏陈，赏其银茶筒一个、缎七匹、毛青翠兰布三十匹，赏副总管布木泰缎五匹、毛青翠兰布二十匹。⑤

四月十七日，顺治皇帝又拟照相迎之例护送五世达赖喇嘛一行僧众从代噶起行返回拉萨，派户部、礼部、兵部、工部、理藩院五部官员送至青海，拨给赏赐之物、马匹、盘费。⑥ 同时拨给达赖喇嘛乌拉马、驼，令四子、古穆、三乌喇特等五旗备马一千五百匹、驼三百峰，归化城之土默特备马一千五百匹、驼三百峰，自代噶骑至黄河；令鄂尔多斯六旗备马三千匹、驼六百峰，自黄河骑至宁夏黄河东岸渡口；自黄河渡口则骑用大库马驼，送到青海，在青海备乌拉马三千匹、驼六百峰。⑦ 达赖喇嘛返程途中需用奶及酥油，正值夏季，奶及酥油不便路途携带，相应由归化城土默特拨给奶牛五十头送至鄂尔多斯，由鄂尔多斯拨给奶牛五十

① 《五世达赖喇嘛传》第252页。
② 《清初五世达赖喇嘛档案史料选编》第40页。
③ 《清初五世达赖喇嘛档案史料选编》第43页。
④ 《清初五世达赖喇嘛档案史料选编》第44页。
⑤ 《清初五世达赖喇嘛档案史料选编》第44页。
⑥ 《清初五世达赖喇嘛档案史料选编》第36页。
⑦ 《清初五世达赖喇嘛档案史料选编》第37页。

头送至宁夏。[①] 派遣护送达赖喇嘛之内大臣囊努克、修世岱、侍卫喇嘛、得木齐达尔汉囊苏、刚亲嘎布楚五人，各给二百两银粮石，共计一千两银粮石，拨给驿马二百六十四匹遣往。[②] 五月初四日，据户部疏称，先前达赖喇嘛一行僧众从拉萨骑来的马驼，留于宁夏、鄂尔多斯、土默特之马近二千匹、驼近三百峰，返程时尚缺马一千匹、驼三百峰，清朝廷决定增补马一千匹、驼三百峰，鄂尔多斯六旗丁众当出二份，归化城土默特二旗丁少当出一份，抽随侍郎沙济达喇护送达赖喇嘛往青海之员外郎一员先行前往，在宁夏以东黄河渡口备好马驼等候。[③] 五世达赖喇嘛一行僧众离开代噶后，住守代噶地方所修达赖喇嘛住房之众喇嘛，由理藩院每年支给米粮。[④]

五世达赖喇嘛一行僧众于顺治十年（1653年）六月五日自代噶启程。启程之时顺治皇帝命和硕承泽亲王硕塞偕固山贝子顾尔玛洪、吴达海率八旗官兵送至代噶地方并饯行。[⑤] 在五世达赖喇嘛返藏途中，从代噶至西宁沿途诸位官员人等按照他们各自的财力向五世达赖喇嘛广施各种财物。[⑥] 五世达赖喇嘛一行僧众登上黄河渡船，宁夏的官员在船舱上搭起新奇的有许多门的汉式竹屋。当晚在叫做乌尔都斯的平滩上住宿。在吃中午饭时，住在牛角悬记寺的十五位汉僧和当地城镇的官员携带油炸面食前来拜见。在与宁夏交界的地面，当地官员向达赖喇嘛布施了两顶伞盖、四匹缎子、银茶筒等财物。此后的几天里，营盘水的参将、松水堡的守备和巴尔达本等人为达赖喇嘛一行设宴接风。行至庄浪，三位官员在此设宴接风。[⑦] 五世达赖喇嘛一行僧众于顺治十年（1653年）十月返回西藏，至此清朝廷结束关于达赖喇嘛进京朝觐的财政支出。

---

① 《清初五世达赖喇嘛档案史料选编》第41页。

② 《清初五世达赖喇嘛档案史料选编》第42—43页。

③ 《清初五世达赖喇嘛档案史料选编》第42页。

④ 《清初五世达赖喇嘛档案史料选编》第82页。

⑤ 《清世祖实录》卷七五，顺治十年五月乙亥。

⑥ 《五世达赖喇嘛传》第255页。

⑦ 《五世达赖喇嘛传》第258页。

第四节　顺治时期派遣入藏钦差大臣的财政支出

顺治时期，清朝廷与西藏地方政教上层人物已经形成常规往来关系。清朝廷常常派遣钦差大臣入藏，这些钦差大臣往返西藏地方，清朝廷也需要承担财政开支。清朝廷派往西藏地方的既有蒙、藏地区藏传佛教高僧，也有朝廷的官员和藏传佛教高僧。因此顺治时期清朝廷派遣到西藏地方的人员财政支出方式也有所不同，对于委托的蒙、藏地区藏传佛教高僧大多是通过厚赏方式，而对于朝廷遣派的官员、藏传佛教高僧则是按照相关规定支付往返西藏地方至京城的差旅等费用。

顺治早期，清朝廷借助来往西藏地方与京城的蒙、藏地区藏传佛教高僧为进藏使者。此时期具有代表性的藏传佛教高僧为祖籍唐古特（西夏）地区的伊拉古克三呼图克图，他佛学造诣很深，又熟悉蒙古、藏区等地的政治、文化、生活习俗等，穿梭于蒙古地区、藏区、清政权所辖之地之间，积极有效地联络蒙古、藏、清政权等地政教首领。[①] 因伊拉古克三呼图克图受皇太极委托代清政权入藏与西藏政教上层人物取得联系，并在顺治二年（1645年）十二月带着五世达赖喇嘛遣派人员一起到达京城，上表朝贡，清朝廷赏赐以示酬谢。顺治三年（1646年）十二月十五日，赏伊拉古克三呼图克图之下属班智达喇嘛、冰图喇嘛各一等蟒缎一匹、倭缎一匹、大缎一匹、彭缎一匹、红青缎一匹、毛青布三十匹、海獭皮二张、三十两重银盆一个、茶筒一个。十二月二十五日，伊拉古克三呼图克图所遣班智达喇嘛一行七十人，厄鲁特达尔汉喇嘛一行十八人，共八十八人，

① 李保文:《唐古特・伊拉古克三呼图克图考》,《中国藏学》，2005年第2期，第58页。

朝廷以送行礼，备酒杀牲设席，由皇上于武英殿赐宴。①

随着清朝廷与西藏地方政教上层人物形成常规往来关系，清朝廷派遣进藏的使臣以官员为主。顺治时期已经有僧籍为京城的藏传佛教高僧，清朝廷也派遣他们独自或者与进藏官员一起担任进藏钦差大臣。顺治五年（1648年）五月，顺治皇帝遣喇嘛席喇布格隆等赍书存问达赖喇嘛，并敦请之。② 顺治八年（1651年）四月初二日，顺治帝特遣使臣多卜臧古西为首六人往请达赖喇嘛来京。③ 顺治六年（1649年）十月初七日，顺治皇帝派遣使臣敕谕复达赖喇嘛欢迎来京。④ 顺治九年（1652年）二月初五日，顺治皇帝特遣理藩院侍郎沙济达喇，同户部理事官赵山、广宁、苗张新，礼部理事官翁海、苏纳木、鲁松君，兵部理事官莽萨日、卓奴依、赵吉新，工部理事官恩都、塔比都、超包恩、常书贵等，以及其助理官共二十员，往迎五世达赖喇嘛⑤。顺治九年（1652年）八月十三日，顺治帝为于边内近地亲迎给达赖喇嘛敕谕，派遣使臣入藏。顺治九年（1652年）八月二十九日，顺治帝允准在代噶相见给达赖喇嘛敕谕，派遣使臣往迎达赖喇嘛。⑥ 顺治十年（1653年）二月十六日，理藩院尚书尼堪等请旨准派人晓谕科尔沁王公等往代噶谒见达赖。顺治十年（1653年）二月十六日，理藩院尚书尼堪等为请旨令土谢图汗贡使等去代噶向达赖喇嘛献物。⑦ 顺治十年（1653年）二月二十日，达赖喇嘛辞归，命和硕承泽亲王硕寨偕固山贝子顾尔玛洪、吴达海率八旗官兵送至代噶地方。又命皇叔和硕郑亲王济尔哈朗、礼部尚书觉罗郎球饯行于清河。⑧ 同年四月，顺治皇帝遣礼部尚书觉罗郎球、理藩院侍郎席达礼等赍送封达赖喇嘛金册金印于代噶地

① 《清初五世达赖喇嘛档案史料选编》第12—13页。

② 《清世祖实录》卷三八，顺治五年五月甲申。

③ 《清初五世达赖喇嘛档案史料选编》第20页。

④ 《元以来西藏地方与中央政府关系档案史料汇编》第225页。

⑤ 《清初五世达赖喇嘛档案史料选编》第22页。

⑥ 《清初五世达赖喇嘛档案史料选编》第22页。

⑦ 《清初五世达赖喇嘛档案史料选编》第29页。

⑧ 《清初五世达赖喇嘛档案史料选编》第30页。

方。[①] 顺治十年（1653年）四月十七日，理藩院尚书尼堪等谨奏，达赖喇嘛来朝时，派户部、礼部、兵部、工部、理藩院五部官员迎至青海，拨给马匹、盘费。现拟照相迎之例护送，请饬各该四部遣派官员。[②] 顺治十年（1653年）四月二十日，派往侍卫喇嘛、归化城土默特刚亲嘎布楚、达尔汉囊苏三名喇嘛及巴雅喇每旗护军二名，护送达赖喇嘛回藏。[③] 在迎送五世达赖喇嘛觐见时，理藩院安排侍郎沙济达喇、员外郎四员、笔帖式二名、领催二名前往相迎。回返时，又照先前相迎之例派员外郎莽佳、额叶图、多齐、瓦色，笔帖式二名，领催二名，侍郎沙济达喇、侍郎席达礼前去送往。[④] 派礼部尚书觉罗郎球、理藩院侍郎席达礼等前往代噶达赖喇嘛住所颁赏。原先前去延请达赖喇嘛之内大臣多尔济达尔汉诺彦一行，内大臣二员、喇嘛三人，曾各给二百两银粮石遣往，共计一千两银粮石。护送达赖喇嘛之内大臣囊努克、修世岱、侍卫喇嘛、得木齐达尔汉囊苏、刚亲嘎布楚五人，拟各给二百两银粮石，共计一千两银粮石。[⑤]

顺治十一年（1654年）六月二十一日，四世班禅谢恩奏书，提到圣上遣使赏赐。[⑥] 同年八月二十三日，顺治皇帝署理藩院侍郎明安达礼等派诺尔布鄂木布、归化城满珠习礼绰尔济，看管达赖喇嘛在代噶曾住房屋之布鲁勒格隆等三名喇嘛中选派二名遣往，应派二名侍卫交内大臣等拣选，每旗二名护军仍前遣往西藏。[⑦] 同年九月二十一日，顺治皇帝遣满珠习礼绰尔济、诺尔布温布、苏鲁木、阿金等入藏回赏给达赖喇嘛、固始汗、班禅胡克图敕谕。[⑧] 顺治十三年（1656年），固始汗去世，清朝廷

① 《清世祖实录》卷七四，顺治十年四月丁巳。

② 《清初五世达赖喇嘛档案史料选编》第36页。

③ 《清初五世达赖喇嘛档案史料选编》第37页。

④ 《清初五世达赖喇嘛档案史料选编》第38页。

⑤ 《清初五世达赖喇嘛档案史料选编》第41页。

⑥ 《清初五世达赖喇嘛档案史料选编》第49页。

⑦ 《清初五世达赖喇嘛档案史料选编》第51页。

⑧ 《清初五世达赖喇嘛档案史料选编》第53页。

派遣钦差大臣前往西藏地方悼祭。① 同年三月，顺治皇帝遣厄木齐喇嘛等赍敕存问达赖喇嘛、班禅胡土克图。② 同年十二月，顺治皇帝遣喇嘛锡喇布、萨穆谭格隆赍敕印，封岔挫监挫为阐化王。③ 顺治十五年（1658年）十二月初三日，顺治皇帝特遣兰占巴喇嘛、古木布格隆等往西藏问安好。④ 顺治十五年（1658年）十二月，顺治皇帝遣喇木札木巴喇嘛、滚布格隆等赍敕存问。⑤ 顺治十七年（1660年）六月，顺治皇帝命喇木扎木巴喇嘛等进藏赍敕存问。⑥

顺治时期，清朝出使西藏地方使者除了委托在满、蒙、藏地区颇具影响力的大喇嘛之外，就是清朝廷派遣的官员。对于委托的大喇嘛相关财政支出是以皇帝直接赏赐物品等形式完成，而对于清朝廷直接派遣出使西藏的官员的相关财政支出，《大清会典》中有记载。顺治十三年题准，遣往达赖喇嘛使者，精奇尼哈番给驿马十三匹，车七辆。阿思哈尼哈番给驿马十匹，车四辆。郎中、员外郎马各五匹，车各二辆。笔帖式马各三匹，车各一辆。护军拨什库等，马各三匹，每二人共车一辆。⑦

① 《清初五世达赖喇嘛档案史料选编》第55页。

② 《清世祖实录》卷九九，顺治十三年三月丙戌。

③ 《清世祖实录》卷一〇五，顺治十三年十二月己丑。

④ 《清初五世达赖喇嘛档案史料选编》第57页。

⑤ 《清世祖实录》卷一二二，顺治十五年十二月乙丑。

⑥ 《清世祖实录》卷一三七，顺治十七年六月庚子。

⑦ 张羽新编著《清朝治藏典章研究》，中国藏学出版社2002年版，第253页。

第三章　康熙时期西藏地方财政支出

第一节　康熙时期西藏地方财政支出历史背景

经过顺治朝的南征北战，至康熙三年（1664年）清政权基本统一腹地，清政权已确立了对全国的统治。在清政权平定反抗战争过程中，降清的明朝重臣、名将及明军发挥了重要作用。所以在确立对全国的统治大局后，清政权根据在平定战争中的功劳，将吴三桂封为平西王镇守云南，尚之信（尚可喜之子）封为平南王镇守广东，耿精忠（耿仲明之孙）封为靖南王镇守福建，史称“三藩”。后因清朝廷撤藩，吴三桂于康熙十二年（1673年）带头发动“三藩之乱”，叛乱波及滇、蜀、湘、闽、桂、黔等地。清政权一面采取分化三藩，招抚平南王、靖南王，孤立吴三桂等战术，一面派遣清军进入云贵等地平定叛乱，历时八年“三藩之乱”被平定。另外，郑成功及其后人仍在台湾奉明朝为正朔，坚持抗清。此时台湾为郑成功之孙郑克塽当政，抗清势头远不如郑成功时期，清政权趁郑氏家族因内讧而分崩离析的机会，于康熙二十二年（1683年）派遣清军攻占澎湖，郑克塽降清，清军进驻台湾，清朝正式设立台湾省。平息“三藩之乱”，攻克台湾并建立行省之后，清朝在南方和西南地区已无大的战事，康熙朝遂有余力来经略西北、北方边疆，同时进一步明确西藏地区的政治归属。

一、康熙时期经略漠西、漠北蒙古诸部

康熙前期，清政权忙于平定南方和西南地区的战乱，巩固统治。在此时期，漠西地区的厄鲁特蒙古准噶尔部上层贵族为争夺统治权力而展开激烈的战争。康熙三年（1664年）僧格取得准噶尔部统治权，成为准噶尔部实际统治者，但准噶尔部内部争权夺势的战争并没有停止。康熙九年（1670年）僧格被准噶尔部车臣台吉（异母兄）等杀死。僧格的弟弟噶尔丹在西藏跟随五世达赖喇嘛学习藏传佛教，虽然噶尔丹是一个佛教徒，但他奔走于西藏与准噶尔之间，积极参与政治活动。在征得达赖喇嘛的同意后，噶尔丹返回漠西。噶尔丹以为僧格复仇的名义获得僧格旧部支持，参与夺权战争，击败了政敌，获得了准噶尔部实际统治权。拥有实际权力后的噶尔丹首先在厄鲁特内部和临近部族展开一系列侵掠兼并战争，先后完成对天山南北的战争征服，向西征服了哈萨克、诺盖等部族。噶尔丹将扩张兼并的目标向东推行，亦即喀尔喀蒙古诸部乃至清政权控制地。

康熙中前期，北方喀尔喀蒙古依旧没有纳入清朝版图，直接关系到清朝的北疆安全。漠南蒙古诸部虽然已经归附清朝，但如果清朝廷出现有让他们不满意之处，漠南蒙古诸部就准备发动叛清战争，失败则北投喀尔喀蒙古。北方喀尔喀诸部在此时期也是互相争夺，内部频频发生战争。来自漠西的蒙古准噶尔部在康熙时期已经崛起，随着漠西社会发展和人口增长，漠西地区已经无法满足原厄鲁特蒙古的需求，因此厄鲁特内部互相争夺草场等生存资源。由于漠西恶劣的自然环境，以及游牧经济逐水草而居的特点，康熙时期崛起的蒙古准噶尔部频频对外征战，以扩大准噶尔部势力范围。在噶尔丹为蒙古准噶尔部台吉时，他把战争目标扩大到北方喀尔喀蒙古，甚至曾经还将战争目标直接扩大到清朝版图。而来自欧洲的沙俄侵略势力，已经不断对亚洲入侵吞噬。十七世纪八十年代沙俄入侵势力已渗透到喀尔喀部色楞格河流域，色楞格河流域当时是蒙古土谢图汗的管辖范围，所以土谢图汗率兵抵抗沙俄入侵。由于准噶尔部噶尔丹长期与沙俄互遣使者，相互窜通，此时噶尔丹不但不帮助喀尔喀土谢图汗，反而借助

沙俄入侵谢图汗所辖范围之机准备趁火打劫，以达到最终噶尔丹控制整个喀尔喀的目的，而沙俄也极力唆使和拉拢噶尔丹大举入侵喀尔喀。

噶尔丹认为喀尔喀蒙古的哲布尊丹巴在康熙二十五年（1686年）喀尔喀蒙古诸部的枯冷白齐尔盟会上，对五世达赖喇嘛所遣派的使者不够尊敬，以此为由于康熙二十七年（1688年）率领三万大兵侵犯喀尔喀。喀尔喀战败，而此时清朝廷正与沙俄在尼布楚进行谈判，喀尔喀蒙古向清朝廷请求出兵救援。清朝廷迅速作出反应，一面召见沙俄驻华使臣，抗议沙俄支持噶尔丹入侵喀尔喀，一面积极布置清兵深入漠北阻击噶尔丹军事力量。康熙二十九年（1690年）噶尔丹军事力量与清朝廷军事力量在乌尔会河一带作战，清兵大败，噶尔丹以追击南逃的喀尔喀为借口，将战火蔓延到内蒙古汛界以内的广大地区，直接介入到清朝的北疆。康熙皇帝集中力量解决这一严重的局势问题，清朝廷在政治和军事上做了一系列的准备。康熙二十九年（1690年），七月康熙帝亲征噶尔丹，同年八月清军于乌兰布通大败噶尔丹军事力量。噶尔丹溃逃之时利用缓兵之计，争取到东山再起的机会。噶尔丹军事力量恢复之后，又开始骚扰滋事。噶尔丹一面派人窜通沙俄获得沙俄军事力量支持，一面于康熙三十四年（1695年）率骑兵两万进抵巴彦乌拉地区，严重危及清朝廷北部边疆的安宁。康熙三十五年（1696年）康熙皇帝再次亲征噶尔丹，在僧格的儿子亦即噶尔丹的侄子策妄阿拉布坦和土尔扈特部阿玉奇的军事力量配合下，于昭莫多大败噶尔丹军事力量。噶尔丹率残部四处流窜，穷蹙以极。康熙皇帝根据多年对噶尔丹的了解，为了避免其再次东山再起侵扰北部边疆，决定彻底地消灭噶尔丹的军事势力。康熙三十六年（1697年）三月，康熙皇帝第三次亲征噶尔丹。同年闰三月，走投无路且病困潦倒的噶尔丹亡于阿察阿穆塔台。

此时期清朝廷解决漠西噶尔丹、漠北喀尔喀之间的战争问题，除了前文所述采取直接的政治和军事战争方式，还通过借助宗教影响力的方式进行干预。由于此时期蒙古诸部几乎全部信仰藏传佛教格鲁派，达赖喇嘛是他们的精神领袖之一，五世达赖喇嘛对于蒙古诸部的政治、宗教有重要的影响，所以在清朝廷与噶尔丹作战过程中，康熙帝也考虑过藏传佛教格鲁派的影响，希望他们发挥积极作用，多次派遣钦差大臣进藏邀请达赖喇嘛协同调解噶尔丹入侵喀尔喀蒙古的战争。但五世达赖喇嘛阿旺·洛桑加措已于康熙二十一年（1682年）圆寂，当时的第巴桑结加措没有对外公布，而是选择匿丧。这样第巴桑结加措掌控了西藏政教大权，自此以后十余年以五世达赖喇嘛的名义对外发号施令。第巴桑结加措打着五世达赖喇嘛宗教领袖的旗号，积极参与解决噶尔丹与喀尔喀蒙古的纷争之中。由于第巴桑结加措与噶尔丹关系甚好[①]，是互相支持、利用的关系，所以第巴桑结加措非但没有真正按照康熙皇帝的设想去公正解决噶尔丹与喀尔喀蒙古的纠纷，使二者免于战争，反而派遣大喇嘛在解决纠纷过程中偏袒噶尔丹，唆使噶尔丹入侵漠南蒙古。甚至在乌兰布通之役，第巴所遣派的济隆呼图克图为噶尔丹诵经，选择作战的日期，将清朝廷陷入战争泥潭之中。康熙皇帝发现所谓五世达赖喇嘛遣往噶尔丹处的喇嘛们发挥的作用事与愿违，敕谕:“向为喀尔喀、厄鲁特之事，尔喇嘛节次遣使，皆不能体尔喇嘛之意。后又遣济隆胡土克图，亦不能体尔喇嘛之意，反与噶尔丹偕行杀掠喀尔喀，入汛界劫取牲畜，所行凶悖，以致厄鲁特、喀尔喀残破，人多死亡，穷困至极。”[②] 随着噶尔丹入侵势力被清朝廷战败瓦解，康熙皇帝通过战俘以及遣派西藏的使臣打探，得知五世达赖喇嘛早已圆寂，知道西藏所遣前往解决厄鲁特与喀尔喀纷争的众位喇嘛所作所为并非五世达赖喇嘛的意愿。

噶尔丹亡于阿察阿穆塔台后，其侄子策妄阿拉布坦收集了噶尔丹残存的旧部，征服了哈萨克，控制了回疆地区，吞并了土尔扈特部阿玉奇之子部众一万五千余户。策妄阿拉布坦几乎控制了西北地区，成为准噶尔部台吉，掌控着厄鲁特蒙古。策妄阿拉布坦势力大增后，沙俄军事力量也在不断入侵准噶尔部辖地，而随着势力增长和所控制的人口增多，为了满足生存资源的需求，策妄阿拉布坦也开始实行对外军事侵掠扩张。康熙

① 《清圣祖实录》卷一七四，康熙三十五年七月戊午。

② 《清圣祖实录》卷一五八，康熙三十二年二月己丑。

四十九年（1710年），沙俄军事力量侵入准噶尔蒙古辖地，在哈屯河与毕雅河之间建立要寨，激起准噶尔部激烈反抗，沙俄入侵势力被击退。康熙五十四年（1715年），策妄阿拉布坦派兵袭击哈密北境五寨，被哈密击败。同年十月，沙俄布赫戈利茨率领俄国远征军侵入准噶尔辖地亚梅什湖地区，策妄阿拉布坦派遣大策凌敦多布率领军民迎战，于康熙五十五年（1716年）四月大败布赫戈利茨，收回亚梅什湖地区。同年十一月策妄阿拉布坦派大策凌敦多布率兵六千多人离开准噶尔，穿越藏北，进袭西藏。沙俄趁准噶尔北部空虚，派人在鄂木斯克和亚梅什湖之间构筑热列金斯克堡。康熙五十六年（1717年）十一月，准噶尔部军事力量攻陷拉萨，西藏政治首领拉藏汗被杀。康熙五十七年（1718年），沙俄派遣斯图宾率领远征军侵入准噶尔辖地森博罗特，建立谢米巴拉丁斯克要塞；准噶尔军队在阿亚古斯河畔与哈萨克发生战斗并战胜哈萨克军事力量；清朝廷应邀派遣清兵入藏解救拉藏汗，但清军于哈喇乌苏河附近为准军所败，全军覆没。康熙五十九年（1720年），清朝廷再次派遣大军入藏并护送七世达赖喇嘛入藏。同年五月沙俄派利哈列夫率领远征军侵入准噶尔斋桑湖地区，被准噶尔军民击退。同年八月清朝大军进藏将准噶尔军队驱逐出拉萨，九月十五日七世达赖喇嘛在拉萨举行坐床典礼，准噶尔部军事力量退出西藏。

北方喀尔喀蒙古诸部在被噶尔丹军事力量彻底打败后，他们逃到漠南地区，依靠清朝廷的草场和赈济物品生存。随着康熙大败噶尔丹，噶尔丹亡于阿察阿穆塔台，准噶尔入侵势力退出漠北，喀尔喀诸部又返回漠北并恢复原有的生活。为了巩固北疆边防和对喀尔喀蒙古诸部的管理，康熙三十四年（1691年）康熙皇帝在多伦诺尔（今多伦）召集喀尔喀蒙古诸部的贵族及内蒙古四十九旗王公举行了会盟，处理并结束喀尔喀蒙古内部纷争，规定喀尔喀蒙古须遵行清朝的法令，废除喀尔喀三部旧有名号，改为清朝廷设定的爵位，依四十九旗例编旗，分左中右三路，设盟，实行盟旗制度，设立八札萨克，清朝廷派遣大臣对扎萨克巡视。此次会盟确认了喀尔喀蒙古各部对清朝的隶属关系，即地方和中央的从属关系。

康熙皇帝三次亲征噶尔丹摧毁其军事力量，使漠北喀尔喀蒙古诸部归附清朝廷。在此过程中，康熙皇帝一直寄希望于西藏地方格鲁派宗教领袖五世达赖喇嘛，希望五世达赖喇嘛派遣人员调和厄鲁特与喀尔喀之间的纠纷，但五世达赖喇嘛早已圆寂，第巴假借五世达赖喇嘛名义发布违背康熙皇帝意愿的号令。关于第巴假借五世达赖喇嘛发号施令，康熙皇帝当时力排众议，宽免第巴罪过，高度评价五世达赖喇嘛和藏传佛教格鲁派："达赖喇嘛，蒙古等尊之如佛；第巴者，即代达赖喇嘛理事之人。噶尔丹叛逆皆第巴之故。因朕遣主事保住严颁谕旨，第巴悚惧，悉遵朕谕，奏词甚恭，自陈乞怜，畏罪矢誓，此亦敬谨之至矣。至达赖喇嘛身故，朕已悉知，今第巴云，遣尼麻唐胡土克图前来，代彼密陈其情。想尼麻唐胡土克图到后，必奏明达赖喇嘛已经身故，恳朕为伊等掩饰。达赖喇嘛与我朝交往六十余年并未有隙，第巴既如此奏恳，事亦可行。（此可以宽宥其罪）允其所请。第巴必感恩，而众蒙古亦欢悦矣。"①

二、康熙时期经略西藏地方

康熙时期的西藏局势风云多变。初期，固始汗的长子达延鄂齐尔继任汗位，他是在固始汗去世三年后才到达拉萨就任，所以这三年为五世达赖扩大自己的世俗权力提供了机会。达延鄂齐尔在任期间，和硕特蒙古汗位的权力处于削弱状态。康熙元年（1662年）藏传佛教格鲁派两大领袖之一四世班禅罗桑却吉坚赞圆寂，来自后藏的罗桑益喜被认定为四世班禅转世灵童。

康熙七年（1668年）三月达延鄂齐尔汗去世，由达延鄂齐尔汗的长子达赖汗继位。达赖汗在位期间，五世达赖喇嘛及其第巴继续扩张藏传佛教格鲁派的世俗权力，致使和硕特可汗形同虚设。五世达赖于康熙二十一年（1682年）圆寂，第巴桑结嘉措匿丧十余年，达赖汗竟然毫不知情，致使第

---

① 《清圣祖实录》卷一八〇，康熙三十六年二月壬寅。

巴假借五世达赖喇嘛名义肆意专权。同时第巴桑结嘉措秘密寻找转世活佛，五世达赖喇嘛圆寂第二年在藏南门隅达旺纳拉山下一个信奉藏传佛教宁玛派的家庭找到一男童，并暗中认定为转世灵童，也就是仓央嘉措。肆意专权的第巴桑结嘉措打着五世达赖喇嘛旗号做了一些违背清朝廷意愿的事情。为了防止以第巴桑结嘉措为首的西藏分裂势力与噶尔丹的进一步联合，康熙皇帝册封五世班禅额尔德尼，多次派遣钦差大臣入藏邀请五世班禅东行进京，试图通过迎请班禅进京扭转形势。但是第巴桑结嘉措却以清朝廷邀请五世班禅进京为筹码，多加干预，最终五世班禅以没有出痘的原因未能进京。康熙皇帝以天下之主的气派，恩准班禅免于赴京。可见此时期西藏地区纷繁复杂的政治局势、西藏地方内部权力斗争以及清朝廷与西藏地方之间的矛盾。

达赖汗于康熙三十九年（1700年）去世，达赖汗去世后，汗位由其子拉藏汗继任。拉藏汗于康熙四十二年（1703年）抵达拉萨。拉藏汗与其父、祖不同，他继任汗位后，想恢复和硕特蒙古汗王的统治实权，与第巴矛盾日益尖锐。康熙四十四年（1705年），双方展开争权夺势的斗争。桑结嘉措最先秘密派人向拉藏汗的食物中下毒，拉藏汗发现后立刻调集大军攻打第巴藏军，擒杀桑结嘉措。拉藏汗致书清朝廷，向康熙皇帝奏报桑结嘉措谋反，其所认定的六世达赖喇嘛仓央嘉措不理教务，沉溺酒色，不是真正的达赖，请予贬废。康熙皇帝下旨押解六世达赖喇嘛进京。康熙四十六年（1707年）六世达赖喇嘛仓央嘉措在押解途中，行至青海湖滨时圆寂。

拉藏汗杀死第巴桑结加措后，恢复了固始汗时期在西藏的实力统治，废黜了第巴拥立的六世达赖仓央嘉措，重新选定益西嘉措为六世达赖，获得康熙的认可和册封。但在广大蒙、藏僧众心目当中仓央嘉措仍然是六世达赖喇嘛，因此在仓央嘉措圆寂后，拉萨三大寺的高僧根据仓央嘉措生前所做的诗歌给予的预示，认定理塘的男童格桑嘉措为六世达赖仓央嘉措的转世灵童。拉藏汗得知消息后也派遣人员到理塘察看格桑嘉措，为了防止拉藏汗掳走格桑嘉措，为拉藏汗所控制利用，青海和硕特部首领将格桑嘉措先是转移到康北的德格地方，后根据康熙皇帝命令送格桑嘉措到西宁附近的塔尔寺居住。康熙四十五年（1706年）清朝廷令护军统领席柱、学士舒兰为钦差大臣前往拉萨，康熙皇帝册封拉藏汗为翊法恭顺汗。拉藏汗废除六世达赖喇嘛仓央嘉措，另外自立益西嘉措为六世达赖，遭到三大寺僧众特别是青海众台吉强烈反对。清朝廷担心西藏再次引发暴动，于康熙四十八年正月（1709年3月）派遣侍郎赫寿为钦差大臣，入藏协助拉藏汗办理藏事，此时清朝廷已有派遣大臣入驻西藏的意图。关于六世达赖喇嘛废立生出很多事端，另外前藏格鲁派藏传佛教达赖喇嘛年纪轻，不利于处理教务，康熙皇帝决定提升班禅喇嘛的宗教领袖影响力，于康熙五十二年（1713年）清朝册封五世班禅洛桑益希为班禅额尔德尼。

康熙五十六年（1717年），蒙古准噶尔部策妄阿拉布坦派遣台吉策零敦多布率兵侵扰西藏，攻打拉萨，围困布达拉宫。拉藏汗兵败被杀，准噶尔士兵虏其妻子，大肆摧毁佛教，任命并建立达孜巴为第巴的傀儡政权，成为准噶尔部在西藏的代理人。准噶尔部士兵在西藏烧杀劫掠，洗劫一空，无恶不作，陷西藏于水深火热之中。西藏拉藏汗原官员组织军事力量进行抵抗，后藏的康济鼐和颇罗鼐沿着阿里、日喀则、拉萨线路进行进攻，前藏的原官员阿尔布巴则在工布地区起兵进攻准噶尔部入侵的军事力量。在准噶尔军事力量入侵到拉萨时，拉藏汗向清朝廷求援，清朝廷获知准噶尔部侵扰西藏地方，于康熙五十七年（1718年）派兵入藏。但由于此次清军将领不睦，意见分歧，后勤补给不充足，救援不力等状况致使入藏清兵被准噶尔军事力量大败于哈喇乌苏（黑河）。康熙五十八年（1719年），清朝廷封康区察木多、乍丫等地黄教大活佛为呼图克图。康熙五十八年（1719年），康熙皇帝再次派遣清兵和征调青海蒙古和硕特部军事力量进藏，驱逐准噶尔部军事力量。此次出征西藏地方，康熙皇帝令皇十四子允禵（胤祯）为抚远大将军，坐镇西宁，统兵指挥大军征讨西藏。无论是清朝廷还是前线作战将领都在吸取了第一次用兵西藏失败的经验教训，带领进藏的清兵在西藏地方的兵民的协助下作战，驱逐准噶尔军事力量的战事进展非常顺利，到康熙五十九年（1720年）将侵扰西藏的准噶尔部军事力量全部驱逐出西藏。同年格桑嘉措也随同平逆将军延信的军队从青海启程进藏，抵达拉萨，在布达拉宫举行了坐床典礼。

清军将蒙古准噶尔部军事力量驱逐出西藏后，处置了达孜巴，推翻了他的傀儡政权，平息了动乱。根据西藏地方的实际情况，决定废除管理政务的第巴制度，彻底结束了统治西藏地方七十余年的蒙古和硕特汗王治理模式，将西藏地方政权进行改组。根据在抗击准噶尔部入侵战争中原拉藏汗时期官员的功勋，在西藏地方建立了众噶伦联合施政西藏地方的制度模式，标志着清朝廷开启治理西藏地方的端绪。清朝廷任命来自后藏的康济鼐和来自前藏的阿尔布巴、隆布奈、扎尔鼐为四噶伦，由他们四人共同施政西藏地方，确保西藏地方乃至整个西南边疆安宁，使西藏地方民众过上稳定的生活。

康熙时期，清朝廷经略漠西、漠北蒙古诸部，出于对藏传佛教格鲁派发挥作用的需求。随着历史的发展，西藏地方局势的变化，清军的深入，特别是将准噶尔入侵军事力量驱逐出西藏，清朝廷进一步明确了对西藏地方的政治、军事等隶属权。这一系列历史事件的发生与解决，清朝廷从财力、物力等方面都承担了财政支出，主要体现在赏赐西藏地方政教上层人物的财政支出、清朝廷两次出兵西藏驱逐准噶尔军事力量的财政支出和清朝廷多次派遣钦差大臣进藏处理事务的财政支出等。

第二节　康熙时期赏赐西藏地方政教上层人物财政支出

康熙时期，清朝廷财政支出主要用于经略漠西、漠北蒙古诸部，以及经略西藏地方，增强对藏传佛教格鲁派影响力。此时期清朝赏赐西藏地方宗教上层人物主要有五世达赖喇嘛、七世达赖喇嘛、五世班禅和其他世职活佛等；赏赐施政西藏地方的政治上层人物有达延鄂齐尔汗、达赖汗、拉藏汗古汗王，蒙古汗王册封管理下的第巴，以及联合施政西藏的四噶伦等。康熙时期清朝赏赐西藏地方政教上层人物的费用产生了相应的财政支出。

一、康熙时期赏赐西藏地方政教上层人物的定制

（一）《大清会典》有关西藏贡制、西藏使者给驿规定

《大清会典》有关西藏使者给驿规定：

（康熙）九年题准……其达赖喇嘛峨齐尔汗之使，给驿至西宁。遣往喀尔喀、厄鲁特之使，自归化城给与马驼。[①]

《大清会典》有关西藏贡制的规定：

（顺治）十三年题准：厄鲁忒达赖汗等使人还者，给驿马二十五匹、马车十二辆，其带来马驼，每宿处给予草料，至西宁止。（康熙《大清会典·理藩院》）

（康熙）三十二年覆准：达赖喇嘛历年来使从人多至数百名，嗣后使人至西宁关口时，令西宁总兵官查明人数，注册报部，其本处差往喇嘛人役亦应裁减。倘有隐瞒数目多带人来往者治罪。（雍正《大清会典·理藩院》）[②]

（二）《钦定大清会典事例》有关西藏贡制、赏赐、喇嘛廪给、回赏、护送西藏贡使等规定

《钦定大清会典事例》有关西藏贡制、赏赐等的记载：

原定达赖喇嘛、班禅额尔德尼间年遣使进贡，贡道由西宁至京，寓居西黄寺。贡物有哈达、铜佛、舍利、珊瑚、琥珀、数珠、藏香、氆氇之属，来使各附进哈达、铜佛、藏香、氆氇。其附前藏贡使入贡者有由京派往西藏办事之呼图克图、曾恩赐名号之呼图克图，及噶布伦四人，闲散辅

① 张羽新编著《清朝治藏典章研究》，中国藏学出版社2002年版，第256页。

② 《清朝治藏典章研究》第955页。

国公一人、札萨克衔一等台吉一人，闲散台吉四人。附后藏入贡者，有曾恩赐名号之诺们罕及商卓特巴一人。

达赖喇嘛、班禅额尔德尼，及由京派往办事之呼图克图、四噶布伦，各呈进庆祝之礼曰“丹舒克”；所贡吉祥佛、金字经、银塔、七宝八珍。又，察木多帕克巴拉呼图克图四年一贡，所贡金碗、黄连。嘉拉呼图克图入贡无定时。五台山札萨克喇嘛堪布、台麓寺达喇嘛，每年端午节、年节、各贡蘑菇二匣。①

《钦定大清会典事例》关于喇嘛廪给的规定：

西藏来使堪布并随来之兰占巴等，各日给米二升；跟役每日给米一升。正使每十日给蒙古羊十只、黄茶二十包、面二十斤、乳油五斤、牛乳十五斤、盐十两、黄蜡烛十枝；兰占巴等，日给羊肉二斤、间日给羊肉一盘、黄茶一包、面一斤、乳油灯油各二两；跟役日给羊肉一斤八两。均各给盐一两。间四日筵宴一次。正使日给木柴二十斤，兰占巴等每人给木柴十斤，跟役每日维木柴四斤。各例给九十日，如事竣在九十日内；即于事峻日除。遇年节除夕，在京来使等各给汉羊一。回程路费：正使日给银二钱，副使给银一钱五分，跟役各给银一钱，共支给四十日 。②

《钦定大清会典事例》关于西藏进贡回赏定例：

（康熙五十四年覆准）西藏、青海额鲁特等外藩朝贡，照伊来使品级赏给诸物，交与内务府武备院制造。俟启程时颁给。

（康熙）五十二年定：达赖喇嘛、班禅额尔德尼遣使进贡，除例赏外，回时皆奉旨慰问，加赐达赖喇嘛重六十两镀金银茶筒一、镀金银瓶一、银钟一、各色缎三十、大哈达五、小哈达四十、五色哈达十；正使二等雕鞍一、重三十两银茶筒一、茶盆一、缎三十、毛青布四百、豹皮五、虎皮三、江獭皮五；副使三等蟒缎一、方补缎一、大缎一、三梭布二十四；正使从人彭缎各一、毛青布各十。

加赐班禅额尔德尼重三十两银茶筒一、瓶一、钟一、各色大缎二十、

① 《钦定大清会典事例》卷九八六，清光绪石印本。

② 《钦定大清会典事例》卷九八九，清光绪石印本。

大小哈达各十；来使金黄蟒袍一、重三十两银茶盆一、缎一、毛青布六十二；从人缎各二、毛青布各二十；从役缎各一、毛青布各十。日给正使银二钱、副使银各一钱五分。从人各一钱，复给四十日路费。送至西宁。①

《钦定大清会典事例》关于护送西藏贡使的规定：

康熙二十三年覆准：达赖喇嘛来使从人多至数百名。嗣后，使人至西宁关口时，令西宁总兵官查明人数，造册报院。至奉使差往喇嘛人役，亦应裁减，倘有隐瞒数目、多带人来往者罪之。②

（三）内阁满文题本关于赏赐达赖喇嘛等所派使者的定例

康熙二十二年（1683年）四月初六日，理藩院尚书加一级降二级留任臣阿穆瑚琅等谨题，为赏赐达赖喇嘛、达赖汗之使事。查得，例定达赖喇嘛之使共三十人，赏二等雕鞍一副、三十两重银茶筒一个、酒海一个、段三十匹、毛青布四百匹、豹皮五张、虎皮三张、水獭皮五张；厄鲁特部达赖汗之使，赏羊皮里蟒袍一件、三十两重银茶筒一个、酒海一个、缎三匹、毛青布二十四匹；八名台吉之使，各赏羊皮里金字缎袍一件、缎三匹、毛青布二十四匹；其跟役，各赏缎一匹、毛青布八匹。

康熙二十二年（1683年）四月初六日，理藩院又议得并获得康熙皇帝批准：来贡达赖喇嘛之使唐臣东科尔呼图克图、阿旺额林臣囊苏，其跟役二十八人，共三十人，按定例赏二等雕鞍一副、三十两重银茶筒一个、酒海一个、缎三十匹、毛青布四百匹、豹皮五张、虎皮三张、水獭皮五张；厄鲁特部达赖汗之使额尔克多托诺，赏羊皮里蟒袍一件、三十两重银茶筒一个、酒海一个、缎三匹、毛青布二十四匹，其跟役五名，各赏缎一匹、毛青布八匹；达赖巴图尔台吉下额尔克善津、额尔德尼岱青台吉下博尔齐、额尔德尼巴图尔台吉下图布辛侍卫、博硕克图济浓下鄂木布、墨尔根台吉下墨尔根台吉、和硕齐台吉下图布辛侍卫、多尔济台吉

① 《钦定大清会典事例》卷九九〇，清光绪石印本。

② 《钦定大清会典事例》卷九八六，清光绪石印本。

下沙达礼、盆楚克台吉下布库侍卫等八人，各赏羊皮里金字缎袍一件、缎三匹、毛青布二十四匹。其跟役二十四人，各赏缎一匹、毛青布八匹。由该部支取颁赏。[①]

二、康熙时期赏赐西藏地方宗教上层人物财政支出

康熙时期，清朝廷赏赐西藏地方宗教上层人物的财政支出，主要用于赏赐五世达赖喇嘛、七世达赖喇嘛、五世班禅喇嘛以及赏赐格鲁派其他颇具影响力的大喇嘛。

（一）康熙时期赏赐达赖喇嘛财政支出

1. 康熙时期赏赐五世达赖喇嘛财政支出

（1）五世达赖喇嘛派遣使者进京朝贡

五世达赖喇嘛自顺治时期进京朝觐，接受顺治皇帝的明诏授印，此后向清朝廷存问、请安、礼物往来不绝，形成习惯与定制。康熙时期，五世达赖喇嘛频频遣使进京朝贡。据《清圣祖实录》记载，五世达赖喇嘛于康熙四年（1611年）二月遣员进贡，赏赉如例。[②] 康熙十年（1617年）三月二十日，达赖喇嘛遣员表贡方物，赏赉如例。[③] 康熙十一年（1618年）七月，达赖喇嘛遣员进贡，赏赉如例。[④] 康熙十四年（1621年）十一月，达赖喇嘛遣员表贡方物，赏赉如例。[⑤] 康熙十五年（1622年）正月，达赖喇嘛遣员表贡方物，赏赉如例。[⑥] 康熙十七年（1624年）正月，达赖喇嘛遣员进贡，赏赉如例。[⑦] 康熙十八年（1625年）九月，达赖喇嘛遣员进贡，

---

① 《清初五世达赖喇嘛档案史料选编》第98页。

② 《清圣祖实录》卷一四，康熙四年二月丁卯。

③ 《清圣祖实录》卷三五，康熙十年三月辛未。

④ 《清圣祖实录》卷三九，康熙十一年闰七月丁丑。

⑤ 《清圣祖实录》卷五八，康熙十四年十一月乙未。

⑥ 《清圣祖实录》卷六九，康熙十五年正月己酉。

⑦ 《清圣祖实录》卷七一，康熙十七年正月甲申。

赏赉如例。[①] 康熙十九年（1626年）十二月，达赖喇嘛遣员进贡，赏赉如例。[②] 康熙二十年（1627年）五月，达赖喇嘛遣员进贡，赏赉如例。[③]

在五世达赖喇嘛圆寂后，第巴桑结嘉措继续以五世达赖喇嘛的名义派遣人员进京朝贡。康熙二十五年（1632年）七月，达赖喇嘛遣员进贡，赏赉如例。[④] 康熙二十七年（1634年）二月，达赖喇嘛遣员进贡，赏赉如例。[⑤] 康熙三十二年（1639年）十月，达赖喇嘛遣员进贡，赏赉如例。[⑥] 直到康熙皇帝知道五世达赖喇嘛圆寂消息并责问第巴桑结嘉措匿丧的原因，第巴桑结嘉措才停止以五世达赖喇嘛名义派遣人员进京朝贡。

（2）康熙皇帝赏赐五世达赖喇嘛

康熙皇帝登基时，赏赐五世达赖喇嘛各种好缎制成之纛、旗、麾。[⑦] 康熙四年（1665年）二月二十二日遣员进藏，赐达赖喇嘛上等镶金雕鞍一、镀金银壶一、玉杯一、尊二、缎十，遣员面交，并循例发往该致达赖喇嘛敕谕一件。[⑧] 康熙十四年（1675年），康熙帝为发兵讨伐吴三桂，派遣墨尔根格布楚、萨木谭拉木占巴前往西藏地方赍敕达赖喇嘛，赐大白哈达二十、小白哈达二十、黄蟒缎一、黄妆锦一、黄妆缎一。[⑨] 康熙十七年（1678年）二月十五日，康熙帝为吴三桂遣使与五世达赖喇嘛来往等事，特遣诺木干格隆等前往存问五世达赖喇嘛，随赐三十两重银壶一、缎八。[⑩] 康熙二十年（1681年）正月二十九日因五世达赖喇嘛遣使朝贺平定吴三桂叛乱，康熙帝赏五世达赖喇嘛御用缎二十匹、八托褐妆缎二匹、金字褐二匹、补褐二匹、六十两银茶筒一个、虎皮五张、海獭皮五张、豹皮

① 《清圣祖实录》卷八四，康熙十八年九月戊戌。
② 《清圣祖实录》卷九三，康熙十九年十二月辛卯。
③ 《清圣祖实录》卷九六，康熙二十年五月丙寅。
④ 《清圣祖实录》卷一二七，康熙二十五年七月庚寅。
⑤ 《清圣祖实录》卷一三三，康熙二十七年二月戊申。
⑥ 《清圣祖实录》卷一六〇，康熙三十二年十月戊寅。
⑦ 《清初五世达赖喇嘛档案史料选编》第61页。
⑧ 《清初五世达赖喇嘛档案史料选编》第62页。
⑨ 《清初五世达赖喇嘛档案史料选编》第73—74页。
⑩ 《清初五世达赖喇嘛档案史料选编》第76页。

二张、茶二篓，交付来使萨木罗喇木扎本巴簇勒里木那木扎勒等。[①] 康熙二十年（1681年）八月初四日，康熙帝派扎萨克鄂木布格隆等赴藏问存事给达赖喇嘛敕谕，并赏镀金六十两重银茶筒一个、镀金银壶一个、银盅二只、白色大哈达五方、小哈达四十方、御用缎二十四匹。[②] 康熙二十一年（1682年）六月，康熙帝派遣鄂木布格隆、阿齐图格隆二人进藏赍至敕书，恩赏五世达赖喇嘛镀金箍银茶筒、镀金壶、银碗二只、大哈达五方、小哈达四十方、缎二十匹。[③]

康熙二十二年（1683年）五月初六日，康熙帝派遣罗布藏格隆等赴藏问安，并赏五世达赖喇嘛镀金箍六十两重银茶筒一个、御用缎二十四匹、镀金银壶一个、银盅二只、白色大哈达五方、小哈达四十方。[④] 康熙二十三年（1684年）二月初三日派遣阿齐图格隆等前往召寺燃香献哈达，敬召寺释迦牟尼佛白檀香十斤、江珍香十斤、陈香十斤、白大哈达十方、小哈达二十方；赏喇嘛玉把碗一只、玉壶一只、镶珊瑚九颗六十两重金茶筒一个、六十两重银酒海一个、白大哈达十方、小哈达二十方、各色上等缎三十匹。[⑤] 康熙二十四年（1685年）十一月初一日，康熙帝派遣扎萨克彭楚克格隆、伊什格隆二人进藏赏赐达赖喇嘛大哈达五方、小哈达四十方、上等整缎二十四匹、六十两重银茶筒、镀金银壶二只、银碗二只。[⑥] 康熙二十五年（1686年）四月初一日康熙皇帝派遣绰音卓尔喇木扎木巴、德木齐桑南多尔济格隆、副都御史喇都虎等进藏，赏达赖喇嘛大哈达十方、小哈达二十方、带把玉碗、玉壶、嵌绿松子石珊瑚六十两重金茶筒、六十两重银酒海、各色上等绸缎三十匹。[⑦] 康熙二十五年（1686年）七月初七日，达赖喇嘛派遣人员进京请安进献物品，回赏御用缎五匹、八托补褐一

---

① 《清初五世达赖喇嘛档案史料选编》第87页。

② 《清初五世达赖喇嘛档案史料选编》第90页。

③ 《清初五世达赖喇嘛档案史料选编》第95页。

④ 《清初五世达赖喇嘛档案史料选编》第100页。

⑤ 《清初五世达赖喇嘛档案史料选编》第104页。

⑥ 《清初五世达赖喇嘛档案史料选编》第108页。

⑦ 《清初五世达赖喇嘛档案史料选编》第115页。

匹、五十两重银茶筒一个、酒海一个、海獭皮二张、虎皮二张、茶二篓。[①] 康熙二十五年（1686年）七月初九日，达赖喇嘛转由扎萨克喇嘛进京请安并进献物品，回赏御用缎五匹。[②] 康熙二十五年（1686年）七月二十五日，派遣端朱布嘎布楚、喇克布格隆等进藏，以存问礼，赏五世达赖喇嘛镀金箍六十两重银茶筒一个、镀金银壶一只、银盅二只、大哈达五方、小哈达四十方、缎二十四匹赍往。[③] 康熙二十七年（1688年）四月初一日，因达赖喇嘛贡素珠等物，回赏御用缎三匹、长八托金字褐一匹、虎皮二张。[④] 后又委托活佛乃举托雍、札萨喇嘛札巴曲觉饶降巴、札萨喇嘛索巴格隆、恰那多吉、御史钟申保、帮办萨尔图等进藏，赏赐五世达赖喇嘛金酥油茶筒、恰热、黄金一百两，白银两千两、缎一百匹及敕书、印信等。[⑤]

2. 康熙时期赏赐六世达赖喇嘛财政支出

康熙二十一年（1682年），五世达赖喇嘛圆寂。在达赖汗不知情的情况下，第巴桑结嘉措匿丧十余年，秘密寻找转世活佛寄住在理塘寺院。这期间第巴假借五世达赖喇嘛名义肆意专权，而清朝廷也对此事一无所知。第巴桑结嘉措打着五世达赖喇嘛的旗号派遣人员进京朝贡，清朝廷也是对五世达赖喇嘛寄托厚望，每次都是按例或是额外赏赐五世达赖喇嘛。直到康熙三十五年（1696年）五月，康熙皇帝从昭莫多战役的俘虏口中确知五世达赖早已圆寂的事实，遂于同年八月谕遣大喇嘛晋巴扎木素、德木齐索诺木减布、主事保柱等资旨入藏严责第巴桑结嘉措匿丧五世达赖喇嘛的事情。第巴桑结嘉措畏惧清朝廷，派遣人员进京向康熙帝奏陈六世达赖寻访、认定以及寄住等过程及原因。康熙三十六年（1697年）十月，六世达赖在布达拉宫正式坐床，清政府派遣以章嘉呼图克图二世洛桑却丹为首的代表团入藏献礼。

① 《清初五世达赖喇嘛档案史料选编》第119页。
② 《清初五世达赖喇嘛档案史料选编》第121页。
③ 《清初五世达赖喇嘛档案史料选编》第122页。
④ 《清初五世达赖喇嘛档案史料选编》第131页。
⑤ 《清初五世达赖喇嘛档案史料选编》第172页。

3. 康熙时期赏赐七世达赖喇嘛财政支出

（1）康熙皇帝赏赐七世达赖喇嘛

六世达赖喇嘛仓央嘉措圆寂后，虽然拉藏汗自己认定益西加措为六世达赖喇嘛，但未获得西藏诸寺的喇嘛以及青海蒙古和硕特部首领的认同。三大寺的大喇嘛根据仓央嘉措生前诗歌认定来自理塘的孩童格桑嘉措为六世达赖喇嘛转世灵童，清朝廷也派遣使者前往理塘探视格桑嘉措。经过考察，格桑嘉措获得拉藏汗及班禅胡土克图、西藏诸寺喇嘛、青海诸众等认定。康熙皇帝先后派遣班玛笔帖式、阿齐图克雅等人前往康区观察格桑嘉措。随后请五部头人（指塔尔寺所属的申中、西纳、龙本、米纳、西河坝等五部落头人），派阿齐图克雅、加果齐（蒙语，指皇帝的使者或仆从）、仲益（管理文书档案的官员或僧职，此处相当于笔帖式）于康熙三十五年（1706年）五月十七日，请达赖启程移驻西宁附近塔尔寺。后康熙皇帝的专使图根臧仆众近千人、西宁大员总爷（指当时清朝的西宁总兵官王以谦）等数百人装束华丽迎接七世达赖喇嘛到塔尔寺。①

在七世达赖喇嘛移驻塔尔寺期间，清朝廷频频派遣钦差大臣前往塔尔寺照看七世达赖喇嘛，并带去大量赏赐。据《七世达赖喇嘛传》记载，七世达赖喇嘛移驻塔尔寺不久，闭关解除后，接见了来自北京的几位清朝官员。这些官员向七世达赖喇嘛宣布，自此三年内，赠一百三十四僧之冬夏衣单。七世达赖喇嘛也派遣专人去向皇帝请安。康熙皇帝龙心大悦，像五世达赖喇嘛时期一样，向来者敕赐奖励；② 并专派大臣公多凯钦差、克雅、察克玛加果齐来塔尔寺，赐银制器皿多种。③ 达赖喇嘛代表襄佐噶居阿旺班贡自皇宫回到塔尔寺，带回大皇帝的大批赏赐④ 。

康熙皇帝的第十四子、抚远大将军允禵（即胤祯，下同）从西宁派公

① 章嘉·若贝多杰著，蒲文成译《七世达赖喇嘛传》，中国藏学出版社2006年版，第23页。

② 《七世达赖喇嘛传》第25页。

③ 《七世达赖喇嘛传》第27页。

④ 《七世达赖喇嘛传》第30页。

策旺诺尔布等奉上白银一千两，秘密请示喇嘛为皇帝做法事事宜。[①] 此后，喇嘛闭关数日。允禵由众大臣和三千余士兵簇拥着浩浩荡荡来塔尔寺，向七世达赖喇嘛献上用吉祥图案装饰的袋子和内有芳香沙包的宝箧。允禵回到西宁后，派特固克雅献上蟒缎等大批锦缎、五十两黄金做成的红莲长颈宝瓶、银制金腹器皿、库藏的上等哈达等。皇帝的第五子、第七子和第三子之子等亦信仰喇嘛，送来供养。允禵再次派人来献供养，请求护佑。举办四月法会时，允禵又派专人送来珠宝一颗，大如鹅身，并献罕见果品，再次赠全套衣服等。之后允禵又前往塔尔寺再献芸香念珠、象牙扇、珠宝锦囊等多种奇异用品。七世达赖喇嘛派去皇宫向皇帝请安的（南杰）扎仓的金刚大师、喀木玛措哇的助手仁钦顿珠等来塔尔寺，献上皇帝的大批赐物及皇帝诸子、大臣等一些信仰者所赠送的无数供养。皇帝的内臣达什克雅亦送来大批奉献物。[②]

清朝廷安排七世达赖格桑嘉措随同清军从西宁启程进藏，允禵派遣克雅特固岱送来银器多件和香炉、花瓶、香插等罕见物品。其间每月派专人送来多种内地稀有物品，并派来著名画师为达赖喇嘛画像，作为他信仰之所依。[③] 康熙五十九年（1720年），清朝廷派遣策旺诺尔布到塔尔寺送上白银一千五百两，允禵奉皇帝之命从西宁给达赖喇嘛送来黄色帐幕和十二人扛抬的大轿，派官员七人送来准备去藏的白银一万两。藏历三月二十日，允禵又带来皇帝所赐以一百三十两黄金做成的金印，上写“弘法觉众第六世达赖喇嘛之印”，用满、蒙古、藏三种文字写成。以一百五十两黄金制成的金册，上书藏、蒙古、满三种文字的金字诰命，同时带来各种锦缎、镶银酥油茶筒等稀有器具及汉式喜宴用品，赐给喇嘛侍僧的黄色团龙缎等以及无数玩器。[④]

青海和硕特蒙古首领、西藏藏传佛教格鲁派上层人物会同清朝派遣入

① 《七世达赖喇嘛传》第30页。

② 《七世达赖喇嘛传》第38—39页。

③ 《七世达赖喇嘛传》第39页。

④ 《七世达赖喇嘛传》第44—45页。

藏管理西藏事务侍郎赫寿，于康熙五十九年（1720年）三月请求康熙皇帝颁赐格桑嘉措波克塔胡必尔汗以达赖喇嘛之封号，给以印册。但由于格桑嘉措此时还是孩童，所以清朝廷认为奉旨俟数年后授封，给以印册，封为六世达赖喇嘛。① 由于当时清朝廷不认同六世达赖喇仓央嘉措生前的行为，否认仓央嘉措为六世达赖喇嘛，所以康熙帝封格桑嘉措为六世达赖喇嘛。直到册封八世达赖喇嘛时，在藏区大德高僧及僧众强烈要求下，乾隆皇帝才默认格桑嘉措为七世达赖喇嘛，本书按照其为七世达赖喇嘛的序位进行论述。

七世达赖格桑嘉措在进藏清军的护送下，于康熙五十九年（1720年）四月从西宁启程。当随行队伍行至两湖之间，康熙帝派来伺候喇嘛的具有藏传佛教信仰的官员次第赶来相见。当七世达赖喇嘛驻锡扎陵湖畔时，康熙帝所派遣的土观呼图克图和甘珠尔大喇嘛两人从皇宫赶来，于帐幕拜见喇嘛，并奉献大量礼品。此后，奉康熙皇帝之命，允禵将不久返回，达赖喇嘛为之举办盛大喜宴，赐赠如来舍利等三所依及大批财物。允禵亦为喇嘛及其众侍候者举行盛大汉式喜宴，赠献绸缎、白银等大批财物。②

七世达赖格桑嘉措于康熙五十九年（1720年）九月初抵达拉萨，不久在布达拉宫东大殿举行了坐床典礼。坐床典礼时，康熙皇帝派遣钦差大臣前往赐给达赖喇嘛洁白哈达和一万两白银，并宣读“为利益佛教、众生莲足永固，法轮常转”的金字圣旨。接着，皇帝的诸官员、各王族首领亦献大量礼品，政府襄佐亦献一批礼品。③

抵达西藏地方入住布达拉宫后，七世达赖频频派遣专员进京向康熙皇帝存问、请安，清朝廷回赏达赖喇嘛并委托专员带回赏物。康熙六十年（1721年）十一月十九日，七世达赖喇嘛遣员请安，康熙皇帝颁赏诏。在七世达赖喇嘛代表返回之时，清朝廷特备金箍六十两重银茶桶一个，镀金银壶一把、银盅一个、大哈达五方、小哈达四十方、缎二十四匹，交堪布

① 《清圣祖实录》卷二四一，康熙四十九年三月戊寅。

② 《七世达赖喇嘛传》第47页。

③ 《七世达赖喇嘛传》第50页。

罗桑年札赍回，借此向好。[①] 康熙六十一年（1722年）正月十五日，七世达赖喇嘛遣员请安，康熙皇帝颁赏诏，乘年班堪布回程之便，赏赐银桶一个、银瓶一个、银碗一个、大哈达五方、小哈达四十方、缎二十四匹，另有一些零碎赏物，均交年班格堆顿珠带回。[②] 康熙六十一年（1722年）四月初十日，七世达赖喇嘛年班请安，康熙皇帝颁赏诏。在七世达赖喇嘛专员返回之时，赐银茶桶一个、银茶酒壶一把、银盅一个、大哈达五方、小哈达四十方、缎二十四匹。再以纳贡进表礼，回赏美物数件，装入匣内，俱交咱木鲁布根顿顿珠布等赍回。[③]

（2）七世达赖喇嘛派遣人员进京朝贡

七世达赖喇嘛派遣人员进京朝贡的行动，在他驻锡塔尔寺时期就已经开始，这在《七世达赖喇嘛传》中有明确记载。火阳猴年（1716年）达赖喇嘛闭关解除后，接见来自北京的几位清朝官员，他们向七世达赖宣布自此三年内，赠一百三十四僧之冬夏衣单。七世达赖喇嘛与其他施主亦派人去向康熙皇帝进贡。[④]《清实录》关于七世达赖喇嘛派遣人员进京朝贡的年班记载，是从康熙五十年（1711年）开始的。康熙五十年（1711年）正月，达赖喇嘛、拉藏汗遣员进贡，赏赉如例。[⑤] 康熙五十三年（1714年）正月，西藏达赖喇嘛、拉藏汗遣员进贡，赏赉如例。[⑥] 康熙六十年（1721年）五月，西藏达赖喇嘛、土伯特贝子阿尔布巴、公隆布奈遣员进贡，赏赉如例。[⑦] 康熙六十年（1721年）十月，西藏达赖喇嘛、班禅胡土克图遣员请安进贡，赏赉如例。[⑧] 康熙六十一年（1722年）四月，达赖喇嘛及土

① 《元以来西藏地方与中央政府关系档案史料汇编》第1673页。

② 《元以来西藏地方与中央政府关系档案史料汇编》第1673—1674页。

③ 《元以来西藏地方与中央政府关系档案史料汇编》第1674页。

④ 《七世达赖喇嘛传》第25页。

⑤ 《清圣祖实录》卷二四五，康熙五十年正月壬子。

⑥ 《清圣祖实录》卷二五八，康熙五十三年正月戊辰。

⑦ 《清圣祖实录》卷二九二，康熙六十年五月甲申。

⑧ 《清圣祖实录》卷二九五，康熙六十年十月丁亥。

伯特贝子阿尔布巴、公隆布奈等遣员进贡，赏赉如例。[①]

（二）康熙时期赏赐班禅财政支出

四世班禅罗桑却吉坚赞于康熙元年（1662年）圆寂，生于康熙二年（1663年）来自后藏的罗桑益喜被认定为四世班禅转世灵童。五世班禅罗桑益喜于乾隆二年（1737年）圆寂，纵观其一生，生活于康熙、雍正、乾隆三朝，历经了西藏地方局势错综复杂的多事之秋。五世班禅在康熙、雍正时期清朝廷治理西藏过程中发挥了重要作用。康熙时期，清朝廷借助物质作为感情联络，使五世班禅感受到皇恩浩荡。清朝廷赏赐五世班禅产生了相应财政支出。

1.康熙皇帝赏赐五世班禅

康熙四年（1665年），罗桑益喜被认定为四世班禅转世灵童的信息奏报到清朝廷，清朝廷立即派遣钦使觉热齐喇嘛和恰噶喇嘛温波到后藏看望转世灵童，并带去丰厚的礼品。[②] 康熙七年（1668年）十一月，清廷为五世班禅坐床，特派强林安青桑结坚赞赴扎什伦布寺祝贺、赐敕书和礼品。康熙十一年（1672年）八月派丹增格隆，十四年（1675年）六月派达隆活佛，十五年（1676年）十二月派加拉齐喇嘛和翁则喇嘛等，先后前往后藏看望五世班禅。逢重大宗教节日或藏历新年，均派员进藏向班禅庆贺并赏赐。[③] 康熙十七年（1678年）二月十五日，康熙帝专遣诺木干格隆、厄尔德尼兰占巴等前往后藏，遣书存问五世班禅，并赐玉杯一、尊爵一、大哈达一。[④] 康熙十八年（1679年）九月初六日，康熙皇帝得知班禅呼图克图为遵行皇帝之策略，诵经行善、勤修不倦之奏书，

---

① 《清圣祖实录》卷二九七，康熙六十一年四月辛酉。

② 《彰明大行白光里》，第14页背面，中国藏学研究中心图书馆藏成都胶印版（原版为扎什伦布寺木刻版）。转引自冯智：《略论五世班禅在康雍治藏中的历史作用》，《中国藏学》，2005年第1期，第40页。

③ 藏文版《五世班禅洛桑益喜自传》，第93页、105—108页。转引自冯智：《略论五世班禅在康雍治藏中的历史作用》，《中国藏学》，2005年第1期，第41页。

④ 《清初五世达赖喇嘛档案史料选编》第76页。

赏纳其厚孔。[①]

在征讨蒙古准噶尔部战争中，第巴桑结嘉措打着五世达赖喇嘛旗号，违背清朝廷的意愿，因此清朝廷希望抬高五世班禅的宗教地位，扭转形势。康熙二十三年（1684年）以后，清朝廷每年一次，甚至每年两次派员赴藏慰问和嘉奖五世班禅。[②] 康熙二十四年（1685年）五月，班禅受比丘戒，钦差阿吉图确吉奉旨入藏祝贺，赏赐敕书、礼品。[③] 康熙二十五年（1686年）七月初七日，五世班禅请安进献物品，清朝廷回赏御用缎一匹、八托补褐一匹、茶一篓。[④] 康熙二十五年（1686年）七月初九日，五世班禅派遣扎萨克喇嘛绰依木朱尔喇木扎木巴等进京恭请圣安，清朝廷回赏御用缎二匹。康熙二十七年（1688年）十二月，钦使丹增格隆和札萨克图阿旺嘉措拜会班禅，为贺新年赐敕书与厚礼。[⑤] 康熙三十四年（1695年）四月十三日，康熙帝谕令蒙古小召的内齐陀音呼图克图二世、理藩院的札萨克喇嘛等三人，以及御史钟申保、帮办萨尔图以及笔贴式、侍卫等人，前往后藏向五世班禅颁发敕书、赐品和宣示圣旨仪式。赐品包括金块二条各二百两、镶七十两黄金的银茶筒、三十六两黄金制作的高足托盘、银二千两、马鞍两副、上等绸缎百匹等。[⑥] 康熙三十五年（1696年）八月十一日，康熙帝申责第巴与噶尔丹勾结等情事给达赖、班禅、达赖汗、第巴等敕谕，遣使谕知五世班禅，并发伴敕礼币八端。[⑦] 康熙三十八

---

① 《清初五世达赖喇嘛档案史料选编》第81页。

② 冯智:《略论五世班禅在康雍治藏中的历史作用》,《中国藏学》，2005年第1期，第41页。

③ 藏文版《五世班禅洛桑益喜自传》，第93页。转引自冯智:《略论五世班禅在康雍治藏中的历史作用》,《中国藏学》，2005年第1期，第41页。

④ 《清初五世达赖喇嘛档案史料选编》第119页。

⑤ 藏文版《五世班禅洛桑益喜自传》，第105—108页。转引自冯智:《略论五世班禅在康雍治藏中的历史作用》,《中国藏学》，2005年第1期，第41页;《清初五世达赖喇嘛档案史料选编》121页。

⑥ 藏文版《五世班禅洛桑益喜自传》，第146—147页。转引自冯智:《略论五世班禅在康雍治藏中的历史作用》,《中国藏学》，2005年第1期，第41—42页。

⑦ 《清初五世达赖喇嘛档案史料选编》第182页。

年（1699年）三月八日，清朝朝廷多次商议讨论，决定恩准班禅免于东行进京。

虽然清朝廷筹谋十年希望五世班禅进京朝觐的计划未能成行，但康熙帝抬高五世班禅宗教地位的策略一直不变，清朝廷继续连年派遣钦差大臣入藏赏赐五世班禅。康熙五十二年（1713年），封班禅呼图克图为班禅额尔德尼，颁给金印金册。并派一等侍卫策楞、达喇嘛佐特巴林沁格隆、郎中鄂赖等赍往，以颁敕礼，赍往三十两重银茶筒一个、银瓶一个、银杯一只、大哈达十方、小哈达十方、各色缎二十匹。①

2. 五世班禅派遣人员进京朝贡

康熙十五年（1676年）正月，班禅胡土克图遣员进贡，赏赉如例。② 康熙二十年（1681年）五月，班禅胡土克图遣员进贡，赏赉如例。③ 康熙二十五年（1686年）七月，班禅胡土克图遣员进贡，赏赉如例。④ 康熙二十七年（1688年），班禅胡土克图等遣员表贡方物，赏赉如例。⑤ 康熙三十二年（1693年）十月，班禅胡土克图遣员表贡方物，赏赉如例。⑥ 康熙五十三年（1714）三月，班禅胡土克图遣员进贡，赏赉如例。⑦ 康熙五十五年（1716年）六月，班禅胡土克图遣员进贡，赏赉如例。⑧ 康熙六十年（1721）十月，班禅胡土克图遣员请安进贡，赏赉如例。⑨

（三）康熙时期赏赐西藏地方其他僧众财政支出

康熙时期，清朝廷赏赐西藏地方其他僧众，主要是达赖喇嘛派遣进

① 《元以来西藏地方与中央政府关系档案史料汇编》第1897—1898页。
② 《清圣祖实录》卷六九，康熙十五年正月己酉。
③ 《清圣祖实录》卷九六，康熙二十年五月丙寅。
④ 《清圣祖实录》卷一二七，康熙二十五年七月庚寅。
⑤ 《清圣祖实录》卷一三，康熙二十七年二月戊申。
⑥ 《清圣祖实录》卷一六〇，康熙三十二年十月戊寅。
⑦ 《清圣祖实录》卷二五八，康熙五十三年三月丁卯。
⑧ 《清圣祖实录》卷二六九，康熙五十五年六月己酉。
⑨ 《清圣祖实录》卷二九五，康熙六十年十月丁亥。

京的人员，其中以五世达赖喇嘛所差遣人员最多。康熙十三年（1674年）七月，达赖喇嘛专员朱拉齐格隆中途病故，清朝廷追赠班第达尔汉卓礼克图名号，赏银二百两。[①] 康熙十六年（1677年）十一月十七日，康熙皇帝在保和殿，赐达赖喇嘛来员都尔巴绰尔济等食物。[②] 康熙二十五年（1686年）七月初七日，达赖喇嘛派遣人员进京请安进献物品，回赏达赖喇嘛专员察曼克堪布缎六匹、茶一篓，回赏达赖喇嘛副专员绰依扎特罗布藏旺布囊苏缎六匹、茶一篓。[③] 康熙二十五年（1686年）九月初十日，达赖喇嘛属下噶勒丹锡呼图喇嘛恭请圣安，进献贡物，回赏缎六匹。[④] 康熙三十六年（1697年）三月，赐达赖喇嘛来员尼麻唐胡土克图等漆鞍、羊裘、蟒袍、布帛、白金等物。[⑤]

另外，清朝廷为了解决厄鲁特蒙古与喀尔喀蒙古的纷争，早期曾请托五世达赖喇嘛派遣信任的大喇嘛与清朝廷的使臣一同前往准噶尔部。在清朝大将军、裕亲王福全等于乌兰布通击败噶尔丹军事力量，双方休战时期，济咙呼图克图到清军帐前讲礼修好。福全遵前旨，给济咙黄蟒袍一领、缎九端、白金百两，又给济咙之前所遣三弟子袍缎。[⑥] 随着噶尔丹军事力量被清军瓦解，第巴因匿丧五世达赖喇嘛被康熙皇帝诘问，迫于清朝压力，第巴身边人员向清朝廷交待噶尔丹与尚书阿尔尼交兵之时，济咙献给噶尔丹手帕，择战日，济咙呼图克图罪过甚大，理当立斩首。但康熙皇帝先前谕第巴之旨内有当宽宥济咙呼图克图之语，因此清朝廷将济咙并其弟子，发正阳门东城下龙泉庵，交九门提督及近庙伏路官兵看守，其饮食扣数由九门提督、兵部支给。[⑦]

---

① 《清圣祖实录》卷四八，康熙十三年七月癸未。

② 《清初五世达赖喇嘛档案史料选编》第129页。

③ 《清初五世达赖喇嘛档案史料选编》第116页。

④ 《清初五世达赖喇嘛档案史料选编》第124页。

⑤ 《清圣祖实录》卷一八一，康熙三十六年三月辛未。

⑥ 《清初五世达赖喇嘛档案史料选编》第141页。

⑦ 《清初五世达赖喇嘛档案史料选编》第201页。

三、康熙时期赏赐西藏地方政治上层人物财政支出

康熙时期，西藏地方政治局势风云多变。在康熙五十六年（1717年）之前，西藏地方是青海和硕特蒙古汗王与达赖喇嘛为首的格鲁派上层集团联合统治的政治模式，直到最后一任和硕特蒙古汗王拉藏汗被准噶尔军事力量杀死，这种西藏地方宗教上层集团与和硕特蒙古汗王联合治藏模式宣告结束。在蒙藏联合施政西藏地方期间，以达赖喇嘛为首的格鲁派上层集团一直委任第巴总理西藏地方事务。其中五世达赖喇嘛委任的第巴桑结嘉措是一个野心勃勃的人物，在担任第巴期间依仗五世达赖喇嘛对其信任，与以往第巴相比较表现很强势，他拥有自己军事力量，并且还联合其他力量，反对和硕特汗王拉藏汗，激发双方战争。第巴桑结嘉措于康熙四十四年（1705年）兵败被杀，在桑结嘉措之后又任命过两任第巴，直到康熙五十九年（1720年）清朝廷派兵进藏将准噶尔蒙古军事力量驱逐出西藏，废除第巴执政之制。清军入藏推翻准噶尔蒙古军事力量建立的傀儡政权，根据西藏地方当时的实际情况，清朝廷在西藏地方建立由康济鼐、阿尔布巴、扎尔鼐、隆布奈四人担任噶伦的四噶伦联合施政的治藏模式。康熙时期，西藏地方诸多政治上层人物对于稳定西藏地方局势，对于清朝廷发挥藏传佛教格鲁派的宗教影响力都起到重要作用，为此康熙时期清朝赏赐西藏地方上层政治人物产生了相关财政支出。

（一）康熙时期赏赐和硕特蒙古汗王的财政支出

康熙时期，西藏地方和硕特蒙古汗王为第二任汗王，即固始汗的长子达延鄂齐尔汗，其在位期间扩大了世俗管理权力，但于康熙七年（1668年）三月去世。鄂齐尔汗长子达赖汗为第三任汗王，康熙十年（1671年）即汗位，在位期间汗权旁落，致使第巴桑结嘉措大权独揽，康熙四十年（1701年）去世。达赖汗朋素克之子拉藏汗于康熙四十二年（1703年）任第四任汗王，直到康熙五十六年（1717年）被入侵西藏地方的准噶尔蒙古军事力量杀死，和硕特汗国灭亡。

此时期清朝廷赏赐和硕特蒙古汗王的财政支出主要是通过朝贡赏赉形式完成。据《清圣祖实录》记载，康熙四年（1665年），厄鲁特鄂济尔汗遣员进贡，赏赉如例。[①] 康熙十七年（1678年）正月，厄鲁特鄂济尔汗遣员进贡，赏赉如例。[②] 康熙十八年（1679年）九月，厄鲁特达赖汗遣员进贡，赏赉如例。[③] 康熙十九年（1680年）十二月，达赖汗等遣员进贡，赏赉如例。[④] 康熙五十年（1711年）正月，拉藏汗遣员进贡，赏赉如例。[⑤] 康熙五十二年（1713年）五月，拉藏汗遣员进贡，赏赉如例。[⑥] 康熙五十三年（1714年）正月，拉藏汗遣员进贡，赏赉如例。[⑦] 康熙五十五年（1716年）六月，拉藏汗遣员进贡，赏赉如例。[⑧]

另外，清朝廷赏赐和硕特蒙古汗王也是清朝财政支出的一种形式。康熙十九年（1680年）九月初一日，达赖汗为祗领赏物敕书进物谢恩，以表欣悦之情[⑨]。康熙二十年（1681年）八月初四日，康熙帝特派扎萨克鄂木布格隆、阿齐图格隆等为钦差进藏，以存问礼，赏赐达赖汗三十两重银茶筒一个、御用缎八匹。[⑩] 康熙二十四年（1685年）十一月初一日，达赖汗在谢御赐银茶筒等物并派阿勒达尔和硕齐进献素珠等奏书中提到，康熙皇帝派遣钦差彭楚克格隆、伊什格隆二人抵藏，赏赐达赖汗三十两重银茶筒一个、缎八匹。[⑪] 康熙二十五年（1686年）七月初七日，达赖汗以请安奏书礼，进献贡品，清朝廷回赏达赖汗御用缎五匹、八托补褐一匹、五十

① 《清圣祖实录》卷一四，康熙四年二月丁卯。
② 《清圣祖实录》卷七一，康熙十七年正月甲申。
③ 《清圣祖实录》卷八四，康熙十八年九月戊戌。
④ 《清圣祖实录》卷九三，康熙十九年十二月辛卯。
⑤ 《清圣祖实录》卷二四五，康熙五十年正月壬子。
⑥ 《清圣祖实录》卷二五五，康熙五十二年五月庚寅。
⑦ 《清圣祖实录》卷二五八，康熙五十三年正月戊辰。
⑧ 《清圣祖实录》卷二六九，康熙五十五年六月己酉。
⑨ 《清初五世达赖喇嘛档案史料选编》第86页。
⑩ 《清初五世达赖喇嘛档案史料选编》第92页。
⑪ 《清初五世达赖喇嘛档案史料选编》第109页。

两重银茶筒一个、酒海一个、海獭皮二张、虎皮二张、茶二篓。[1] 康熙三十五年（1696年）八月初八日，康熙帝因为第巴怂恿噶尔丹，理当斥责并特派副达喇嘛晋巴扎木素、德木齐索诺木臧布、理藩院主事保住等为钦差前往西藏地方，以示奖善惩恶之意，颁敕礼，赏达赖汗缎八匹。[2] 康熙三十五年（1696年）八月十一日，康熙帝申责第巴与噶尔丹勾结等情事给达赖汗敕谕，遣使以示褒善贬恶之意，并发伴敕礼币八端[3]。

（二）康熙时期赏赐第巴桑结嘉措的财政支出

康熙十八年（1679年），桑结嘉措被任命为达赖喇嘛系统的第五任第巴，管理西藏地方部分政务。康熙十九年（1680年）八月初一日，清朝廷赏第巴桑结嘉措上等缎七匹、茶三篓。[4] 康熙二十三年（1684年）四月初一日，康熙皇帝赏赐第巴桑结嘉措黄花褐一匹、上等金字缎一匹、深绿缎一匹、云朵红缎一匹、金黄缎二匹、秋香缎二匹、茶三篓。[5] 康熙二十四年（1685年）十一月，第巴桑结嘉措在谢御赐缎匹等物奏书中提到，康熙皇帝先前派人赏赐他各色上等缎匹、大蓝蟒缎一匹、花缎一匹、蓝云缎一匹、黑云缎一匹、蓝缎一匹、浅蓝缎一匹、茶三包。[6] 康熙二十五年（1686年）七月初七日，第巴桑结嘉措以请安奏书礼，派人进献贡品，清朝廷回赏第巴桑结嘉措缎八匹、八托补褐一匹、茶一篓。[7] 第巴桑结嘉措假借五世达赖喇嘛名义，向康熙皇帝提出封他为土伯特王的要求。清朝此时正与蒙古准噶尔部交战，康熙皇帝寄希望于五世达赖喇嘛派遣人员出面调解准噶尔部与喀尔喀部之间冲突，因此于三十三年（1694年）四月颁给第巴桑结嘉措金印敕谕，印文曰“掌瓦赤喇怛喇达赖喇嘛教

① 《清初五世达赖喇嘛档案史料选编》第119页。
② 《清初五世达赖喇嘛档案史料选编》第180页。
③ 《清初五世达赖喇嘛档案史料选编》第184页。
④ 《清初五世达赖喇嘛档案史料选编》第84页。
⑤ 《清初五世达赖喇嘛档案史料选编》第106页。
⑥ 《清初五世达赖喇嘛档案史料选编》第111页。
⑦ 《清初五世达赖喇嘛档案史料选编》第116页。

弘宣佛法王布忒达阿白迪之印”，将第巴权利限制到宗教范围，同时敕旨赏赐缎六端，副首领喇嘛即木巴渣木作、得木七索诺木臧布、理藩院司官保住等捧至第巴面前颁赐。[①] 随着清朝与准噶尔部战争的推进，康熙皇帝从战俘的口里获知五世达赖喇嘛早已圆寂十余年，第巴桑结嘉措一直匿丧。康熙三十六年（1697年）三月二十九日，康熙帝为匿丧知过引罪尽弃其前罪事给第巴桑结嘉措敕谕，特遣钦差理藩院主事保住、副使署主事萨哈连以降敕例，赐币六端。[②]

（三）康熙时期赏赐噶伦的财政支出

康熙五十九年（1720年），清军进入拉萨，将准噶尔部军事力量驱逐出西藏，推翻准噶尔部的傀儡政权，实行众噶伦联合施政西藏地方的治藏模式。噶伦作为西藏地方政府官员，延续先前蒙古和硕特汗王做法，继续向清朝廷朝贡。康熙六十年（1721年）二月，噶伦阿尔布巴、隆布奈遣员进贡，赏赉如例。[③] 康熙六十一年（1722年）四月，阿尔布巴、隆布奈等遣员进贡，赏赉如例。[④] 与此同时，清朝廷也对噶伦进行封授，以示褒奖。康熙六十年（1721年）五月，清朝廷封阿尔布巴、康济鼐为贝子，封隆布奈为辅国公。[⑤]

（四）康熙时期赏赐其他西藏地方政治人物的财政支出

康熙时期，清朝廷还对西藏地方政治人物派遣入京的人员进行赏赐。康熙十六年（1677年）十一月十七日，康熙皇帝于保和殿，赐达赖汗来员达颜寨桑、巴图尔台吉来使达尔汗寨桑、墨尔根台吉来使伊思哈卓礼克图、多尔济台吉来使厄尔克温布、喷苏克台吉来使布库下、带青台吉

---

① 《清初五世达赖喇嘛档案史料选编》第186页。

② 《清初五世达赖喇嘛档案史料选编》第194页。

③ 《清圣祖实录》卷二九一，康熙六十年二月己未。

④ 《清圣祖实录》卷二九七，康熙六十一年四月辛酉。

⑤ 《清圣祖实录》卷二九二，康熙六十年五月甲申。

来使绰克图哈什哈、达尔扎台吉来使巴图尔下、博罗特台吉来使慢济思哈等食。①

第三节　康熙时期西藏地方军事财政支出

康熙末年，准噶尔部策妄阿拉布坦军队侵扰西藏，希图占据青藏高原，西藏的和硕特汗王拉藏汗向清朝廷告急求援。但由于当时清朝廷将主要军事力量和精力投入在新疆地区，所以康熙皇帝对准噶尔军队入侵西藏的情势没有做出迅速决定，对拉藏汗的求援没有做出及时回应。直到拉藏汗被入侵的准噶尔军队杀死，准噶尔军队在西藏烧杀抢掠，倒行逆施，无恶不作，才引起康熙皇帝及众大臣的重视，才开始派遣清兵入藏。但第一次清兵入藏在哈喇乌苏（黑河）惨败，第二次再次派遣清兵入藏才将准噶尔军事力量驱逐出西藏。随着清军入藏，加上西藏地方民众的请求，康熙时期开启了清兵驻藏先河。康熙时期清兵两次入藏驱逐准噶尔军事力量，以及清兵驻藏，清朝廷都承担了财政支出。

一、康熙时期第一次清兵入藏驱逐准噶尔军队的财政支出

康熙五十五年（1716年），准噶尔部策妄阿拉布坦派遣大策凌敦多布等人率军穿越藏北，进攻西藏的拉藏汗。康熙五十六年（1717年）七月，清朝廷获知准噶尔军队侵藏消息，但对于准噶尔军队是否入侵西藏拉藏汗，此时康熙皇帝的判断是拉藏汗之子娶策妄阿拉布坦之女三年，已经生子，还有达赖喇嘛、班禅及拉藏之使，都与策妄阿喇布坦关系交好，准噶尔部策妄阿拉布坦曾派兵帮助拉藏汗征讨卜鲁克巴，所以这次准噶尔军

① 《清初五世达赖喇嘛档案史料选编》第78页。

事力量入藏或是助拉藏汗征讨卜鲁克巴，或是要侵占拉藏汗以取西边地方，也有可能是拉藏汗欲入侵戴青和硕齐、罗卜藏丹津，借助策妄阿拉布坦之兵。① 因此，在准噶尔军队入侵西藏的初期，康熙皇帝没有弄清楚准噶尔军队的意图时，没有部署兵力。

直到同年八月，清朝廷从驻扎在西宁的侍读学士查礼浑的报告中获知准噶尔军队已经抵达纳克产边界，清朝廷才做出兵力部署。抽调四川兵至阿尔布尔地方扎营，青海兵在阿尔布阿地方扎营，另外从荆州调两千名满洲兵赴成都驻防，从太原调五百满洲兵赴西安驻防。这些兵力部署只是为了密切观察已经进入西藏的准噶尔人的动静，以防来犯清朝廷汛界。拉藏汗也向清朝廷求援，但交通不便，求救书信到达康熙手里时，拉藏汗被准噶尔军队杀死近四个月了。康熙皇帝这才开始部署调动兵力对准噶尔军队作战，是为康熙时期清兵第一次入藏作战。

康熙时期清兵第一次入藏作战，由于两名将领色楞和额伦特不睦，存有作战部署分歧，以及没有充足的后勤补给，所以四千多名清兵在喀喇乌苏（黑河）作战四个月，被久经沙场、经验丰富的大策凌敦多布率兵击败。战争结果是清军损失惨重，两员大将一人阵亡，一人被俘。兵员损失情况，按清廷方面说法是一千五百余人。此外，被俘入藏四百二十八人（后被遣归），还有一批人被当即释放，遣归青海。②

清朝廷为第一次入藏作战的四千六百余名的清兵支付了后勤方面的财政支出，事前清朝廷还是做了必要准备。关于入藏的线路，清朝廷还是有清晰的认识，对入藏三道进行功能定位，即：青海入藏通道作为战略进兵主路；四川入藏道路，特别是打箭炉经里塘、巴塘、察木多（今西藏昌都）、拉里（今西藏嘉黎）的川藏线作为藏区军需粮饷供应干道和进军辅道；云南丽江经维西、中甸（今云南香格里拉）、阿墩子（今云南德钦）、奔子栏入藏的滇藏道，作为战时策应和军需供应辅道，为再次用兵

① 《清圣祖实录》卷二七三，康熙五十六年七月壬申。

② 赵珍：《论康熙末年清军两次入藏的战略选择》，《清史研究》，2002年第4期，第98页。

西藏进行充分准备。[①] 由于此次入藏清兵的后勤补足以川藏线为主，所以四川官员承担后勤保障任务。四川巡抚年羹尧于康熙五十七年（1718年）三月向康熙奏陈："打箭炉地方外通西域，内皆高山峻岭，实为天设之险。皇上救援西藏，令护军统领温普带领满兵五百赴炉驻扎。臣以炉地素不产米，山路险远，粮运为难。动支库银，买米一万石，遴选人员，先运六千石抵炉，余米收贮雅州。如有需用，再行酌运。所需草料，亦委官采买，运送支给。自此源源买运，必不迟误军需。"年羹尧的奏折获得康熙皇帝认可，下令"相机购买米石、草料，委官设法陆续运至打箭炉"。[②] 另外，命飞咨护军统领温普，在"打箭炉挑选满兵一百名，令前锋参领伍林帕等带领，再选绿旗马兵一百名、鸟枪兵三百名，令化林协副将赵弘基等率领，一同前往里塘弹压，相机擒剿"[③]，确保后勤运输安全。

对于这次清朝立国近百年来最糟糕的战争，康熙皇帝在战后评价为有功而无罪，同时全力做好善后抚恤事宜。令他的第十四子、驻扎西宁的抚远大将军胤祯（允禵）查明西路兵阵亡、病殁人等，着大将军王即行赏赐；同时命胤祯亲自前往吊喑额伦特，为阵亡官兵大做道场，胤祯为总奠酒。[④]

二、康熙时期拉藏汗之子等残兵的财政支出

侍卫阿齐图统兵至柴旦木地方，于康熙五十七年（1718年）正月初二日遇见伊打木扎布等带领拉藏汗之子苏尔扎之妻，告称准噶尔来至达穆地方，与土伯特兵交战数次，彼此伤损甚多。康熙五十七年（1718年）四月初三日，议政大臣等议复苏尔扎之妻求救准予安置事，即给伊马匹、

① 陆韧、余华：《清统一战争进程中的藏区用兵驻军与后勤保障体系建设》，《思想战线》，2019年第5期，第77页。

② 《清圣祖实录》卷二七八，康熙五十七年三月丙寅。

③ 《清圣祖实录》卷二七九，康熙五十七年五月壬申。

④ 中国第一历史档案馆《康熙朝满文朱批奏折全译》，中国社会科学出版社1996年版，第1656—1658页。

口粮，仍令在波罗冲可克旧处暂为安插[①]。

三、康熙时期第二次清兵入藏驱逐准噶尔军队的财政支出

康熙五十七年（1718年）十月十二日，命皇十四子允禵（胤祯）为抚远大将军，命内阁大臣颁给大将军敕印于太和殿，随其出征之王、贝子、公等以下俱着戎服，齐集太和殿前；不出征之王、贝勒、贝子、公并二品以上大臣等俱着蟒服，齐集午门外。大将军允禵上殿，跪受敕印，谢恩。允禵行礼毕，随敕印出午门，乘骑出天安门，由德胜门前往，诸王、贝勒、贝子、公等二品以上大臣，俱送至列兵处。大将军允禵望阙叩首行礼，肃队而行。[②]清朝开始第二次进兵西藏，允禵西征，康熙帝赏赐他十万两银子，还赏赐允禵儿子[③]。康熙五十七年（1718年）十月二十六日，康熙谕授允禵为抚远大将军用王纛式样，其纛用正黄旗之纛，照依王纛式样。简亲王之子永谦，令其带伊父之纛前往。将上三旗侍卫派出三十员。庄亲王之护卫既于一切之处俱不行走，如其护卫并亲军中有情愿告往效力者，要求亲加拣选奏闻。弘明属下之人，亦着照此。凡有子弟出兵之王等外，其不出兵之王等，亦令各选护卫三员，贝勒、贝子各二员，公等各一员，随十四阿哥前往效力。步军协领爱哈那行走熟谙，令其统辖王等之护卫前去。寻将王等护卫、散骑郎、典仪共三十六员、亲军校四员、亲军二十六名，开列具奏。[④]

清兵第二次入藏前，清朝廷已经做好充分的后勤工作，在打箭炉、里塘、巴塘进藏的要道沿途驻扎满汉大兵二千七百名，以保障入藏清兵的军需粮饷安全转输。[⑤]第二次入藏的清兵以及云南木氏土司的土兵，数量共

---

① 《清圣祖实录》卷二七八，康熙五十七年四月辛巳。

② 《清圣祖实录》卷二八二，康熙五十七年十二月乙卯。

③ 第一历史研究所《康熙朝满文奏折朱批全译》，故宫出版社1998年版，第1672页。

④ 《清圣祖实录》卷二八一，康熙五十七年十月庚午。

⑤ 《清圣祖实录》卷二八五，康熙五十八年九月己丑。

计两万两千五百名，入藏路线延续第一次清兵入藏线路，战前清朝廷军需粮饷准备充分。以允禵为抚远大将军，居中调度，负责统筹进藏军粮事务。中路大军进藏沿途“行粮牲畜接续之处，令大将军办理”，川藏线进藏“行粮牲畜接续之处，令年羹尧办理”。[①] 又命令云贵总督蒋陈锡、云南巡抚甘国璧负责“云南进藏之兵，各项粮饷，应预先料理，如期运送”[②]，随征官兵“每兵二名亦给驼马三匹”[③]，“裹带三月口粮”[④]。战争过程中，为了加强川藏、滇藏交通道路管控，将四川与云南木氏土司争议的“巴塘、里塘地方，应暂归四川统辖”，“一切运粮调遣之事，道经巴塘、里塘，关系紧要”，“归四川管辖，有济军务”。[⑤] 四川承担了藏区用兵军需粮饷转输和道路护卫的重要任务。同时，在云南进藏道路上开展驿站建设，“云南省迤西一带向未设立驿站，今因大兵出口，自安宁州起至塔城止，请添设二十一站”[⑥]。

四、康熙时期驻藏清军财政支出

准噶尔军队被驱逐出西藏地方后，由于西藏地方以七世达赖喇嘛为首的政教上层人物和青海和硕特蒙古首领担心准噶尔军队卷土重来，因此一再要求清兵能够驻守西藏地方。因此康熙六十年（1721年）二月，抚远大将军允禵与康熙皇帝议定西藏地方虽已平定，驻防尤属紧要，决定留驻西藏的扎萨克蒙古兵五百名、额驸阿宝兵五百名、察哈尔兵五百名、云南兵三百名、四川兵一千二百名，共计三千名，由公策旺诺尔布总统管辖[⑦]。

---

① 《清圣祖实录》卷二八五，康熙五十八年九月乙未。

② 《清圣祖实录》卷二八九，康熙五十九年九月戊寅。

③ 中国第一历史档案馆编《康熙朝汉文朱批奏折汇编》第8册，档案出版社1984年版，第659页。

④ 《清圣祖实录》卷二八六，康熙五十八年十二月辛酉。

⑤ 《清圣祖实录》卷二百十七，康熙五十九年四月壬寅。

⑥ 《清圣祖实录》卷二八八，康熙五十九年七月丁卯。

⑦ 《清圣祖实录》卷二九一，康熙六十年三月乙丑。

康熙六十一年（1722年）九月，四川巡抚色尔图疏言，从前平定西藏，留兵防守，自打箭炉至拉里，曾将四川绿旗、土司番兵共留三千五百余名，挽运粮饷。解藏钱粮可敷二三年之用，且藏地可以采买米粮，不必多人挽运。但自打箭炉至拉里设有六十六站，不可无兵防守。他通计各站酌量驻兵，并将土司番兵亦添入数内，一同驻扎，共需兵一千九百名，其余兵丁一千六百名若行撤回，则钱粮亦可节省。[①] 清朝廷同意色尔图的疏言，撤回一千六百名驻防川藏的兵丁，以节省钱粮，直至雍正初期。

第四节 康熙时期入藏钦差大臣财政支出

康熙时期，清朝廷频频派遣钦差大臣入藏。钦差大臣入藏的目的主要与达赖喇嘛世系、五世班禅，办理藏务等方面有关。清朝廷为所派遣入藏的钦差大臣承担财政支出。

一、康熙《大清会典》有关入藏钦差大臣的车马配置规定

康熙三年题准，往会大臣，随从郎中、员外郎共六员，主事一员，笔贴式七员，领催六名，俱带账房粮米，在野外行宿，尚书、侍郎等，各带本身执事。尚书准骑马二十匹，驼七匹。侍郎马十八匹，驼六匹。郎中马八匹，驼二匹。员外郎、主事马各七匹，驼各二匹。有品级笔贴式各马六匹。无品级笔贴式各马五匹。领催各马三匹。兵丁各马一匹。

（康熙）九年题准，凡奉旨特遣，及本院往各旗遍传事务紧急差遣，或巡察斥堠送诏等事，自内地驰驿外，仍给信牌，许乘边外驿马。往会所历之旗地方遥远，亦给信牌，乘边外驿马。余惟遣往札赖忒、杜尔伯特、

① 《清圣祖实录》卷二九九，康熙六十一年九月戊子。

郭尔罗斯、席北、索伦、达固尔、宁古塔、卦尔察等处者，给本院印文，照内地所乘驿马数，乘边外驿马。遣往科尔沁、乌朱穆秦、蒿齐忒、吴喇忒、鄂尔多斯等处者，冬春给院文，乘边外马，夏秋各乘自备马匹。遣往喀喇沁、土默特、敖汉、奈曼、翁牛特、巴林、札鲁特、克西克腾、苏尼特、阿鲁科尔沁、喀尔喀、阿霸垓、阿霸哈纳尔、四子、毛明安、归化城、盛京、西勒图库伦等处者，概令自备马匹。其达赖喇嘛峨齐尔汗之使，给驿至西宁。遣往喀尔喀、厄鲁特之使，自归化城给与马驼 。①

二、康熙时期派遣入藏钦差大臣概况

据《清初五世达赖喇嘛档案史料选编》记载，五世达赖喇嘛时期（含匿丧期间），清朝廷多次派遣钦差大臣入藏。康熙四年（1665年）二月二十二日，康熙帝遣使赐雕鞍等物给达赖喇嘛并敕谕。康熙四年（1665年）二月二十三日，熙帝遣钦差大臣问存给达赖喇嘛敕谕。康熙四年（1665年）三月二十四日，康熙帝颁赐名号印信给达赖喇嘛敕谕。康熙五年（1666年）八月二十九日，理藩院奉旨为青海诸台吉作乱事致达赖喇嘛书。康熙九年（1670年）闰二月二十七日，康熙帝为红帽派帕克木瓦等来归安置事给达赖喇嘛敕谕。康熙十三年（1674年）七月初十日，差往达赖喇嘛处理藩院员外郎喇都虎，五世达赖喇嘛询问吴三桂情况。康熙十三年（1674年）八月初三日，谕四川等处文武官员及达赖喇嘛协剿吴三桂。康熙十四年（1675年）四月二十七日，敕谕达赖喇嘛决心讨伐吴三桂，并嘱咐转告达赖汗约束属下毋得生事扰民。康熙十四年（1675年），康熙帝为发兵讨逆事给达赖喇嘛敕谕。康熙十七年（1678年）正月十五日，康熙帝为已知藏军不能出兵云南剿办吴三桂事给达赖喇嘛敕谕。康熙十七年（1678年）二月十五日，康熙帝为洞悉达赖与吴三桂往来事由给达赖喇嘛敕谕。康熙十七年（1678年）二月十五日，康熙帝为吴三

① 《清朝治藏典章研究》第255—256页。

桂遣员与之来往等事给达赖汗敕谕。康熙十八年（1679年）九月二十三日，康熙帝为达赖汗并非有功于朝廷而是不遵谕旨掠夺良民事给达赖喇嘛敕谕。康熙十九年（1680年）五月十三日，谕遣能员往打箭炉侦察、防御并着各处督抚搜查吴三桂与达赖喇嘛交通书札。康熙二十年（1681年）正月二十九日，康熙帝为遣使朝贺平定吴三桂叛乱并赏物赍往事给达赖喇嘛敕谕。康熙二十年（1681年）正月二十九日，康熙帝为遣员朝贺平定吴三桂叛乱并赏物赍往事给达赖汗敕谕。康熙二十年（1681年）八月初四日，康熙帝为派扎萨克鄂木布格隆等赴藏问存事给达赖喇嘛敕谕。康熙二十年（1681年）八月初四日，康熙帝为禁止蒙古藏人在金沙江等地经商事给达赖喇嘛敕谕。康熙二十年（1681年）八月初四日，康熙帝为晓谕吴三桂事件已过不必再提事给达赖喇嘛敕谕。康熙二十年（1681年）八月初四日，康熙帝为先前所奏各节多系谣传奏请宽免吴三桂亦属不当事给达赖喇嘛敕谕。康熙二十年（1681年）八月初四日，康熙帝为遣扎萨克鄂木布格隆等赏赐事给达赖汗敕谕。康熙二十一年（1682年）六月吉日，达赖喇嘛谢派鄂木布格隆等颁敕赏物并献物奏书。康熙二十二年（1683年）四月初六日，理藩院尚书阿穆瑚琅等为赏赐达赖喇嘛等所派人员事题本。康熙二十二年（1683年）五月初六日，康熙帝为遣罗布藏格隆等赴藏问安并赏物事给达赖喇嘛敕谕。康熙二十二年（1683年）五月初六日，康熙帝为准请复开鹤庆等地贸易互市事给达赖喇嘛敕谕。康熙二十二年（1683年）十二月二十九日，康熙帝为共同派员调解遣返喀尔喀扎萨克图汗离散部众事给达赖喇嘛敕谕。康熙二十三年（1684年）二月初三日，康熙帝为派阿齐图格隆等往召寺燃香献哈达事给达赖喇嘛敕谕。康熙二十三年（1684年）二月初四日，康熙帝令遣员为喀尔喀蒙古议和事给达赖喇嘛敕谕。康熙二十三年（1684年）六月初一日，达赖喇嘛为阿齐图格隆等赍至赏物谢奏书。康熙二十四年（1685年）十一月初一日，达赖喇嘛谢康熙帝遣彭楚克格隆等赍赏银茶筒等物奏奏书。康熙二十四年（1685年）十一月十七日，康熙帝为派人会同办理归并罗布藏滚布阿喇布坦巴图尔额尔克济浓并安插事给达赖敕谕。康熙二十五年（1686年）四月初一日，康熙帝遣阿尔尼等会同达赖喇嘛使者莅盟事给喀尔喀七旗汗敕谕。康熙二十五年（1686年）七月二十五日，康熙帝为准土伯特在金沙江地方贸易事给达赖喇嘛敕谕。康熙二十五年（1686年）七月二十五日，康熙帝为遣端朱布嘎布楚等存问颁赏事给达赖。康熙二十五年（1686年）七月二十六日，派往达赖喇嘛处之扎萨克喇嘛绰依木朱尔喇木扎木巴等进献物品清单。康熙二十六年（1687年）二月二十八日，康熙帝为准已故车臣汗其长子伊尔登阿喇布坦承袭汗位事给达赖喇嘛敕谕。康熙二十六年（1687年）九月二十四日，康熙帝令遣员谕厄鲁特、喀尔喀罢兵事给达赖喇嘛敕谕。康熙二十八年（1689年）正月十九日，康熙帝为遣员与伊拉古克三等同往准噶尔劝噶尔丹与喀尔喀息兵议和给达赖喇嘛敕谕。康熙二十八年（1689年）十二月初九日，康熙帝遣钦差大臣询问何以偏向噶尔丹并明白回奏事给达赖敕谕。康熙三十年（1691年）六月初一日，康熙帝为喀尔喀已安置且噶尔丹若再入侵务期剿灭事给达赖喇嘛敕谕。康熙三十一年（1692年）九月二十二日，康熙帝为噶尔丹背誓戕杀使者事给达赖喇嘛敕谕。康熙三十二年（1693年）二月十五日，康熙帝为疏请宽宥济咙呼图克图等事予以驳斥给达赖喇嘛敕谕。康熙三十二年（1693年）十二月二十二日，康熙帝颁给第巴桑结嘉措金印敕谕。康熙三十四年（1695年）四月初九日，康熙帝为第巴替噶尔丹奏请撤西海戍兵，命备文直发其隐给达赖第巴敕谕。康熙三十五年（1696年）八月十一日，康熙帝申责第巴与噶尔丹勾结等情事给达赖喇嘛、班禅、达赖汗第巴等敕谕。康熙三十六年（1697年）三月二十九日康熙帝为第巴桑结嘉措匿丧知过引罪、尽弃其前罪事给第巴敕谕。

五世达赖喇嘛时期，清朝廷派遣钦差大臣入藏，主要是对五世达赖喇嘛日常赏赐、颁敕。平定三藩时期，康熙皇帝寻求五世达赖喇嘛从军事和政治行为方面的支持。蒙古准噶尔部与喀尔喀部因纠纷发生战争，康熙皇帝寄希望于五世达赖喇嘛利用宗教领袖的身份派遣专员出面调解等。

在清朝廷与准噶尔部战争中，康熙皇帝从俘虏那里获知第巴桑结嘉措匿丧五世达赖喇嘛的事情。康熙三十五年（1696年）六月三十日，康熙皇帝命保住等赴藏识认五世达赖喇嘛是否健在。康熙三十五年（1696年）八月派遣大喇嘛晋巴扎木素、德木齐索诺木减布、主事保柱等入藏诘问第巴并要求第巴按照康熙皇帝旨意行事，否则兵戎相见。康熙三十六年（1697年）十月，六世达赖在布达拉宫正式坐床，清朝廷派遣以二世章嘉呼图克图洛桑却丹为首的代表团入藏献礼。①

当六世达赖喇嘛仓央嘉措圆寂后，拉萨三大寺的僧众和青海和硕特蒙古首领反对拉藏汗认定的益西加措为六世达赖喇嘛，他们认定理塘的男童格桑嘉措为转世灵童。为了确认益西加措与格桑嘉措究竟哪个为转世灵童，清朝廷先后派遣钦差大臣到后藏寻求五世班禅的看法，又派遣钦差大臣到理塘探视格桑嘉措。康熙三十六年（1697年）闰三月初四日，康熙谕主事保住等看视达赖格桑嘉措。② 康熙皇帝先后派遣班玛笔帖式、阿齐图克雅等人前往康区观察格桑嘉措，后请五部头人（指塔尔寺所属的申中、西纳、龙本、米纳、西河坝等五部落头人），派阿齐图克雅、加果齐（蒙语，指皇帝的使者或仆从）、仲益（管理文书档案的官员或僧职，此处相当于笔帖式）于康熙三十五年（1706年）五月十七日，请达赖启程移驻西宁附近塔尔寺。③ 康熙五十四年（1715年）四月初六日，为达赖喇嘛从理塘移驻西宁令阿齐图驻扎西宁侦探消息。④ 在七世达赖喇嘛移驻塔尔寺期间，清朝廷频频派遣钦差大臣前往塔尔寺照看七世达赖喇嘛，并带去大量赏赐⑤。康熙皇帝的第十四子抚远大将军允禵也从西宁派公策旺诺尔布等来献白银一千两，秘密请示喇嘛为了大皇帝万寿无疆如何做法事。⑥ 康熙五十九年（1720年）二月二十七日，清朝廷派遣钦差大臣前往

① 冯智:《略论五世班禅在康雍治藏中的历史作用》,《中国藏学》，2005年第1期，第42页。

② 《清朝治藏典章研究》第413页。

③ 《七世达赖喇嘛传》第23页。

④ 《清朝治藏典章研究》第416页。

⑤ 《七世达赖喇嘛传》第25—30页。

⑥ 《七世达赖喇嘛传》第30页。

塔尔寺册封理塘呼毕勒罕（格桑嘉措）为"弘法觉众第六世达赖喇嘛"。[①] 康熙五十九年（1720年），清朝廷在七世达赖喇嘛进藏前派遣策旺诺尔布到塔尔寺送上白银一千五百两。七世达赖在清军的护送下入藏，清朝廷也派遣钦差大臣沿途照料、陪同跟随清军入藏，还额外派遣钦差大臣前往探视途中的七世达赖喇嘛。当随行队伍行至两湖之间，康熙帝派来伺候喇嘛的具有藏传佛教信仰的官员次第赶来相见。当七世达赖喇嘛驻锡扎陵湖畔时，康熙帝所派遣的土观呼图克图和甘珠尔大喇嘛两人从皇宫赶来，于帐幕拜见喇嘛。[②] 当七世达赖喇嘛抵达拉萨，在布达拉宫举行坐床典礼时，康熙皇帝派遣钦差大臣为喇嘛送去坐床用的洁白哈达和一万两白银，宣读金字圣旨。[③]

康熙时期，清朝廷为五世班禅而派遣钦差大臣入藏，因为五世班禅是自五世达赖进京后清朝廷最希望召见和册封的宗教领袖。这是清政府给予班禅一定的政治地位和影响的尝试，想通过他僧俗共尊的宗教影响来达到稳定西藏局势的目的，是清政府在西藏地方决定重要人选的举措。清朝廷频频派遣钦差大臣进藏，通过看望、祝贺并赐敕书和礼品，以物质作感情上的联络，给四世班禅及其继任五世班禅以皇恩浩荡之感。从康熙四年（1665年）至康熙三十二年（1693年）的二十八年间，清朝廷共二十二次派遣钦差大臣到扎什伦布寺拜会班禅，赐敕书和礼品。特别是康熙二十三年（1684年）以后，每年一次，甚至每年两次派员赴藏慰问和嘉奖五世班禅。[④] 康熙时期，清朝廷频频派遣钦差大臣进藏看望、赏赐、祝贺、颁敕五世班禅，如此重视五世班禅，是因为此时期清朝廷寄希望于通过赋予五世班禅更大的宗教权力并加以利用，所以康熙皇帝数次召请五世班禅入京觐见。由于五世达赖喇嘛在清朝廷平定三藩战争中对吴三桂的暧昧态度，以及在调解准噶尔与喀尔喀纠纷过程中偏袒噶尔丹等情形，康熙皇帝

① 《清朝治藏典章研究》第416页。

② 《七世达赖喇嘛传》第47页。

③ 《七世达赖喇嘛传》第50页。

④ 冯智：《略论五世班禅在康雍治藏中的历史作用》，《中国藏学》，2005年第1期，第40页。

及众大臣们认识到提高五世班禅的职权，与达赖喇嘛世系形成抗衡局势，利于清朝廷治理西藏地方乃至西北、北方蒙古分布地区。

康熙时期，清朝廷派遣钦差大臣入藏目的除了联络格鲁派藏传佛教领袖之外，还有三次派遣钦差大臣入藏办理藏务。第一次是康熙四十五年（1706年）十月，派遣护军统领席柱、学士舒兰为钦差大臣进藏，任务是封拉藏汗“翊法恭顺汗”，拘押六世达赖赴京。[①] 第二次派遣钦差大臣入藏处理藏务，是康熙四十八年（1709年）正月，派内阁学士拉都浑率青海众台吉等众人入藏看验拉藏汗认定的转世灵童益西加措，并询问五世班禅拉藏汗认定的益西加措是否是转世灵童。第三次是康熙皇帝考虑到青海众台吉等与拉藏汗不睦，西藏事务不便令拉藏汗独理，应遣官一员前往西藏协同拉藏汗办理事务，当时选遣管理西藏事务侍郎赫寿前往[②]。前两次进藏钦差大臣是在西藏地方处理完毕藏务就返回京城，但第三次钦差大臣赫寿在西藏处理藏务一年多时间。

① 《清圣祖实录》卷二二七，康熙四十五年十月乙巳。

② 《清圣祖实录》卷二三六，康熙四十八年正月己亥。

第四章　雍正时期治理西藏地方财政支出

第一节　雍正时期治理西藏地方财政支出历史背景

康熙时期，清朝廷派遣清兵和征调青海和硕特蒙古军事力量入藏，将准噶尔侵扰西藏的军事力量驱逐出去。为了青海和硕特蒙古首领们同意出征西藏，康熙五十七年（1718年）在木兰围场召见了青海和硕特蒙古首领察汗丹津等，康熙帝对他们说："你回去，约你们兄弟大力共征准贼，恢复你祖道法，令达赖喇嘛坐床，回来时我再降谕旨。"① 当时广为流传的是战争结束后皇帝要立拉藏汗的一子为王。② 当准噶尔军事力量逃离西藏，达孜巴的傀儡政权被推翻后，清朝廷在西藏地方不但没有恢复和硕特蒙古在西藏的汗王统治制度，反而直接任命在驱准战争中建立战功的拉藏汗时期原官员为噶伦，建立众噶伦联合施政西藏的模式。这违背了固始汗之孙青海亲王罗布藏丹津出兵西藏的意愿，他希望恢复和硕特汗王在西藏的管理权。于是罗布藏丹津在雍正元年（1723年）胁迫青海众台吉发动叛乱，此次叛乱于雍正二年（1724年）平定。在清军的打击下，青海蒙

① 吴奉培辑《抚远大将军允禵奏稿》卷十六，康熙六十年三月十二日，全国图书馆文献缩微复制中心1991年版，第261—263页。

② 伯戴克著，周秋有译《十八世纪前期的中原和西藏》，西藏人民出版社1987年版，第101页。

古和硕特诸部或败亡或内附，清朝廷则在西宁设立办事大臣。与此同时，青海失势的和硕特部蒙古也失去了对西藏的控制权，标志着以往由固始汗及其后嗣统治西藏的传统从此结束。

从康熙时期开始，清朝廷已经注意到西藏地方的政务，曾派遣钦差大臣前往西藏办理藏务，处理政事。雍正初期，清朝廷继续多次派遣大臣到西藏地方办理藏务。雍正二年（1724年）清朝廷平定青海和硕特蒙古罗布藏丹津叛乱后，鉴于青藏高原实际情况，雍正皇帝君臣也在考虑西藏地方的局势安危，认为朝廷只是经常派遣钦差大臣进藏处理政务不合西藏事宜。雍正四年（1726年）议准设立驻藏钦差大臣二人。雍正五年（1727年）正月正式派遣僧格、玛拉为驻藏大臣赴藏上任，直接掌管藏政，在拉萨设立驻藏大臣衙门。清朝廷此举加强了对西藏地方施政，直接行使国家主权，为西南边陲长治久安提供了保障。驻藏大臣制度自始至终，历经一百八十五年，从未间断。

雍正初期，延续康熙末年在西藏地方建立的众噶伦联合施政的制度模式。众噶伦主要是来自前藏的阿尔布巴、隆布奈、扎尔鼐和来自后藏的康济鼐。颇罗鼐此时还没被朝廷委任为噶伦，但颇罗鼐积极支持康济鼐。这些原西藏地方的官员在清军入藏驱逐准噶尔部军事力量时都起到重要配合作用。清朝廷建立众噶伦联合施政西藏地方模式的初衷便是他们互相牵制，共主政务，不至于出现以往专权现象，寄希望于众噶伦保护西藏地方，使百姓安居乐业。但事与愿违，众噶伦与七世达赖喇嘛的父亲以及达赖喇嘛之间的关系，到过西藏的副都统、宗室鄂齐向雍正奏称为："首领办事之人，互相不睦，每每见于辞色。达赖喇嘛虽甚聪敏，但年纪尚幼，未免有偏向伊父索诺木达尔扎之处。康济鼐为人甚好，但恃伊勋绩，轻视众噶伦，为众所恨。阿尔布巴赋性阴险，行事异于康济鼐，而索诺木达尔扎因娶隆布奈二女，三人合为一党。若调唆达赖喇嘛与康济鼐不睦，必至争竞生事。再，噶隆甚多，反增繁扰。隆布奈行止妄乱，扎尔鼐庸懦无能，应将此二人以噶隆原衔解任。则阿尔布巴无人协助，自然势孤，无作乱之人矣。”① 陕西总督岳钟琪也在向朝廷奏准噶尔若侵藏预筹保护达赖喇嘛奏折中称：“今闻索诺木达尔扎与康济鼐心既不和，恐其忌功妒能，外虽恭顺，内藏奸狡，兼与罗卜藏丹津有翁婿之情，倘致内外勾连，事起仓促，我兵虽两路疾趋西藏，亦已缓不济急矣。”②

虽然西藏地方众噶伦联合施政模式在建立之初就已经出现不睦现象，前藏阿尔布巴、隆布奈、扎尔鼐联合七世达赖喇嘛的父亲索诺木达尔扎孤立排斥来自后藏的康济鼐，但对于此时清朝廷而言，无论是从施政西藏地方的才能还是个人的人品都非常重视康济鼐。清朝廷差遣时任四川陕西总督臣岳钟琪派员进藏调查众噶伦施政情况，岳钟琪差员参将王刚于雍正四年（1726年）进藏仔细观察发现：“康济鼐公直不要钱，番民畏服，但恃功自大，是其所短。其阿尔布巴等，待人和好，一味取悦同事，然皆性贪要钱，番民多不畏惧。察其情状，阿尔布巴等与康济鼐接见之时，虽极谦谨，貌似相和，然未免与隆巴奈等诸人相联一气，而康济鼐则孑然孤立着也。”③ 实际情况的确是康济鼐铭记雍正皇帝旨意，为朝廷勤勉办事。清朝廷于雍正五年（1727年）派遣使臣入藏嘉奖赏赐贝子康济鼐印信，给予那尔唐庙名号，拨给祀产及颁敕书，达赖喇嘛等五人因其所为于黄教无裨，未受圣主重恩，所以对康济鼐怀恨在心④，这也为康济鼐埋下祸患。为了利于西藏地方治理，清朝廷准备派遣使臣进藏任命康济鼐为首席噶伦。使臣还没有到达西藏，消息被达赖喇嘛派遣进京朝贡的人员获知带回拉萨，前藏的噶伦们决定在清朝廷的旨意没有到达拉萨之前，先除掉康济鼐。于是在雍正五年（1727年）六月十八日，以贝子阿尔布巴、公隆布奈、台吉扎尔鼐、达赖喇嘛近侍数人及阿尔布巴之婿阿尔布罗卜藏等为首，率兵五百突至，杀害康济鼐、二个妻子、弟和唐古特、蒙古人十余名。⑤

① 《清世宗实录》卷五二，雍正五年正月丁巳。

② 《元以来西藏地方与中央政府关系档案史料汇编》第378页。

③ 《元以来西藏地方与中央政府关系档案史料汇编》第373—374页。

④ 《元以来西藏地方与中央政府关系档案史料汇编》第382页。

⑤ 《元以来西藏地方与中央政府关系档案史料汇编》第382页。

前藏众噶伦杀死康济鼐后，又以达赖喇嘛近侍八人为首，遣兵五百名，前往后藏杀台吉颇罗鼐。颇罗鼐获知康济鼐被杀害的消息后，调动后藏军事力量，顽强抵抗，拒战获胜，尽戮其人，于藏、卫两地中间，设兵布防；又去阿里地方，在准噶尔部蒙古军事力量入藏所经的三路，增兵设哨；然后率阿里地方七百兵及后藏兵奔赴前藏，为康济鼐报仇。清朝廷接到颇罗鼐要求派遣清兵进藏的奏折后，立即派遣周瑛率领清兵火速进藏。清兵到达西藏时，颇罗鼐率领后藏军事力量已经于雍正六年（1728年）五月二十六日进入拉萨，大败前藏军事力量，七月拿下并收禁阿尔布巴、隆布奈、扎尔鼐等人。等到清军抵达拉萨后，颇罗鼐将所擒拿的阿尔布巴、隆布奈、札尔鼐等人交给清军将领，清朝廷差往西藏的吏部尚书查郎阿和迈禄会同驻藏大臣僧格、玛拉审讯，并奏称："查阿尔布巴等身受国恩，不思报效，乃心存叛逆，大干法纪，应分别情罪，将阿尔布巴、隆布奈俱拟凌迟。其阿尔布巴之子噶尔丹盆楚克、衮楚克拉贾布、鄂达尔汉噶尔藏吹达尔，隆布奈之子席木本吹扎特俱拟斩。将扎尔鼐拟斩，其妻及子喇克桑、扎木巴并二逆之妻女及同胞兄弟俱离本处发遣。并将协助阿尔布巴等之喇嘛人众亦分别治罪。番人素性凶恶，阿尔布巴等须令番众目睹正法，以示惩戒。臣等一面奏闻，一面将阿尔布巴等及事内应斩人犯，即行正法。其应行发遣之人，由撤回兵丁内酌量派出，解送至江宁、杭州、荆州将军处，赏给兵丁为奴。"① 这次内讧得以平息。

阿尔布巴之乱之后，清朝廷深知众噶伦联合施政的弊端，于是开启新的施政西藏模式，任命颇罗鼐协助驻藏大臣总理政务，并封其为贝子。颇罗鼐一直勤勤恳恳效劳清朝廷，励精图治施政西藏地方。由于彼时藏中发生了阿尔布巴之乱等事，清朝廷惟恐准噶尔部军事力量乘机再次侵扰西藏，所以令七世达赖喇嘛移驻康区泰宁，以便照看。② 七世达赖喇嘛一行僧众在离藏清军的护送下，于雍正六年（1728年）十一月二十三日从拉萨布达拉宫启程至康区，七世达赖喇嘛驻锡康区六年多时间。

① 《元以来西藏地方与中央政府关系档案史料汇编》第423页。

② 《清世宗实录》卷一四五，雍正十二年七月癸巳。

雍正年间，西藏地方发生过的重大事件，主要有西藏地方实行众噶伦联合施政西藏地方政务；后因众噶伦争权夺势发生卫藏战争，颇罗鼐在清朝廷支持下获胜，平定战乱；清朝廷任命贵族颇罗鼐施政西藏地方政务；为了防止蒙古准噶尔部再次入侵西藏地方，在卫藏战争结束后又将七世达赖喇嘛移驻康区。另外在雍正皇帝继位之初，毗邻西藏地方的青海地区发生了罗卜藏丹津叛乱。这些事件的发生都影响到清朝廷对西藏地方的财政支出。

第二节　雍正时期赏赐西藏地方政教上层人物财政支出

雍正时期，西藏地方政教上层人物主要有藏传佛教格鲁派领袖七世达赖喇嘛，五世班禅；雍正元年（1722年）至雍正五年（1727年）西藏地方联合施政的众噶伦，雍正六年（1728年）平定阿尔布巴之乱后协助驻藏大臣总理政务的颇罗鼐。雍正时期清朝廷为治理西藏地方而赏赐西藏地方政教上层人物形成了相应的财政支出。

一、雍正时期赏赐西藏地方政教上层人物的定制

（一）雍正《大清会典·理藩院》有关西藏地方进京朝贡人员给驿规定

（顺治）十三年题准：厄鲁特达赖汗等使人还者，给驿马二十五匹、马车十二辆，其带来马驼，每宿处给与草料，至西宁止。

（康熙）三十二年覆准：达赖喇嘛历年来使从人多至数百名，嗣后使人至西宁关口时，令西宁总兵官查明人数，注册报部，其本处差往喇嘛人

役亦应裁减。倘有隐瞒数目多带人来往者治罪。[①]

（二）乾隆朝内府抄本《理藩院则例》有关雍正时期西藏地方喇嘛进贡与回赏规定

达赖喇嘛、班陈（禅）额尔德尼，间年轮班遣使进贡，贡道由西宁，至京寓居西黄寺。贡物有寿帕、铜佛、舍利子、珊瑚、琥珀、数珠、藏香、氆氇之属。来使各附进佛、寿帕、藏香、氆氇有差。又贡庆祝礼（番名丹舒克），有五色帕、银满达、七珍、八宝、八吉祥、佛像、金字经、银塔、红花诸物。除照例折赏外，回时均奉旨慰问，加赐达赖喇嘛：重六十两镀金银茶筒一，金银瓶一，银钟一、各色缎三十，大寿帕五，小寿帕四十,五色寿帕十。正使：二等雕鞍一，重三十两银茶筒一，茶盆一，缎三十，毛青布四百，豹在朝质皮一，虎皮三，江獭皮五。副使：三等蟒缎一，方补缎一，大缎一，三梭布二十四。从人：彭缎各一,三梭布各八。加赐班陈（禅）额尔德尼：重三十两银茶筒一，瓶一，钟一，各色大缎二十，大小寿巴帕各十。来使：金黄蟒袍一，重三十两银茶筒一，缎一，毛青布六直十二。从人：缎各二，毛青布各二十。从役：煅各一，毛青布各十。日给正使银二钱，副使银一钱五分，从人各一钱，核给四十日路费，送至西宁。

雍正三年议准：达赖喇嘛、班陈（禅）额尔德尼向例每年遣人在打箭炉等处征收番人贸易税银，应永行停止。按其年得之份加赠，每年折给达赖喇嘛茶叶五千斤，班陈（禅）额尔德尼二千五百斤，均由四川雅州荥经县，办运至打箭炉赏给。

四年议准：达赖喇嘛来使，令在西安候旨，其所奏事件，著驻扎西宁办理青海事务之大臣承接转奏，奉旨后再行遣回。

六年议准：从前班陈（禅）额尔德尼遣人来贡，至西宁地方。由院差官迎接，驰驿来京。今班陈（禅）额尔德尼遣人请安，驻扎西宁办理蒙古

---

① 《清朝治藏典章研究》第955页。

事务处，见有司官笔贴式，本院勿庸别差人员。应令司官笔贴式就近迎接，雇觅骑驮，由关口进京，不必动用驿站。①

（三）《钦定大清会典事例》有关进京喇嘛廪给规定

又定：西藏来使堪布并随来之兰占巴等，各日给米二升；跟役每日给米一升。正使每十日给蒙古羊十只、黄茶二十包、面二十斤、乳油五斤、牛乳十五斤、盐十两、黄蜡烛十枝；兰占巴等，日给羊肉二斤、间日给羊肉一盘、黄茶一包、面一斤、乳油灯油各二两；跟役日给羊肉一斤八两。均各给盐一两。间四日筵宴一次。正使日给木柴二十斤，兰占巴等，每人给木柴十斤，跟役每日给木柴四斤。各例给九十日，如事竣在九十日内；即于事峻日裁除。遇年节除夕，在京来使等各给汉羊一。回程路费：正使日给银二钱，副使给银一钱五分，跟役各给银一钱，共支给四十日。②

二、雍正时期赏赐西藏地方宗教上层人物财政支出

（一）雍正时期赏赐七世达赖喇嘛财政支出

康熙皇帝驾崩，新帝雍正继位。雍正登基伊始，清朝廷于雍正元年（1723年）派遣大喇嘛香然坚巴、班萨然坚巴和香多克雅等到西藏为七世达赖喇嘛献上大皇帝之金字圣旨两道及大批赐物。香然坚巴等请新至之皇帝所遣喇嘛至法会献纯金曼遮、皇帝之全套衣服等无价之宝及其他无量财物，向众僧散发布施，作大供养。喇嘛为超度大皇帝讽诵回向文，虔诚祈祷。克雅与加果齐二人亦献绸缎等物。此后七日间，雍正皇帝所遣阿萨安巴、加果齐、笔帖式等至，呈上大皇帝圣旨两道、常规礼物及额外赐物。喇嘛为之赐宴，彼等亦献供养物。③ 同年，雍正皇帝以五世达赖喇嘛

① 《清朝治藏典章研究》第619—620页。

② 《清朝治藏典章研究》第717—718页。

③ 《七世达赖喇嘛传》第71—72页。

之例，再行改封，尊七世达赖喇嘛为西天大善自在佛所领天下释教普通瓦赤喇怛喇达赖喇嘛，赐以金印册文；令七世达赖喇嘛嗣后于土伯特所有大事，均照前五世达赖喇嘛之例，率办理事务之噶伦等，共同协商，妥善办理，则与土伯特部事务大有裨益，民有所养。由于七世达赖喇嘛仰慕雍正皇帝尊崇之意，宣扬佛法，致力训导，勤谨勿怠，为此随敕赏七世达赖喇嘛镀金六十两重银茶桶一个、镀金银瓶一个、银碗一只、大哈达五条、小哈达四十条、各色绸缎三十匹，一并交付扎萨克喇嘛嘎布楚、罗卜藏巴勒珠尔、扎尔固齐升柱等携回。[①] 雍正二年（1724年），西藏地方木阳龙年春正月初一日，雍正皇帝所遣两位大喇嘛向七世达赖喇嘛献春节礼品。初二日，七世达赖喇嘛派去向皇帝登基献礼之仲尼岱达尔罕返回，向喇嘛呈上皇帝之奖赐及如五世达赖喇嘛时期那样政教双兴之圣旨，赐物甚丰。同年雍正皇帝派遣大喇嘛噶居罗桑班觉、加果齐和笔帖式等，带来要像五世达赖喇嘛时那样持理政教的圣旨，金册十六页，每页厚如牛皮，一颗大金印，上用汉、满、藏、蒙古四种文字书写“西天净土佛王，地上圣教之主，一切智持金刚达赖喇嘛”。另有公文两道、许多锦缎，镶银酥油茶筒等无量赐物。[②] 雍正二年（1724年），皇帝颁五爪金龙香笺纸敕书，赏大哈达五方、小哈达四十方、整缎二十四匹、六十两重银茶桶一个、银壶、银杯等物给予七世达赖喇嘛[③]。

另外，这一时期七世达赖喇嘛按照年班派遣人员进京朝贡，清朝廷对进京朝贡队伍进行回赏，这也是清朝廷财政支出一部分。据《清世宗实录》记载，雍正元年（1723年）三月，七世达赖喇嘛遣员达旺堪布等，表进方物，优赉之。[④] 雍正二年（1724年），七世达赖喇嘛遣员表贡方物，赏赉如例。[⑤] 同年十一月，达赖喇嘛遣员表贺万寿圣节，并贡方物，赏赉

---

① 《七世达赖喇嘛传》第73页;《清朝治藏典章研究》第434页。

② 《七世达赖喇嘛传》第74页。

③ 《元以来西藏地方与中央政府关系档案史料汇编》第1677页。

④ 《清世宗实录》卷五，雍正元年三月丁酉。

⑤ 《清世宗实录》卷二一，雍正二年六月乙未。

如例。[①] 雍正七年（1729年）正月，达赖喇嘛遣员来朝，赏赉如例。[②]

（二）雍正时期赏赐五世班禅财政支出

雍正二年（1724年）六月，班禅额尔德尼、喇达克汗等，遣员表贡方物。[③] 同年七月，班禅额尔德尼遣员来贺登极，上召见，赐茶。[④] 雍正二年（1725年），班禅额尔德尼等遣员表贺万寿圣节，并贡方物，赏赉如例。[⑤] 雍正七年（1729年）正月，班禅额尔德尼遣员来朝，赏赉如例。[⑥] 雍正十二年（1734年）九月二十四日，雍正着马腊等问班禅额尔德尼好，以喜庆礼赏哈达、八供及玻璃珐琅碗、壶等物赍往。赏物驿递至藏，由马腊等处派人送往，并将圣旨转宣班禅额尔德尼[⑦]。

（三）雍正时期赏赐西藏地方其他僧众财政支出

清军入藏驱逐准噶尔军事力量，沿途获得类乌齐寺大慈法主阿旺杰呼图克图诺门罕鼎力相助。雍正元年（1723年）三月十五日，将阿旺杰呼图克图诺门罕居住之类乌齐寺赐以增善寺名号，赐予弘扬黄教通罕至尊封号和钤记，恩护所属部众，他人不得涉足争夺。同年，吉雪班格南木吉林喇嘛洛桑降白，为弘扬佛法，长期勤于经典，身居边陲，一向忠贞不渝。清军进驻卫藏之时，获得其竭力相助。为表彰其效劳，特封吉雪班格南木吉林凯切雍古堪布称号，并赐敕书、玉印。凡属其之寺庙、庄园、僧俗部众等全部为己所有，任何人不得抵毁、抢夺、争辩[⑧]。索诺木达尔扎乃七世达赖喇嘛之父，指教达赖喇嘛学习经典，保护达赖喇嘛，勤劳多年，西

① 《清世宗实录》卷二六，雍正二年十一月戊午。

② 《清世宗实录》卷七七，雍正七年正月辛未。

③ 《清世宗实录》卷二一，雍正二年六月乙未。

④ 《清世宗实录》卷二二，雍正二年七月庚戌。

⑤ 《清世宗实录》卷二六，雍正二年十一月戊午。

⑥ 《清世宗实录》卷七七，雍正七年正月辛未。

⑦ 《元以来西藏地方与中央政府关系档案史料汇编》第1898页。

⑧ 《元以来西藏地方与中央政府关系档案史料汇编》第2125—2126页。

藏之事毫不干预，甚属可嘉，封为辅国公。[①]

三、雍正时期赏赐西藏地方政治上层人物财政支出

（一）雍正时期赏赐众噶伦的财政支出

雍正三年（1725年）三月，康济鼐遵旨于招地方、阿里地方，两处来往；若康济鼐往阿里地方、其招地方事务，着贝子阿尔布巴总领办理，封授康济鼐总领西藏事务。雍正四年（1727年）十二月，颁给总理西藏事务贝子康济鼐印。[②]

（二）雍正时期清朝廷赏赐颇罗鼐等上层政治人物的财政支出

雍正六年（1729年）十二月，雍正帝敕令颇罗鼐统管前后藏，封为贝子[③]。由于布鲁克巴部落人等互相仇杀，贝子颇罗鼐遣使调解和好，甚属可嘉，雍正九年（1731年）二月初七日封为贝勒。颇罗鼐之子、一等台吉珠尔默特那木扎勒屡次领兵效力边疆，封为辅国公。[④] 同年（1731年）十一月十八日，颁降印信，所颁办理卫藏噶伦事务多罗贝勒印信，交礼部铸成银印。及至铸成，交其来使返藏时乘便赍回，由僧格等赏给颇罗鼐。[⑤]

（三）雍正时期赏赐其他西藏地方政治人物的财政支出

雍正九年（1731年）十二月，台吉噶锡巴那穆扎尔色卜腾甚是勤劳效力，他是已故噶伦康济鼐之兄子。康济鼐诚心效力，始终不懈，并无子嗣。清朝廷格外施恩于噶锡巴那穆扎尔色卜腾，封为辅国公，世袭罔

① 《清世宗实录》卷八二，雍正七年六月丁丑。
② 《清世宗实录》卷五一，雍正四年十二月甲申。
③ 《清朝治藏典章研究》第833页。
④ 《清世宗实录》卷一〇三，雍正九年二月庚子。
⑤ 《清朝治藏典章研究》第461页。

替。[①] 雍正十年（1732年），拉达克汗德中纳木扎尔之父尼玛纳木扎尔与贝子康济鼐同心报效清朝廷，德中纳木扎尔遣使向办理藏务，效法其父，与贝勒颇罗鼐一体效力清朝廷，甚属勤劳，特颁恩赐，赏给缎匹等物。[②]

第三节 雍正时期七世达赖喇嘛驻锡康区财政支出

藏中发生了阿尔布巴之乱后，清朝廷又恐蒙古准噶尔部军事力量乘机再次侵犯，将七世达赖喇嘛掳走，利用七世达赖喇嘛号召蒙古诸部，因此雍正皇帝令七世达赖喇嘛移至近边地方，以便照看。七世达赖喇嘛驻锡康区期间，清朝廷承担了财政支出。

一、清军护卫七世达赖喇嘛移驻康区的财政支出

关于移驻七世达赖喇嘛至康区，清朝廷已经提前做好筹谋。雍正六年（1729年）二月差遣吏部尚书查郎阿、迈禄等至西安与陕西总督岳钟琪共同商讨七世达赖喇嘛移驻康区途经路线，沿途护卫和搬移达赖喇嘛所需用品情况，以及相关财政支出问题。因为当时进藏平定阿尔布巴之乱的清兵于战乱结束后准备撤回内地，所以七世达赖喇嘛迁往康区的护卫任务由撤回内地的四川一路清兵担任。共计一千名，由吏部尚书查郎阿、兵部副都统马腊带领。副将周起凤伴随达赖喇嘛在队内防护，副将杨大力带领四川兵四百名前行，护卫七世达赖喇嘛一行二百多僧众。[③] 同时雍正皇帝还派

① 《清世宗实录》卷一一三，雍正九年十二月壬辰。

② 《清世宗实录》卷一一六，雍正十年三月己卯。

③ 《元以来西藏地方与中央政府关系档案史料汇编》第426—429页。

遣身边侍卫以及朝廷要员等一起护送七世达赖喇嘛一行僧众达到康区。七世达赖喇嘛移驻康区六年多后，清朝廷判断西藏地方局势稳定，贝勒颇罗鼐施政西藏地方很有成效。于是，雍正十三年（1736年）七世达赖喇嘛离开康区返回西藏拉萨，返程途中护卫任务由副都统马腊率领清兵担任，副都统福寿和理藩院郎中拉布坦等沿途照看。由于前往康区的路途中护卫任务是由进藏平定阿尔布巴之乱的返川清兵担任，所以前往康区的护卫清兵无需额外财政支出，清朝廷只是担负七世达赖喇嘛从康区返藏时的护卫清兵沿途所需的财政支出。

七世达赖喇嘛驻锡康区共计六年多时间，其间驻锡理塘喇嘛寺一年，余下时间奉诏驻锡在清朝廷于泰宁（噶达）为其修建的惠远庙。清朝廷事前委派副都统鼐格前往康区迎接七世达赖喇嘛，同时令护送七世达赖喇嘛的副都统马腊与鼐格一起留驻理塘驻扎照看。在七世达赖喇嘛驻锡理塘期间，朝廷命陕西总督岳钟琪负责安排护卫任务，岳钟琪让四川重庆总兵官任国荣带领准备进藏的兵丁二千名，前赴理塘暂驻防护。这两千进藏清兵在理塘驻扎一年多时间，所需的费用开支由清朝廷承担。因为理塘天寒路远，而护卫兵丁效力勤劳，所以清朝廷对这些兵丁进行赏赉①，这也是清朝廷财政支出的一部分。清朝廷在军事重镇噶达为七世达赖喇嘛建造惠远庙以及七世达赖喇嘛在此驻锡期间，为了护卫惠远庙和七世达赖喇嘛等一行僧众，清朝廷在以噶达为重心设置了泰宁营，由一千八百名清兵驻防；又先后在噶达外围的打箭炉设了阜和营，在中渡（今四川雅江）设了德靖营，在道孚设了宁安营，另外又在泰宁以西吹音堡驻兵，理塘、巴塘设粮台②，最多时驻扎清兵达到三千多名。为了便于各地清兵相互呼应，了解情况，传递公文信息，需要修建塘站，如在噶达到三渡、吹音堡各处设立五十五塘铺，工部安排在各塘修理塘房、烟墩、哨楼等项。③清朝廷需要

① 《清世宗实录》卷七六，雍正六年十二月壬辰。

② 玉珠措姆：《七世达赖喇嘛驻锡地惠远寺与康区地方土司及清廷的互动》，《中山大学学报（社会科学版）》，2018年第3期，第155页。

③ 《清世宗实录》卷九三，雍正八年四月戊申。

承担这些塘站的支出。打箭炉、噶达、理塘、巴塘、西藏等地形成声势联络，军威震叠。

这些清兵大部分是由康区其他地方原驻清兵裁撤而组成的，如泰宁营的兵丁很多都是裁撤驻泸定县的化林协而调拨的[①]，亦即原本就是清兵，清朝廷原本就承担相应财政支出。但离开原驻扎地到噶达、中渡、道孚，为护卫达赖喇嘛而专门设立的泰宁、宁安、德靖三营[②]，清朝廷需要承担为驻扎清兵提供修葺房屋或修建房屋的财政支出。如为泰宁营驻扎噶达的清军官兵修建“官署、营房三百八十间，周围筑打土墙，上盖瓦板，共估工料银二千三百三十七两六钱零。需用汉匠，于附近州县雇募，蛮夫于明正土司调拨。汉匠安家路费及蛮夫赏需等项，并应用大小头人通事所需工食口粮，统于打箭炉备存军需项下动支，仍俟工竣核实题销”。[③] 直到雍正十三年（1736年）七世达赖喇嘛离开惠远庙返回西藏地方，泰宁、宁安、德靖三营等地驻扎的清兵除了留下把总一员、兵三十名驻防惠远庙，其余兵丁全部裁撤。[④]

二、七世达赖喇嘛驻锡康区的直接财政支出

从七世达赖喇嘛离开拉萨再到返回拉萨，其间七世达赖喇嘛一行僧众的直接财政开支，主要包括启程拉萨至康区、返程康区至拉萨（往返路途七世达赖喇嘛一行僧众的安全护卫、所带物件的运输等）费用开支，在康区期间修建庙宇等供七世达赖喇嘛驻锡的财政支出，七世达赖喇嘛及其随从移驻康区期间日常所需清朝廷财政支出，清朝廷派遣官员直接赏赐七世达赖喇嘛财政支出，七世达赖喇嘛的派遣人员进京朝觐清朝廷的财政支出，等等。清朝廷通过不同方式直接为七世达赖喇嘛提供财政支出，为七

① 《清世宗实录》卷八二，雍正七年六月辛丑。

② 《元以来西藏地方与中央政府关系档案史料汇编》第452页。

③ 《元以来西藏地方与中央政府关系档案史料汇编》第446页。

④ 《元以来西藏地方与中央政府关系档案史料汇编》第452页。

世达赖喇嘛一行僧众在康区生活、学习、宗教活动等提供物质保障。

七世达赖喇嘛从拉萨移驻康区理塘的行程是由吏部尚书查郎阿、兵部副都统马腊率领进藏返川的四川一路清兵护送，并且负责搬移喇嘛一行所带物件等项。此行达赖喇嘛所有费用清朝廷议定由四川布政司库贮军需粮内拨银四万两供给使用①，以保障七世达赖喇嘛等僧众快速、平安到达康区理塘。

七世达赖喇嘛于雍正十三年（1736年）离开康区返回拉萨，朝廷委派副都统马腊率兵护送。清朝廷关于此行费用安排是："泰宁至察木多沿途需用之乌拉、口粮等项，应令四川督抚派地方大员一人，带饷前往办理。自察木多至藏，俱属达赖喇嘛之尚内所属地方，应行令在藏办事副都统马腊、贝勒颇罗鼐等预为备办。"② 七世达赖喇嘛一行僧众分两拨出发，第一拨出发是负责运送达赖喇嘛等僧众的物件，共计驮子一千七百零三驮，于雍正十三年（1736年）闰四月二十八日抵察木多，五月初一日由大路进藏。自察木多交界恩达办至洛隆宗，计程四站，是类伍齐所属地方，马腊按站给过脚价银六百八十一两二钱。③ 自洛隆宗至拉萨，俱系达赖喇嘛之尚内所属地方，沿途贝勒颇罗鼐逐站差人承办。七世达赖喇嘛本尊是随后第二拨出发，于同年五月十三日抵达察木多，十六日启程，由类伍齐走草地进藏。自察木多交界冻顶接办至藏，计程四十四站。内冻顶至沙处河二十四站，系新编输纳贡与纳克树等族之地。达赖喇嘛日需口粮等项以及骑驮乌拉七百九十二只，并更换护送各该族蛮兵三百名口粮等项，俱已按站供应给过。各项价值银三千五百七十四两九钱四分九厘九毫九忽九微六尘八纤。自沙处河至藏二十站，俱系达赖喇嘛尚内所属地方，沿途贝勒颇罗鼐逐站差人承办供应，马腊未发价钱。所有遵委接办供应达赖喇嘛口粮等项及先行驮子脚价二项，共用过银四千二百五十六两一钱四分九厘九毫九丝九忽九微六尘八纤，理合逐项分晰备造细册，呈送请销等情前

① 《元以来西藏地方与中央政府关系档案史料汇编》第426 — 429页。

② 《元以来西藏地方与中央政府关系档案史料汇编》第453 — 454页。

③ 《元以来西藏地方与中央政府关系档案史料汇编》第453 — 454 页。

来。马腊等除将细册咨送川督抚并照会西藏粮务加衔道杨世禄汇入军需银内造报外，相应具折奏闻，一并缮写黄册，恭呈御览，伏祈皇上睿鉴，敕部核复施行。[①] 返程进入西藏地方部分塘站由贝勒颇罗鼐逐站差人承办供应。达赖喇嘛经过地方，番民均皆欢悦恭顺，所需柴薪情愿减价，只领一半。甚至沿途修理道路、座台工价，番民坚辞不受，这样比起启程到康区的费用，清朝廷财政支出降低很多。

七世达赖喇嘛初至理塘，因为从拉萨所带物件没有运输到达，所以其所需用度供给由四川督抚派员预先办理，并且雍正皇帝下旨“喇嘛一切用度供给，俱当从丰裕料理之”。[②] 清朝廷又决定在噶达为七世达赖喇嘛修建庙宇，令朝廷要员议定庙宇建筑风格，委派陕西总督岳钟琪、候补小京堂赵殿最、员外郎鄂木图前往噶达，会同驻扎打箭炉之扎萨克喇嘛粗尔齐木藏布、郎中伊特格尔等，照伯赖绷庙图式料估工程。他们钦遵檄委四川重庆府知府张光鳞协同去泰宁，一行官员负责建造惠远庙。为修建惠远庙，雍正皇帝令四川藩库内动拨银一十五万两，用于准备工料钱、雇觅各项匠役所需费用，等竣工后再细列造册，报部核销。[③] 最终清朝廷修建惠远庙共花费十四万两银子[④]。由于噶达一带地震频繁，雍正皇帝为避免地震对达赖喇嘛带来威胁，雍正十一年（1733年）下令在距离噶达宫中心以西一百余柱的地方新建一座寝宫供达赖喇嘛居住[⑤]。七世达赖喇嘛及其随从移驻噶达惠远庙期间，“由内廷每月支给达赖喇嘛米、茶及达赖喇嘛随行二百名大喇嘛之食物，折银每年三千余两，圣主又屡加恩赏”。[⑥] 七世达赖喇嘛驻锡惠远庙共计五年，清朝廷内廷支给七世达赖喇嘛一行僧众米、茶等食物约银一万五千余两。

---

① 《元以来西藏地方与中央政府关系档案史料汇编》第453—454页。

② 《元以来西藏地方与中央政府关系档案史料汇编》第434—435页。

③ 《元以来西藏地方与中央政府关系档案史料汇编》第438—439页。

④ 《七世达赖喇嘛传》藏文，转引自玉珠措姆:《七世达赖喇嘛驻锡地惠远寺与康区地方土司及清廷的互动》,《中山大学学报（社会科学版）》2018年第3期，第153页。

⑤ 《七世达赖喇嘛传》第113页。

⑥ 《元以来西藏地方与中央政府关系档案史料汇编》第448页。

雍正皇帝赏赐七世达赖喇嘛的途径主要有三种。一是委托七世达赖喇嘛派遣进京觐见的队伍返程带回赏赐给达赖喇嘛的大量礼物。如雍正七年（1729年）四月委托达赖喇嘛进京堪布罗卜藏那木卡等返回时将赏赐的“六十两重镀金银茶筒一个、镀金银茶酒壶一把、银盅一个、各色大缎三十匹、大哈达五方、小哈达四十方、名色新样哈达十方”[①]带回交给达赖喇嘛。同年，达赖喇嘛派遣果莽本洛阿旺南喀进京请安，返回时雍正皇帝委托其带给达赖喇嘛所颁金字圣旨，“赐物较往昔更丰，有满装水晶、景泰蓝等器皿之箱子四个”[②]。雍正十年（1732年），达赖喇嘛的朝贡人员堪布罗桑贡却和达赖喇嘛父亲的朝贡人员云丹勒珠自北京返回，献上雍正皇帝的金字圣旨及常规和额外赏赐。[③]同年五月，又委托达赖喇嘛所派遣进京问安的人员返回时带给达赖喇嘛“赐敕谕一道，银器、彩缎、巾帕等项并寄来使”。[④]雍正十二年（1734年），雍正皇帝又让达赖喇嘛派遣进京的堪布仲尼邬藏达尔罕罗桑贡却、昂格隆及其父亲所派人员尼玛坚赞等，带回大皇帝所赐金字圣旨，分内及额外赏赐无数，精致舞衣四十套、黑帽、面具二十副及装有成对器械和水晶装饰品的箱子，喇嘛喜悦接收。[⑤]与此同时，委托七世达赖喇嘛派遣进京觐见的人员带回礼物的，还有代表朝廷的一些王公官员、宫廷内的上师、皇亲国戚等，他们给达赖喇嘛问安的信札和大量礼品。[⑥]

雍正皇帝赏赐七世达赖喇嘛的第二种途径是令清朝廷相关部门准备好所要赏赐的物品，派遣钦差大臣或者直接通过各地驿站到达四川。大臣将物品交给川省的总督、巡抚，或者驿站将物品直接交给川省的总督、巡抚，再由他们转交给在噶达照看七世达赖喇嘛的都统鼐格，由鼐格转赏给达赖喇嘛；或者直接由驿站邮传至七世达赖喇嘛。如雍正八年（1730年）

① 《元以来西藏地方与中央政府关系档案史料汇编》第437页。

② 《七世达赖喇嘛传》第99页。

③ 《七世达赖喇嘛传》第110页。

④ 《清世宗实录》卷一一八，雍正十年五月庚申。

⑤ 《七世达赖喇嘛传》第118页。

⑥ 《七世达赖喇嘛传》第110页。

二月，由鼐格转赏“妆缎十匹、缎十匹、大哈达五方、小哈达十五方、新样哈达五方、银一千两”。[①] 雍正十二年（1734年）藏历新春，雍正皇帝让驿站邮传二十尊景泰蓝本尊护法像连同朵马花给达赖喇嘛，喇嘛于闭关中喜悦接受。[②] 同年三月，鼐格又转赏达赖喇嘛“哈达、曼达、面塔儿、法轮、素珠、食物等”，另外又“恩赏大哈达一方、宫中制造珐琅曼达一个，珐琅面塔儿十四，法轮、素珠各一，乳饼、干果等食物四匣，一并由驿赍往”。[③]

雍正皇帝赏赐七世达赖喇嘛的第三种途径是直接派遣朝廷要员到康区赏赐七世达赖喇嘛。如七世达赖喇嘛一行僧众刚到达理塘时，雍正皇帝早已派遣“阿萨堪钦差、墨仁藏格乃盖、大喇嘛丹增曲达及群佩达吉、内大臣马公之子克雅格罕、特谷苏阿列堪钦差之子克雅秀莽，另外两位克雅及笔帖式等官员携绸缎、白银等大批赐物至”[④]，代表雍正皇帝问候达赖喇嘛并安排照顾达赖喇嘛一行僧众。雍正八年（1730年），七世达赖喇嘛痰火病复发，病情加重，副都统将达赖喇嘛病情奏报雍正皇帝，雍正帝即刻派遣扎尔固齐多尔济等人和御医胡林正前往惠远庙为七世达赖喇嘛诊治，并带去雍正皇帝的慰问和赏赐的哈达、药材等物件。[⑤] 康复后，雍正皇帝又派遣要员为达赖喇嘛送去锦缎等大批礼物[⑥]。雍正九年（1731年），雍正皇帝派遣加果齐辛布和笔帖式二人携水果等各种食品、大批锦缎等问安礼物至，达赖喇嘛大加赞扬。[⑦] 雍正十二年（1734年）派遣果亲王允礼、章嘉呼图克图等前往噶达与七世达赖喇嘛相见，并安排达赖喇嘛一行僧众返藏事宜。在泰宁期间，果亲王允礼一行朝廷要员与达赖喇嘛初次见面，

① 《元以来西藏地方与中央政府关系档案史料汇编》第440—441页。

② 《七世达赖喇嘛传》第115页。

③ 《元以来西藏地方与中央政府关系档案史料汇编》第447页。

④ 《七世达赖喇嘛传》第97—98页。

⑤ 《元以来西藏地方与中央政府关系档案史料汇编》第441—442页；《七世达赖喇嘛传》第105页。

⑥ 《七世达赖喇嘛传》第105页。

⑦ 《七世达赖喇嘛传》第108页。

就向七世达赖喇嘛宣读谕旨，代表雍正皇帝赏赐达赖喇嘛两万两白银、各种景泰蓝等珍宝器皿、百匹锦缎制成的多种奇异供物、数量庞大的大小五色内库哈达、百余匹内库缎子、十余匹土尔扈特产红黄色氆氇（每匹够二十件衣料）等。[①] 除此之外，还代表雍正皇帝向堪钦大持金刚授予名号，赐金册、诏书、印章及缎子多匹[②]，加以褒奖。又在新春代表雍正皇帝向达赖喇嘛颁发拜年礼，提供各种果品、饮食等，向达赖喇嘛父尊等众人颁发皇帝赏赐。[③] 之后雍正内库“供应茶饭，全体侍从、僧人聚会做祈寿法事七天。法事毕，由皇帝内库和皇子向众僧散发哈达、银两，于大经堂上方供奉皇帝牌位，其前供紫金佛陀像及八尊菩萨像等身语意所依、五十两黄金的曼遮、靠背坐垫、银制八瑞物、国政七宝、右旋白螺、宝饰金瓶、碧垭等宝石念珠、红白水晶、薰香及氆氇数百”[④]。在泰宁期间，果亲王允礼本人及随行朝廷要员也不断向七世达赖喇嘛及众僧人供献大量财物。[⑤]

三、七世达赖喇嘛驻锡康区的间接财政支出

七世达赖喇嘛离开拉萨移驻康区再到返回拉萨，其间除了直接财政开支，还有与七世达赖喇嘛相关的间接财政支出。这些间接财政支出主要包括清朝廷派遣要员到康区照顾、护送七世达赖喇嘛，雍正皇帝频繁派遣要员到泰宁赏赐达赖喇嘛，护送北方蒙古诸部到康区朝觐七世达赖喇嘛，还有七世达赖喇嘛派遣人员进京觐见而产生的相关财政支出等。

清朝廷派遣要员到康区照顾、护送七世达赖喇嘛，雍正皇帝频繁派遣要员到泰宁赏赐七世达赖喇嘛等而产生的财政支出，包括最初派遣“阿列堪钦差（内阁学士僧格）、墨仁藏格、护军统领马腊、杨大老爷、霍老爷、

① 《七世达赖喇嘛传》第118页。

② 《七世达赖喇嘛传》第119—120页。

③ 《七世达赖喇嘛传》第120页。

④ 《七世达赖喇嘛传》第120页。

⑤ 《七世达赖喇嘛传》第120页—122页、第124页。

侍卫、笔帖式等大皇帝之官员及诸陪学法相上师”[①] 到理塘迎接七世达赖喇嘛一行僧众；惠远庙竣工后派遣朝廷要员赏赐七世达赖喇嘛；七世达赖喇嘛准备离开康区返回西藏，派遣果亲王允礼和大国师章嘉呼图克图等一行要员前往康区为喇嘛去西藏馈赠礼品。[②] 在七世达赖喇嘛驻锡康区期间，雍正皇帝频频派遣官员前往康区探望、赏赐七世达赖喇嘛。这些朝廷要员往返京城、康区沿途费用均由清朝廷财政支付。另外派遣常驻康区照看七世达赖喇嘛一行僧众的朝廷要员所需费用也由清朝廷财政支付。兵部都统鼐格前往理塘迎接并驻扎康区照看七世达赖喇嘛，直到七世达赖喇嘛返藏。[③] 鼐格到达康区至返回京城，在康区六年多时间用度都由清朝廷财政支出。雍正十一年（1733年）十一月，由于照看七世达赖喇嘛的鼐格年纪老迈，雍正皇帝决定派遣都统福寿和理藩院郎中拉布坦前往噶达更换，赏赐福寿银一千两，赏拉布坦银五百两。[④] 福寿和拉布坦从京城到达康区并驻扎康区，以及护送七世达赖喇嘛返藏等用度都是由清朝廷财政负担。

清朝廷护送北方蒙古诸部到康区朝觐七世达赖喇嘛也产生了相应的财政开支。当时游牧于西北、北方的蒙古诸部都信仰藏传佛教格鲁派，蒙古诸部每年都会派遣人员到西藏地方朝觐七世达赖喇嘛，布施藏传佛教格鲁派寺院。恰逢西藏地方刚结束阿尔布巴之乱，为了防止准噶尔蒙古乘虚而入，清朝廷不得不把七世达赖喇嘛移驻到康区，并且派兵部都统鼐格率领重兵把守噶达及周边地区。为了保证七世达赖喇嘛的安全，守卫的清兵实行严格道路管控，即便是“藏内人来噶达者，令西藏噶隆给发图书路引，以便稽查”[⑤]。因此北方蒙古诸部要想到康区觐见，必须经过清朝廷允许并派遣官员率领清兵护送进入康区。如喀尔喀蒙古为了追荐哲布尊丹巴的上师，派员到康区拜见七世达赖喇嘛；土尔扈特阿玉切王去世，派遣大批人

① 《七世达赖喇嘛传》第97—98页。

② 《七世达赖喇嘛传》第118页。

③ 《七世达赖喇嘛传》第126页。

④ 《清世宗实录》卷一三七，雍正十一年十一月壬寅。

⑤ 《清世宗实录》卷八二，雍正七年六月辛丑。

员到康区做超度善事；土尔扈特诺们汗的化身阿旺丹巴嘉措圆寂，派遣其生前的侍从及大批人员到康区请求为死者护佑等。他们在康区的费用，雍正皇帝“着四川督抚宽裕给与”[①]。北方蒙古诸部到康区觐见七世达赖喇嘛带去了大量布施，清朝廷为沿途护送他们的官员及清兵的用度提供财政支出。

七世达赖喇嘛的父亲索诺木达尔扎，多年一直指教达赖喇嘛学习经典，保护达赖喇嘛，因此于雍正七年（1729年）六月被封为辅国公[②]。作为辅国公，按照清朝廷的年班制度，是要定期派遣人员进京朝觐，每次进京朝廷都给予大量赏赐。另外，雍正皇帝也常派遣使臣到康区赏赐辅国公索诺木达尔扎，以褒奖他对藏传佛教格鲁派事业效劳尽力。[③] 根据《七世达赖喇嘛传》记载，索诺木达尔扎身为七世达赖喇嘛的父亲和坚定的拥护者，把大量清朝廷赏赐物品都供献给七世达赖喇嘛[④]，以供达赖喇嘛生活、学习、举行宗教活动之需。虽然清朝廷通过财政支出赏赐七世达赖喇嘛的父亲索诺木达尔扎大量物品，但最终很多物品都供献给七世达赖喇嘛。

为了保障达赖喇嘛驻锡地噶达周围地区的稳定，清廷于雍正七年（1729年）在康区理塘、巴塘、炉霍、道孚、瞻对（今四川新龙）、甘孜、德格、白玉、邓科、石渠等地展开大规模的土司设置行动，共册封大小土司六十七员[⑤]。为了促使众土司对七世达赖喇嘛及藏传佛教事业效劳尽力，清朝廷常派遣大臣到康区赏赐土司。如雍正十年（1732年），清朝廷大臣在康区赏赐德格土司之子索南贡保等人白银三千五百两、锦缎数

① 《清世宗实录》卷一〇九，雍正九年八月乙卯；《元以来西藏地方与中央政府关系档案史料汇编》第444页。

② 《元以来西藏地方与中央政府关系档案史料汇编》第439页。

③ 《七世达赖喇嘛传》第109页。

④ 《七世达赖喇嘛传》第97—98页、第117页。

⑤ 参见乾隆《雅州府志》卷十一《土司》，成文出版社1969年版，第289—297页。转引自玉珠措姆：《七世达赖喇嘛驻锡地惠远寺与康区地方土司及清廷的互动》，《中山大学学报（社会科学版）》，2018年第3期，第154页。

百匹[①]，这些银两、锦缎来自清朝廷财政。除此之外，为了褒奖土司输诚急公，在七世达赖喇嘛驻锡惠远庙期间对藏传佛教格鲁派政教事业效劳尽力，清朝廷于雍正十三年（1735年）蠲免理塘、巴塘一年贡赋和充支，给喇嘛、土官的衣单、口粮等项银两，蠲免明正、沈、冷各土司所属一年杂粮折征银、贡马银、口外新附各处认纳折征银等。[②] 而这些蠲免银两与贡赋原本是要上缴清朝廷国库，作为清朝廷财政收入的一部分，但雍正十三年（1735年）清朝廷没有征收，变相就是清朝廷财政支出。

第四节　雍正时期治理西藏地方军事财政支出

雍正朝治理西藏地方军事财政支出，主要包括赏恤康雍时期进藏效力的清军、青海蒙古军队，驻藏清军的生活、薪水及赏赉等，对颇罗鼐所统领的藏军进行赏恤，为护卫西藏地方而在进藏要道及环绕西藏地方军事重地驻扎的清军生活、薪水及赏恤等。

一、雍正时期抚恤曾经进藏清兵的财政支出

雍正朝赏恤康雍时期曾经入藏效力的清军官兵。康熙五十六年（1717年），蒙古准噶尔部军事力量入侵西藏并在西藏实施傀儡统治，破坏藏传佛教，倒行逆施，致使西藏处于水深火热之中。康熙五十九年（1720年），康熙帝命抚远大将军允禵率军前往督战，击败侵扰西藏的准噶尔蒙古军事力量，安定西藏地方。不久康熙帝驾崩，所以犒赏此次入藏清军

① 《七世达赖喇嘛传》第109页。

② 《清世宗实录》卷九，雍正十三年十二月壬午。

官兵的事情由雍正朝继续履行。雍正元年（1723年）对进藏驱逐准噶尔军事力量的陕西、四川、云南进藏绿旗官议叙弁功，升授有差，进行赏赐。[①] 雍正三年（1725年），清朝廷又令督、抚、提、镇转行营、协、州、县，核查曾经参加克取打箭炉，恢复西藏、台湾及平定逆番的清兵履历、年貌、籍贯，开载明白，各加印结，造册分送部科存案。对于这些清兵以后未得补用则令督、抚、提、镇收入标下差操，各给目兵粮饷；老、病、残等清兵则给予半饷，养赡终身；立功人员，同在一案、同加一衔者，再令督、抚、提、镇会同考验，分为三等，送部引见，分别补用。[②] 因青海和硕特蒙古首领率兵协助清兵入藏平定准噶尔蒙古入侵军事力量，雍正元年（1723年）清朝廷赏赐亲王罗卜藏丹津俸银二百两、缎五匹，赏贝勒阿尔布坦温布俸银一百两，赏公诺尔布彭苏克俸银五十两；追封青海贝子丹忠为郡王，遣官致祭，赐银二百两。此外加赏领兵进藏以及驻防噶斯、柴旦木人员。[③] 雍正六年（1728年）十一月，又对雍正登基以来远涉藏地效力的川陕汉、土官兵进行赏赉，"动支库帑银十万两，交与总督岳钟琪会同四川提督黄廷桂酌量分别等次，通行赏给，以示朕加恩沛泽之至意"[④]。雍正七年（1730年）十二月，又豁免康熙五十九年（1720年）进藏解送驼马的陕西文武官员从肃州公库借支银一万六千八百两。[⑤]

二、雍正时期清军入藏平定叛乱的财政支出

在蒙古准噶尔部侵扰西藏时，清朝廷于康熙五十九年（1720年）派清军进藏驱逐准噶尔军事力量，顾实汗之孙青海和硕特蒙古罗布藏丹津等首领也率兵入藏协助清军作战。罗布藏丹津率兵入藏作战的目的是准备在

① 西藏研究编辑部编辑《清实录藏族史料》，西藏人民出版社1982年版，第280页。

② 《清实录藏族史料》第310—311页。

③ 《清实录藏族史料》第276—277页。

④ 《清世宗实录》卷七五，雍正六年十一月戊午。

⑤ 《清世宗实录》卷八九，雍正七年十二月戊申。

准噶尔部退出西藏后，青海和硕特蒙古继续控制西藏统治。结果把蒙古准噶尔部军事力量驱逐出西藏后，清朝廷根本没有提及罗布藏丹津的继续掌控西藏的意愿，引起罗布藏丹津不满。蒙古和硕特部内部也出现混乱局面，雍正元年（1723年），罗布藏丹津在青海胁迫和硕特蒙古各部贵族会盟并发动武装叛乱，清朝廷派遣川陕总督年羹尧、四川提督岳钟琪等率军前往平叛。为了防止在清军平叛过程中，罗布藏丹津军事力量前往西藏，四川提督岳钟琪密命松潘镇总兵周瑛带一千名兵丁①，裹带两月行粮，日夜兼程赶赴西藏，会同驻藏钦差大臣鄂赖和西藏地方噶伦康济鼐等整顿藏军，防御罗卜藏丹津军事力量进入西藏，保卫西藏，安定人心。在周瑛率兵出发之时，岳钟琪又征求四川抚臣蔡挺同意，从察母道军需银两内照例拨出五个月饷银交给周瑛，等所遣清军到达西藏后按月支给官兵，自行备买。②四川抚臣蔡挺又向进藏清军捐发银两，同时派兵飞示察木多粮务会理州知州赵士魁，雇请乌拉牛马三百头，捐备马骡一百匹，配备绫缎、茶包、银牌等项，交付给周瑛途中使用。雍正帝在接到周瑛奏报领兵抵藏日期及安定人心缘由折后，深为嘉悦，将御制珐琅翎管翎子赐给周瑛，又将一种缓解兵马寒暑之浸的平安丸赐给周瑛，以示褒奖。③周瑛及其所率清兵于雍正元年（1723年）十二月十八日抵达拉萨开始驻军，在西藏一直驻扎到雍正三年（1725年）七月二十九日才奉朝廷之命撤回。考虑到清兵抵藏后缺少管理粮务之员，周瑛率兵行走在察木多时向粮务处借支军需银八千两，交游击郭寿城随营经理，以便清军驻藏期间动支。④

康熙朝派兵入藏驱逐侵扰西藏地方的蒙古准噶尔部军事力量后，在西藏建立前后藏噶伦联合施政模式。但来自前后藏的噶伦因争权夺势矛盾重重，雍正五年（1727年）噶伦阿尔布巴谋杀了首席噶伦康济鼐及其随员

---

① 《宫中档雍正朝奏折》第五辑，雍正元年十二月十九日周瑛奏，第176页。转周伟洲：《清驻藏兵制考》,《清史研究》，2009年第1期，第113页。

② 《元以来西藏地方与中央政府关系档案史料汇编》第342—343页。

③ 《元以来西藏地方与中央政府关系档案史料汇编》第343—344页。

④ 《元以来西藏地方与中央政府关系档案史料汇编》第344页。

和眷属，发生了阿尔布巴之乱，引发了前后藏噶伦集团的战争。来自前藏的噶伦阿尔布巴和来自后藏的噶伦颇罗鼐都向清朝廷请求出兵。为了平定阿尔布巴之乱，清朝廷派遣左都御史查郎阿和副都统迈禄带领部院衙门贤能司官四员、笔帖式四员、理藩院领催二名，前往西藏地方料理藏内军机事务，此行朝廷各赏给俸禄钱粮，置办前往。同时选派西安清军协领一员、佐领二员、防御二员、骁骑校四员管辖四百名西安满洲兵随往同行护送，此行入藏官兵所需皆由朝廷承担财政支出且“从优赏赉”置办。又调遣四川、陕西、云南清军官兵入藏，赏此行四川总兵散秩大臣品级銮仪使周瑛银四千两，赏此行陕西总兵和云南总兵每人各银三千两，所有副将各赏银一千两，赏各参将银五百两，赏各游击银四百两，赏各守备银三百两，赏各千总银二百两，赏各把总银一百六十两，赏各马兵银二十两，赏各步兵银十六两。[①] 因为在清兵抵达拉萨之前，来自后藏的颇罗鼐军队已经获胜，并进入拉萨捉捕了阿尔布巴等人，清兵没有参加战斗，所以处置完毕阿尔布巴等人后，安顿好西藏，留下川陕清兵二千名驻藏，其余清兵分作五个分队自同年十一月二十三日撤离西藏。

此次调遣清兵共计七千余名，进藏官兵一千余名，驻扎察木多一千余员名，驻扎洛隆宗一带二千余员名，驻扎类伍齐一带二千余员名，护卫在环藏重要位置，护送军需银两五百余员名，按程进藏。这些入藏、护藏清军官兵所需军粮、锣锅、帐房、旗帜等事宜，均由四川抚臣宪德、提臣黄廷桂钦遵谕旨，料理预备。统领将军周瑛因官兵踊跃伏藏，随量加奖赏，以资鼓励。所需马驼、鞍屉、草料、雇佣、沿途补给等项折银在行军途中购买。另外周瑛率清军启程之日，四川抚臣宪德捐备共计重一千二百两的大小银牌等项，四川布政使臣管承泽捐备蜀缎绫绸一百二十匹，约价百十余两，交给周瑛随军携带，以佐赏需之用。[②]

阿尔布巴事件结束后，清朝廷在西藏建立了颇罗鼐总理西藏地方的施政模式，而准噶尔欲送回拉藏汗之子苏尔杂，立为西藏汗王。西藏地方又

---

① 《清世宗实录》卷六三，雍正五年十一月癸丑。

② 《元以来西藏地方与中央政府关系档案史料汇编》第405—406页。

毗邻准噶尔蒙古，所以清朝廷必须在西藏地方驻兵加强防备。雍正九年（1731年）八月，雍正皇帝命令派遣驻扎察木多的一千名防兵进藏，官兵所需的马匹、衣装、口粮，俱着宽裕支付[①]，这些财政支付是来自察木多粮务处。

三、雍正时期驻藏清军的财政支出

清朝廷于康熙五十九年（1720年）派遣清兵入藏，驱逐袭据西藏的蒙古准噶尔部军事力量，同时护送七世达赖喇嘛抵达拉萨坐床。事后，西藏地方僧侣贵族以及青海和硕特蒙古王公贵族等，“因惧准噶尔部来年遣兵复来，故一再要求清军酌留驻藏”。[②] 清朝廷应邀在西藏地方驻扎清兵四千名驻防，但因这四千名官兵“运粮艰辛，就地采买，致使藏地物价上涨，驻兵久往绝域，可能妄生事端等由”[③]，清朝廷于雍正元年（1723年）三月初五日将驻藏官兵全部撤回。这是清朝廷第一次在西藏驻军。此次在藏驻军雍正朝只承担了两个月的财政支出以及四千官兵返程资费支出。

为了防御罗布藏丹津反叛军事力量进入西藏地方，周瑛奉命率清兵入藏，周瑛及其所率清兵于雍正元年（1723）十二月十八日抵达拉萨开始驻军，在西藏地方一直驻扎到雍正三年（1725年）七月二十九日才奉朝廷之命撤回。考虑到清兵抵藏后缺少管理粮务之员，所以周瑛率兵行走在察木多时向粮务处借支军需银八千两，交游击郭寿城随营经理，以便清军驻藏期间动支[④]。

雍正朝正式派遣驻藏清军，始于雍正六年（1728年）十月。清军入

---

① 《清世宗实录》卷一〇九，雍正九年八月乙卯。

② 周伟洲:《清驻藏兵制考》,《清史研究》，2009年第1期，第113页。

③ 《宫中档雍正朝奏折》第二十八辑，台北故宫博物院1977—1980年刊，第5—8页，转引自胡进杉《雍正朝西藏事务宫中档满汉奏折汇编》(台湾西藏研究会《西藏研究论文集》第四辑，第99—129页），附录《署理大将军延信等奏撤回驻藏兵丁并请旨事折》(原件为满文）。转周伟洲:《清驻藏兵制考》,《清史研究》，2009年第1期，第113页。

④ 《元以来西藏地方与中央政府关系档案史料汇编》第344页。

藏平定阿尔布巴之乱后，为了维护西藏地方的安定和防御蒙古准噶尔部再次入侵，清朝廷决定派遣川陕兵丁各留一千名，共计二千名，并酌量派出陕西、四川游击、守备、千总、把总等官驻扎西藏地方，由驻扎西藏之大臣迈禄、周瑛、副将马纪师统领料理，以备差遣。[①] 在周瑛率清兵入藏平定阿尔布巴之乱时，已经随军押解军需银二十万两入藏，为两千余名驻藏清军官兵的粮饷之需，尽管当时从二十万两军需银内动支三万两犒赏颇罗鼐所率领的藏军，但随后又从四川省军需银内拨给银两解送西藏，照数补项。[②] 到雍正十一年（1733 年）这些驻藏清军官兵所需的"米谷钱粮一切费用等项虽给自内地"[③]，但从内地运输到西藏需要动用西藏民众支付乌拉，"而况近二年换防兵出入，以拉里、硕板多、洛隆宗等地居民稀少，恐多苦累，奴才等对新隶纳克树等部，就近派乌拉，按定价付工银，彼皆恭顺相助，妥送过境"[④]。支付藏民乌拉工银都是从解往西藏地方的军需银中支给。雍正九年（1731 年），班禅额尔德尼和颇罗鼐遣人为驻藏清军送去酥油、炒面、牛、羊、干粮等大量食物，双方累经送还，最后办理西藏地方事务的护军统领马腊和额外内阁学士僧格不得不收留食物分给清军官兵。但奏报雍正皇帝后，考虑到这些食物都是来自西藏地方众人摊派，不能滋扰西藏地方，所以最终将班禅额尔德尼和颇罗鼐遣人所送的食物核算价值，"充裕给与银两"[⑤]。该项银两也是从解往西藏地方的军需银中支给。

最初驻藏清兵的兵源主要是来自四川和陕西，他们远离故土，为了使这些清兵安心驻防西藏地方，雍正皇帝于七年（1729年）闰七月谕兵部，驻藏兵丁在家乡的家属，"照出征兵丁之例，给与坐粮，以为养赡之资。若家有喜丧事件，亦照出征兵丁例，赏给银两"[⑥]。对于驻藏清军统领的赏赉，由于早期清朝廷治理西藏地方处于摸索状态，所以早期派遣驻藏大臣

① 《清世宗实录》卷七五，雍正六年十一月己巳。

② 《元以来西藏地方与中央政府关系档案史料汇编》第419页。

③ 《清世宗实录》卷一二九，雍正十一年三月壬午。

④ 《元以来西藏地方与中央政府关系档案史料汇编》第465页。

⑤ 《清世宗实录》卷一一二，雍正九年十一月庚申。

⑥ 《清世宗实录》卷八四，雍正七年闰七月庚辰。

定额无限，驻藏大臣的职责也不明确，因此驻藏大臣也统领驻藏清兵。雍正七年（1729年）六月雍正命在理塘照护七世达赖喇嘛的马腊进藏总理西藏地方事务，赏副都统马腊银二千两，以办行装盘费。由于统领驻藏清军的周瑛与迈禄关系不睦，雍正皇帝又命西宁总兵官包进忠前往西藏代替周瑛统军，赏银一千两，以办行装盘费。[①] 雍正九年（1731年）二月由于调换驻藏大臣，派遣副都统青保、大理寺卿苗寿前往西藏地方替回原驻藏大臣马腊、僧格，为了嘉奖马腊、僧格在藏功绩，“各赏银一千两”[②]。由于青保和苗寿入藏后不熟悉西藏地方事务，所以雍正帝留僧格协同青保等在西藏地方办事一年。马腊遵旨回京，护送马腊的兵丁近百名。雍正十年（1732年）四月又派遣正蓝旗满洲副都统李柱，前往西藏，更换迈禄回京，赏李柱银一千两，用以整理行装。[③] 同年四月又令副将周起凤为陕西西宁总兵官，替换包进忠统领四川兵丁驻扎西藏，赏周起凤银五百两[④]。同年六月如例祭葬原驻藏统军包进忠[⑤]。关于对驻藏清兵的家属的养赡和赏赉，驻藏大臣和统军等的赏赉，以及沿途护送兵丁所需的开支都来自朝廷。

阿尔布巴事件后，清朝廷鉴于先前实施众噶伦联合施政西藏地方管理模式的弊端，考虑到在平定阿尔布巴事件过程中颇罗鼐的功劳，所以敕谕颇罗鼐“总理全藏事务”[⑥]。颇罗鼐掌政西藏地方积极配合清朝廷治理西藏地方，加强藏军训练，内部局势趋于稳定。雍正十年（1732 年），清军在杭爱山光显寺一带击败蒙古准噶尔军事力量，此后准噶尔部力蹙势穷而无力犯藏，西藏地方外部入侵力量被扫清。至雍正十一年（1733 年），西藏地方局势基本稳定。雍正皇帝考虑到西藏地方饱经战乱、经济凋敝，两千余名驻藏清兵所需的财政支出虽由清朝廷承担，但西藏地方民众也需承担乌拉运输之苦，以及藏地无事，所以决定撤回一千五百名驻藏清军，

① 《清世宗实录》卷八二，雍正七年六月丁丑。

② 《清世宗实录》卷一〇三，雍正九年二月己酉。

③ 《清世宗实录》卷一一七，雍正十年四月壬辰。

④ 《清世宗实录》卷一一七，雍正十年四月辛卯。

⑤ 《清世宗实录》卷一二〇，雍正十年六月甲子。

⑥ 《卫藏通志》卷八《兵制》，清光绪渐西村舍刻本。

只留五百名川兵驻藏[①]，实行三年换防制。所撤一千五百名兵丁，启程时照例官兵各给四个月钱粮。[②] 五百名驻藏清军“仰赖皇恩，每月赏兵丁饷银四两九钱，由藏购食，不需输运，兵器、帐房、弹药等物，则由撤兵留足，至三年换防时，兵仅五百，所需乌拉亦少，不致烦劳沿途居民”[③]。

另外，清朝廷又为留守拉萨的五百名清军官兵建造一座兵营——札什城兵营，兵营建立在色拉寺和大昭寺之间，是所有第巴先前建房之扎什塘地方。此地“宽旷平坦，毗近水源，远离农田，距招五里，地势极好，相应按官兵之数，建城方圆二百丈，南东西三门，城基宽一丈、高一丈三尺，垛墙三尺，共一丈六尺，均以石砌，城上宽五尺，三门，每门阶梯一。总兵官住房，计大门在内十五间；游击、守备各一员，每人计住房大门在内七间；千总、把总十员，每人住房三间；办理粮饷同知住房计大门在内七间，米仓六间，其下守仓兵丁住房七间；兵五百，每二人合住一间；三座城门上，每门一间，三门守兵住房六间，北城上火药炮弹等物库三间在内，共应建房三百四十一间，扣除喇齐地方原有旧房二十一间，应增盖房三百二十间”。[④]

增盖三百二十间札什城兵营房屋的财政支出，主要包括雍正帝赏赉修建兵营之匠役以工银，当时每日需采石砌墙匠二百人、木匠一百人、铁匠二十人，每匠人按本地价付银一钱。再每日需工二千三百，每工按本地价付银五分。等到札什城兵营竣工时，仅匠工共需银八千八百二十两。建造兵营所需的木石水坯等，雍正帝令内地运往，这些建造材料及在内地运输费用等由清朝廷财政承担。也有所需的部分木料是拆用罪人阿尔布巴入官的房屋，该房屋在工布地方，工布地方诸头目极为恭顺、配合。工布距藏十日路程，每运一间房木，以六工计，折银各三两，三百二十间房料木，

① 《清世宗实录》卷一二九，雍正十一年三月壬午。

② 《元以来西藏地方与中央政府关系档案史料汇编》第463页。

③ 《元以来西藏地方与中央政府关系档案史料汇编》第465页。

④ 《元以来西藏地方与中央政府关系档案史料汇编》第465页。

共付银九百六十两，八头目每人赏绸绫各一匹，令其运送。[①] 札什城兵营历经四个月修建完成，到雍正十一年（1733年）九月初四日官兵移驻新城。这座兵营同时供颇罗鼐统领的藏军居住[②]。

四、雍正时期藏军的财政支出

雍正时期，“藏兵是从农奴中征调的，其武器、马匹、粮秣俱由民户供应，有事则集中，无事则解散”[③]。雍正朝关于藏军的财政支出主要是两笔，在阿尔布巴事件期间，颇罗鼐率领来自后藏九千余名藏兵击败前藏藏军，并捉捕了阿尔布巴等人。为了嘉奖颇罗鼐之兵效力行走，清朝廷让进藏总理事务的查朗阿等人在拉萨将周瑛所解往西藏备用军饷内动支银三万两，赏给颇罗鼐，令颇罗鼐酌量赏给他手下的藏兵[④]。平定西藏内乱之后，雍正朝将战略目标集中转移到蒙古准噶尔部，从驻藏清军、藏军至西北各路清军都投入到防剿准部的战备中。驻藏大臣僧格和贝子颇罗鼐带领驻藏清兵和藏兵则于降雪前在蒙古准噶尔部易于入藏一带巡防。雍正八年（1730年）七月，雍正皇帝不但赏给驻藏清军官兵银两，还发银一万两让颇罗鼐第二年酌量赏给藏兵[⑤]。

五、雍正时期环西藏护卫驻军的财政支出

雍正时期，蒙古准噶尔部侵扰西藏的威胁依然存在，根据西藏在地缘上与云南、四川、青海毗邻，清朝廷在滇藏、川藏、青藏交通要道及军事

① 《元以来西藏地方与中央政府关系档案史料汇编》第466页。

② 冯智:《清初驻藏大臣统领清军及其体系》,《西藏民族学院学报（哲学社会科学版）》，2009年第1期，第30页。

③ 冯智:《清初驻藏大臣统领清军及其体系》,《西藏民族学院学报（哲学社会科学版）》，2009年第1期，第30页。

④ 《元以来西藏地方与中央政府关系档案史料汇编》第424页。

⑤ 《清世宗实录》卷九六，雍正八年七月戊寅。

重地驻扎清军，球绕西藏地方形成护卫西藏的军事驻地。如果西藏地方出现战事，清军既能够迅速入藏，又能够火速奏报朝廷，也为这些护藏的清军后勤补给提供保障。这些护卫西藏地方的清军所需资费也是清朝廷治理西藏地方军事财政支出之一。

西藏地方与内地距离遥远，道路险阻，气候恶劣，运输困难，无法为驻藏清军补给提供保障，因此雍正元年（1723）三月初五日清朝廷撤回四千余名驻藏官兵，同时挑选一千名四川绿旗兵驻防在云南通往西藏的交通要道察木多。在四川通往西藏的交通要隘打箭炉之外中渡河口派遣拨把总一员、兵二百名驻防，将分驻岚州之化林协守备移驻中渡，建立土城。[①]

青海和硕特蒙古首领罗布藏丹津叛乱时，为了防御罗布藏丹津军事力量进入西藏，四川提督岳钟琪一面派遣周瑛率领察木多六百名清兵日夜兼程入藏，一面亲自带兵察看川西入藏重要地区里塘、巴塘一带。这些地区既是通藏要路，又是罗布藏丹津所属唐古忒番部杂居地方，因此岳钟琪飞檄化林协副将张成隆，“将驻扎泸定桥之汉土兵内挑拨五百名，带领前往里塘驻扎以资弹压。至于兵丁所需驮载及口粮盐菜，亦经咨明抚臣照例支给”[②]。罗布藏丹津叛乱被清军平定后，雍正三年（1725）准噶尔部也向清朝廷请求停战求和。同年七月二十九日，周瑛奉命率领入藏六百清军兵丁撤回察木多，察木多驻兵恢复一千名。而在川藏毗邻地区，乍丫、巴塘各留兵三百名，委游击各一员管领驻扎，在川、滇分界完毕后在里塘驻兵五百弹压。[③]

阿尔布巴杀害首席噶伦康济鼐而引发前后藏军事力量战争，四川提督岳钟琪获知消息后，选派千总吴镇带领马兵十六名，前往里塘、巴塘、乍丫、察木多四处，每处驻兵四名，名义上坐塘递送驻藏钦差往来文报，实际则是探听西藏地方信息，不时具报。千总吴镇一行十七人所需驮马、口粮、盐菜，俱动用库贮军需银两，丰裕支给，另外沿途安塘番民，也俱量

① 《清世宗实录》卷五，雍正元年三月甲申。

② 《元以来西藏地方与中央政府关系档案史料汇编》第343页。

③ 《元以来西藏地方与中央政府关系档案史料汇编》第362页。

加以赏需。[①] 清朝廷一面派遣清军入藏直抵拉萨，一面在木鲁乌苏之东蒿沁察罕哈达驻扎陕西兵二千名，作战陕西兵一千八十名；在黎乌齐驻扎四川兵二千名，作战四川兵五百名；罗隆宗驻扎云南兵二千名；叉木多驻扎云南兵一千名，共计八千五百八十名。这些护卫西藏驻军在入藏清兵撤离时大多撤离，留下驻扎察木多一千名清兵继续护卫西藏，应援驻藏清兵。[②] 直到雍正十一年（1733）三月驻藏清兵只留五百名，撤回一千五百名时，清朝廷再将驻扎察木多清兵撤回五百名。[③]

第五节 雍正时期驻藏大臣的财政支出

虽然元朝时期设立宣政院治理西藏地方的军政事务，但元朝廷并没有直接派遣官员驻扎并亲自治理西藏地方。明朝廷对西藏地方采取“因俗制宜”“多封众建”等治理模式，也没有派遣官员长期驻扎西藏进行治理。唯独清朝廷不但在中央机关设立了理藩院管理包括西藏地方在内的外藩事务，而且到雍正时期在西藏地方设立驻藏大臣衙门，直接派遣官员长期驻扎，形成定制，被后世继承并不断完善、改进，充分表明清朝廷已开始直接对西藏地方行使国家主权。这是清朝治藏措施中一个具有里程碑意义的制度。

一、雍正时期驻藏大臣设置的历史背景

清朝廷在西藏地方设置驻藏大臣不是一蹴而就的，而是随着西藏地方社会历史背景的变化，经过一段时间考量才做出的决定。康熙时期，清朝

① 《元以来西藏地方与中央政府关系档案史料汇编》第384页。

② 《清世宗实录》卷七五，雍正六年十一月戊午。

③ 《清世宗实录》卷一二九，雍正十一年三月壬午。

廷派遣钦差大臣入藏办理事务一共三次。第一次是康熙四十五年（1706年）皇帝派遣护军统领席柱和大学士舒兰为使臣入藏，封拉藏汗为“翊法恭顺汗”，并拘押六世达赖喇嘛仓央嘉措赴京。六世达赖仓央嘉措被废除后，拉藏汗擅自做主，认定益西加措为六世达赖喇嘛，遭到青藏高原广大蒙、藏僧众的强烈反对。为了验证益西加措为六世达赖喇嘛的真伪，康熙皇帝于四十六年（1707年）第二次派遣钦差大臣、内阁学士拉都浑入藏。拉藏汗年轻气盛，特别是废除蒙、藏民众心目中的六世达赖喇嘛仓央嘉措，在治理西藏地方时不得民心。为了稳定西藏地方局势，帮助拉藏汗治理西藏地方，康熙皇帝于四十八年（1709年）正月派遣赫寿为使臣入藏协助拉藏汗办事。此次赫寿驻藏一年多才返回京城。

雍正初期，清朝廷也是延续康熙时期的做法。只要是西藏地方出现重大事务需要处理，清朝廷就临时派遣使臣入藏处理藏务，处理完毕后使臣返回。雍正元年（1723年）至雍正四年（1726年），清朝廷先后五次派遣使臣入藏办理事务，每次都是临时性、不定期的，使臣进藏处理完毕事务返回京城。关于这种临时性派遣使臣入藏处理政务做法的合理性，雍正皇帝与他的大臣们也在不断讨论与探索。面对此时期西藏的形势，清朝廷需要严防蒙古准噶尔部再次入侵，保护藏传佛教，在西藏地方充分行使主权等。而西藏地方离京城距离遥远，交通不便，信息闭塞，如果出现局势动荡，信息传到京城需要很长时间，清朝廷无法及时处理，甚至延误时机。因此在雍正四年（1726年）正月，雍正皇帝与群臣议定任命常规官员前往西藏地方驻扎，行使主权。雍正五年（1727年）正月正式派遣僧格、马腊为驻藏大臣，赴藏履行职务，也开启了驻藏大臣制度。虽然雍正五年（1727年）清朝廷正式派遣驻藏大臣，但雍正时期驻藏大臣制度只是草创阶段，很多制度建设尚需不断完善。

雍正五年（1727年）至雍正十三年（1735年），清朝廷派遣了数位驻藏大臣入藏，在西藏建立了驻藏大臣衙门，为驻藏大臣配备了公务人员，辅助驻藏大臣开展工作。在雍正中后期，清朝廷承担着修建驻藏大臣衙门的费用、驻藏大臣和其他公务人员的俸禄等财政开支。

二、雍正时期驻藏大臣的财政支出

雍正时期，僧格、马腊为第一任驻藏大臣，最后一任驻藏大臣为阿尔珣（逊）和那苏（素）泰，历任驻藏大臣姓名及任职时间如下表[①]。

表4-1　雍正时期驻藏大臣任职时间

姓名	任职期间	备注
僧格	雍正五年正月丁巳至十一年正月戊子（1727年2月20日—1733年2月19日）	
马腊	雍正五年正月丁巳至六年十一月己巳（1727年2月20日—1728年12月23日） 雍正七年六月辛巳至九年二月己酉（1729年7月3日—1731年3月23日） 雍正十一年正月戊子至乾隆元年八月（1733年2月19日—1736年8月）	雍正六年十一月送七世达赖至里塘后回京，九年十一月仍在藏，次年三月已抵京，十一年四月抵藏
迈禄	雍正五年十一月癸丑至十一年正月戊子（1727年12月13日—1733年2月19日）	雍正十一年四月玛拉抵藏后返京
周瑛	雍正五年十一月癸丑至七年六月辛巳（1727年12月13日—1729年7月3日）	
包进忠	雍正七年六月辛巳至九年春（1729年7月3日—1732年）	
青保	雍正九年二月己酉至十二年二月甲戌（1731年3月23日—1734年4月1日）	
苗寿	雍正九年二月己酉至十二年二月甲戌（1731年3月23日—1734年4月1日）	雍正九年六月抵藏
李柱	雍正十年四月壬辰至十年七月（1732年4月29日—1732年7月）	
阿尔珣（逊）	雍正十二年二月甲戌至十二年八月（1734年4月1日—1734年8月）	雍正十二年八月抵藏

① 根据吴丰培、曾国庆:《清朝驻藏大臣制度的建立与沿革》，中国藏学出版社1989年版整理。

续表

姓名	任职期间	备注
那苏（素）泰	雍正十二年二月甲戌至乾隆二年九月丙辰（1734年4月1日—1737年10月24日）	

驻藏大臣联豫在驻藏奏稿中提到，“从前西藏设立驻藏大臣两员，每年每员各支公费银六千两，由四川藩库支发”[①]。依此计算：僧格连续驻藏六年整，支公费银三万六千两；马腊先后三次驻藏，时间合计为七年，支公费银四万二千两；迈禄连续驻藏五年两个月，支公费银三万一千两；周瑛连续驻藏一年七个月，支公费银九千五百两；包进忠连续驻藏约三年，支公费银约一万八千两；青保连续驻藏约三年，支公费银一万八千两；苗寿连续驻藏约三年，支公费银一万八千两；李柱连续驻藏约三个月，支公费银一千五百两；阿尔珣（逊）雍正十二年（1734）八月抵藏，但在同年八月又被调离西藏，驻藏不足一个月，支公费银无；那苏（素）泰在雍正时期驻藏满一年，支公费银六千两。雍正时期驻藏大臣支公费银约十八万两，均由四川藩库支发。

驻藏大臣衙门的官员除了驻藏大臣之外，清朝廷还设立其他政务官，主要有理藩院拣派的夷情官一员、笔帖式一员、满印房委笔帖式四员、唐古特通事译字二员、廓尔喀通事译字两员。[②]实际上驻藏官员远不止这些，还有前后藏粮务，由四川拣派，所以其开销由川省解决。驻藏大臣联豫在驻藏奏稿中提到，驻藏司员每岁例支丰折银两三百余两[③]，驻藏大臣衙门按照基本配备官员十名计算，每年支丰折银三千余两。从雍正五年（1727）至雍正十三年（1735）八年时间里，由四川藩库支给银二万四千余两。

① 中央民族学院图书馆编，吴丰培主编《联豫驻藏奏稿》，西藏人民出版社1989年版，第68页。

② 吴丰培、曾国庆:《清朝驻藏大臣制度的建立与沿革》，中国藏学出版社1989年版，第27页。

③ 《联豫驻藏奏稿》第117页。

第六节　雍正时期入藏钦差大臣的财政支出

雍正时期，清朝廷频频派遣钦差大臣入藏。钦差大臣入藏的目的主要有办理藏务，观察并照料年轻的七世达赖喇嘛，看望并赏赐年老的五世班禅，在清准作战期间协助颇罗鼐和驻藏大臣防御准噶尔入侵等，清朝廷为派遣入藏的钦差大臣承担财政支出。

一、雍正《大清会典》有关入藏钦差大臣车马配置的定制

雍正朝关于入藏钦差大臣的车马配置，是延续康熙朝的定制：

康熙三年题准，往会大臣，随从郎中、员外郎共六员，主事一员，笔贴式七员，领催六名，俱带账房粮米，在野外行宿，尚书、侍郎等，各带本身执事。尚书准骑马二十匹，驼七匹。侍郎马十八匹，驼六匹。郎中马八匹，驼二匹。员外郎、主事马各七匹，驼各二匹。有品级笔贴式各马六匹。无品级笔贴式各马五匹。领催各马三匹。兵丁各马一匹。

（康熙）九年题准，凡奉旨特遣，及本院往各旗遍传事务紧急差遣，或巡察斥堠送诏等事，自内地驰驿外，仍给信牌，许乘边外驿马。往会所历之旗地方遥远，亦给信牌，乘边外驿马。余惟遣往札赖忒、杜尔伯特、郭尔罗斯、席北、索伦、达固尔、宁古塔、卦尔察等处者，给本院印文，照内地所乘驿马数，乘边外驿马。遣往科尔沁、乌朱穆秦、蒿齐忒、吴喇忒、鄂尔多斯等处者，冬春给院文，乘边外马，夏秋各乘自备马匹。遣往喀喇沁、土默特、敖汉、奈曼、翁牛特、巴林、札鲁特、克西克腾、苏尼特、阿鲁科尔沁、喀尔喀、阿霸垓、阿霸哈纳尔、四子、毛明安、归化

城、盛京、西勒图库伦等处者，概令自备马匹。其达赖喇嘛峨齐尔汗之使，给驿至西宁。遣往喀尔喀、厄鲁特之使，自归化城给与马驼 。[①]

二、雍正时期派遣入藏钦差大臣概况

雍正朝在众噶伦联合施政时期，为办理藏务派遣钦差大臣入藏，据《清世宗实录》记载共有五次。在平定阿尔布巴之乱前，雍正元年（1723年）三月和雍正三年（1725年）十一月，清朝廷先后派遣鄂赖、鄂齐、班第等人，短期赴藏办事，查考藏情等。至雍正五年（1727年）清朝廷正式设立驻藏大臣制度之前，先后五次不定期地派遣钦差大臣到西藏地方办事，行使对西藏地方的主权。

清朝廷派遣钦差大臣入藏，目的主要是观察众噶伦施政西藏地方的情况，便于清朝廷掌握西藏地方局势[②]，但在七世达赖喇嘛移驻康区之前，清朝廷也为七世达赖喇嘛特遣钦差大臣。据《七世达赖喇嘛传》记载，当康熙皇帝驾崩时，清朝廷派遣大喇嘛崔臣桑布、钦差大臣公策旺诺尔布、额驸贝勒等前往西藏向七世达赖喇嘛及众寺庙做布施。随后雍正皇帝又派遣钦差大臣入藏向七世达赖喇嘛颁金册、金印。藏历新年，清朝廷派遣钦差大臣前往西藏地方赏赐七世达赖喇嘛等僧众。雍正六年（1729年）以后，七世达赖喇嘛遵照雍正皇帝旨意，移驻到康区，并驻锡康区六年多。直到雍正十三年（1736年）清朝廷与准噶尔部蒙古休战议和，经过雍正皇帝分析认为西藏地方局势稳定，清朝廷才允许七世达赖喇嘛返回西藏。在七世达赖喇嘛驻锡康区期间，清朝廷也是频频派遣钦差大臣前往康区照看、赏赐七世达赖喇嘛，所遣钦差大臣在路途中所用车马、所需待遇，与入藏钦差大臣相同。

雍正时期，五世班禅一直驻锡西藏地方，雍正帝非常信赖五世班禅，想通过赋予他更大的职权而加以利用，曾决定把后藏和阿里地区全部交给

① 《清朝治藏典章研究》第255—256页。

② 《清朝驻藏大臣制度的建立与沿革》第4页。

五世班禅管辖，因此频频派遣钦差大臣前往后藏看望、赏赐、游说五世班禅。这些钦差大臣既有清朝廷派遣入藏办理藏务，以及在阿尔布巴之乱前进藏观察七世达赖喇嘛的钦差大臣，也有为游说五世班禅的特遣钦差大臣。如雍正六年（1728年）九月二十六日，清朝廷派遣钦差大臣查郎阿前往西藏地方，向五世班禅宣读圣旨，决定把扎什伦布寺以西（一说自干巴拉山以西）一直到阿里地区全部赏赐给班禅管辖。五世班禅没有按照清朝廷旨意全盘接受，最后只接受了拉孜、昂仁、彭错林三个宗。

从雍正六年（1729）起，清朝廷与准噶尔交战。为了避免准噶尔军事力量将战火蔓延到西藏地方，所以在清、准交战前，以及交战过程中，清朝廷密切关注西藏局势，令颇罗鼐和驻藏大臣在西藏地方做好军事防御准备。其间为了督促、检查西藏地方的军事防御工程，以及西藏地方驻军情况，清朝廷频频派遣钦差大臣入藏。

第五章　乾隆时期治理西藏地方财政支出

第一节　乾隆时期治理西藏地方财政支出历史背景

乾隆时期，清朝廷治理西藏地方，既延续了前朝的治理政策，也随着历史的发展变化有所变革、创新。针对西藏地方实际情况，清朝廷制定并形成一系列经略西藏地方的政策、法律规定，既确定了中央对西藏地方的行之有效的管辖，又有适宜西藏地方特点的具体政策法规。另外乾隆时期，清朝廷深知要确保蒙古地区的安定，就必须继续发挥藏传佛教格鲁派对大漠南北和天山北路的蒙古诸部的教化作用。清朝廷将其作为一项重要策略贯彻始终。

一、乾隆时期经略西藏地方

乾隆初期，延续雍正时期治理西藏地方的政策与举措，继续推行贝子颇罗鼐施政西藏地方模式。乾隆四年（1739年）清朝廷晋封颇罗鼐为郡王。颇罗鼐施政西藏历经雍正、乾隆两朝，两任皇帝对其评价都很高。他在驻藏大臣的辅助下很好地实施清朝廷治理西藏的政令，于乾隆十二年（1747年）因病去世。清朝廷令颇罗鼐次子珠尔默特那木札勒袭封郡王位，但珠尔默特那木札勒与其父颇罗鼐截然相反，他张扬、暴虐、多疑，杀戮兄长，与藏传佛教格鲁派的达赖喇嘛因嫌隙而产生矛盾，将驻藏大臣纪山玩弄于股掌之中，要求清朝廷撤回驻藏清军，暗地与准噶尔部蒙古来往。乾隆十五年（1750年），珠尔默特那木扎勒私自囤运火药、调兵遣将，令驻藏大臣傅清、拉布敦心怀疑惧，于是两位驻藏大臣先发制人，在驻藏大臣衙门设计诱杀珠尔默特那木扎勒。珠尔默特那木札勒被诛杀后，余党杀害了驻藏大臣及部分其他人员，抢掠了驻藏大臣衙门内的八万多两饷银，焚烧了驻藏大臣衙门。次日，其余党被七世达赖喇嘛与班第达组织的人员查拿收禁，原驻藏大臣衙门幸存人员被七世达赖喇嘛接到布达拉宫保护起来。

随后，清朝廷令四川总督策楞率领八百名清兵入藏，料理善后事宜。策楞等官员会商后，根据西藏地方实际情况，于乾隆十六年（1751年）三月制定了《善后章程十三条》，经乾隆批准并颁布施行。《善后章程十三条》是清朝治理西藏地方事务制定的第一个重要法律文件。该章程结束了颇罗鼐家族施政西藏地方模式，废除了郡王制，建立了驻藏大臣和达赖喇嘛共理藏政的模式，在西藏地方正式建立噶厦地方政府。噶厦地方政府由达赖喇嘛和三俗一僧执掌。

乾隆二十二年（1757年）七世达赖喇嘛圆寂，转世灵童年幼，无法履行职责，清朝廷令六世第穆呼图克图代为掌办商上僧俗事务，是为清朝廷在西藏地方开启摄政先河。乾隆在位时期任命的西藏地方摄政有两任，首任摄政为六世第穆活佛阿旺降白德勒嘉措，任期二十一年；第二任西藏摄政为一世策墨林活佛阿旺楚臣，任期四年，虽然此时八世达赖喇嘛已经成年，达到施政的要求，但毕竟八世达赖喇嘛年轻，施政经验不足，所以也需要有摄政辅助。清朝廷在西藏地方设立摄政的目的最初是七世达赖喇嘛逝世，惟恐噶伦等人“妄擅权柄”“擅权滋事”。但至乾隆末年，八世达赖喇嘛亲政时仍令摄政帮办政务，其目的有所不同，旨在为驻藏大臣耳目，使达赖喇嘛不至擅权妄为。无论是限制噶伦擅权，抑或制衡达赖喇嘛专权，摄政制度无疑为权力斗争频繁的西藏地方政坛安放了一个利益平衡的杠杆。摄政制度既没有触及乾隆十六年（1751年）已经确立起来的政教合一之基本体制，又十分有效地遏制了世俗势力的膨胀。它一方面有效地弥补了达赖喇嘛空缺时的“宗教偶像”权威，使西藏地方政权不致群龙无首，相互攻讦；另一方面摄政制度还有效地遏制了世俗贵族专权。活佛摄政制度维护了原有的政教合一体制，使僧俗阶层之间处于一种微妙的利益平衡状态，使得以噶伦为代表的世俗官员的权势得到有效遏制。①

乾隆四十三年（1778年）十二月，六世班禅接受乾隆皇帝的邀请，做出入京朝觐并恭祝乾隆帝七十万寿的决定。六世班禅于乾隆四十四年（1779年）五月十五日自扎什伦布寺启程，经过长途跋涉，历时一年多，于乾隆四十五年（1780年）抵达热河朝觐并祝厘乾隆皇帝七十万寿。同年八月二十五日，六世班禅离开热河经古北口至北京，驻锡黄寺。同年十月二十八日，六世班禅病倒，乾隆皇帝非常关心，派御医治病，又派官员问候。十一月二日下午，六世班禅因患天花病医治无效于黄寺圆寂，乾隆皇帝亲自凭吊，亲自处理一切善后事宜，隆重办理六世班禅后事，御赐七千两黄金制造天降金塔安放六世班禅的遗体，在黄寺西建立六世班禅衣冠塔。次年二月，六世班禅的灵塔运往西藏札什伦布寺。

乾隆五十三年（1788年）六月，廓尔喀军队悍然发动侵略西藏的战争。廓方发动这场战争的原因一方面是此时尚武的廓尔喀人征服了尼泊尔的玛拉王朝，建立起了沙阿王朝，在尼泊尔历经了一系列战争并取得胜利，这让野心膨胀的廓尔喀人将战争的目标投向了清朝的西藏；另一方面原因是六世班禅的灵柩运送到扎什伦布寺后，乾隆及满蒙王公大臣赏赐与供养丰厚，由于这笔丰厚的遗产归扎什伦布寺所有，而六世班禅的异母兄弟红帽系喇嘛沙玛尔巴没有获得六世班禅的遗产，心中愤恨，于是出走并勾结廓尔喀入侵西藏。廓尔喀政权以西藏增加廓尔喀商人课税和西藏提供贸易的盐中含有过多杂质等原因为由，于乾隆五十三年（1788年）五月出兵占领后藏济咙、聂拉木、宗喀宗等地，围攻协噶尔宗（今西藏定日）等地。乾隆帝谕令四川总督李世杰、四川提督成德等迅速调集四川绿旗兵

① 央珍:《西藏地方摄政制度研究》，中央民族大学博士论文2010年，第99页。

及藏兵三千名入藏堵剿。后双方因在沙玛尔巴等人调解下达成和解，理藩院侍郎等同意西藏地方噶厦政府每年向廓尔喀赔款元宝三百锭，作为聂拉木、济咙宗、宗喀宗三地的赎金，换取廓尔喀撤军。廓尔喀退兵，成都将军鄂辉等遵旨议订善后章程，即《藏地善后事宜十九条》，是为清朝制定治理西藏地方第二个重要章程，是针对西藏地方实际情况对《善后章程十三条》没有涉及之处进行补充，进一步调整和完善了清朝驻防西藏官兵的制度、驻藏大臣在军事方面职责、西藏地方政治制度、西藏地方与廓尔喀贸易经济制度等。

乾隆五十六年（1791年）七月至乾隆五十七年（1792年）间，再次发生了廓尔喀入侵西藏的战争。这次战争的原因是乾隆五十五年（1790年）十月，廓尔喀政权派遣官员到西藏按照约定索要赎地元宝，西藏地方新上任的摄政噶勒丹锡呼图呼图克图拒绝这一要求。廓方官员又提出清朝廷赏给廓尔喀王拉纳·巴哈都尔·沙阿俸禄及土地的要求，也被驻藏大臣普福回绝。廓尔喀在清朝西藏一无所获情况下，发动第二次入侵西藏地方的战争。清朝廷这次派遣福康安为将军，海兰察、奎林为参赞，率领一万三千余人入藏反击廓尔喀军队，最终清军翻越喜马拉雅山，一直追击廓尔喀军队到廓尔喀首都加德满都附近，迫使廓尔喀国王出城议和，取得反击战的胜利。福康安等人遵旨议定善后章程，于乾隆五十八年（1793年）二月形成《钦定藏内善后章程二十九条》，从法律层面进一步完善和规定了西藏地方政治、宗教、军事、经济、涉外事务等制度。“藏内事务的钦定二十九条，是清代中期以后，中央政府治藏政策方面的一个纲领性文件，也是一份细密而又具体的地方性法规。它的出现，标志着清朝中央政府治藏基本政策的最后形成。这一章程直接指导了清朝中期以后，中央政府在西藏地方的施政活动，并维护了西藏地方以政教合一为特色的封建农奴制的统治制度，其意义和影响十分巨大。”①

---

① 张云:《钦定藏内善后章程二十九条的形成与版本问题》,《民族研究》1997年第5期，第86页。

二、乾隆时期经略漠西、漠北蒙古及藏传佛教格鲁派的影响

（一）乾隆时期藏传佛教格鲁派对清廷经略漠西蒙古准噶尔部的影响

清代准噶尔汗国发展史，是一部不断对外扩张、征战的历史。对此清朝皇帝和大臣们是非常清楚的[①]。到雍正末年、乾隆初年时，双方都被多年的战争拖进疲惫状态，都急需一段时间进行调整，只好借着准噶尔部与喀尔喀部划定游牧边界的时机采取休战议和。雍正十二年（1734年）雍正朝派遣钦差大臣赴准噶尔，与噶尔丹策零商议划定准噶尔与喀尔喀的游牧边界。乾隆四年（1739年），准噶尔与喀尔喀正式划定游牧边界。在清朝廷与准噶尔部谈判过程中，除了对定边、勘边、守边等事宜进行商讨确定之外，还对双方互市、准噶尔使团进京朝贡以及准噶尔入藏熬茶等事宜进行了谈判。

乾隆四年（1739年）边界谈判时，已议定好清朝廷允许准噶尔入藏熬茶以及沿途接济马驼等事项，但清朝廷要求派官兵护送熬茶队伍进藏。[②]在清朝所辖范围之内清朝廷赏赐准噶尔熬茶队伍的相关驮运、口粮等事宜也在谈判过程得以确定。在准噶尔熬茶队伍进入清朝廷所辖范围内后，负责看护使团的清军将领照例给予物质资助，调换熬茶队伍倒毙的驼马、派遣沿途守卫的清兵照料熬茶队伍羸瘦的牲畜等。清朝廷承担这些财政支出，是履行议和定边的要求，也是为休战提供保障。对此乾隆帝无论是从态度还是从财政付出，都是持积极支持态度，这也向准噶尔部显示了休战议和的诚意。

乾隆继位登基之时，噶尔丹策零为蒙古准噶尔部洪台吉。乾隆皇帝和他的大臣们都很清楚虽然双方暂时进入休战议和定边阶段，但不表明战争不会爆发，而且此时能够对乾隆朝形成主要威胁的就是蒙古准噶尔部军事

---

① 中国第一历史档案馆、中国边疆民族地区历史与地理研究中心合编《军机处满文准噶尔使者档译编》，中央民族大学出版社2009年版，第815页。

② 吕文利:《由乾隆初年准噶尔三次入藏熬茶看清朝藩部体系的形成过程》,《中国边疆史地研究》，2015年第2期，第58页。

力量。但乾隆记住太宗皇帝祖训“外藩蒙古惟喇嘛之言是听”[①]，因此乾隆皇帝积极支持准噶尔部派遣队伍入藏熬茶并为他们提供物资支持，是想利用藏传佛教格鲁派制衡准噶尔部，达到与准噶尔政治和军事上的和平。为此，乾隆初年准噶尔队伍入藏熬茶，清朝廷在相关财政支出方面做了充分的准备。可见乾隆帝非常希望促成准噶尔入藏熬茶。

乾隆初年，准噶尔派遣队伍首次入藏熬茶，是清朝廷和准噶尔在刚完成休战议和状态下进行的，对于双方都是一种尝试。此次准噶尔队伍虽然没有深入西藏腹地熬茶，只是抵达东科尔进行货物贸易，然后返回准噶尔，但通过后来第二次入藏熬茶情况，能够看出首次入藏熬茶是准噶尔部对清朝廷的一种试探，试探乾隆朝对休战议和的诚意。而清朝廷除了按照谈判条例要求为准噶尔熬茶队伍所需做了充分准备，给予了相应的财政支出，满足了熬茶队伍的试探愿望，也为准噶尔再次入藏熬茶积累了经验。

乾隆初年准噶尔派遣队伍入藏熬茶，清朝廷无论是直接财政支出还是间接财政支出都付出很多。清朝廷经过多方努力，于乾隆二十二年（1757年）武力征服了准噶尔部，但从康熙、雍正时期与蒙古准噶尔部屡次征战情况，能否从长远征服蒙古准噶尔部是对清朝廷一个重要考量。准噶尔部信仰藏传佛教格鲁派，乾隆需要直接或间接利用藏传佛教格鲁派从思想方面弱化蒙古准噶尔部。

（二）乾隆时期藏传佛教格鲁派对清廷经略漠北蒙古喀尔喀部的影响

在平定蒙古准噶尔部达瓦齐和阿睦尔撒纳军事力量时，清朝廷得到了北方蒙古部众的支持，并同意他们战后内迁。北方蒙古喀尔喀部达尔汉亲王额琳沁多尔济于乾隆二十一年（1756年）放走了蒙古准噶尔部军事首领阿睦尔撒纳，被乾隆帝赐死。这引起额琳沁多尔济的弟弟二世哲布尊丹巴和北方蒙古各部王公不满，于是扎萨克部发生了“撤驿之变”，蒙古喀尔喀部准备反清，后由格鲁派三世章嘉活佛解决了这一难题。由于一世、

① 《清世祖实录》卷六八，顺治九年九月壬申。

二世哲布尊丹巴都是来自喀尔喀蒙古王公家中，政教权力过于集中，容易对抗清朝廷，不利于清朝北部边疆稳定。所以在二世哲布尊丹巴圆寂后，乾隆帝遣使指令格鲁派宗教领袖三世哲布尊丹巴必须转生在西藏地方，此事又引起北方喀尔喀部蒙古王公和僧众的不满。所以当三世哲布尊丹巴抵达库伦坐床时，并未得到一些喀尔喀部王公和僧人的认可。曾出现一个喀尔喀僧人指认自己的侄子为哲布尊丹巴转世灵童的事情，后来也是由格鲁派三世章嘉活佛出面解决这个难题，将喀尔喀僧人及其侄子送到热河寺院。此时期北方喀尔喀部屡次发生清朝廷难以控制的事件，都是由格鲁派大德高僧出面解决。清朝廷通过藏传佛教格鲁派的宗教领袖和高僧影响蒙古地区，避免了战祸，维持边疆局势稳定，这种做法成为一种政治现象。

“西藏乃教法之发源地。”① 藏传佛教格鲁派此时期在藏、蒙古地区广泛传播，是民众主要信仰的宗教。宗教自身具有为信众所需要的特定功能和社会作用，宗教具有精神安慰、民族凝聚的积极政治作用和道德教化作用。② 而宗教领袖在引领和发挥宗教作用中扮演重要角色，起到促进民族共同心理的民族凝聚作用。藏传佛教格鲁派对清朝廷安定蒙古民心，巩固蒙藏人民的内向力，促使满、藏、蒙古各民族之间的融合，作出了应有的贡献。

---

① 洛桑却吉尼玛著，陈庆英、马连龙译《章嘉国师若必多吉》，中国藏学出版社2007年版，第157页。

② 李友松、秦平:《浅谈宗教的作用》,《武汉大学学报》，2002年第4期，第430—431页。

第二节　乾隆时期赏赐西藏地方政教上层人物财政支出

乾隆时期，清朝廷随着西藏地方局势的变化在不断探索治理西藏地方的施政模式。乾隆十五年（1750年）以前延续雍正时期的施政西藏地方模式，亦即郡王为首的西藏地方政府施政模式。此时期驻藏大臣只是起到监督西藏地方政府施政的作用，向清朝廷奏陈西藏地方重大事件，监督郡王为首的西藏地方政府办理地方性常规事务。乾隆十六年（1751年）爆发了驻藏大臣傅清、拉布敦诱杀郡王珠尔默特那木札勒事件后，清朝廷针对郡王为首的西藏地方政府施政模式的弊端，制定、颁布了《善后章程十三条》，宣布取消西藏封授郡王制度，提升驻藏大臣的行政地位，确立了驻藏大臣与达赖喇嘛共理藏政的施政模式。在七世达赖喇嘛圆寂后，八世达赖喇嘛年幼无法管理藏政的情况下，清朝廷又在西藏地方建立了呼图克图代为掌办商上僧俗事务的摄政制度。驻藏大臣与达赖喇嘛共理藏政的施政模式存续到乾隆五十七年（1792年），被廓尔喀军队第二次入侵西藏地方所打破。乾隆皇帝通过两次廓尔喀军队入侵西藏看出西藏施政模式的弊端，于是在战后制定、颁布施行了《钦定藏内善后章程二十九条》，开始由驻藏大臣主持、总揽藏政，通过法律确定了驻藏钦差大臣为西藏地方最高行政长官的政治地位和总揽藏政的行政管理体制。因此，乾隆时期西藏地方政教上层人物有格鲁派藏传佛教领袖七世达赖喇嘛、八世达赖喇嘛，五世班禅、六世班禅、七世班禅，摄政的呼图克图以及其他高僧；上层政治人物，主要有乾隆十五年（1750年）以前郡王颇罗鼐及其次子珠尔默特那木札勒，还有噶厦地方政府噶伦等。乾隆时期，清朝廷赏赐西藏地方政教上层人物产生了相应的财政支出。

一、乾隆时期赏赐西藏地方政教上层人物的定制

（一）西藏贡制

乾隆二年议准：班禅额尔德尼圆寂，暂不遣人。令颇罗鼐与达赖喇嘛间年一次遣使前来。①

乾隆七年谕：从前达赖喇嘛、班禅额尔德尼每年轮班遣使请安，进献方物。郡王颇罗鼐，亦遣使相伴同来，嗣因班禅额尔德尼圆寂，朕念达赖喇嘛、颇罗鼐每年遣使，殊属劳苦，曾经降旨定为间年一次。去年适值达赖喇嘛、郡王颇罗鼐遣使之班，班禅额尔德尼呼毕勒罕因伊坐床，亦遣使进献丹书克，请安前来。若照前例轮班遣使，则今年又值班禅额尔德尼遣使之班。如屡次遣使，其办理牲畜、口粮启程等事，唐古特民人未免劳苦。班禅额尔德尼呼毕勒罕之使，甫经前来，今年不必按班，下次再照从前轮班遣使。再，郡王颇罗鼐之使原系每年相伴同来，嗣后达赖喇嘛遣使之班，著照旧相伴同来；班禅额尔德尼呼毕勒罕之班，颇罗鼐不必遣使同来。②

（二）西藏进贡回赏定例

乾隆十六年议准：察木多帕克巴拉丹拜尼玛呼图克图遣使来朝进贡，照例折赏外，赐帕克巴拉丹拜尼玛呼图克图重三十两银茶筒一、各色大缎十二、大小哈达各七；正使三等蟒缎一、缎二、布二十四；副使缎二、布十二；从人布六。回时由院差领催一照看，照例雇给骑驮之骡。正使日给银二钱、副使一钱五分，从人一钱。复给四十日路费。由西安一路送至四川。至四川界，由总督遣人伴送至打箭炉自回。

二十七年奏准：嘉喇呼图克图遣使来朝进贡，除照例折赏外，仍降旨问，赐嘉喇呼图克图大缎六、彭缎四；来使大缎、彭缎各一、布二十；从

① 《清朝治藏典章研究》第958页。

② 《清朝治藏典章研究》第959页。

人三名，每人布五。回时由院遣员照看。照例雇给骑驮之骡，给四十日路费。由西安一带送至西宁口外，令其自回。①

（三）护送西藏贡使

乾隆五年奏准：自康熙年间至雍正六年，西藏达赖喇嘛等遣使进贡，均令驰驿。后因军兴，值班禅额尔德尼遣使进贡由院奏准停止驰驿，照依时价雇骡。嗣后不得过二百。

八年奏准：西藏公、班第达等七人，间年进贡。向例贡物，均交达赖喇嘛等来使赴京附进。今达赖喇嘛等遣使入京，骑驮之骡已定额数，公、班第达等贡物，难以附进，增给骡驮三十，著为定例。

十六年奏准：向例达赖喇嘛遣正副使入贡，续因颇罗鼐进贡，将副使改为伊遣之使，今仍照旧例，堪布囊素均由达赖喇嘛差遣，所有前定二百骑驮骡内，减去四十。

又定：察木多帕克巴拉丹拜尼玛呼图克图遣使来朝，至京后给予廪给四十日，事竣即令启程，由院差领催一名照看，照例雇给骑驮之骡。正使日给银二钱，副使一钱五分，从人一钱，复给四十日路费。由西安一路送至四川。至四川界，由总督遣人伴送至打箭炉，令其自回。嗣后，帕克巴拉呼图克图遣使来朝，该督即照例办给骑驮之骡，如私带贸易货物，令其自办，不在官给之例。至京后给予廪给四十日。事竣即令启程。

二十七年奏准：嘉拉呼图克图遣使来朝，至京后照帕克巴拉丹拜尼玛呼图克图之例，给予廪给。回时由院遣员照看，照例雇给骑驮之骡。给四十日路费。由西安一带送至西宁口外，令其自回。

五十年议奏：西藏来使往还，派理藩院主事沿途照料，经过各省派文职同知、通判，武职都司、守备等官各一员，带领兵役弹压护送。各按本境程站，催令前进，仍报明出境入境日期，以备查核。如中途不遵法度，滋扰地方，即著护送来使之主事，会同地方官酌办示惩。至由京回藏驮送

① 《钦定大清会典事例》卷九九○，清光绪石印本。

包裹，由理藩院发五城雇骡应付。其骡价银两，交护送之笔贴式沿途按站支给。如中途长骡疲乏，该笔贴式知会护送之地方官，临时雇换，仍由该笔贴式给价，毋许派累。倘有遗失包裹等事，地方官勒限缉获，仍作速交给来使。如不能寻获，将护送官员并地方官一体察议。著派理藩院郎中或员外郎一员照料护送。其经过地方，著该督抚拣派道员一员，会同武职沿途防护。

又谕：向来前后藏喇嘛年班来使进京，途中偶有遗失物件，地方官往往厚为赔偿，以致来使人等屡报失物，不成事体。嗣后，沿途各督抚，凡遇前后藏喇嘛进京经过，惟当严饬地方官照例防护，若来使等途次有遗失物件，止准其呈明代为缉获付给，不得私相赔补，致启弊端。

五十五年议准：年班进贡之达赖喇嘛、班禅额尔德尼来使堪布等骡只，其应官给者，按照定例数目给予外，达赖喇嘛之堪布，准私雇骡一百只，班禅额尔德尼之堪布，准私雇骡八十只，不许逾此额数。

又谕：从前因前后藏达赖喇嘛、班禅年班来使进京，经过地方，多有扰累，各督抚等不能约束，屡经降旨晓谕，特命军机大臣会同理藩院将应付各事宜，酌定章程，通行遵照，并令各省拣派道员同武职沿途防护。该督抚等理宜严行稽查，照例办理，乃本年卫藏喇嘛来使入贡，行李包件车载夫送，络绎道路，数日不绝，并无派出官员稽查护送。若任其骚扰驿站，不为饬禁，又恐如从前捏报遗失物件，责令赔偿，致启讹索诈冒之渐，更属不成事体。且伊等经过各省，止有例给骡头，如运送多余包件，俱系自行雇备，并无官给车辆夫马之例。其沿途伴送大员，专为照料喇嘛不准滋事而设，亦应随同行走。今甘肃、陕西、山西、直隶等省，既无官员护送，又复滥应夫马，喇嘛等见沿途无人管束，携带私包过多，任意需索，地方官员遂以例给骡头不敷，违例供应。各督抚等漫不经心，而委出之道员等，又不亲身弹压，惟以过境无事，一奏塞责，实难辞怠玩之咎。嗣后，各省督抚认真稽查，凡喇嘛来使过境，严饬州县照例应付，并各派妥当道员递行护送行走。若敢仍前滥应差使，即行劾参。该督抚如有徇隐，一经发觉，必当从重治罪，决不姑贷。

又议奏：每年达赖喇嘛所进之物，及堪布等骑乘骡只，著给一百六十只。其堪布等自带货物，代雇骡只，不得过一百只，班禅额尔德尼所进之物，及堪布等骑乘骡只，不得过八十只，每骑一头，驮二百斤，至堪布等所带跟役徒众不得过三四十名等因。

奉旨：由藏前来之堪布等俟到西宁时，照依所定数目给予骡只。令经过之该省督抚等，派委妥当道员、副将照料行走，豫行奏闻。所有出入该省境界，沿途有无事故妥速行走之处，即著派出之道员、副将公同具奏。

五十六年奏准：嗣后，将雇骡价银，由理藩院银库内照数开放，交直隶省派出护送道员、副将按站放给。至山西、陕西、甘肃等省时，递交该省护送道员放给。①

（四）《清高宗实录》关于护送西藏地方年班使者的定例

一、西藏来使往来，向例派委笔帖式率领催沿途照料，官职较小，途间呼应不灵。嗣后应添派理藩院主事，或题署主事带同领催，令其沿途照料。理藩院于接准驻藏大臣咨报来使启程时，先行知照经过各省，令各该督抚于文职内酌派同知、通判一员，武职内酌派都司、守备一员，届期带领兵役，各在本省一路弹压，护送出境交代，倘沿途仍有遗失包裹等事，即著护送之主事及随同护送官员转交经过地方官，勒限严缉。寻获时仍作速交付来使。倘不能获，即将护送官员及该地方官一体议处。

二、向例来使回藏所有备办驮送包裹并领催骡头，均由理藩院票发京师五城地方雇觅。自京至西安，骡价向由理藩院全行给发。骡夫自西安至西宁系护送之笔帖式沿途按站给发，嗣后骡价，全交护送之理藩院主事领出，照西安至西宁之例，沿途按站支给。倘中途骡头疲乏，该地方官雇觅，其价银仍由该主事给发，不得派累地方。

三、来使经过驿路，文武各员催令按站前进，仍报明出境、入境日期。倘所过之境，各该员任其耽延，一经发觉，即照从前过境，不行实力

① 《钦定大清会典事例》卷九八六，清光绪石印本。

催趱之例，分别办理。

四、来使准令驰驿，有由四川来京、回藏者，其须用骡头，及内地沿途护送一切事宜，均照年班来使之例，一体办理。其由打箭炉抵藏，应行令四川总督饬经过之各塘汛官兵，不得滥行供应。仍加意护送，以免遗失。①

二、乾隆时期赏赐西藏地方宗教上层人物财政支出

（一）乾隆时期赏赐达赖喇嘛世系财政支出

1.乾隆时期赏赐七世达赖喇嘛的财政支出

乾隆元年（1736年）二月，达赖喇嘛、贝勒颇罗鼐等遣使请世宗宪皇帝圣安，贡方物至京。赐敕，赏赉如例。② 由于西藏地方有大小寺庙千余所，各寺庙养赡喇嘛及往来喇嘛布施人等所需之费，都从达赖喇嘛公项内支给，用度繁多，不敷支给，因此乾隆皇帝于三年（1738年）五月敕谕："着于打箭炉所征税银内，每年给银五千两。俟达赖喇嘛差人赴打箭炉取茶叶之便，令将此项赏银一并带回。"③ 此项银两在乾隆时期，清朝廷共支付二十九万两。乾隆七年（1742年）正月，达赖喇嘛遣员进贡。④ 当年二月，乾隆皇帝敕谕慰勉七世达赖喇嘛为赏赉遣员请安进贡之事，并赐七世达赖喇嘛六十两重镀金银茶筒一个、镀金银瓶一个、银盅一个、各色绸缎三十匹、大哈达五方、小哈达四十方、五色哈达十方，一并交付堪布罗桑阿旺伦珠等赍往，达赖喇嘛至时祗领。⑤ 乾隆九年（1744年）二月，乾隆皇帝敕谕慰问七世达赖喇嘛为赏赉遣员请安进贡之事，并赐七世达赖喇嘛六十两重镀金银茶筒一个、镀金银瓶一个、银盅一个、各色绸缎

① 《清高宗实录》卷一二二九，乾隆五十年四月己亥。

② 《清高宗实录》卷一三，乾隆元年二月己丑。

③ 《清高宗实录》卷六九，乾隆三年五月庚午。

④ 《清高宗实录》卷一五八，乾隆七年正月戊辰。

⑤ 《元以来西藏地方与中央政府关系档案史料汇编》第1680页。

三十四、大哈达五方、小哈达四十方、五色哈达十方，一并交付堪布多津蕴端阿卓克等赍回。[①] 因七世达赖喇嘛父亲索诺木达尔扎去世，同年五月乾隆皇帝敕谕达赖喇嘛，特遣克亚美仁藏格阿仁台等前往西藏，慰问七世达赖喇嘛等亲属及祭奠达赖喇嘛之父，随敕赐七世达赖喇嘛六十两重镀金银箍茶筒一个、金纹鹅颈银壶一个、银灯一盏、各种锦缎三十匹、大哈达五方、小哈达四十方、五色哈达十方等。[②] 乾隆十一年（1746年）正月，七世达赖喇嘛差员堪布多尼尔云丹奈朱克进京请安进庆祝礼，进表、进贡。按定例，颁发敕书、付来员带回，颁发诏书礼，赏达赖喇嘛六十两重镀金银茶筒一、花镀金银瓶一、钟一、各色缎三十、大寿帕五、小寿帕四十五、色寿帕十。[③] 乾隆二十二年（1757年），七世达赖喇嘛涅槃。由于乾隆三年（1738年）清朝廷下令每年给达赖喇嘛五千两银，开泰为七世达赖喇嘛涅槃其每岁例赏之茶银应否照常赏给请旨，乾隆二十二年（1757年）三月二十九日朱批同意照常赏给。[④] 清朝廷派遣阿旺班珠儿胡图克图等人前往西藏悼念七世达赖喇嘛，临行前扎萨克喇嘛得整装银一百两、侍卫得银八十两、章京得银六十两、笔帖式得银三十两、领催二名各得银十两，共银二百九十两，交侍卫合达色等赴部关支。[⑤] 到达西藏地方后赏银一万两[⑥]，赏妆缎、蟒缎、各色大缎二十匹、官用缎一百匹、大哈达二十方，小哈达六百方[⑦]。

2.乾隆时期赏赐八世达赖喇嘛的财政支出

七世达赖喇嘛圆寂后，乾隆皇帝派遣章嘉活佛及随从官员一行前往西藏地方，详询金塔情况、圆寂过程及转世灵童等事，并逐一向乾隆皇帝回禀。七世达赖喇嘛转世灵童达赖喇嘛呼毕勒罕认定后，驻藏大臣积福等偕

---

① 《元以来西藏地方与中央政府关系档案史料汇编》第1681页。

② 《元以来西藏地方与中央政府关系档案史料汇编》第1681—1682页。

③ 《元以来西藏地方与中央政府关系档案史料汇编》第1683页。

④ 《元以来西藏地方与中央政府关系档案史料汇编》第1685页。

⑤ 《元以来西藏地方与中央政府关系档案史料汇编》第1686页。

⑥ 《元以来西藏地方与中央政府关系档案史料汇编》第1652页。

⑦ 《元以来西藏地方与中央政府关系档案史料汇编》第1686页。

同第穆呼图克图前往后藏，安排官兵数人随行照料达赖喇嘛呼毕勒罕，以示唐古特之众，彰圣主慈爱达赖喇嘛之意。派遣笔帖式巴达喇虎、守备关进江、兵四十名随行。转世灵童所需坐骑、廪饩等物，分文未取自达赖喇嘛商上，均由此处每年朝廷奖赏达木蒙古之五百两银内酌情支银八十两备办，以宣耀于唐古特人众。① 乾隆皇帝于二十六年（1761年）四月，敕谕八世达赖喇嘛呼毕勒罕并颁赏礼物，赏上等哈达一方、无量寿金佛一尊，释迦牟尼玉佛一尊、宝石念珠一串。② 同年，乾隆皇帝还委托入京朝贡的扎什伦布寺堪布罗桑格勒，转赏给八世达赖喇嘛玻璃器皿、荷包、绸缎等厚礼。③ 乾隆二十七年（1762年）正月初三日，乾隆皇帝派遣喀尔喀王车布登扎布赴藏，照看达赖喇嘛之呼毕勒罕坐床，赏车布登扎布银一千两治装。④

乾隆二十七年（1762年）正月，八世达赖喇嘛呼毕勒罕坐床，乾隆皇帝敕谕八世达赖喇嘛坐床特遣王大臣照料坐床并颁赐礼品，赏达赖喇嘛妆花大挂像佛一轴、哈达一个、银净水壶一件、玉靶碗一件（银托）、大银满达一个、铜珐琅八吉祥一份、洋磁轮一对、涅蓝玻璃五供一份、藏帽一顶、千佛衣一件、七衣一件、五衣一件、居一件、紧身一件、带子一条、袈裟一件、斗篷一件、手巾束二个、珠十四颗、黄缎面貂皮长褂一件、珊瑚朝珠一盘、银多穆一件、银执壶一件、银杯一件、鹅黄缎迎手靠背坐褥一份、鹅黄辫花大荷包一对、绣花小荷包四对、青玉如意一柄、甘黄玉偏方瓶一件、碧玉鱼龙花插一件、拉巴里幡一件、铜胎珐琅宝瓶一对、铜珐琅掐丝花米碟一对、铜珐琅海灯一件、铜珐琅海棠式碟一对、铜珐琅盘一对、铜珐琅大小碗二对、铜珐琅大方盘一对、铜珐琅大樽一对、铜珐琅捧盒一对、铜珐琅多穆一对、铜珐琅掐丝观音瓶一对、亮白玻璃磨花大盘一对、涅黄玻璃橄榄瓶一对、涅黄玻璃香炉一件、涅黄玻璃碗一

① 《元以来西藏地方与中央政府关系档案史料汇编》第1691页。
② 《元以来西藏地方与中央政府关系档案史料汇编》第1693页。
③ 《元以来西藏地方与中央政府关系档案史料汇编》第1695页。
④ 《元以来西藏地方与中央政府关系档案史料汇编》第1696页。

对、套红玻璃花瓶一对、兴岩石花瓶一对、妆蟒九匹（黄蟒三匹、金黄蟒二匹、红妆二匹、黄妆一匹、金黄妆一匹）、片金九匹（黄四匹、红五匹）、漳绒九匹（黄五匹、红四匹）、大缎九匹（黄四匹、金黄一匹、红三匹、杏黄一匹）、官用缎九匹（黄三匹、金黄二匹、杏黄三匹、红一匹）、彭缎九匹（黄三匹、金黄二匹、红三匹、杏黄一匹）、各色哈达九个、大哈达九个、小哈达三十个、银一万两。①

乾隆二十九年（1764年）三月十六日，乾隆皇帝敕谕达赖喇嘛来员请安颁赏，赐八世达赖喇嘛六十两重镀金银茶筒一个、镀金银瓶一个、银杯一个、各色缎三十匹、大哈达五方、小哈达四十方、五色新样哈达十方，均交其堪布罗桑次旺、囊素赤烈塔尔堆带回。②

乾隆三十年（1765年），八世达赖喇嘛受沙弥戒，乾隆皇帝恩赐厚礼于八世达赖喇嘛经师甘丹池巴阿旺曲札上等哈达、大小荷包各两个，精制鼻烟壶一个、景泰蓝器皿一个、龙纹缎一匹、宽幅缎一匹等物。③

乾隆三十一年（1766年）三月十七日，乾隆皇帝敕谕达赖喇嘛来员请安颁赏，赐八世达赖喇嘛六十两重镀金茶筒一个、镀金银瓶一个、银杯一个、各色缎三十匹、大哈达五方、小哈达四十方、新样哈达十方，均交来员堪布罗桑次旺、囊素赤烈塔尔堆等带回。④同年，乾隆皇帝又以“宏扬黄教、抚育西域众生为怀”，特遣钦差大臣入藏颁给达赖喇嘛之敕谕及诸多赏物。⑤

乾隆三十三年（1768年）二月，敕谕达赖喇嘛来员请安颁赏，赐八世达赖喇嘛六十两重镀金银茶筒一个、镀金银瓶一个、银杯一个，各色缎三十匹、大哈达五方、小哈达四十方、五色新样哈达十方，均交其堪布罗桑次旺、囊素格桑伦朱布带回。⑥

① 《元以来西藏地方与中央政府关系档案史料汇编》第1741页。

② 《元以来西藏地方与中央政府关系档案史料汇编》第1701页。

③ 《清朝治藏典章研究》第1004页。

④ 《元以来西藏地方与中央政府关系档案史料汇编》第1702页。

⑤ 《元以来西藏地方与中央政府关系档案史料汇编》第1993页。

⑥ 《元以来西藏地方与中央政府关系档案史料汇编》第1703页。

乾隆四十二年（1777年）十二月，乾隆皇帝敕谕达赖喇嘛呼毕勒罕，特赐玉如意一柄、珊瑚数珠一串、珐琅花瓶一对、红玻璃供器五件、大荷包一对、小荷包四对、红锦二匹、红漳绒二匹、玻璃灯一座、坐褥靠背一副、龙缎一匹、蟒缎一匹、各色大缎二十匹、大哈达十条、小哈达四十条、五色哈达十条，交其来员堪布囊苏赍往。①

乾隆四十二年（1777年），八世达赖喇嘛授比丘戒。乾隆四十三年（1778年）正月，乾隆皇帝敕谕达赖喇嘛为其授比丘戒颁赏，“特赐袈裟一袭、玉如意一柄、珊瑚数珠一串、珐琅花茶酒壶一对、红玻璃鹰架五件、大荷包一对、小荷包四对、红锦缎二匹、黄毡一块、漳绒倭缎二匹、玻璃灯笼一对、龙缎一匹、蟒缎一匹、各色大缎二十匹、大哈达十方、小哈达四十方、五色新样哈达十方，俱交堪布囊素赍回，尔其祗领。钦遵朕训谕，钻研经典，勿致怠懈”②。同年，乾隆皇帝还敕谕达赖喇嘛差遣进京的堪布旦增却桑，返回时带去颁赐给八世达赖喇嘛的敕谕、金册，赏给八世达赖喇嘛“上等长吉祥哈达一方、七佛彩色画像一轴、六十两重镶金银茶筒一个、镀金银瓶一个、银盅一个、各色上等绸缎三十匹、大哈达五方、小哈达四十方、五色上等哈达十方，又赏赉大缎多匹。额外赏赉宝珠一串、玉如意一柄、水晶石及各种玉制供器、大小荷包、四相黄色罗衣一件、上等缎面靠缎褥一套、上等大缎多匹、黄氆氇二卷等”③。

乾隆四十五年（1780年）正月，乾隆皇帝敕谕达赖喇嘛呼毕勒罕，并且将所有赏赐，交其派遣进京的人员带回。④同年十月初九日，先前铸造册封达赖喇嘛、班禅额尔德尼之金册，均由工部从广储司银库支取黄金，照例铸造，交造办处匠役等凿字而成，遣派大臣赍至藏地封赏，换回旧金册交广储司熔销入库。⑤十月初十日，敕谕金册，同时“随册赍往银

---

① 《清高宗实录》卷一〇四七，乾隆四十二年十二月壬子。

② 《元以来西藏地方与中央政府关系档案史料汇编》第1708页。

③ 《元以来西藏地方与中央政府关系档案史料汇编》第1708页。

④ 《清高宗实录》卷一〇九八，乾隆四十五年正月癸未。

⑤ 《元以来西藏地方与中央政府关系档案史料汇编》第1711页。

满达一、镀金银茶筒一、镀金银壶一、银杯一、五色哈达十、大小哈达五十、珊瑚朝珠一、蟒袍料一、靠背坐褥各一、黄缎九、红缎九、漳绒九、玻璃器十、磁器十。遣副都统乌尔图那逊、果莽呼图克图、侍卫等赍往，其敬承无数”①。

乾隆四十七年（1782年）正月二十二日，敕谕达赖喇嘛贡使堪布洛桑曲旺回程，随敕赐八世达赖喇嘛六十两重镀金银茶筒一个、玻璃花瓶一只、神灯一座、各色锦缎三十匹、大哈达五方、小哈四十方、上等五色哈达等物。② 同年，敕谕益西坚赞封为达赖喇嘛经师，并敕封为班智达，赐予金册，随册赏赉水晶佛珠一串、大哈达三十方、蟒袍料三件、锦缎三匹、丝绒三匹、黄缎三匹、红缎三匹，遣人赍往。③

乾隆四十八年（1783年）七月初七日，博清额为钦赐达赖喇嘛班禅物品事致噶厦札，赏达赖喇嘛青玉花插一个、如意一柄、珐琅大盆一对、珐琅大盘子一对、珐琅浴佛盘一个、描金瓷碗一对、红花瓶一对、蓝莲玻璃碗一对、黄玻璃碗一对、红玻璃花瓶一对、玻璃香炉一只、玻璃鼻烟壶四个、五色熏香五盒、五色香二十五束、黄色大荷包一对、小荷包五对。④

乾隆四十九年（1784年）七世班禅于扎什伦布坐床，清廷派乾清门侍卫伊鲁勒图及郭莽呼图克图前往西藏赍送赏七世班禅礼物。并以吉祥善事，亦赏达赖喇嘛喜庆玉册、玉宝，并赐如意、珊瑚佛珠、各样缎匹、玻璃瓷器等物，俱交伊鲁勒图等带往。⑤

乾隆五十一年（1786年）二月二十日，敕谕八世达赖喇嘛请安来员，返藏转交八世达赖喇嘛所颁赐物品六十两重镀金银茶筒一个、镀金银茶酒壶一个、银盅一个、各色缎三十匹、大哈达五方、小哈达四十方，五色新

---

① 《元以来西藏地方与中央政府关系档案史料汇编》第1711—1712页。

② 《元以来西藏地方与中央政府关系档案史料汇编》第1714页。

③ 《元以来西藏地方与中央政府关系档案史料汇编》第1714页。

④ 《元以来西藏地方与中央政府关系档案史料汇编》第1715页。

⑤ 《元以来西藏地方与中央政府关系档案史料汇编》第1911页。

样哈达十方，一并交八世达赖喇嘛堪布罗卜藏求达尔赍回。① 同年，敕谕达赖喇嘛遣员请安祝寿，回赏赐六十两重银茶筒一个、银瓶一个、镀金银杯一只、各色锦缎三十匹、大哈达五方、小哈达四十方、上等哈达一方，均交其堪布洛桑曲达赍回，至时祗领。②

乾隆五十三年（1788年）二月十五日，敕谕达赖喇嘛，存问及回赐赏物六十两重金箍银茶筒一个、金纹鹅颈银壶一个、供盅一个、各色锦缎三十匹、大哈达五方、小哈达四十方、各色上等哈达十方，皆交堪布伦珠白桑赍回。同年二月二十五日，敕谕八世达赖喇嘛请安，颁赏六十两重镀金银茶筒一个、镀金银茶酒壶一个、银盅一个、各色缎三十匹、大哈达五方、小哈达四十方、五色新样哈达十方，一并交堪布伦珠巴尔桑等赍回。③

乾隆五十六年（1791年）六月二十六日，乾隆皇帝又赐八世达赖喇嘛玉佛、如意、蟒缎袍、珍珠、绸缎、荷包等奇珍。④

八世达赖喇嘛之母于乾隆五十七年（1792年）病故，二月初五日清朝廷派遣舒濂前往祭奠，又令驻藏大臣衙门银库拨银五百两赏作好事。⑤ 同年三月初三日敕谕八世达赖喇嘛来员朝贡，回赏八世达赖喇嘛六十两重镀金银茶筒一个、镀金银茶酒壶一个、银盅一个、各色缎三十匹、大哈达五方、小哈达四十方、五色新样哈达十方，一并交其堪布罗卜藏求扎、囊素墨尔麻达尔佳赍回。⑥

清朝抗击廓尔喀第二次入侵西藏战争获胜后，在西藏地方设立藏军，军费所需，主要从商上支出。考虑到商上增加军费开支，乾隆五十八年（1793年）二月谕令"达赖喇嘛应需日用之项，难以取给。嗣后竟着于办公项下，每年赏给达赖喇嘛银一千两，俾得用度充裕，以示格外体恤恩

① 《元以来西藏地方与中央政府关系档案史料汇编》第1719页。

② 《元以来西藏地方与中央政府关系档案史料汇编》第1720页。

③ 《元以来西藏地方与中央政府关系档案史料汇编》第1720—1721页。

④ 《元以来西藏地方与中央政府关系档案史料汇编》第1722页。

⑤ 《元以来西藏地方与中央政府关系档案史料汇编》第1723页。

⑥ 《元以来西藏地方与中央政府关系档案史料汇编》第1723页。

施”[①]。这项银两支出在乾隆时期共计三千两。嘉庆元年（1796年）正月，乾隆皇帝敕谕达赖喇嘛本年传位嗣皇帝，改元嘉庆，同时兹以达赖喇嘛遣员回藏，用赐敕存问，并优加赐赉，交来员堪布衮楚克多布丹等赍还。[②]

（二）乾隆时期赏赐班禅额尔德尼世系财政支出

1.乾隆时期赏赐五世班禅的财政支出

五世班禅于乾隆二年（1737年）圆寂，乾隆皇帝派遣侍卫、喇嘛等人员前往后藏赍送布彦，“赏折算曼达等物银五千两，妆缎、蟒缎、各色大缎二十匹，官用缎一百匹，大哈达二十方，小哈达三百方”。乾隆三年（1738年）又派遣沙克沙巴特等于五月十五日自前藏启程，是月二十五日行抵后藏，入班禅额尔德尼居室，将乾隆皇帝恩赏物件供放班禅额尔德尼舍利前。[③]

2.乾隆时期赏赐六世班禅的财政支出

五世班禅圆寂后，驻藏大臣及七世达赖喇嘛等人寻访转世灵童，最后认定来自后藏的孩童罗桑华丹益希为转世灵童。乾隆五年（1740年）十二月二十二日，驻藏大臣纪山奏陈七世达赖喇嘛派员照料六世班禅坐床并照例敕赏事，清朝廷特遣侍卫、喇嘛、官员前往，命赏给缎匹银两，看视坐床，诵经，散给布施者。[④]乾隆七年（1742年）非属班禅额尔德尼年班，但因感戴国恩，同年正月遣堪布赴京进贡。[⑤]乾隆十一年（1746年）十一月，班禅额尔德尼之商卓特巴等，向来未有进献丹舒克之例，但依旧进京进献丹舒克，乾隆皇帝令仍准照例折价赏给。[⑥]乾隆十六年（1751年）四月，乾隆二十五年（1760年）正月，班禅额尔德尼遣使进贡，由喀木一路入打箭炉，自成都前来，所遣使人到京时，正值乾隆皇帝万寿节，念

① 《清高宗实录》卷一四二二，乾隆五十八年二月甲子。
② 《清仁宗实录》卷一四九四，嘉庆元年正月戊辰。
③ 《元以来西藏地方与中央政府关系档案史料汇编》第1687—1901页。
④ 《元以来西藏地方与中央政府关系档案史料汇编》第1902页。
⑤ 《清高宗实录》卷一五八，乾隆七年正月戊辰。
⑥ 《清高宗实录》卷一七九，乾隆十一年十一月戊午。

经之际，临时行赏赉。[①] 乾隆二十七年（1762年），八世达赖喇嘛坐床，乾隆皇帝赏班禅额尔德尼蟒缎二匹、闪缎一匹、片金一匹、鹅黄缎三匹、大红缎二匹、杏黄缎一匹、大哈达五个、小哈达十个。[②] 乾隆三十一年（1766年）三月十三日，工部造办六世班禅金册共计十三页，每页用七八色金十八两成造，镌刻满、汉、藏三项字样，并造具黄纸册式一份。金册十三页，每页重十八两，计重二百三十四两。每两例给耗金七厘计，耗金一两六钱三分八厘，共需用七八色金二百三十五两六钱三分八厘。[③] 同年，乾隆皇帝以"宏扬黄教、抚育西域众生为怀"，特遣钦差大臣进藏赍诏颁给金刚持达赖喇嘛师傅班禅额尔德尼之诏书及大量赏赐。[④]

乾隆四十二年（1775年），皇太后逝世。同年二月，敕谕班禅皇太后逝世在藏熬茶诵经，赐六世班禅三十两重银茶筒一个、银瓶一个、银盅一个、大小哈达各十方、绸缎十二匹。为大行皇太后诵经之札什伦布、甘丹、色拉、哲蚌四寺，各赐银一千两、大哈达各一百方、小哈达各一千方、茶各一百块。赐各寺布施银四千两、小哈达四千方、茶一千块。一并交付钦差大臣乾清门二等侍卫佛尔清额、乾清门头等侍卫值班章京多隆呆、札萨克喇嘛罗桑多吉、副达喇嘛乌布德、查干喇嘛寺庙达喇嘛拉克巴朋楚克、员外郎舒伦岱、主事都依齐等赍往，到时祗领。[⑤] 班禅为乾隆南巡率领诸僧唪经虔祝，并呈进佛尊、哈达等，乾隆皇帝于四十五年（1780年）二月赏班禅大哈达一方、绣僧冠一顶、皇帝行营佩带大荷包一对，小荷包二对、西洋鼻烟盒二个。[⑥]

六世班禅进京朝觐，因患天花治疗无效于乾隆四十五年（1780年）十一月二日下午在北京黄寺圆寂。乾隆四十八年（1783年）七月初七日，理藩院博清额代表乾隆帝钦赐达赖喇嘛、班禅物品镏金佛塔一件、如意一

① 《清高宗实录》卷六〇五，乾隆二十五年正月庚午。

② 《元以来西藏地方与中央政府关系档案史料汇编》第1741页。

③ 《元以来西藏地方与中央政府关系档案史料汇编》第1905—1906页。

④ 《元以来西藏地方与中央政府关系档案史料汇编》第1993页。

⑤ 《元以来西藏地方与中央政府关系档案史料汇编》第1907页。

⑥ 《清高宗实录》卷一一〇一，乾隆四十五年二月癸酉。

柄、玉佛珠一串、碧玉器一件、珐琅大花瓶一对、珐琅盘一个、珐琅碗六个、珐琅七指盘一对、瓷花瓶一对、玻璃茶瓶一个、茶色玻璃碗一个、赤红玻璃碗一对、赤红玻璃花瓶一对、素色玻璃鼻烟壶四个、黄色大荷包一对、小荷包五对、缀边靠垫一对。又额外赏给班禅额尔德尼金曼荼罗一只、五色绸带、金制八吉祥徽哈达一方、黄缎四匹。另赐佛事所需之五色熏香五盒、五色香二十五束。①

3.乾隆时期赏赐七世班禅的财政支出

六世班禅在京圆寂后，清朝廷于四十六年（1781年）二月将六世班禅的灵塔运往西藏札什伦布寺。出生于乾隆四十七年（1782年）来自后藏的丹白尼玛被认定为六世班禅转世灵童。乾隆四十八年（1783年）正月二十三日，乾隆帝谕内阁认定班禅转世灵童，着博清额传旨颁赏，赏赐达赖喇嘛暨阿旺赤成御库大哈达各一方、玉如意各一柄，赏赐班禅大师转世灵童御库大哈达一方、珍珠一串、玉如意一柄，赏赐仲巴呼图克图暨司膳堪布御库哈达各一方、玉如意各一柄。②

乾隆四十九年（1784年）七世班禅于扎什伦布坐床，乾隆帝赏其法衣、铃杵、如意、佛珠、各样缎匹、玻璃瓷器等物，派乾清门侍卫伊鲁勒图及郭莽呼图克图赍送。并以吉祥善事，赏达赖喇嘛喜庆玉册、玉宝，并赐如意、珊瑚佛珠、各样缎匹、玻璃瓷器等物，俱交伊鲁勒图等带往。③乾隆五十四年（1789年），八世达赖喇嘛为班禅传授密宗佛法。同年七月初八日，乾隆皇帝为贺受戒圆满，赏赐达赖喇嘛、班禅额尔德尼大哈达各一方、玉如意各一柄、珊瑚念珠各一串、四镶黄缎各两匹、龙纹黄缎各两匹、缎大荷包各一对、小荷包各二对。乾隆五十六年（1791年）二月二十日，乾隆皇帝敕谕七世班禅贡使，请安存问颁赏三十两重银茶筒一个、银茶酒壶一个、银盅一个、各色大缎二十匹、大小哈达各十方，一

① 《元以来西藏地方与中央政府关系档案史料汇编》第1715页。

② 《元以来西藏地方与中央政府关系档案史料汇编》第1908页。

③ 《元以来西藏地方与中央政府关系档案史料汇编》第1911页。

并交七世班禅堪布罗卜藏巴尔珠尔赍回，至时祗领。[①] 乾隆六十年（1795年）闰二月初八日，敕谕七世班禅遣员朝贡回赐七世班禅三十两重银茶筒一个、银茶酒壶一个、银盅一个、各色缎二十匹、大小哈达各十方，一并交七世班禅堪布伊希达尔济赍回，至时祗领。[②] 由于乾隆皇帝传位嗣皇帝，改元嘉庆，所以在班禅所遣进京人员回西藏地方时，乾隆皇帝特赐敕存问，赏班禅三十两重银茶筒一个、瓶一个、盅一个、各色大缎二十匹、大小哈达各十方，交巴雅尔堪布罗布藏扎什赍还。[③]

另外，“雍正二年，于办理西藏善后事宜案内议准，每岁赏给达赖喇嘛茶叶五千斤、班禅喇嘛茶叶二千五百斤，历年以来俱动支地丁银两采买，运赴打箭炉，听其差人具领”[④]。乾隆在位六十年，清朝廷共支付班禅世系十五万斤茶叶。

（三）乾隆时期赏赐西藏地方摄政人员财政支出

七世达赖喇嘛圆寂后，由于转世灵童八世达赖喇嘛是个孩童，无法施政西藏地方，所以清朝廷正式设立了摄政制度。西藏地方摄政位高权重，通常在学识和声望卓越的活佛中推定摄政候选人，摄政的任免权在中央政府。清朝由驻藏大臣上奏摄政人选，由皇帝批准，颁发诏书，授予银印，并授诺门罕之号，正式上任时要举行上任仪式。历任摄政人选都出自拉萨以外的地方活佛系统，基本很少是卫藏本地的知名活佛。这些活佛具有一定的地方势力，但在西藏噶厦中没有力量，在拉萨地区没有根深蒂固的影响。这些活佛担任摄政之初，在拉萨甚至没有自己的寺庙驻锡地，后来才陆续出现了摄政活佛的驻锡地“四大林”。可以看出，摄政人选是经过精心策划的，地方性的知名活佛既符合宗教权威，又避免在拉萨盘根错节、尾大不掉的后顾之忧，为下一世达赖喇嘛的顺利接收权位铺平

① 《元以来西藏地方与中央政府关系档案史料汇编》第1917—1918页。

② 《元以来西藏地方与中央政府关系档案史料汇编》第1920页。

③ 《元以来西藏地方与中央政府关系档案史料汇编》第1922页。

④ 《元以来西藏地方与中央政府关系档案史料汇编》第1685页。

道路。[①]

在七世达赖喇嘛圆寂后，清朝廷立过六世第穆呼图克图阿旺降白德勒嘉措为摄政，其摄政时间为乾隆二十二年（1757年）至乾隆四十三年（1777年），共计二十一年。乾隆二十五年（1760年）正月，摄政第穆呼图克图遣员进贡，由喀木一路入打箭炉，自成都前来，正值乾隆万寿节，念经之际，临时再行赏赉。[②] 同年，第穆呼图克图等遣往恭请圣安并递丹书克之堪布多尼尔噶勒藏宁达克等，于十二月十二日返藏，乾隆皇帝赏敕谕、大黄缎、珍玉、玻璃器皿、坐褥、靠垫等各样物件。因章嘉呼图克图返回献物请安，又赏给缎匹。[③] 乾隆二十七年（1762年），八世达赖喇嘛坐床，乾隆皇帝赏摄政第穆呼图克图蟒缎一匹、妆缎一匹、闪缎一匹、鹅黄缎二匹、大红缎一匹、杏黄缎一匹、大哈达五个。[④] 乾隆三十一年（1766年），乾隆皇帝以"宏扬黄教、抚育西域众生为怀"，特遣钦差大臣进藏赍诏颁给班禅额尔德尼诏书及大量赏赐，颁给达赖喇嘛敕谕及诸多赏物，赏赐诺门罕第穆呼图克图上等哈达、景泰蓝鼻烟壶、景泰蓝盘子一个、碗一个、缎子荷包两对、优质锦缎四匹等礼物。[⑤]

继六世第穆呼图克图之后，清朝廷又派遣一世策墨林活佛阿旺楚臣离京赴藏，继续摄政。他的摄政时间为乾隆四十二年（1777年）至乾隆五十一年（1786年），共计九年。其间即便八世达赖喇嘛亲政，清朝廷仍命阿旺楚臣协理藏务。乾隆四十八年（1783年）正月初二日，仲巴呼图克图等代班禅额尔德尼念经祝寿。乾隆四十八年（1783年）七月初七日，乾隆皇帝赐达赖喇嘛、班禅额尔德尼、诺门罕阿旺楚臣、仲巴呼图克图、侍膳堪布等哈达、佛珠、镀金曼荼罗、宝座靠垫、荷包、玻璃器、瓷器等物，交贡使堪布洛桑丹巴赍往。其中赏赐诺门罕阿旺楚臣水晶花插一

① 央珍:《西藏地方摄政制度研究》，中央民族大学博士学位论文，2010年，第27页。

② 《清高宗实录》卷六〇五，乾隆二十五年正月庚午。

③ 《元以来西藏地方与中央政府关系档案史料汇编》第1992页。

④ 《元以来西藏地方与中央政府关系档案史料汇编》第1741页。

⑤ 《元以来西藏地方与中央政府关系档案史料汇编》第1993页。

个（边角处稍有残损）、五色熏香三盒、五色香十五束、景泰兰瓷碗一对、蓝色玻璃花瓶一对、蓝色玻璃碗一个、玻璃鼻烟壶二个、黄色大荷包一对、小荷包三对。①

乾隆四十九年（1784年），阿旺楚臣摄政满七年。按西藏例应七年一换，但其驻藏数年，为达赖喇嘛教习经典，妥善办理诸务，管束人众，于地方甚有裨益，乾隆皇帝嘉悦之。以其任噶勒丹锡呼图已满七年喜庆之礼，加赏大哈达一方、珊瑚数珠一串、玉如意一柄、大缎四匹、大荷包一对、小荷包三对赍往，着博清额等祗领，转赏阿旺楚臣。命阿旺楚臣仍为达赖喇嘛教习经典，妥为协理藏务，俟达赖喇嘛学经有成，堪理事务之时，达赖喇嘛以为不必再留，则相应将阿旺楚臣之噶勒丹锡呼图之职，由达赖喇嘛处照例另选诸练经典喇嘛就任。② 乾隆五十六年（1791年）五月初六日阿旺楚臣身故，乾隆帝着加恩赏银五百两，以作善事；派雅满泰奠祭，仍赏大哈达一方、噶布拉数珠一串、铃杵一份，与萨玛第巴克什塔前永远陈设。③

另外，清朝廷还赏赐扎什伦布寺的仲巴呼图克图、达赖喇嘛的侍膳堪布等人员。乾隆四十八年（1783年）正月初二日，仲巴呼图克图等代班禅额尔德尼念经祝寿。乾隆四十八年（1783年）七月初七日，乾隆皇帝赐达赖喇嘛、班禅额尔德尼、诺门罕阿旺楚臣、仲巴呼图克图、侍膳堪布等哈达、佛珠、镀金曼荼罗、宝座靠垫、荷包、玻璃器、瓷器等物，交贡使堪布洛桑丹巴赍往。其中赏给仲巴呼图克图紫铜铃杵一对、蓝色玻璃碗一对、黄色玻璃盘一对、玻璃手盒一只、四相黄缎一匹、黄金丝缎二匹、黄缎二匹；赏达赖喇嘛侍膳堪布紫铜铃杵一对、珐琅碗一对、黄玻璃盘一对、黄玻璃香盒一只、四相黄缎一匹、黄金丝缎二匹、黄缎二匹。④

① 《元以来西藏地方与中央政府关系档案史料汇编》第1715页。
② 《元以来西藏地方与中央政府关系档案史料汇编》第1994页。
③ 《元以来西藏地方与中央政府关系档案史料汇编》第1996页。
④ 《元以来西藏地方与中央政府关系档案史料汇编》第1715页。

（四）乾隆时期赏赐其他活佛、喇嘛、贵族等财政支出

1.乾隆时期赏赐藏传佛教大德高僧

三世章嘉呼图克图掌印多年，阐扬黄教，安抚众生，留心经律，对清朝廷治理蒙藏地区发挥了举足轻重作用。乾隆五十一年（1786年）四月初二日，三世章嘉呼图克图圆寂，乾隆皇帝深为痛惜，着制造金塔一座，从其素愿，永于镇海寺供设。一切事宜，妥为照料。并于前藏施银一千两，后藏施银五百两，交留保住、阿旺楚臣为熬茶诵经费用。此项银两，即动用该处库项。①

藏传佛教萨迦派宗教首领萨嘉呼图克图与格鲁派不同，各奉教律，毋相参越，尚属恭顺。清朝廷派遣钦差大臣赴藏向其问候，教萨迦派宗教首领也向朝廷贡献佛像诸物。乾隆五十四年（1789年）九月，乾隆皇帝赏赐萨迦呼图克图手帕、铃杵等物。②

大喇嘛益西坚赞系勤于经典之智者，章嘉呼图克图曾褒奖其勤习诸经。达赖喇嘛与诺门罕阿旺楚臣商议，推荐益西坚赞为达赖喇嘛之经师，乾隆皇帝非常喜悦。乾隆四十七年（1782年），乾隆皇帝敕封益西坚赞为班智达，赐予金册，随册赏赉水晶佛珠一串、大哈达三十方、蟒袍料三件、锦缎三匹、丝绒三匹、黄缎三匹、红缎三匹，遣人赍往，饬益西坚赞恭纳封赏。③

2.乾隆时期封赏藏传佛教世职活佛喇嘛

乾隆九年（1744年），七世达赖喇嘛之父索诺木达尔扎去世，其生前被清朝廷封为辅国公之职，七月十六日谕其子恭格丹津仍袭辅国公之职，以示优眷。济隆胡图克图乃西藏大喇嘛，性根慧照，法解通灵，自藏召取来京，住持雍和宫，教习学艺喇嘛以来，尽心释典，笃行勤修。乾隆二十四年（1759年）十一月十七日，赐封济隆活佛慧通禅师名号。④乾隆

① 《清高宗实录》卷一二五二，乾隆五十一年四月戊寅。

② 《清高宗实录》卷一三三九，乾隆五十四年九月辛丑。

③ 《元以来西藏地方与中央政府关系档案史料汇编》第1714页。

④ 《元以来西藏地方与中央政府关系档案史料汇编》第2127—2128页。

四十六年（1781年），赏八世达赖喇嘛之叔罗卜藏彭楚克阿齐图堪布名号，颁给敕书，又赏稀世大哈达、绸缎。[①] 八世达赖喇嘛之兄索南扎西被乾隆皇帝赐封为公爵。恩礼优隆，曾遵旨驰往库伦料理哲布尊丹巴坐床事宜。索南扎西于乾隆四十七年（1782年）二月初患病身亡，奏闻清朝廷后，乾隆皇帝颁赐谕旨，赏库银数百两，以资办理善事，并赐索南扎西幼子绕旦朗结公爵，八世达赖喇嘛之侄哲布尊丹巴呼图克图，亦蒙颁赏敕书。[②] 乾隆五十年（1785年），颁给承袭公爵喇布当那木扎勒之诰命，颁给新授噶伦丹津班珠尔之敕书。[③]

另外，乾隆年间赏赐西藏各大寺院名号及圆额如下：乾隆二十五年（1760年），赐布达拉宫名为"白玛邦贝尼却"之御笔亲题赞颂匾额一方；赐拉萨大昭寺名为"诺雪嘉巴曲格郭巴"之御笔赞颂匾额一方；赐小昭寺名为"甲郭邦贝达香"之御笔赞颂匾额一方。乾隆四十二年（1777年），达赖喇嘛之前辈法王赤松德赞所建桑耶三样摩觉龙吉珠贝祖拉康经大规模修葺后，赐"赤德沃那切贝拉康"名号；为清朝皇帝念经祝寿而建的噶丹桑俄噶察寺赐"丹杰林"名号。乾隆四十五年（1780年），噶勒丹锡呼图额尔德尼诺门罕为大皇帝和达赖喇嘛念经祝寿，在色拉寺之属寺忒色诺布寺新塑一尊释迦大佛之殿堂，赐"福衍弘法"赞颂圆额一方。乾隆四十八年（1783年），噶勒丹锡呼图额尔德尼诺门罕为大皇帝和达赖喇嘛念经祝寿所建土丹夏珠寺赐四种文字合璧之"扎西德贝拉康"名号，并赐"祥轮普护"匾额一方。赐予札什伦布、纳唐两寺匾额。[④]

3.乾隆时期封赏西藏地方贵族等财政支出

七世达赖喇嘛为贺圣主阐扬黄教，建立新庙之表文、进贡物件，派遣堪布多尼尔云丹鼐朱克入京进贡物件，赏赉如例。乾隆十一年（1746年）正月二十一日，按定例，颁发诏书礼，赏阿齐图诺木尔罕、公恭额丹津、

① 《元以来西藏地方与中央政府关系档案史料汇编》第2131页。

② 《元以来西藏地方与中央政府关系档案史料汇编》第2132页。

③ 《元以来西藏地方与中央政府关系档案史料汇编》第2136页。

④ 《元以来西藏地方与中央政府关系档案史料汇编》第2134页。

朱尔马忒车布登、班第达、厄尔得尼第巴喇嘛波罗忒色勒都布、达尔汉兖登噶尔桑云丹大缎各八；赏扎萨克台吉朱尔马忒纳木扎尔、原任扎萨克台吉齐旺多尔济、葛隆色玉忒色布登、策凌汪扎尔、第巴布隆参大缎各七；赏达赖喇嘛来员堪多尼尔云丹鼐朱克二等雕鞍一、三十两重银茶桶一、茶盆一、缎三十、毛青布四百、豹皮五、虎皮三、江獭皮五；赏随来之喇嘛三十一名缎各二，毛青布各二十；赏闲散人三名缎各一、毛青布各十。所赏之物，除交来员堪布多尼尔云丹鼐朱克等带回外，达赖喇嘛之来员等回去之时，照例雇骡，由西安路送至西宁。计伊等路途所费银两，由衙门库内支领，交护送之官借用。所用细数，回时报销。①

三、乾隆时期赏赐西藏地方政治上层人物财政支出

乾隆十五年（1750年）以前，清朝廷在西藏延续雍正时期的施政模式，亦即郡王为首的施政模式。西藏地方政府由郡王领导，历经颇罗鼐及其次子珠尔默特那木札勒。乾隆十六年（1751年）爆发了驻藏大臣傅清、拉布敦诱杀郡王珠尔默特那木札勒事件后，清朝廷废除了西藏地方郡王制，在西藏正式建立噶厦地方政府。噶厦地方政府由达赖喇嘛和三俗一僧噶伦执掌。

乾隆元年（1736年）二月，贝勒颇罗鼐等遣使向世宗宪皇帝请圣安，贡方物至京。赐敕，赏赉如例。② 乾隆七年（1742年）正月，郡王颇罗鼐进贡班次，特遣堪布囊苏来京。也是从该年开始乾隆皇帝敕谕郡王颇罗鼐，向系每年遣使为副；嗣后遇达赖喇嘛年班，着仍遣副使同来。班禅额尔德尼呼毕尔罕遣使年班，颇罗鼐不必遣使为副。③ 郡王颇罗鼐为贺圣主阐扬黄教，建立新庙之表文、进贡物件，派遣使者奈苏葛隆丹臻燕丕尔入京进贡物件。乾隆十一年（1746年）正月二十一日，按定例，颁发诏书

① 《元以来西藏地方与中央政府关系档案史料汇编》第1682—1684页。

② 《清高宗实录》卷一三，乾隆元年二月己丑。

③ 《清高宗实录》卷一五八，乾隆七年正月戊辰。

礼，赏郡王颇罗鼐大缎十二；赏郡王波罗鼐来员囊苏葛隆丹臻燕丕尔三等蟒缎一、补缎一、大缎一、梭布二十四；赏随来喇嘛三十三人彭缎各一、梭布各八。所赏之物，除交来员堪布多尼尔云丹鼐朱克等带回外，郡王波罗鼐之来员等回去之时，照例雇骡，由西安路送至西宁。计伊等路途所费银两，由衙门库内支领，交护送之官借用。所用细数，回时报销。①

乾隆二十六年（1761年）正月二十七日，御赐给噶伦班第达、策凌旺扎勒、色玉特塞布腾、尼玛嘉木散，公功格丹津、朱尔默特旺扎勒，札萨克台吉旺堆等缎匹、玻璃器皿等奇珍。②

第三节　乾隆时期驻藏大臣财政支出

雍正五年（1727年），清朝廷在西藏地方设立常驻驻藏大臣，标志着清朝治理西藏地方行政体制的重大改革。虽然常驻驻藏大臣制度得以确立，但在清朝中期以前，清朝廷一直在不断摸索着推动驻藏大臣制度发展。雍正五年（1727年）至乾隆十五年（1750年）西藏地方主要是颇罗鼐家族施政模式，驻藏大臣的职权主要是监督、辅助郡王施政。这一时期清朝廷没有规定驻藏大臣在藏的期限，也没有固定职数。驻藏大臣傅清和拉布敦诱杀珠尔默特那木札勒事件后，清朝军队入藏，针对西藏地方的实际情况，制定、颁布、实施了《西藏善后章程十三条》，确定了驻藏大臣与达赖喇嘛共同施政西藏地方的行政管理体制，取代了封授郡王制度。廓尔喀军队先后两次入侵西藏，暴露了西藏地方行政管理体制的弊端。在抗击第二次廓尔喀军队入侵西藏战争胜利后，福康安等人针对先前西藏地方行政体制和驻藏大臣制度的不足之处制定、实施新的善后章程，开始了由

① 《元以来西藏地方与中央政府关系档案史料汇编》第1682—1684页。

② 《元以来西藏地方与中央政府关系档案史料汇编》第1991页。

驻藏大臣主持、总揽藏政的时期。二十九条章程进一步明确规定了驻藏大臣在西藏的社会、政治地位，即驻藏大臣在西藏地位与格鲁派藏传佛教领袖达赖喇嘛和班禅喇嘛是平等的，西藏地方政教领袖与官员事无大小，均应禀命驻藏大臣办理。驻藏大臣统筹办理西藏地方藏传佛教宗教领袖转世灵童的寻认与坐床，各级官员的任免，以及行政、财政、军事、涉外事宜等重大事务。同时，关于驻藏大臣在西藏的财政开支也做出了明确规定，使得乾隆时期驻藏大臣的财政支出进一步明朗化。

一、乾隆时期驻藏大臣俸禄、奖赏、病故等财政开支

表5-1　乾隆时期驻藏大臣任职时间[①]

姓名	应任职期间	备注（实际任职时间）
那苏（素）泰	乾隆元年九月三日至乾隆二年九月丙辰（1736年10月17日—1737年10月24日）	任职一年
杭奕禄	乾隆二年九月丙辰至三年九月甲寅 四年六月返京 （1737年10月24日—1738年10月17日）	任职一年
纪山	乾隆三年九月甲寅至六年九月辛卯（1738年10月17日—1741年11月7日）	任职三年
索拜	乾隆六年九月辛卯至九年六月癸丑（1741年11月7日—1744年7月16日）	任职两年八个月
傅清	乾隆九年六月癸丑至十三年三月癸卯（1744年7月16日—1748年4月16日）	任职三年九个月
索拜	乾隆十二年三月丙午至十三年九月丙寅（1747年4月25日—1748年11月5日）	任职一年六个月
拉布敦	乾隆十三年四月庚申至十四年二月丙申（1748年5月3日—1749年4月4日）	任职十一个月

① 根据吴丰培、曾国庆:《清朝驻藏大臣制度的建立与沿革》，中国藏学出版社1989年版整理。

续表

姓名	应任职期间	备注（实际任职时间）
纪山	乾隆十四年二月丙申至十四年十二月壬寅（1749年4月4日—1750年2月4日）	任职十个月
傅清	乾隆十四年十月丙申至十五年十月癸未（1749年11月30日—1750年11月12日）	任职近一年
拉布敦	乾隆十四年十二月壬寅至十五年十月癸未（1750年2月4日—1750年11月12日）	任职九个月
同宁	乾隆十五年四月丁丑至十五年四月戊戌（1750年5月10日—1750年5月31日）	任职一年近一个月
班第	乾隆十五年四月戊戌至十六年十二月甲辰（1750年5月31日—1752年1月27日）	乾隆十五年十二月二十一日抵藏，十七年五月换回，实际任职近四年四个月
纳穆扎尔	乾隆十五年十一月甲寅至十七年五月戊子（1750年12月13日—1752年7月9日）	乾隆十七年七月换回，实际任职一年九个月
多尔济	乾隆十六年十二月甲辰至十九年四月乙酉（1752年1月27日—1754年4月27日）	乾隆十七年五月到任，十九年换回，实际任职一年十个月
兆惠	乾隆十八年二月丁未至十九年（1753年3月25日—1754年）	任职近一年
舒泰	乾隆十七年五月戊子至二十年十二月庚戌（1752年7月9日—1756年1月12日）	乾隆十七年七月到任，二十一年四月换回，实际任职近三年九个月
萨拉善	乾隆十九年四月乙酉至二十二年五月乙卯（1754年4月27日—1757年7月10日）	乾隆十九年五月已抵藏，二十二年十二月换回，实际任职三年七个月
伍客泰	乾隆二十年十二月庚戌至二十四年四月乙亥（1756年1月12日—1759年5月21日）	乾隆二十一年四月到任，二十四年六月换回，实际任职三年两个月
官保	乾隆二十二年五月乙卯至二十六年正月癸亥（1767年7月10日—1761年2月27日）	乾隆二十二年十二月到任，二十六年四月换回，实际任职三年四个月
积福	乾隆二十四年四月乙亥至二十六年九月庚申（1759年5月21日—1761年10月22日）	乾隆二十四年六月到任，二十七年五月换回，实际任职近一年

续表

姓名	应任职期间	备注（实际任职时间）
辅鼐	乾隆二十六年正月昊亥至二十九年二月丁亥（1761年2月27日—1764年3月7日）	乾隆二十六年六月到任，二十九年六月换回，实际任职三年
傅景	乾隆二十六年九月庚申至二十九年十一月辛亥（1761年10月22日—1764年11月26日）	乾隆二十七年五月到任，三十年九月换回，实际任职三年四个月
阿敏尔图	乾隆二十九年二月丁亥至三十一年四月辛亥（1764年3月7日—1766年5月20日）	乾隆二十九年六月到任，实际任职两年
玛瑺	乾隆二十九年十一月至三十一年十二月辛丑（1765年—1767年1月5日）	乾隆三十年九月到任，三十二年四月换回，实际任职一年七个月
官保	乾隆三十一年四月辛亥至三十二年七月己丑（1766年5月20日—1767年8月21日）	乾隆三十一年十月到任，三十三年二月换回，实际任职一年四个月
托云	乾隆三十一年十二月辛丑至三十四年七月乙巳（1767年1月5日—1769年8月26日）	乾隆三十二年四月到任，三十五年正月换回，实际任职两年九个月
莽古赍	乾隆三十二年七月己丑至三十八年十一月壬申（1767年8月21日—1773年12月30日）	乾隆三十三年二月到任，三十九年四月换回，实际任职六年两个月
常在	乾隆三十四年七月乙巳至三十六年三月癸丑（1769年8月26日—1771年4月26日）	乾隆三十五年正月到任，实际任职一年两个月
索琳	乾隆三十六年三月癸丑至三十八年正月辛亥（1771年4月26日—1773年2月12日）	乾隆三十六年六月到任，三十八年五月换回，实际任职两年
恒秀	乾隆三十八年正月辛亥至四十一年（1773年2月12日—1776年）	乾隆三十八年五月到任，四十二年三月换回，实际任职三年十个月
伍弥泰	乾隆三十八年十一月壬申至四十年十月己卯（1773年12月30日—1775年10月28日）	乾隆三十九年四月到任，四十一年二月换回，实际任职一年十个月

续表

姓名	应任职期间	备注（实际任职时间）
留保柱	乾隆四十年十月己卯至四十四年正月辛丑（1775年10月28日 — 1779年3月3日）	乾隆四十一年二月到任，四十四年四月换回，实际任职三年两个月
恒瑞	乾隆四十一年至四十五年十一月癸未（1776年 — 1780年12月4日）	乾隆四十二年三月到任，四十六年九月换回，实际任职四年六个月
索琳	乾隆四十四年正月辛丑至四十五年正月初三（壬午）（1779年3月3日 — 1780年2月7日）	乾隆四十四年四月到任，实际任职八个月
保泰	乾隆四十五年二月庚戌至四十八年二月乙亥（1780年3月6日 — 1783年3月16日）	乾隆四十五年七月到藏，四十八年八月换回，实际任职一年一个月
博清额	乾隆四十五年十一月癸未至四十九年十一月庚辰（1780年12月4日 — 1785年1月9日）	乾隆四十六年九月到任，实际任职三年两个月
庆麟	乾隆四十八年二月乙亥至五十三年十月己亥（1783年3月16日 — 1788年11月8日）	乾隆四十八年八月到任，五十四年二月换回，实际任职五年六个月
留保柱	乾隆四十九年十一月庚辰至五十一年八月己未（1785年1月9日 — 1786年10月10日）	乾隆五十年四月到任，五十二年二月换回，实际任职一年十个月
雅满泰	乾隆五十一年八月己未至五十三年十二月辛卯（1786年10月10日 — 1788年12月30日）	乾隆五十二年二月到任，五十四年二月换回，实际任职二年
佛智	乾隆五十三年八月辛亥至五十四年二月（1788年9月21日 — 1789年）	乾隆五十三年十二月到任，实际任职约两个月
舒濂	乾隆五十三年十月壬寅至五十五年五月戊戌（1788年11月11日 — 1790年6月30日）	乾隆五十四年二月到任，实际任职约一年三个月
巴忠	乾隆五十三年十二月辛卯至五十三年十二月癸丑（1788年12月30日 — 1789年1月21日）	乾隆五十四年正月到任，五十四年九月换回，实际任职时间约八个月

续表

姓名	应任职期间	备注（实际任职时间）
普福	乾隆五十三年十二月癸丑至五十五年七月己卯（1789年1月21日—1790年8月10日）	乾隆五十四年五月到任，实际任职时间一年两个月
雅满泰	乾隆五十五年五月辛丑至五十六年九月壬辰（1790年7月3日—1791年10月17日）	乾隆五十五年十月到任，五十八年四月释放回京，实际任职时间十个半月
保泰	乾隆五十五年八月丙寅至五十六年九月壬辰（1790年9月26日—1791年10月17日）	乾隆五十五年十一月到任，五十八年四月释放回京，实际任职时间约九个半月
奎林	乾隆五十六年九月壬辰至五十六年十一月辛巳（1791年10月17日—1791年12月5日）	实际任职时间一个半月
舒濂	乾隆五十六年九月壬辰至五十六年十二月（1791年10月17日—1791年12月）	乾隆五十六年十二月到任，实际任职时间无
鄂辉	乾隆五十六年十一月辛巳至五十七年十月丙戌（1791年12月5日—1792年12月4日）	乾隆五十八年四月释放回京，实际任职时间一年
额勒登保	乾隆五十七年正月丙戌至五十七年十一月乙亥（1792年2月8日—1792年12月17日）	实际任职时间十个月
成德	乾隆五十七年正月丙戌至五十八年十一月甲午（1792年2月8日—1793年12月7日）	乾隆五十七年十二月到任，五十九年三月换回，实际任职一年三个月
和琳	乾隆五十七年二月己巳至五十九年七月甲辰（1792年3月22日—1794年8月14日）	乾隆五十七年四月到任，五十九年十二月换回，实际任职两年八个月
和宁	乾隆五十八年十一月甲午至嘉庆五年正月（1793年12月7日—1800年1月）	乾隆五十九年三月到任，实际任职一年九个月
松筠	乾隆五十九年七月甲辰至嘉庆元年正月（1794年8月14日—1796年2月）	乾隆五十九年十二月到任，实际任职一年

珠尔默特那木札勒事件以前，乾隆时期清朝廷在西藏地方派遣的驻藏大臣没有具体的职衔，通常派遣都统、侍郎、提督、御史等兼任。珠尔

默特那木札勒事件以后，清朝廷颁布施行《西藏善后章程十三条》，明确了驻藏大臣的人数、职衔。驻藏大臣通常是两位，即办事大臣和帮办大臣，两位大臣大多数情况下同驻一个衙门，政务由两位大臣共同协商确定。乾隆时期，清朝廷共派遣四十七位驻藏大臣驻藏，他们当中有的人是任职两次，有的是任职时间超过朝廷原定期限，有的是在任职期限没有届满因朝廷需要提前离开，有的是因为贻误治藏之机为西藏地方带来严重不利的影响，被朝廷革职下令原地关押而增加了在藏时间。按照乾隆时期清朝廷原谕任免期，前后任驻藏大臣接续时间是不间断的，但实际情况是，部分驻藏大臣入藏后身体不适，或进藏沿途交通、气候耽搁行程，或朝廷急令离藏等，导致前后任驻藏大臣中间接续时间出现短暂中断。乾隆时期驻藏大臣所有实际任职时间累计为一百零五年八个半月。驻藏大臣联豫在驻藏奏稿中提到，“从前西藏设立驻藏大臣两员，每年每员各支公费银六千两，由四川藩库支发”[①]。依此计算，乾隆时期支付驻藏大臣俸禄银共计约为六十三万四千二百五十两。

乾隆时期，清朝廷根据驻藏大臣施政西藏地方的情况进行奖赏。乾隆六年（1741年）十月命副都统索拜赴藏代纪山驻扎，赏银五百两。[②] 乾隆三十八年（1773年）正月又谕曰：“恒秀着赏给副都统职衔，赴藏更换索琳。其应赏款项，照例给与。”[③] 乾隆四十四年（1779年）正月谕曰：“副都统衔索琳，着赴藏办事，并加恩赏戴花翎。”[④] 乾隆五十八年（1793年）十一月，由于成德在外已久，年力已衰，且非能办事之人，而陕西布政司和宁，系蒙古人员，人尚明白，亦稍谙卫藏情形，着赏给副都统职衔，即由彼处驰赴西藏，更换成德，帮同和琳办事。[⑤]

乾隆时期，驻藏大臣在赴任途中，或是任上去世，按照惯例动支帑

---

① 中央民族学院图书馆编，吴丰培主编《联豫驻藏奏稿》，西藏人民出版社1979年版，第68页。

② 《清高宗实录》卷一五二，乾隆六年十月丙申。

③ 《清高宗实录》卷九二五，乾隆三十八年正月辛亥。

④ 《清高宗实录》卷一〇七五，乾隆四十四年正月辛丑。

⑤ 《清高宗实录》卷一四四〇，乾隆五十八年十一月甲午。

银，赏交其亲属。索琳于乾隆四十五年（1780年）正月初三日行抵拉里山，忽中风痰，于是日申刻病故。加恩照从前赏给副都统常在例，动支帑银三百两，赏交其子，护送灵柩来京，所遗员缺，着保泰即速驰驿赴藏，协同恒瑞办理事务。[①] 乾隆五十年（1785年）六月，谕令："理藩院尚书博清额前在军机章京上行走，旋擢卿贰，宣力年久。此次前往西藏驻扎办事，已阅数载，因念其年力未衰，特命来京供职，以资倚任。兹闻溘逝，殊甚悯恻，除已由藏赏银三百两料理丧事外，所有应得恤典，着该部查例具奏。"[②] 在廓尔喀第二次入侵西藏时，由于舒濂从前曾在西藏办理事务，后调回军机处行走，所以舒濂知晓廓尔喀等滋事之由及如何降旨指示办理，乾隆五十六年（1791年）九月赏给舒濂副都统职衔，驰驿前往，协同奎林办理事务。但舒濂未到西藏，染患痢疾身故。乾隆获知消息后，五十七年（1792年）正月谕令："着加恩赏银五百两办理丧事，仍交该部查照副都统应得恤典，照例办理。"[③]

二、乾隆时期驻藏大臣亲自巡查边境财政支出

乾隆五十八年（1793年）二月最终形成并颁布实施的《钦定藏内善后章程二十九条》，成为以后清朝廷治藏各项政策的准则。该章程明确规定了驻藏大臣在西藏地方的社会地位、政治地位、权利职责、随员数量等，确立了驻藏大臣钦差兼西藏地方最高行政长官的政治地位和总揽藏政的行政管理体制。清朝廷需要支付的财政支出有驻藏大臣每年应亲身巡查西藏地方边境，相关规定如下：

查驻藏大臣同在前藏，其驻扎相近之处，尚易稽查，而前藏西直至边界一带，地方辽阔，耳目难周，后藏江孜、定日又有新番兵，与该二汛之绿营官兵，均应驻藏大臣亲加校阅，核其勤，以示劝惩。济咙、聂拉木等

① 《清高宗实录》卷一一〇〇，乾隆四十五年二月庚戌。

② 《清高宗实录》卷一二三二，乾隆五十年六月乙酉。

③ 《清高宗实录》卷一三九五，乾隆五十七年正月丙戌。

处边界，现已定立界址，亦须周历查，方可谙悉情形，遇事庶有把握。本拟驻藏大臣二人按季轮前往，但藏地入夏以后农事正忙，甫交冬令冰雪已盛，且边界前藏甚远，往返约须两月有余，若驻藏大臣四季轮往，计算程，此往彼回，竟不能在前藏会同办事，未免诸多窒碍。应请于春秋两季，奏明轮流前往后藏巡查边界，顺便操演番兵。经过地如有驻防官员、营官等苦累兵丁、番民者，准其呈控驻藏大臣道地查办惩治。至驻藏大臣所用乌拉、人夫，俱令自行给与价直，不得扰累番民，以示体恤。驻藏文员应请添设也。①

《钦定藏内善后章程二十九条》于乾隆五十八年（1793年）二月以治藏法律形式颁布实施，在乾隆年间实施了三年。驻藏大臣每年春、秋两季轮流前往后藏巡查边界，顺便操演番兵。每次往返须两个多月，共计十二个余月。其间驻藏大臣所用乌拉、人夫，俱令自行给与价值，不得扰累番民，以示体恤。

三、乾隆时期驻藏大臣在藏随员等财政开支

（一）驻藏大臣衙门及文武各员酌定听差兵丁数目

驻藏大臣衙门及文武各员酌定听差兵丁数目以实操防也。

查西藏戍兵原因镇守地方而设，若大臣官员等多挑兵丁使唤应差，必致操演乏人，殊属不成事体。此等应差兵丁原无定数，乾隆五十四年鄂辉等筹议善后章程时，酌定名数，以示限制。

今将各处应差兵丁，复遵旨再加裁减，庶在藏兵丁皆归实用，不致有名无实。应请嗣后驻藏大臣衙门应差兵丁，每人三十名；游击八名、都司六名、守备二员，每员四名；驻藏司员四名；笔帖式二名；千总、把总每员一名；前藏粮员，酌定看库兵丁八名；其新设之前后藏文员，毋庸给与兵丁。统计应差兵丁，不过百余名而止。每遇操演日期，仍着一体操演，

① 《清朝治藏典章研究》第314页。

毋许借口应差，致有旷废。如此则边地营伍制度愈昭整肃矣。[①]

（二）驻藏大臣衙门文武各员等饷银

一、理藩院司员一员，管理达木蒙古八旗官兵、三十九族番民事务，承办驻藏大臣衙门清字档案，三年更换。

……

二、理藩院笔帖式一员，专司驻藏大臣衙门文移翻清译汉，三年更换。

三、前藏服务一员，管理仓库粮饷，承办驻藏大臣委审案件，三年更换。

四、应支驻藏大臣两衙门每月丰折加增及通译口粮，共银四百四十三两零，又应支司员笔帖式二员每月丰折、通事口粮，共银八十五两九钱零，又应支前藏粮务一员每月折色月费及通译口粮，共银一百三十六两八钱零，又应支副粮务一员每月折色月费及通译口粮，共银七十一两三钱，又应支游击一员每月折色盐菜及通事口粮，共银四十二两一钱零，又应支守备一员每月折色盐菜，共银三十两四钱零，又应支千总二员每月折色盐菜，共银三十六两八钱，又应支把总二员每月折色盐菜，共银三十四两四钱，又应支外委五员每月折色盐菜，共银四十四两五钱，又应支兵丁四百五十五名每月饷银，共二千二百二十九两五钱，又应支仓夫六名每月口粮，共银十七两六钱。

五、应支关帝庙春秋祭祀银十六两，又达赖喇嘛每年领恩赏银一千两，俱年终造报。

六、前藏仓额贮青稞二千七百石，小麦三百石，共三千石。

七、后藏江孜、定日分驻官兵二百零八员名，每年共应发月费口粮等项银一万二千两。

八、副粮务一员，专司监造银钱，一年更换。

① 《清朝治藏典章研究》第314页。

九、后藏粮务一员，专司监放番兵口粮及驻藏大臣委查事务，三年更换。

十、拉里粮务一员，管理支放兵饷，承办该处委审案件，三年更换。

十一、拉里各塘汛弁兵三年共需月费口粮银三万六千两。

十二、拉里仓额贮稞麦一千二百石。

十三、察木多粮务一员，管理支放兵饷，承办该处委审案件，三年更换。

十四、察木多暨所属各塘汛官兵三年共需月费口粮银三万四千七百两零。

十五、察木多仓额贮稞麦一千二百石。①

《钦定藏内善后章程二十九条》在乾隆年间实施了三年，其间应支驻藏大臣衙门丰折加增及通译口粮，共银一万五千九百四十八两。应支司员笔帖式二员，通事口粮，共银三千零九十二两四钱。应支前藏粮务一员每月折色月费及通译口粮，共银四千九百二十四两八钱。应支副粮务一员折色月费及通译口粮，共银二千五百六十六两八钱。应支游击一员折色盐菜及通事口粮，共银一千五百一十五两六钱。应支守备一员折色盐菜，共银一千零九十四两四钱。应支千总二员折色盐菜，共银一千三百二十四两八钱。应支把总二员折色盐菜，共银一千二百三十八两四钱。应支外委五员折色盐菜，共银一千六百零二两。应支兵丁四百五十五名饷银，共八万零二百六十二两。又应支仓夫六名每月口粮，共银六百三十三两六钱。关帝庙春秋祭祀银四十八两。

---

① 《卫藏通志》卷十二《条例》，清光绪渐西村舍刻本。

第四节　乾隆初年蒙古准噶尔部三次入藏熬茶财政支出

蒙古准噶尔部于十七世纪崛起，康熙、雍正、乾隆三朝与蒙古准噶尔部发生过多次大规模战争，直到乾隆二十二年（1757年）清朝廷才平定准噶尔部。关于清朝廷与准噶尔部之间的战争相关研究颇多，而有关非战争状态下双方关系研究相对较少。雍正十一年（1732年）清军大败准噶尔部军事力量，第二年双方提出休战议和定边，议和谈判过程一直持续到乾隆四年（1739年）。按照议和定边规定，清朝廷允许准噶尔部入藏熬茶。乾隆初年，蒙古准噶尔部首次向清朝廷提出到西藏熬茶的诉求。这是乾隆朝准噶尔部首次入藏熬茶，双方针对此次入藏熬茶的具体要求反复商讨，最终于乾隆五年（1740年）到乾隆六年（1741年）准噶尔部派遣人员开启此次入藏熬茶。乾隆八年（1743年）到乾隆九年（1744年）准噶尔部第二次入藏熬茶，乾隆十二年（1747年）到乾隆十三年（1748年）准噶尔部第三次入藏熬茶。

根据史料记载，准噶尔派遣人员首次入藏熬茶，清朝廷不但支付了人力、物力，而且承担了大量的财政支出。清朝廷关于准噶尔部三次入藏熬茶的财政支出分为直接和间接两种形式。清朝廷直接财政支出，即准噶尔熬茶队伍直接感知到清朝廷对其入藏熬茶提供资助和帮助的财政支出；间接财政支出，即准噶尔熬茶队伍无法直接感知甚至不知道的，但与此次入藏熬茶密切相关的清朝廷财政支出。

一、蒙古准噶尔部首次入藏熬茶财政支出

（一）乾隆初年准噶尔部首次入藏熬茶直接财政支出

乾隆初年准噶尔派遣人员首次入藏熬茶，始于乾隆三年（1738年）十二月提出。当时准噶尔台吉噶尔丹策零派遣使臣哈柳入京进表，提到藏传佛教格鲁派宗教首领班禅额尔德尼已经圆寂，而蒙古准噶尔部众是藏传佛教格鲁派忠实的信众，因此准噶尔部理应派遣人员入藏建塔讽经、熬茶布施。乾隆皇帝听闻之后，敕谕准噶尔台吉噶尔丹策零，允准其派遣人员入藏熬茶。但鉴于准噶尔曾经侵扰西藏，乾隆帝担心此次准噶尔熬茶队伍入藏引起沿途西藏民众人心不稳，甚至引发冲突报复，致使西藏地方局势不安稳。因此，虽然允准准噶尔派遣人员入藏熬茶，但规定清朝廷将派遣官兵护送准噶尔熬茶人员入藏，同时也规定准噶尔赴藏人数为百人，又“随敕赐各色缎十端”[①] 给予准噶尔台吉噶尔丹策零。这是乾隆初年准噶尔部第一次入藏熬茶的首次财政支出。乾隆四年（1739年）一月，准噶尔台吉噶尔丹策零再次派遣使臣哈柳进京。他向清朝廷呈报了准噶尔熬茶队伍准备入藏熬茶所要驮载物件的数量，同时提出先前乾隆皇帝规定的百人数量的入藏熬茶人手不足，要求入藏准噶尔人数为三百人。乾隆帝于同年三月赐准噶尔台吉噶尔丹策零敕书，满足其要求，“随敕赏各色缎十六端”[②]。之后准噶尔台吉噶尔丹策零又以入藏熬茶的人员没有出痘为由，提出更改入藏路线的要求。同年八月，乾隆皇帝敕谕噶尔丹策零同意其要求，同时下令边境大臣率领兵马，勘察远离内地、戈壁少、水草好的路线，同时“随敕赐各色缎十端，加赏玻璃磁器四十事、大缎六端”[③] 给予准噶尔台吉噶尔丹策零。

准噶尔部赴藏熬茶队伍于乾隆五年（1740年）六月十七日派遣奏事

---

① 《清高宗实录》卷八七，乾隆四年二月庚子。

② 《清高宗实录》卷一一〇，乾隆五年二月己卯。

③ 《清高宗实录》卷一二二，乾隆五年七月乙亥。

莽鼐等七人进入清朝哈密边界卡伦探视情况，带兵驻守哈密的提督李绳武在他们返回时按照惯例赏赐莽鼐等人，并且派遣笔帖式巴特曼自哈密启程护送他们返回准噶尔。① 准噶尔部熬茶队伍于乾隆六年（1741年）二月十六日抵达哈密布鲁顿地方，由驻扎哈密副将钱子发亲自带领三百名清兵护送到西宁东科尔。乾隆六年（1741年）四月初一日抵达东科尔，将准噶尔熬茶队伍交由提前率兵抵达东科尔的凉州将军乌赫图照护。凉州将军乌赫图等将准噶尔人等安置在东科尔城东南名破场子的旧院内居住，镇海营参将王达璋、西宁府知府沈梦溪等地方官员按照清朝廷规定当即赏给准噶尔熬茶队伍牛六十头、羊六百只、面、茶叶等物。② 在东科尔期间，照料准噶尔熬茶队伍的清军将领按照乾隆皇帝的规定，"留牧夷人驼马，若有倒毙，须照数补还"③。准噶尔熬茶队伍到达东科尔时，带去骆驼一千六百余只、马一千一百余匹。清朝廷提前让驻西宁各营"豫备驼四百只、马八百匹，现在东科尔放牧"④，以备替换准噶尔熬茶队伍随行的羸瘦、倒毙之马匹。这些调换给准噶尔熬茶队伍的驼马是来自西宁镇标备战驮载的骆驼和正在收槽喂养的马匹，朝廷是先行如数摘拨，然后"按照定价，给发营员，采买补额"⑤。除此之外，为了以防所准备的牲畜不足，川陕总督尹继善还要求西宁附近各营，做好再行酌量拨给牲畜的准备，目的就是为了促使准噶尔熬茶队伍迅速赴藏熬茶。没有被替换的准噶尔熬茶队伍随行马驼则交由西宁总兵周祈丰派绿旗官兵，在伯罗冲口、奎托恩库屯等处寻觅水草之地牧放。乾隆六年（1741年）九月初八日，因清兵照料准噶尔熬茶队伍驼马有功，熬茶队伍向照管他们的凉州将军乌赫图等将领官员赠送马匹以及绿葡萄、羚羊角等物表示感谢。再三推辞之后清军将领官员不得不接受马匹等物件，同时向准噶尔熬茶队伍"回赠彼等缎四十八

① 中国第一历史档案馆编《清代军机处满文熬茶档》，上海古籍出版社2010年版，第53页。

② 《清代军机处满文熬茶档》第247—248页。

③ 《清高宗实录》卷一三五，乾隆六年正月乙未。

④ 《清高宗实录》卷一四一，乾隆六年四月壬戌。

⑤ 《清高宗实录》卷一二三，乾隆五年七月戊戌。

匹，小荷包等杂物”[①]。

清朝廷关于乾隆初年准噶尔部首次派遣队伍入藏熬茶的直接财政支出，主要用于对准噶尔台吉的赏赐，以及准噶尔熬茶队伍在东科尔贸易期间向其提供的物力、人力，回馈赠品等。乾隆皇帝赏赐准噶尔台吉的物品都是由军机处派人到内务府领取支出；在哈密、东科尔及沿途期间向准噶尔熬茶队伍支付的人力、物力，则是由西北路军支出。清朝廷这些财政支出是准噶尔熬茶队伍直接受益的，能够直接感知的，可以看出清朝廷对准噶尔熬茶队伍入藏熬茶是积极支持的。除此之外，清朝廷关于准噶尔熬茶队伍入藏熬茶还存在间接财政支出。

（二）乾隆初年准噶尔部首次入藏熬茶间接财政支出

乾隆三年（1738年）一月，准噶尔汗国使臣哈柳在京城提出入藏熬茶要求，乾隆皇帝一面答应其要求，一面在给予准噶尔台吉噶尔丹策零的敕书中提出，因为康熙朝时期准噶尔军事力量在西藏无恶不作，为西藏民众留下创伤，以担心准噶尔部所遣人员入藏熬茶沿途被西藏民众打击报复，明确规定准噶尔队伍必须由清兵护送入藏。实际则是乾隆皇帝君臣担心准噶尔人员以入藏熬茶为由在清朝西北境内及青藏高原窥探消息，生出事端，引起清朝西北及青藏高原等边疆局势动荡。所以在乾隆皇帝最初同意准噶尔人员入藏熬茶之时，川陕总督鄂弥达获知消息后马上奏报要派兵严防入藏熬茶的准噶尔熬茶队伍。乾隆五年（1740年）清朝廷与准噶尔部最后议定准噶尔派遣队伍入藏熬茶之时，乾隆皇帝与军机大臣已经为派兵护送准噶尔熬茶队伍入藏熬茶的具体事宜反复商讨，商讨的结果是准噶尔熬茶队伍由哈密进入清朝境内开始全程由清军护送。先是由清军从哈密护送到达西宁东科尔并监护熬茶队伍贸易，为入藏熬茶做物资准备；贸易完毕继续在清军护送下入藏熬茶直至返回到达哈密送出边界外。在护送官员安排方面，清朝廷派遣理藩院拨章京等二员前赴哈密军营；传令哈密提

① 《清代军机处满文熬茶档》第215页。

督李绳武拨兵五百名（实际拨兵三百名），并派遣副将钱子发与章京等率领清兵护送准噶尔熬茶队伍至东科尔；在东科尔遣凉州将军乌赫图和西宁副都统巴灵阿领兵护理，所领之兵为庄浪、凉州酌拨的五百名满洲兵。凉州将军乌赫图在东科尔统领来自庄浪、凉州的满洲兵，以及来自哈密军营的李绳武处所拨官兵，等待准噶尔熬茶队伍贸易完毕一起入藏熬茶。清朝廷各赏银五百两给予凉州将军乌赫图和西宁副都统巴灵阿领兵护理[①]。理藩院拨章京等二员及其随从往来京城、哈密、东科尔所需资费，以及赏赐凉州将军乌赫图和西宁副都统巴灵阿一千两银子由理藩院从内务府支付。

此次护送准噶尔熬茶队伍入藏熬茶的清兵一部分是来自哈密的三百名清兵，另外一部分是来自庄浪、凉州的五百名满洲兵。这八百名清兵及将领在护送准噶尔熬茶队伍入藏的路途所需用度，按照乾隆皇帝、大学士和原任川陕总督鄂弥达商讨的结果，从东科尔启程进藏开始，即为护送清军额外支付马匹、草料、柴薪、盐菜、口粮等项。[②] 准噶尔熬茶队伍在东科尔贸易并没有达到理想目的，只是售罄了所携带的皮张，而羚羊角、绿葡萄、瑙砂等物品还有部分无法出售，而且所出售的货物价钱也没有达到预期目的，所以借故季节旱寒、天气寒冷，提出无法继续入藏熬茶，要求返回准噶尔游牧驻地。此次清朝廷没有支付护送清兵的额外财政，因为来自哈密、庄浪、凉州的清兵都是西北路军，护送准噶尔熬茶队伍的八百名清军的用度来自清朝廷给予西北路军饷银。为了防止准噶尔熬茶队伍入藏后生出事端，乾隆五年（1740年）三月间驻藏大臣纪山和郡王颇罗鼐按照乾隆帝旨意，在西藏将所有应办及设卡驻兵防范之处，均皆详尽筹议驻兵。但为了保证兵力充足，五百名已经驻藏期满要换防的绿旗兵，继续留驻西藏两个月，每月需用钱粮银共近两千七百五十两，两个月共用近五千五百两[③]。这些银两是来自正项钱粮，即由清朝廷财政拨款至四川府库，然后再由四川运至西藏库存。另外，清朝廷大学士和驻藏大臣纪山议

① 《清高宗实录》卷一〇九，乾隆五年正月辛未。

② 《清高宗实录》卷一一四，乾隆五年四月甲戌。

③ 《清代军机处满文熬茶档》第181—182页。

奏准噶尔熬茶队伍从东科尔出发进藏，因为时逢冬季，护送官兵的乘骑和驮载马匹会出现消瘦疲乏的情况，所以议定途经纳克舒番子百户时，五户共出马一匹、牛二头，又每户出羊一二只，以备护送官兵应用，为清军官兵顺利入藏提供运输保障。虽然后来准噶尔熬茶队伍未进藏，所备的马匹牲畜，未经征用，但纳克舒三十九族积极响应朝廷要求，提前准备好替换牲畜，乾隆皇帝感慨“番民生长遥远，感戴国家之恩，黾勉报效，甚属可嘉，宜施特恩。着将伊等今年应输钱粮尽数宽免，以示鼓励”。① 按照准噶尔第二次入藏熬茶清朝廷免收纳克舒三十九族应输钱粮数目，推测乾隆五年（1740年）免收纳克舒番子百户应输钱粮三百九十一两余。

乾隆初年首次入藏熬茶的准噶尔人员抵达西宁东科尔后，没有继续进入西藏腹地，半途而回，但清朝廷间接财政支出还是准备得很充分，实际支付了理藩院负责前往西北地区办理此事的官员所需资费，以及对护送准噶尔熬茶队伍入藏的将领的赏银，免除了当年纳克舒三十九族应向朝廷缴纳的钱粮，又动用西藏清军库存的银两支付到期应该返乡的驻藏清兵额外两个月饷银。这些举措既反映了清朝廷要促成准噶尔熬茶队伍快速入藏完成熬茶，又反映了清朝廷对准噶尔及所派遣入藏成员不信任的矛盾态度。

二、蒙古准噶尔部第二次入藏熬茶财政支出

（一）准噶尔部第二次入藏熬茶行程路线概况

乾隆时期，准噶尔第二次入藏熬茶是因为台吉噶尔丹策零父亲亡故，需要到西藏讽经布施。准噶尔使臣于乾隆七年（1742年）三月进京提出请求，乾隆帝在朝臣反对声中允准。第二次入藏熬茶的准噶尔熬茶队伍由使臣吹纳木喀、喇嘛第巴纳尔巴、商卓特巴，副使巴雅斯瑚朗、多尔济，噶尔丹策零近侍四人及随从等在内共三百零三人组成。他们携带二千三百五十三匹马、一千三百七十三峰驼、一千八百三十九只羊、

① 《清高宗实录》卷一三〇，乾隆五年十一月壬申。

一百七十三支鸟枪、七十副撒袋。使团于乾隆八年（1743年）五月二十日进入清朝疆土噶斯之古尔班皂哈地方，二十八日在噶斯地方面见理藩院侍郎玉保。①

此次入藏熬茶的路线是先到达噶斯，之后准噶尔熬茶队伍分三部分。其中一部分包括喇嘛第巴，斋桑巴雅斯瑚朗、多尔济，噶尔丹策零近侍默克济、阿喇布扎、多尔济、博尔博在内，共一百七十五人，由玉保处派往照料之人。玉保安排理事官劳格、侍卫达赖、守备王检、绿营兵一百名前往照料护送至东科尔。这一部分人员在抵达东科尔贸易期间，前往衮布木庙、大藏寺、塔尔寺熬茶念经。余下的其中四十六人留于哈济尔、得卜特尔地方护理马畜，由驻扎彼处的副护军统领赖格、游击马跃林照料。余下八十二人以使臣吹纳木喀、喇嘛商卓特巴为首在玉保的带领下移至哈坦和硕地方，等候去东科尔的部分熬茶成员贸易完毕后，在哈坦和硕地方汇合一起进藏。同年六月二十五日，在侍卫达赖、守备王检、绿营兵一百名照料下，准噶尔熬茶队伍一百七十五人到达东科尔。同年八月初八日在凉州将军乌赫图率领清军的看护下准噶尔一百七十五人熬茶队伍自东科尔地方启程，于八月二十六日行抵哈坦和硕地方，与玉保汇合。玉保与凉州将军乌赫图率领清军与准噶尔熬茶队伍于九月初三日自哈坦和硕启程赴藏，日夜兼程，十月初三日安然抵藏。在驻藏清军官兵和西藏地方军事力量的防御下，在玉保和凉州将军乌赫图率领的清军照料下，准噶尔熬茶队伍在前藏、后藏完成熬茶布施。

同年十二月初五日，又在玉保和凉州将军乌赫图率领清军看护下，准噶尔熬茶队伍由西藏启程回返，抵达喀喇乌苏。十二月十六日自喀喇乌苏启程由麻勒占库查路出喀。在准噶尔熬茶队伍进藏时，曾留四十六人于哈济尔、得卜特尔地方，以及他们的部分马畜、零碎杂件等，由清朝副护军统领赖格、游击马跃林驻扎该处照料。当熬茶队伍返程时，玉保令副护军统领赖格、游击马跃林一路看护使团四十六人，将他们带往噶斯地方与从

① 《清代军机处满文熬茶档》第359页。

西藏返回的准噶尔人员在噶斯汇合。凉州将军乌赫图与玉保于同年十二月二十八日护送准噶尔熬茶队伍出卡伦，遣往其游牧之处。乌赫图将军率带清军，由拜图路回任。玉保率带章京、笔帖式等返回京城。准噶尔熬茶队伍于乾隆九年（1744年）正月十一日入哈番和硕卡伦，十四日行抵柴达木地方。

（二）准噶尔部第二次入藏熬茶清朝廷的支出

1.蒙古准噶尔部第二次入藏熬茶清朝廷的人力支出

第二次准噶尔熬茶队伍入藏熬茶，清廷派遣理藩院侍郎玉保和宫中历经差事之新旧满洲、蒙古、索伦、乌拉齐侍卫、章京四员护送。侍郎玉保和总统青海番子事务副都统莽鹄赉于乾隆八年（1743年）四月初五日奏报，派员率带西宁总兵所属绿营兵三百名，于四月间启程，驻守于哈济尔地方，等候准噶尔熬茶队伍抵达。皂哈班哈柴达木等卡伦仅有蒙古兵驻守，玉保又增派西宁总兵所属绿营兵一百名，交付副都统莽鹄赉，增补驻守卡伦。前次护送准噶尔熬茶队伍入藏的凉州将军本次依旧被朝廷派遣率领凉州、庄浪五百名官兵于同年四月十五日抵达东科尔，等待照料准噶尔熬茶队伍到东科尔贸易，贸易完毕一同护送入藏熬茶。

为了避免蒙古准噶尔熬茶队伍在入藏的沿途与青海蒙古牧民相遇，产生交际，引起事端，侍郎玉保按照军机处的要求，动用西宁官员和蒙古札萨克对青海民众进行约束。其做法是："将青海蒙古等游牧，俟水草返青，赶在准噶尔人等抵达之前，自四月二十日始陆续迁移，不仅于马畜有裨，蒙古之众亦不致劳累。相应委派驻西宁笔帖式索诺木，将青海蒙古等游牧，自四月二十日始陆续迁移。此次迁移，倘无专管之人，不肖蒙古之众，妄自图利，私自与准噶尔人等贸易，亦难预料。故臣等严令迁移扎萨克等严加管束各自所属人等，断不可肆意与准噶尔人等会面交谈，暗中贸易，务须严加禁止，倘有违者，一旦被获，务必从重治罪。等因传宣外，亦交付所派笔帖式索诺木，须不时提防蒙古人众与准噶尔人等肆意交谈、暗中交易。”①

准噶尔熬茶队伍到达噶斯地方参见玉保，使臣吹纳木喀称，“我等来时疲乏，马驼及进藏时所留马畜，免留我等之人，交付大臣处派人赶至水草丰美之处牧放，在藏熬茶事毕返回时，我等由何卡伦返回，由大臣处预先咨文，将所留马之来路给付”②。清朝廷咨文川陕总督马尔泰、甘肃巡抚黄廷桂，就近由东科尔绿营官兵内，遣派兵丁四五十名迎接使臣等。至使臣等之疲乏马驼，既请免由彼等留人牧放，拟交清兵等之人牧放。③ 准噶尔熬茶队伍喇嘛第巴、斋桑巴雅斯瑚朗、多尔济等一百七十五人在侍卫达赖率领的一百名清兵看护下，于乾隆八年（1743年）六月二十五日抵达东科尔。准噶尔人等骑来马驼，由西宁总兵张世维遣派官兵收管，代为牧放于济克博罗崇索等水草丰美之地，相应准噶尔人等倘往牧放地看视其马驼，由西宁总兵处酌情遣派官兵照料前往。④

准噶尔熬茶队伍进藏前要在东科尔贸易，获得进藏熬茶布施物件。玉保提前到达东科尔所在地西宁，发现西宁地方有总兵一员、道员一员、知府一员，稽察彼等之办事，各皆奋勉，惟品级低微，关系钱粮、办理使臣贸易等所有事项，未敢即行专断，故先禀报总督、巡抚、布政使，俟有指示，方行遵办。但总督、巡抚、布政使不在西宁办公，离西宁最近的巡抚、布政使远在两千余里之外的甘肃。准噶尔熬茶队伍派遣人员到东科尔贸易，西宁地方官员无法擅自做主，凡事都要派人到甘肃向巡抚请示，将会浪费很多时间在路上，势必会影响准噶尔熬茶队伍进藏熬茶行程，甚至可能延至冬季降大雪后，无法进藏。所以玉保向朝廷奏陈，请求将甘肃巡抚或布政使，派一员至西宁，就近办理准噶尔熬茶队伍在东科尔贸易等事。⑤ 为了便于准噶尔熬茶队伍在东科尔一个月内顺利完成贸易，清朝廷

① 《清代军机处满文熬茶档》第273页。

② 《清代军机处满文熬茶档》第343—347页。

③ 《清代军机处满文熬茶档》第343—347页。

④ 《清代军机处满文熬茶档》第395页。

⑤ 《清代军机处满文熬茶档》第367页。

采纳了玉保的建议，派遣甘肃巡抚黄廷桂速赴西宁照管准噶尔熬茶队伍贸易。甘肃巡抚黄廷桂于七月十五日抵达东科尔，玉保会同黄廷桂商定诸事项。七月二十日，头等侍卫达赖率队伍的多尔济等人前来商量贸易事项，玉保晓谕多尔济等称，准噶尔熬茶队伍携来狐狸皮，理应按时价收购，惟念此次准噶尔熬茶队伍赴藏熬茶心诚，蒙乾隆皇帝施恩，相应将准噶尔熬茶队伍狐狸皮按前年给价，嗣后遇有贸易之年，不得以此为例，仍按时价贸易。而后将熬茶队伍携来狐狸皮按前年价钱收购，确保贸易在一个月内完竣。①

准噶尔熬茶队伍在东科尔贸易完毕，准备动身入藏，凉州将军乌赫图认为准噶尔熬茶队伍所带二十名回子，皆因贸易而来，并非噶尔丹策零处派来熬茶者，所以派遣副护军参领赖格等将回子买曼岱等二十人护送至得卜特尔，又交付千总陈尧典，率兵三十名，路途好生照料，送至哈济尔，送出卡伦遣回游牧。准噶尔熬茶队伍留于哈济尔、得卜特尔四十六人、驼六百一十五峰、马八百二十二匹，这些人与驼马交付副护军参领赖格、游击马跃林率领一百名清军绿营兵看护，不许准噶尔人妄自狩猎、随意见人交谈。进藏的熬茶队伍返回时，到达哈济尔、得卜特尔，与留在此处的准噶尔四十六人汇合，点交所留人畜，由副护军参领赖格等护送出卡。而熬茶队伍中的吹纳木喀等人则采取就近行程路线，沿玛勒延库察路而行，入阿哈雅克纳玛干由噶斯路返回游牧，他们由凉州将军乌赫图率兵护送至阿哈雅克纳玛干口，照料出边。②

2.蒙古准噶尔部第二次入藏熬茶清朝廷的物力支出

蒙古准噶尔部第二次入藏熬茶时，侍郎玉保由哈济尔、得卜特尔路前往噶斯，五月初一日行抵哈坦和硕卡伦，“为给准噶尔使臣及我满洲官兵更换所备马八百匹、驼三百峰，因不便即行赶往卡伦……将此等马驼暂行留于哈坦和硕卡伦地方牧放，俟至用时，按取情形再行送往”③。同时，

① 《清代军机处满文熬茶档》第431—432页。

② 《清代军机处满文熬茶档》第513—516页。

③ 《清代军机处满文熬茶档》第311页。

按照乾隆皇帝颁降谕旨，将赏给准噶尔熬茶队伍等之口粮米运至此地，依照军机处奏准之例，“将地方官等送至牛六十头、羊六百只、米、炒面，向使臣等传宣圣上隆恩颁赏”[①]。

准噶尔使臣等抵达哈济尔卡伦后，喇嘛商卓特巴、第巴斋桑吹纳木喀、巴雅斯朗、多尔济，各送侍郎玉保马一匹。侍郎玉保收受后，“每人回赠缎二匹、茶二包、烟五包、鼻烟壶等杂物”。[②] 后准噶尔喇嘛第巴纳尔巴、斋桑巴雅斯瑚朗、多尔济等送给凉州将军乌赫图马四匹，乌赫图“赠彼等缎八匹、羊八只、茶叶、小荷包等杂物”。“继而噶尔丹策零亲信默克济、喇布扎、多尔济、伯尔博，又送给将军乌赫图马四匹”，乌赫图“收下彼等所送马匹，回赠彼等缎四匹、羊四只、茶叶、小荷杂食等物”。[③] 准噶尔熬茶队伍抵达东科尔后，甘肃巡抚黄廷桂与凉州将军乌赫图商定，俟员外郎劳格返回，将赏给准噶尔熬茶队伍的物品、所备筵宴，在军营赏给准噶尔熬茶队伍。“由甘肃巡抚黄廷桂晓以皇上所施种种恩泽，又赏给进藏口粮，斋桑巴雅斯瑚朗等极为感激，听员外郎劳格导引，行三跪九叩礼，祗领赏赐物品，不胜欣忭。巡抚黄廷桂又将蟒缎等物按其品级分赏，筵宴一日散去。”[④] 在东科尔贸易完毕，凉州将军乌赫图率领准噶尔人员等自东科尔到达哈坦和硕与玉保汇合，在准备启程赴藏前，凉州将军乌赫图查得准噶尔熬茶队伍倒毙马四百六十余匹、驼五百余峰，于是赏补马三百匹、驼三百峰。[⑤]

在藏期间，准噶尔熬茶队伍赠送驻藏大臣索拜马五匹，作为礼物。驻藏大臣索拜等酌情回赠准噶尔熬茶队伍，加以宴赉。驻藏大臣索拜将准噶尔使臣喇嘛商卓特巴、喇嘛第巴、斋桑吹纳木喀、巴雅斯瑚朗、多尔济等召至驻藏大臣衙门，“示以和睦之道，顺其习性，宰杀牛羊，备办蒙古筵

① 《清代军机处满文熬茶档》第343—347页。

② 《清代军机处满文熬茶档》第415页。

③ 《清代军机处满文熬茶档》第421页。

④ 《清代军机处满文熬茶档》第485页。

⑤ 《清代军机处满文熬茶档》第513—516页。

席，饮以奶酒、酸奶等物。宴毕，送为首专员商卓特巴、吹纳木喀等五人大缎、锦缎、小刀、火镰、小荷包、鼻烟壶、茶、烟等物各一份”。[①] 此次准噶尔人员吹纳木喀至藏熬茶完竣，凉州将军乌赫图等计其足食，动拨钱粮采办牛二十头、羊二百只、茶叶五十包、酥油一百斤、炒面十石加以赏赐。[②]

3.蒙古准噶尔部第二次入藏熬茶清朝廷的财力支出

准噶尔熬茶队伍第二次入藏熬茶，清朝廷派遣理藩院侍郎玉保和凉州将军乌赫图前往照料护送，“赏乌赫图银一千两、玉保银一千五百两”[③]。前往伴送准噶尔熬茶队伍赴藏熬茶之侍卫、护军参领四人，照例各赏银八十两；部章京一员，赏银六十两；笔帖式二员，各赏银三十两；领催二员，各赏银十两。[④] 准噶尔熬茶队伍来藏熬茶，为了接济护送队伍的清军官兵所需马牛羊，预先向那克树（纳克舒）三十九族番众收取备办。实际上此次清军官兵护送准噶尔熬茶队伍，途经那克树番众游牧地时，因畜力尚支，未用番众所备马牛羊。但事后清朝廷仍因此豁免那克树三十九族来年应缴钱粮三百九十一两余。[⑤] 护送准噶尔熬茶队伍之头等侍卫达赖抵藏病故，朝廷赏银二百两；由藏返回途中护军参领马进泰行抵巴彦喀喇地方病故，朝廷赏银二百两。[⑥]

准噶尔熬茶队伍于乾隆八年（1743年）十月初三日至藏，于是年十二月初五日事毕回返。此次护送准噶尔队伍进藏熬茶的大臣、清军官兵及跟役共七百三十七人，骑至马驼骡九百二十八匹；因赍送颁降达赖喇嘛、班禅额尔德尼敕书及运米等差而来之绿营官兵跟役六十二人，骑至马驼七十五匹；准噶尔人等二百三十五人，骑至马驼骡五百九十六匹。这些牲畜在藏期间，每日喂养马畜所需草料柴薪，驻藏大臣索拜交付郡王颇罗鼐，计其足敷给付，所用物件数目，加以记录，俟至事毕具呈，照例给付

① 《清代军机处满文熬茶档》第811页。

② 《清代军机处满文熬茶档》第1821页。

③ 《清代军机处满文熬茶档》第293—296页。

④ 《清代军机处满文熬茶档》第947页。

⑤ 《清代军机处满文熬茶档》第559页。

⑥ 《清代军机处满文熬茶档》第783页。

价银。此次护送熬茶队伍等前来大臣、官兵、跟役及准噶尔人等在内，共为一千零三十四人，骑来马驼骡一千五百九十九匹。照采买驻藏防守官兵所需草料、柴薪之例，每人每日支给柴薪十斤，无论马驼骡，每畜每日支给草料十斤、料豆二升计，自抵藏之日起至启程之日止，共六十二日，核计给过柴薪六十四万一千零八十斤，以每斤按定价给银五毫计，共需银三百二十两五钱四分；草料九十九万一千三百八十斤，以每斤给价银五毫计，共需银四百九十五两六钱九分；料豆一千九百八十二石七斗六升，以每石给价银七钱五分计，共需银一千四百八十七两七分。准噶尔之驼一百九十四峰，理应喂盐三千二百零一斤，以每斤给价银一分，共需银三十二两一分。以上草豆、柴薪及盐之价银共二千三百三十五两三钱一分。由于这些草豆、柴薪及盐等物清朝廷采取由郡王颇罗鼐在西藏负责采办，视所用数支藏库钱粮给付价银。乾隆九年（1744年）三月初二日，驻藏大臣索拜在奏闻用过草料等物价银数目折中提到，“动支藏库钱粮二千三百三十五两三钱一分，付给郡王颇罗鼐外，为奏销此项银两，业经咨文四川巡抚纪山”。[①] 驻藏大臣交付郡王颇罗鼐动拨库银采买两千三百四十余石，仅用九百余石，其余一千三百余石作为饷米按月支给驻藏大臣、官兵及跟役。其原购价银，由自月支饷银内如数扣除，用以抵补钱粮。[②] 是年每石计银三两八钱五分[③]，按照九百五十石计算，共计用银三千六百五十七两五分。

由于长途跋涉，清军官兵及准噶尔熬茶队伍所带的马匹有的沿途倒毙，有的进藏后非常羸弱，难以回返，因此驻藏大臣倘不拨给马畜，委实不能成行。驻藏大臣索拜于所辖驻藏防守绿营兵丁之马匹内，抽选马二百匹送给满洲官兵及准噶尔熬茶队伍。“惟藏地马匹价昂，现拨给满洲官兵之二百匹马，每匹均值银十七八两，”[④] 按照每匹马价格银十七两五钱计

① 《清代军机处满文熬茶档》第911—912页。
② 《清代军机处满文熬茶档》第1057—1058页。
③ 《清代军机处满文熬茶档》第1345页。
④ 《清代军机处满文熬茶档》第819页。

算，二百匹马共计银三千五百两。驻藏大臣索拜准备的二百匹马只是一部分，凉州将军乌赫图率领的凉州、庄浪五百名兵丁启程前来时，每人拨给膘壮马四匹，两人合给驼一峰至东科尔，共计两千匹马，二百五十峰骆驼。进入西宁时，乌赫图将五百名兵丁一分为二，他带领二百五十名兵丁等候照料准噶尔熬茶队伍，由玛勒延库察路护送出界进藏，另外二百五十名兵丁交付协领纳尔图，由原路觅水草遣往东科尔。为了便于快速进藏，将军乌赫图在西宁出发时，均令轻装，每人给马三匹、两人合给驼一峰前往，共计马七百五十匹，驼一百二十五峰。这些马和驼，在途中损失马四百余匹、驼一百余峰，到达目的地时，官兵马匹剩下三百五十匹、驼二十五峰，剩下的马驼已羸瘦至极。虽然清朝廷在西藏拨给草料饲养这些马驼，但马匹远行极为疲惫，并未恢复体力，可用之马甚少。因此，乌赫图在回返时，向郡王颇罗鼐雇来乌拉牛四百头，驮载官兵之驮包杂物，送往西宁东科尔。乌拉之雇价银，由乌赫图备带银三万两内动支使用。[①] 乌赫图率兵护送准噶尔使团返程时，从郡王颇罗鼐处雇马八十八匹，骑至喀喇乌苏。抵达喀喇乌苏时，查看来时准噶尔熬茶队伍留在该处三百零五匹马内，除倒毙四十五匹马外，其余马匹内尚可勉强使用者有近百匹，十三峰驼尚可。因此，乌赫图给每匹羸瘦马银三两，共支付马银六百一十五两。又为斋桑、喇嘛、噶尔丹策零之近侍多尔济等九人，各给调换马二匹外，其余二百二十五人，各给调换马一匹，共计二百四十三匹。后斋桑吹纳木喀、巴雅斯瑚朗等至乌赫图下榻处告称，仅骑一匹马实难抵达噶斯，要求将羸瘦马和驼按照羸瘦马二匹给换膘壮马一匹、羸瘦驼一峰给换膘壮马一匹进行调换，准噶尔使臣有羸瘦马六十四匹、骆驼有九十一峰，换清朝膘壮马共计一百二十三匹。[②] 将军乌赫图此次护送准噶尔队伍入藏，随身所带的银三万两，最终花费了两万两。“前次为在沿途接济牲畜盘费，备带银三万两，不曾用罄，剩余一万两银携回。”[③] 花掉的二万两，主要是

① 《清代军机处满文熬茶档》第843 — 844页。

② 《清代军机处满文熬茶档》第893 — 895页。

③ 《清代军机处满文熬茶档》第917页。

为接济官兵、熬茶队伍所用牲畜和口粮。护送熬茶队伍之官兵，由东科尔赴藏时，备办四个月口粮、八个月盐菜银；驻藏期间，备办二个月口粮；返回时，备办四个月口粮。官兵之使用马驼，须计其足敷骑用入藏，其余马驼，均皆留于喀喇乌苏地方牧放，官兵之行李驮包，动用颇罗鼐所备乌拉牛只入藏。喂养官兵骑用至藏马畜之草料，所用柴薪之价银，均由备带银两内动拨。①

此次进藏熬茶，理藩院侍郎玉保伴送准噶尔熬茶队伍至藏，代乾隆皇帝颁降敕书问候达赖喇嘛、班禅额尔德尼，赏达赖喇嘛以镀金箍六十两重茶桶一个、镀金银壶一只、盅一只、各色大缎三十匹、大哈达五方、小哈达四十方、五色新样哈达十方；赏班禅额尔德尼三十两重茶桶一个、银壶一只、盅一只、各色大缎二十匹、大小哈达二十方。② 珠尔默特那木札勒等人在准噶尔部此次入藏熬茶奋勉出力，一切按照清朝廷命令行事，赏公珠尔默特车布登、班第达、扎萨克头等台吉珠密那木扎勒以蟒缎各一匹、大缎各二匹，赏噶伦扎萨克头等台吉策凌旺扎勒、色玉特塞卜腾、布隆灿、扎萨克头等台吉齐旺多尔济以大缎各一匹、官缎各二匹，赏章鲁占巴等以大缎各一匹、官缎各一匹。③ 准噶尔使臣等于喀喇乌苏留三十八人看管琐碎杂物及羸瘦马驼，于哈济尔、得卜特尔地方牧放马驼。等进藏熬茶完毕，与熬茶队伍一同返回。所留准噶尔三十八人，拨给口粮，咨文甘肃巡抚大臣黄廷桂查办。④

三、蒙古准噶尔部第三次入藏熬茶财政支出

乾隆十一年（1746年），准噶尔台吉策妄多尔济那木扎勒因其父亲去世需要到西藏熬茶，派遣人员进京向清朝廷提出请求，乾隆皇帝允准

---

① 《清代军机处满文熬茶档》第933—935页。

② 《清代军机处满文熬茶档》第947页。

③ 《清代军机处满文熬茶档》第1503页。

④ 《清代军机处满文熬茶档》第1317页。

“仍照前施恩，派人照看，赏赐牲畜、路费”。[①] 这是乾隆初期准噶尔部第三次入藏熬茶，此次准噶尔入藏熬茶于乾隆十三年（1748年）结束。由于在此之前蒙古准噶尔部已经两次入藏熬茶，因此无论是从清朝廷到西藏地方政府，还是护送准噶尔进藏熬茶队伍的清军官兵都已经积累了很多经验。此次入藏熬茶路线与前一次几乎相同，清朝廷一如既往承担人力、财力、物力的财政支出。

（一）蒙古准噶尔部第三次入藏熬茶清朝廷的人力支出

蒙古准噶尔部第三次入藏熬茶，清朝廷派遣理藩院侍郎玉保率领清兵看护、照料。玉保在准噶尔部第二次入藏熬茶时与将军乌赫图一同率带准噶尔熬茶队伍赴藏，积累了很多经验，深知注意事项。此次清朝廷遣派理藩院笔帖式二员、领催二员，在新旧满洲、索伦、乌拉齐、蒙古侍卫章京内挑选经事者四人，由侍郎玉保率领于四月启程前往西宁，所有应办事项，会同副都统衔众佛保商议。玉保于五月十三日抵达西宁，办理官兵备带马畜、价银等事项。玉保率带侍卫、官弁等于五月二十一日启程出西宁界，前往哈济尔，迎接准噶尔熬茶队伍，同日行抵哈坦和硕地方。总兵张世维随带官兵、钱粮、马驼、口粮等项，六月二十九日安抵哈坦和硕地方。当日玉保命游击杨万带兵三百名自哈坦和硕启程，前往尔班乃济地方驻扎等候准噶尔熬茶队伍，巡查哈济尔卡伦。熬茶队伍到达即刻向玉保报告，玉保率官兵前往哈济尔卡伦迎接使臣等，携至哈坦和硕方贸易。总兵张世维带领一百五十名官兵及备带马驼、价钱，留于哈坦和硕地方放牧，等待准噶尔熬茶队伍到来。[②] 玉保与总兵张世维此次率领四百五十名清兵入藏。

此次准噶尔熬茶队伍赴藏行走路线与前一次相同，仍走噶斯路。清朝廷令沿途地方相应增补兵力拓展卡伦、预先迁移青海蒙古游牧等事宜，仍照乾隆八年（1743年）之例办理。西宁总兵臣张世维遵命遣派绿营兵

① 《清高宗实录》卷二六一，乾隆十一年三月甲申。

② 《清代军机处满文熬茶档》第1117页。

一百名，协同蒙古兵丁在哈济尔、查干乌苏等地设卡伦。此外，前一次入藏熬茶侍郎玉保率带准噶尔熬茶队伍赴藏，因青藏线沿途并无驿站，沿途倘有候旨办理事件，必致耽搁，所以此次进藏熬茶玉保抽调五、六十名绿营蒙古兵丁，俟侍郎玉保进藏之时带往，在坦和硕至藏卡喀喇乌苏，暂设驿台，倘有紧急事件令其驰递。① 这部分驻扎在临时驿站的蒙古兵丁，在本年八月更换原驻卡伦兵丁时一并撤回。②

准噶尔熬茶队伍进藏的道路，共有五条路。青海和硕特蒙古首领罗布藏丹津所属的那克树（纳克部）等三十九族番众分布在准噶尔熬茶队伍进藏的道路附近。清朝廷军机大臣傅恒等官员惟恐那克树等三十九族番众闻知准噶尔人等进藏，妄自送信，互相勾结。所以乾隆帝密饬驻藏办事副都统傅清，令其酌情备兵数千名，驻扎在青藏一些重要地方暗地把守，但又提醒断不为准噶尔人等知觉，暗加严防，但求无事，妥当办理。③

（二）蒙古准噶尔部第三次入藏熬茶清朝廷的财力支出

此次由理藩院侍郎玉保伴送准噶尔使臣等进藏，路途必有用项，加恩赏银二千两。④ 赏赐侍郎玉保带领一同进藏的人员，“侍卫拜杜、伊车里、护军参领巴达尔西、聪保，拟仍照前例各赏银八十两；郎中巴哈达、员外郎唐喀禄，各赏银六十两；笔帖式二员，各赏银三十两；领催二员，各赏银十两。赏银由户部支取赏赐”⑤ 。侍郎玉保及其随从人员由京城启程前往西宁时，除令乘驿遣往外，由西宁前往噶斯、藏地时，仍照乾隆八年之例妥善办理启程。玉保进藏所率带清军绿营官兵，亦照赴藏之例办理。西藏地方备办、防范等办理事项，均照前次之例办理，令驻藏办事副都统傅清与郡王颇罗鼐共同商议妥当办理。咨文总督庆复、巡抚黄廷桂、

① 《清代军机处满文熬茶档》第1015页。

② 《清代军机处满文熬茶档》第1739页。

③ 《清代军机处满文熬茶档》第1069 — 1071页。

④ 《清代军机处满文熬茶档》第917页。

⑤ 《清代军机处满文熬茶档》第947页。

副都统衔众佛保，将各自应行备办事项预先办理。[①] 此次进藏三百五十名清军官兵所需马驼，用以预备调换伴送官兵骑驮及运粮兵丁所骑之马一千八百七十三匹，驮运口粮、茶叶、银两等项之驼五百七十三匹，每月应给草料折价银三千九百六十二两余，所派官兵出界后，每月应给口米、盐菜银方九百七十两余。[②] 准噶尔熬茶队伍于乾隆十二年（1747年）八月进入清朝卡伦，十三年五月离开清朝廷汛界，在清朝版图内共计九个多月，所以此次护送准噶尔熬茶队伍入藏的清军官兵所用草料折价银为三万五千六百五十八两，口粮、盐菜银为八千七百三十两。提督索拜前往西藏，清朝廷将其任内应得本年三季之养廉银预先支取带往，并且交付户部办理并咨文，由内支银五百两赏给索拜。[③]

此次准噶尔熬茶队伍进藏，仍行经噶斯路，沿途地方相应增派兵丁拓展卡伦，预先迁移青海蒙古牧民等事务，清朝廷交付副都统衔众佛保，均照乾隆八年（1743年）之例办理。赏补准噶尔熬茶队伍牲畜、口粮，交付陕甘总督、巡抚，仍照前次所赏数目备办牛羊、米面等物。进入清朝版图内，准噶尔熬茶队伍的马畜倘有疲惫者，令玉保酌情赏补，并视其所留羸瘦疲惫牲畜及行李杂物，遣派官兵看守。又令玉保补给准噶尔熬茶队伍所留人等盘费，清军官兵之马畜倘有羸瘦疲惫者，由所备驼马内动拨给予调换，调换之牲畜，交付地方官牧放，以备返回时用于调换之处，交付侍郎玉保亦均照八年所办之例办理。此次前往官兵数量较前次少，不需三万两银，相应由该总督处动支银二万两，交付侍郎玉保带往。[④] 此次准噶尔熬茶队伍在西宁办理贸易事务，西宁知府刘宏绪负责贸易事务，用去银十六万两。[⑤]

护送准噶尔熬茶队伍的清军官兵及侍郎玉保所带众人共计三百八十七

---

① 《清代军机处满文熬茶档》第935页。

② 《清代军机处满文熬茶档》第981页。

③ 《清代军机处满文熬茶档》第955页。

④ 《清代军机处满文熬茶档》第933—935页。

⑤ 《清代军机处满文熬茶档》第1323页。

人，于乾隆十二年（1747年）十二月十九日抵藏，乾隆十三年（1748年）三月初七日事毕返回。在藏期间，每人每日应支口粮八合三勺，返回时，以每人支取两月口粮计，共支米四百二十九石五斗二升五合。为牧放马畜，在喀喇乌苏之官兵跟役九十名，返回时，以每人支取月口粮计，支米四十四石八斗二升。扣除先前所支米共四百七十四石三斗四升五合[①]，照乾隆八年（1743年）之例，每石计银三两八钱五分，统共用银一千八百二十六两二钱二分八厘二八厘二丝五毫。所用银两，即由西藏处所存钱粮内动支如数支付。[②]

此次担负护送任务的清军及侍郎玉保等众人在藏期间，每日喂养所带马驼草料及所用柴薪，均照乾隆八年（1743年）之例供给。此次照看熬茶队伍前来的侍郎、官兵、跟役，包括准噶尔人等在内，共计七百四十六人，骑至马驼一千一百九十九匹，照例供给草料、柴薪，共用柴薪五十一万五千五百八十斤，以每斤折合价银五毫计，所需银为二百五十七两七钱九分；草八十六万五千二百九十斤，以每斤折合价银五毫计，所需银为四百三十二两六钱四分五厘；豆一千七百三十石五斗八升，以每石折合价银七钱五分计，所需银为一千二百九十七两九钱三分五厘。准噶尔熬茶队伍的骆驼八十四峰，理应喂盐，共喂盐八千六百七十八斤，以每斤折合价银一分计，所需银为八十六两六钱八分，共计银两千零七十五两零五分，动拨藏库钱粮，如数交付郡王珠尔默特那木札勒。[③] 此次进藏，乾隆皇帝准备恩赏准噶尔熬茶队伍马三百匹、驼三百峰。实际上，据玉保观察并掌握准噶尔熬茶队伍马畜情况，从进藏三百名官兵的马匹内，选出二百八十四匹乘骑补赏给准噶尔熬茶队伍，其余酌情雇给骑用马二百九十八匹、驮用牛二百零九头。准噶尔熬茶队伍及清军官兵所雇用马牛，均由驻藏大臣索拜、傅清、郡王珠尔默特那木札勒所备马牛内以时价雇用，所付银两，系由玉保之备带两万两银内动支使用，相应俟其返回，

---

① 《清代军机处满文熬茶档》第1565页。

② 《清代军机处满文熬茶档》第1058页。

③ 《清代军机处满文熬茶档》第1559页。

另行奏销。[①] 准噶尔熬茶队伍熬茶完毕返程时，玉保又从郡王珠尔默特那木札勒所备马当中给熬茶队伍调换马骡五百一十九匹；又为清军官兵人等，酌量给调换马骡五百九十五匹，其调用郡王珠尔默特那木札勒所备马匹加拨银两数目，共计一万零七百六十两，当时是动拨藏库银两补给，事后玉保抵京城，另行奏销。[②]

准噶尔熬茶队伍返程时，由西藏至阿哈雅克卡伦，需行近一个月，玉保赏给盘费，按时价购买之牛二十头、羊二百只、茶叶五十包、酥油一百斤、炒面十石，晓谕准噶尔使臣斋桑玛木特等以圣恩赏赐之。按时价购买之牛二十头、羊二百只、茶叶五十包、酥油一百斤、炒面十石，晓谕准噶尔使臣斋桑玛木特等以圣恩赏赐之。购买赏用的牛羊、茶叶、酥油、炒面，动支藏库钱粮，用银二百二十两。[③] 此次因准噶尔熬茶队伍至藏熬茶，因那克树之三十九族番众供给护送清军官兵之牛马三百余匹，护送熬茶队伍清军返程之时，又供给牛近二百头，并且三十九族番众又为公务驻驿数月，他们身在边圉感激国恩，勤勉公务，毫无贻误，因此清朝廷恩免那克树之三十九族番众一年应缴钱粮银为三百九十余两。[④]

（三）蒙古准噶尔部第三次入藏熬茶清朝廷的物力支出

乾隆十一年（1746年），乾隆皇帝恩准蒙古准噶尔部第三次入藏熬茶，又赏赐台吉策妄多尔济那木扎勒父亲布施礼，“特恩赏银满达、茶桶、察喇各一，红黄香一百束，交与使臣哈柳带往”[⑤]。这是乾隆初期蒙古准噶尔部第三次进藏熬茶，清朝廷首次物力支出。在理藩院侍郎玉保动身前往西宁时，乾隆帝谕令玉保护送准噶尔熬茶队伍并代赏给大哈达一百方、小哈达一千方，京城内库支领带往。还赏给熬茶队伍茶叶一千包，交付巡抚黄廷

---

① 《清代军机处满文熬茶档》第1637—1638页。

② 《清代军机处满文熬茶档》第1877—1878页。

③ 《清代军机处满文熬茶档》第1821页。

④ 《清代军机处满文熬茶档》第1541页。

⑤ 《清高宗实录》卷二六一，乾隆十一年三月甲申。

桂由该处存储茶叶内事先如数运抵藏地，俟熬茶队伍抵达赏赐。①

乾隆帝又令玉保按照上一次例子，护送准噶尔熬茶队伍到达西藏，颁降敕书问候达赖喇嘛、班禅额尔德尼，赏达赖喇嘛以镀金箍六十两重茶桶一个、镀金银壶一只、盅一只、各色大缎三十匹、大哈达五方、小哈达四十方、五色新样哈达十方；赏班禅额尔德尼三十两重茶桶一个、银壶一只、盅一只、各色大缎二十匹、大小哈达二十方，交付内阁、内务府、蒙古衙门去讫。② 此次准噶尔熬茶队伍至藏熬茶，因准噶尔人等前往各寺庙熬茶之时，与喇嘛等交谈，避免离间探信，郡王珠尔默特那木札勒从中酌加遣派公班第达、噶伦扎萨克头等台吉策凌旺扎勒、色玉特塞卜腾、布隆灿、扎萨克头等台吉旺堆等办事之人，暗为跟随防范。郡王珠尔默特那木札勒办理供给乌拉马匹、草料、柴薪等项，并无耽搁之处。西藏地方戴绷达什达尔扎、章鲁占巴、阿兰巴奈、巴克扎奈等，均为掌管兵权之人，他们各自操练所属兵丁，暗地防备，勤勉公务。在准噶尔熬茶队伍第三次入藏熬茶，西藏地方军、政上层人物所作所为，乾隆帝甚为满意，所以按照前一次例，恩赏珠尔默特那木札勒蟒缎二匹、大缎四匹，赏公班第达蟒缎一匹、大缎二匹，赏噶伦扎萨克头等台吉策凌旺扎勒、色玉特塞卜腾、布隆灿、扎萨克头等吉旺堆大缎各一匹、官缎各二匹，赏戴绷达什达尔扎、章鲁占巴、阿兰巴奈、克扎奈大缎各一匹、官缎各一匹。③

此次准噶尔熬茶队伍进藏熬茶前，留下三十八人于卡伦地方照料马驼、行李等。清朝廷仍照前例拨给口粮，咨文甘肃巡抚大臣黄廷桂查办④，由侍卫拜杜、游击刘隆率兵照看。准噶尔熬茶队伍派遣六人前往西宁附近四寺熬茶，完毕后，令伴送笔帖式颛泰、千总马贤应酌情赏给口粮，并调换其掉膘六匹马。然后笔帖式颛泰、千总马贤应及十名清兵将六人护送到卡伦，饬令照看准噶尔人的侍卫拜杜、游击刘隆，让这六名准噶

① 《清代军机处满文熬茶档》第933—935页。

② 《清代军机处满文熬茶档》第947页。

③ 《清代军机处满文熬茶档》第1519页。

④ 《清代军机处满文熬茶档》第1317页。

尔人与所留准噶尔人会合同住。[①] 当准噶尔熬茶队伍返程时，拨给准噶尔熬茶队伍驮用牲畜四百八十匹、骑用马二百四十九匹；拨给清军官兵骑用马二百四十匹、驮用牛二百二十头、驮载官兵口粮之牛二百六十八头，又雇用一百二十头牛驮载所有官兵之行包物件，调换骑用马一百零三匹。[②]

第五节　乾隆时期治理西藏地方军事财政支出

乾隆时期，为了保障西藏地方局势稳定，达到治理西藏地方的需要，清朝承担了西藏地方军事财政支出。主要包括对驻藏清军的财政支出，两次反击廓尔喀入侵西藏地方战争的财政支出，以及为了保障清朝廷与西藏地方密切联系和西南边疆军事、政治的需要，清朝廷在川西地区平定一系列叛乱的财政支出。

一、乾隆时期驻藏清军的财政支出

乾隆五十四年（1789年）六月之前，清朝廷在西藏地方驻防清军的状况，主要还是延续雍正时期做法。驻藏清军数量基本维持在五百名，清朝廷承担驻藏清军的财政支出。其间也有大臣因藏地无事，局势稳定，认为在西藏地方驻扎清军是费粮饷，所以向乾隆皇帝提出撤回西藏地方的驻守清军，但乾隆皇帝并没有采纳意见。西藏地方郡王珠尔默特那木札勒要求清朝廷仅留一百名清军驻藏，其余全部撤回，郡王甚至派藏兵控制江达至拉萨五塘站，使台站时有断绝。四川总督策楞向清朝廷提出增加驻藏清

① 《清代军机处满文熬茶档》第1745页。

② 《清代军机处满文熬茶档》第1811—1815页。

兵，防止珠尔默特那木札勒反叛。乾隆皇帝担心刺激珠尔默特那木札勒反叛，没有增加驻兵，所以一直在观望之中，保持原有驻兵状态。乾隆十五年（1750年）十月，珠尔默特那木札勒反乱被驻藏大臣傅清、拉布敦诱杀，清朝廷派遣清兵入藏，但在清军没有入藏之前，珠尔默特那木札勒属下反乱已被达赖喇嘛和西藏公班第达等平息。此次进藏的清军将领为四川总督策楞，策楞等在乾隆十六年（1751年）三月会商后，制定了《善后章程十三条》，随后经乾隆批准，清朝廷颁布施行。此章程是清朝廷治理西藏地方颁布的第一个章程，章程中并没有具体涉及清朝廷驻军西藏地方的事情。驻藏清军的数量还是五百名，财政支出继续由清朝廷承担。[①]

清代，西藏地方与南边的廓尔喀之间一直存在贸易关系，双方贸易关系密切。乾隆五十三年（1788年）五月，廓尔喀政权以西藏增加廓尔喀商人商课税，西藏提供贸易的盐含有杂质过多等为由，出兵占领后藏济咙、聂拉木、宗喀宗等地，围攻协噶尔宗（今西藏定日）等地。清朝廷派遣清兵进藏反击廓尔喀军队入侵，但驻藏查办官员巴忠私下与廓尔喀首领议和，条件是西藏噶伦每年向廓尔喀交纳元宝三百锭，作为聂拉木、济咙宗、宗喀宗三地的赎金，换取廓尔喀撤军。廓尔喀政权达到目的，从西藏撤兵，清朝廷方面仅成德率领一千名官军进入后藏，安抚失地，战后成都将军鄂辉等遵旨议订善后章程，即《藏地善后事宜十九条》。章程中有关应酌拨绿营官兵以资防御一款，涉及清朝驻藏清军及财政支出的部分如下：

一、后藏应酌拨绿营官兵以资防御一款。

据称，前藏向驻绿营官兵本有五百十员名，该处人烟辐辏，且有驻藏大臣弹压稽查，尽足以资镇守。若于扎什伦布地方，酌派官兵分驻，不惟足资保障，而于前藏声势益昭联络。请于察木多抽拨外委一员，兵丁六十名；江卡抽拨兵丁三十名；硕板多抽拨都司一员，兵丁二十名；前藏抽拨兵丁四十名，以上四处，共抽拨兵丁一百五十名，即令抽撤之都司、外委

① 《清高宗实录》卷三八七，乾隆十六年四月癸未。

管领，移驻后藏。再于马兵内挑拔二人，作为军功外委，管束兵丁。所有官兵应得各项，俱令照西藏官兵一例支给。至官兵钱粮，请在西藏粮员处按月支领，饬令该都司分散。再，后藏既经移驻官兵，由后藏至前藏一路，亦应添设塘汛。请分安塘汛十二处，以唐古忒番兵安设，每塘挑选附近番兵四五名，并交噶布伦等办给口粮，均令驻防后藏都司随时稽查管束。等语。查扎什伦布为班禅额尔德尼住锡之地，其西南一带，毗连巴勒布等外番部落，相距前藏千有余里，道路遥远，声气不甚联络，自应因时制宜，量移官兵驻扎。该将军等所奏，东台察木多及江卡、硕板多三处，原设之兵本不过防范地方，接送文报之用，原可无需多兵，致令闲旷。自系该处实在情形。应准其按处抽拨兵丁共一百五十名，即令抽撤之都司、外委管领，移驻后藏，以归实用。其官兵钱粮，即在西藏粮员处按月支领，饬令该都司分散，统归西藏台费项下造报。至添设塘汛，以达邮传，安设番兵，以省繁费，自为保护藏地起见，均应如所奏办理。所有官兵移驻之处需用房屋，该将军等奏，扎什伦布现有空闲寨落一处，极为宽敞，足敷驻用。亦应照所请，即令官兵驻用，毋庸另为添建。

一、后藏之拉孜、萨喀、胁噶尔一带应设唐古忒番兵，并宗喀、济咙、聂拉木等处均宜修筑战碉以资防范一款。

据称，拉孜、萨喀、胁噶尔三处，地势扼要。拉子地方，请添设唐古忒番兵二百名，并添第巴二名管领，按一年一次更换。胁噶尔虽有附近番民防守，请于拉子防兵内拨出三十名安置胁噶尔地方。其萨喀一处，距拉子不远，亦即于防兵内拨出三十名轮赴该处，以资巡哨。所需口粮盐菜，即于藏内自行支给，在伊等噶沙克公所税美原有番，仍交该处戴绷等按时操演，后藏都司就近稽查。所有操演器械及演放药弹，并旧存炮位，均照所议办理，以期武备修明。

……

一、西藏粮台应建仓备贮以济缓急一款。

据称，内地州县皆有仓储，西藏远在极边，处处毗连外番，凡兵粮武备，尤关紧要。藏地稞麦亦不甚昂，请于今岁秋收后，查明实在时值，动项发交该噶布伦等，在于附近各处公平采买米稞麦三千石，交驻藏粮员，于扎什城内建立仓廒，妥为收贮。俟采买二年后，即按年出陈易新，总以六千石常贮为额。至拉里、察木多、巴塘、里塘四处粮台，皆各有粮员，而察木多尤为川藏适中之地，亦请一体储备。所需粮价及修建仓廒之费，应请即于台费项下核实支销。

查西藏安设边防，原为保护前后藏番民而设。既有官兵驻扎，自宜备贮口粮，方足以资缓急。且藏内既有粮员，饬交经理，亦属便易。如此次巴勒布滋扰后藏边界，调派内地官兵前往，该噶布伦等不能先事预筹，以致上烦圣虑，若非谕旨指示详明，则办理难免贻误。嗣后应如该将军等所奏，动项发交该噶布伦等，于每岁秋收后在附近公平采买米稞麦三千石，交驻藏粮员，于扎什城内酌建仓廒，妥为收贮。俟采买二年后，即按年出陈稞麦一千石，分散兵丁，作为口食，由各兵应关饷银内照原买价银坐扣。总以六千石常贮为额，倘遇有夷务边情，足可以资接济。至拉里、察木多、巴塘、里塘四处粮台，亦皆各有粮员，而察木多尤为川藏适中之地，向设将弁兵丁在彼驻扎，凡遇官兵经行，尤须按站支给裹带，若由内地运送，需费较多，亦准其交各该粮员，按各该处地方情形，不拘米谷稞麦，各按市价，每年采买五六百石积贮。俟买足二千石后，亦当设法出陈易新，以免霉变。应交该处第巴、土司，按二三年一次出易，仍责成驻藏大臣暨该管各上司留心稽察。如有不肖粮员短价勒买浸渔等弊，即予严参治罪。其所需粮价及修建仓廒之费，自应于台费项下核实支销，不得稍有浮冒。所有察木多迤西两台库贮及每年采买粮食，交驻藏大臣按年派出办理夷情司员等，轮班前往稽查一次。其巴塘迤东两台，交四川总督按年派打箭炉附近丞佐官员，前往该处稽查一次。从此台藏俱有备贮，不独于兵食有裨，而于边务益昭慎重矣。

……

一、台藏官兵应酌定听差应役数目并严禁弁兵雇役番妇一款。

据称，驻藏大臣衙门向来挑取官兵应役均无定额，而将备以下亦皆从而效尤，应公同酌定名数按期更换。至驻藏大臣差遣官兵赴省制办赏号之事，亦属有旷操防，应咨明本省总督饬司代为制办，遇便带藏。并饬禁兵丁雇役番妇，以肃营伍。

查西藏防兵本为镇守番地而设，若各衙门皆令其听差服役，则兵丁等托故偷安，何以慎操防而肃营制。今既据该将军等酌定额数，驻藏大臣衙门每处官役字识人等不得过四十名；游击不得过二十名；都司不得过十五名；守备不得过十名；司员衙门酌定兵丁八名；笔帖式酌定六名；千总每员兵丁四名；把总每员二名；粮员衙门看库酌定十名，按期更替，轮流操演。亦应如所奏，作为定额，毋许滥行挑取，庶弁兵等得以随时练习，而营伍益资整肃。至驻藏大臣向有差遣官兵赴省制办赏号之例，往返动需数月，不但有旷操防。而不肖官兵往往多索乌拉，夹带货物，易滋弊混。应如该将军等所奏，嗣后驻藏大臣毋庸专差赴省，只须按年咨明本省总督饬司代为制办，遇有解饷之便，顺带赴藏。既可省弁兵往返之劳，而于操防事务亦不致有贻误。至西藏唐古忒番妇，向以服役谋生，兵民多有雇倩喂马樵汲缝补之事，相沿已久。该番俗男番为僧者多，妇女闲旷者不少，若一经严禁，该番妇等乏人养赡，穷蹙无归，不能不与兵丁私相往来，是明为禁革而暗中仍行雇觅，转恐从此有奸情等事。一经犯出，奸妇奸民均当从重问拟，是欲惠番而转添一治罪之条，于番俗殊多未便。嗣后仍准其照旧雇觅服役，但必须该管将备晓谕严明，随时稽察，止准服役，毋许有奸情等事。倘被犯出，应将该兵丁斥革惩治，并将不能查察之将备一并议处。庶番妇不至艰于谋生，而兵丁亦各知所儆畏矣。

……

一、内地拨解西藏军饷请照旧改用元宝一款。

据称，从前解赴打箭炉口外兵饷，皆系整锭元宝，迨后只解散碎银两。但自省至藏，几及万里，山路崎岖，倘有碰跌遗失，各站易得互相推卸，殊非慎重之道。况口外至西藏一带，番地买卖交易，均以元宝成色为足。请嗣后仍以整锭元宝起运，以免损失而利行使。

查内地拨解西藏军饷，向系整锭元宝装鞘起运，后用散碎银两，既于山路险远，难免跌损遗失之事；又于番民交易物件，拣估成色，有所未便。亦应如该将军等所奏，嗣后凡有应解打箭炉口外银两，仍以整锭元宝起运，不惟长途可免损失零散之弊，而于兵番利用实有裨益。

一、请酌添赏需策励各兵一款。

据称，西藏向有赏需一项，系蒙皇上轸念达木官兵素无钱粮，将三十九族每年所交例马银三百九十余两，买办缎匹、烟、茶、银牌，按年奖赏一次，此外并无别款。今既添设唐古忒番兵，按期操演，经驻藏大臣亲历巡查，自当分别奖赏，以示鼓励，请于例赏达木官兵银两之外，再于川省闲款内加给银五百两，饬办缎、布、烟、茶、银牌等项，以备赏用。

查西藏赏需一项，向来止赏达木官兵，所有例马银三百九十余两，置买物件，按年奖赏一次，足敷所用。今既议添设唐古忒番兵，按期操练，驻藏大臣亲历巡查，若不量加奖劝，以示策励，何足以鼓舞番众，自当另筹款项，以备奖赏之用。亦应如该将军等所奏，于川省闲款内加拨银五百两，置办缎、布、烟、茶、银牌，遇便搭解赴藏，随时赏用，仍令按年造册咨部，并咨督臣，以凭查核。

……

一、东西台站划分内外经理一款。

据称，口外至西藏一切事务，向归驻藏大臣管理，但里塘、巴塘与川省较近，皆有土司管理，原非西藏所属，应划分综理，以免耽延。请自南墩迤西一路，凡属西藏所管之地，照旧仍归驻藏大臣管理；其巴塘迤东土司地方，均归川省将军、督提衙门就近管理。至江卡、乍丫、察木多并移驻后藏各营汛台站，统归驻藏大臣总理。其巴、里二塘，安设塘汛官兵，就近归川省阜和协副将兼辖。等语。查打箭炉出口至西藏，地方辽远，里塘、巴塘距省较近，而于西藏甚远，遇有事件，若于驻藏大臣处往返批行，实属鞭长莫及，自当酌量划分内外综理，两有便益。亦应如该将军所奏，嗣后以南墩分别程途，其自南墩迤西一路，凡有地方事件，均令禀报驻藏大臣，听候核办；其自南墩以东地方事件，由打箭炉文武禀报川省将军、督提衙门办理。如此划分内外，各有攸司，一切事件咸归妥速矣。

一、派驻台站文武官员三年期满，请援两金川屯员边俸之例量予升擢，并拣干练官兵换班驻防一款。

据称，打箭炉出口以至西藏，向于文职内派委州、县、丞、倅，武职内派拨游击、都司、守备、千总，分驻巡防，办理事务，均按三年一次更换。该文武等官远役三年，往返几及四载，向来期满并无保题升转之途，请嗣后驻防文武等官照金川营屯各员三年期满更换回任时，由驻藏大臣出具考语奏明，咨送本省将军、督提，考察保题，仿照边俸报满之例一体升用；其驻防官兵遇应换之期，亦须选派妥干，以资防守。等语。

查打箭炉出口以至西藏，文武各员，分驻地方，俱有弹压番民、巡防夹坝之责，职守綦重。该员弁等三年远役期满，例不升转，似于鼓励之道缺如。查两金川营屯各员三年报满，均蒙恩准保题升用，

况打箭炉沿边各缺，亦有五年推升之例。今西藏台站文武各官驻守地方，远倍金川，经理尤关紧要，自当量予升迁，以示奖励。应如该将军等所奏，照金川营屯各员，有能抚辑番民、勤慎操防、急公任事者，于三年期满更换回任时，由驻藏大臣奏明，咨送本省将军、督提保题，一体升用。至把总、外委微末员弁，亦须量加奖拔。其应换官兵，届期自应拣派干练并勇健之人换班驻守，毋得以庸劣老弱充数。如此则各员及弁兵等倍知奋勉，益加整饬，于台藏边防均收实效。①

乾隆五十五年（1790年）十月，廓尔喀政权派遣官员到西藏按照约定索要赎地元宝，西藏地方新上任的摄政噶勒丹锡呼图呼图克图拒绝这一要求。廓方官员又提出清朝廷赏给廓尔喀王拉纳·巴哈都尔·沙阿俸禄及土地的要求，也被驻藏大臣普福回绝。廓尔喀方面一无所获，因此廓尔喀军队于乾隆五十六年（1791年）再次入侵西藏，再次侵入聂拉木和济咙。随后兵分三路，一路自济咙进攻宗喀，一路自聂拉木进攻定日（在今定日县西），一路绕过定日，经萨迦直趋日喀则。驻藏大臣保泰获知廓尔喀入侵消息后将十岁的七世班禅送往拉萨，令仲巴呼图克图率领僧众守护扎什伦布寺，仲巴呼图克图派遣使者到廓尔喀军营议和，但使者半路逃跑，于

① 《元以来西藏地方与中央政府关系档案史料汇编》第641—654页。

是寺内外喇嘛三千余人纷纷溃散，仲巴呼图克图也携金银及班禅所拥有的贵重物件，装了二百三十三捆，先行逃出，寺内只剩九人。廓尔喀军队长驱直入扎什伦布寺，入住班禅禅房，大小头目分居扎什伦布寺各处，肆无忌惮地掠走寺内金银珠宝。随后廓尔喀军队攻打日喀则宗城，由于都司徐南鹏率清兵坚守，使得廓尔喀军队久攻不下，廓尔喀军队不得不携带所掠财宝退往边境。

清朝廷派遣大将军福康安和四川总督孙士毅等人率兵入藏反击廓尔喀军队。清军翻越喜马拉雅山，一直追击廓尔喀军队到廓尔喀首都加德满都附近，迫使廓尔喀国王出城议和，取得反击战的胜利。在战争过程中福康安等人遵旨议定善后章程，于乾隆五十八年（1793年）二月形成《钦定藏内善后章程二十九条》。该章程对乾隆五十八年（1793年）后清朝驻藏官兵形成了定制，涉及清朝驻藏清军及财政支出的部分如下：

（一）驻藏清军官兵财政支出

乾隆五十七年（1792年）十二月初六日。

福康安、孙士毅、惠龄、和琳又奏言：查藏地向未设有汛防。其外番人等往来自便，毫无稽查，实属不成事体。现查扼要总路惟江孜、定日两处为各部落来藏咽喉，应请于江孜添设一汛，源守备一员、外委一员，带兵二十名驻扎。又于定日添设一洲，兼守备一员、把总一员、外委一员，带兵四十名驻扎。所有添设巡查官弁兵丁，应遵旨于藏内及台站兵丁内抽拨。查前藏驻扎游击一员、守备一员、千总二员、外委五员，兵四百五十五名，驻扎都司一员、外委一员、兵一百五十名；打箭炉以外各台站共设游击一员、守备三员、千总二员、把总七员、外委九员，兵八百三十二名。应于东路台站内，查无夹坝出没之地，及后藏兵丁尚可酌量抽拨。臣等公同筹议，拟于察木多抽拨兵四十名，拉里抽拨兵十名，后藏抽拨兵十名，以上共抽拨兵六十名。应得之项，俱照西藏防兵定例支给。其应拨调之守备二员、把总一员、外委二员，照例由川省派出。所有官员、兵丁俱于现在随征官兵内挑派前往。仍照前后藏驻防之例，班满更换。所需房屋，查明于定日、江孜营官寨之旁，各拨数十间，用资栖止，毋庸动项添盖。至藏内防兵，不必另议增添，统交驻藏大臣督率将弁勤加操演。新添之定日、江孜汛兵，亦即于驻藏大臣巡查之便，就近查验操演，以肃营伍。均奏入。上命军机大臣议奏。旋经核议，均应如所奏办理。上从之。①

（二）驻藏清军军火费

乾隆五十七年（1792年）十二月十一日。

（福康安等奏藏内善后条款除遵旨议复者外尚有应行办理章程十八条折）

西藏官兵所需火药应就地配造以节靡费也。查驻藏官兵每年操演共需火药二千余斤，向由内地各营配造，运送来藏，虽工料自有定价，而自打箭炉运至前藏需用脚价甚多，经过番地亦不免有偷窃情弊。臣福康安到藏时，查得工布地方产磺，布达拉现存火药即系该处配造，随即差弁前往制造。曾经奏明，将来操演火药，如藏地可以就近制办，即不必由川省远道解来，致费脚价。兹查工布制造火药每百斤共工价银二十三两有零。所有工料，虽较内地定例昂贵，而所用脚价较之内地运来节省至三十余倍之多。两相比较，仍系在藏配制大有节省。所有军需案内运来火药已到西藏者，除军营用去外，尚有余存，现在饬查斤数，令各粮员运回，分贮前后藏，择其高燥地方收贮，尽足供数年操演之用，尚可毋庸配制。俟将现存火药将次用竣，只敷两年备用之时，再行在藏配造。若由驻藏游击派人前往工布，恐所遣之人未妥，或致扰累番民，并虑有私造透漏之弊。应核定每年操演火药数目，由驻赢大臣衙门给发印票，交噶布伦差派诚实番目，前赴工布地方制造，解送来藏。至藏地产铅甚少，现有军营存剩铅丸堪以备用。俟将次用完时，再由川省运送。操演火绳，亦照向例由川省运解。又，内地解来弓箭，除军营应用外，亦有盈余，应并留存前后藏拨给官兵

① （清）方略馆纂《钦定廓尔喀纪略》卷四十七全国图书馆文献缩微复制中心1991年版，第712—713页。

作为操防之用。又，后藏向无炮位，现于臣福康安进兵时所铸铜炮十三尊内，拨给二尊，令于操演时试演准头，其余俱交布达拉存贮。[①]

（军机大臣会同大学士九卿议复福康安等奏酌筹藏内善后章程）

西藏官兵所需火药，工布地方产磺，制造火药，较运从内地费省。请就近制运。其铅丸、火绳由川省运解。[②]

每年操演军队所需用之弹药，由噶厦派妥员携带驻藏大臣衙门之公文，前去工布地方制造，运至拉萨发给部队，以前后藏番兵没有火炮，现从新造十四门火炮中调两门给后藏，以便在军队操演时试验射击，其余都交给达赖喇嘛。[③]

乾隆时期两次反击廓尔喀入侵西藏战争，使得清朝廷重新部署了驻藏清军，驻藏清军达一千五百名，三年一换防，主要任务是分防前后藏重要城镇，负责边防，保证内地与西藏、前藏与后藏的交通和驿传的畅通。关于驻藏清军的财政支出几乎全部由清朝廷承担，饷银由四川解运，口粮则先将米价银两交商上噶伦，由其在藏地采办。乾隆五十八年（1793年），清朝最终建立和完善了驻藏官兵的制度，自此之后实施一直到清末。其间虽然小有变动，但驻防官兵人数、地点等基本沿袭这一定制。[④] 乾隆时期应支驻藏兵丁每月饷银，共二千二百二十九两五钱。

二、乾隆时期入藏平定珠尔默特那木札勒反乱的财政支出

郡王颇罗鼐去世后，西藏郡王由颇罗鼐次子珠尔默特那木扎勒承袭，共计施政三年。珠尔默特那木扎勒身为藏王，但在用人方面“操生杀而擅富贵”，虐使属下，诛除异己和其父所用旧人，所属皆怨；在军事方面拥兵驻扎西藏；在经济方面“贸易所入，岁获重货，而且倚藉中朝声势，众

① 《清朝治藏典章研究》第1075—1076页。

② 《清高宗实录》卷一四二一，乾隆五十八年正月乙卯。

③ 《清朝治藏典章研究》第1076页。

④ 周伟洲:《清驻藏兵制考》,《清史研究》，2009年第1期，第116—117页。

蒙古皆与往来，可得厚利”；在政治方面“远在天末，虽有大臣往驻，并不监制其行为，分夺其声势”[①]。珠尔默特那木扎勒暗结准噶尔部，向清朝廷提出撤回驻藏清军的要求，妄想把云南中甸发展成为藏传佛教格鲁派势力范围，甚至要求驻藏大臣将霍尔噶锡等地番众归其管辖。没有达到目的后，他派人监视驻藏大臣，阻绝西藏地方与清朝廷的邮传军书。珠尔默特那木扎勒张扬、暴虐、多疑的秉性，使众人怨怒。他又与藏传佛教格鲁派的达赖喇嘛世系因嫌隙而产生矛盾，尤其是珠尔默特那木扎勒的权力受到七世达赖喇嘛及其僧侣集团的冲击，与西藏僧侣集团形成矛盾。他疑忌达赖喇嘛，屡屡刁难，危及达赖喇嘛。如此种种，使当时的驻藏大臣傅清、拉布敦认为珠尔默特那木扎勒于西藏地方和清朝廷是祸患，因此先下手为强，乾隆十五年（1750年）十月十三日在驻藏大臣衙署诱杀珠尔墨特那木札勒。珠尔墨特那木札勒的余党又杀死了驻藏大臣傅清、拉布敦，抢掠了驻藏大臣衙门内所存的驻藏清军饷银，焚烧了驻藏大臣衙门。

清朝廷获知驻藏大臣被杀、饷银被抢、驻藏大臣衙门被焚毁，决定派遣清军入藏，立即派遣岳钟琪带标兵三百名前赴打箭炉地方，做清军入藏的准备工作。“所有兵丁应支口粮等项，已饬司照例应付，并酌带银二千两，以备沿途赏需等项之用，统入于西路军需案内，将来分别报销。”[②]但在珠尔墨特那木札勒余党诛杀驻藏大臣第二日，七世达赖喇嘛与公班第达已经组织力量迅速平息叛乱，并将驻藏大臣衙门幸存者接到布达拉宫保护起来。因此，四川总督策楞和四川提督岳钟琪认为“此番进兵，只在擒拿为首抗拒之卓尼，并为安藏起见，恐达赖喇嘛等以及口内口外各番未知底细，妄启猜疑”，决定“现在差委干强武员二名，沿途晓谕，并写信与达赖喇嘛、公班第达，将现在请旨进兵捉拿为首之卓呢罗藏札什缘由寄知，以安藏内之心。并令差员会同服务常明、千总毛锦章，将傅清、拉布敦等尸骸撤回内地办理。又，现在藏内兵丁八十余名，虽经达赖喇嘛给以服食，在布达拉养赡，终非久计，而此时饷银又未便往运，已于达赖喇嘛信

① 《清高宗实录》卷三三八，乾隆四十八年正月乙卯。

② 《元以来西藏地方与中央政府关系档案史料汇编》第520页。

内寄知，查照往例，暂于喇嘛库内借支，将来照数拨还”。[①]

由于珠尔默特那木扎勒之党羽已被七世达赖喇嘛和公班第达的人员查拿收禁，西藏地方局势安稳，因此清朝廷无需派遣重兵入藏，但一切事宜尚须料理，清朝廷着策楞带兵八百名进藏，会同钦差大臣悉心妥办。岳钟琪业已在途，亦可无庸进发，即着驻扎打箭炉，以资弹压。[②] 四川总督策楞率领清兵入藏后，针对西藏地方清朝廷驻军及川藏沿途防军的实际情况，乾隆十六年（1751年）四月在原有基础上做了新的部署，“藏内仍须驻兵五百，其沿途台站亦应照数安设妥协，现将所带进藏官兵内照数挑选驻藏。其台站各官兵，向系游击一员、守备一员，千把总十员、兵一千名。查旧设塘汛，视地之简要，定兵之多寡，声气尚属联络。惟兵半老弱，由向例三年之内遇有缺出该管官就近招募滥充所致。今酌议拉里以西离藏尚近，如有缺出，驻藏大臣将藏地可拨之余丁验补。其拉里以东距藏较远，驻藏大臣不能挑验，遇有缺出，不准就近招募，即于下台现兵内挨站递行拨补。将所遗粮缺趱至打箭炉，令阜和营游击于内地余丁选拔”[③]。此举获得乾隆皇帝认可。因此，乾隆十五年（1750年）策楞率领的八百名入藏清兵，留下五百名驻守西藏地方，余下三百名在策楞回返时一起撤回内地。

三、乾隆时期两次抗击廓尔喀入侵西藏地方战争的财政支出

（一）乾隆时期第一次抗击廓尔喀入侵西藏地方战争的财政支出

地处西藏西边的廓尔喀于乾隆五十三年（1788年）六月发动第一次入侵西藏的战争。此次战争廓尔喀军队主要侵占了后藏济咙、聂拉木、宗喀宗等地。消息传到清朝廷，乾隆帝降旨令李世杰等于四川绿营兵和明

① 《元以来西藏地方与中央政府关系档案史料汇编》第521页。

② 《元以来西藏地方与中央政府关系档案史料汇编》第528页。

③ 《清高宗实录》卷三八七，乾隆十六年四月癸未。

正、里塘各番兵内，就近酌量密为预备，飞咨川省调拨驻防绿营官兵前来应用。传谕李世杰、成德，于该省驻防满兵内添派五百名，其余于绿营及番兵内就近酌调共三四千名。建昌镇总兵穆克登阿带领凯旋官兵回川，即着成德与穆克登阿带领各兵迅速赴藏，帮同堵剿，仍令李世杰宽为预备，接济调用。如鄂辉察看现调各兵不敷堵剿，不妨一面奏闻，一面再酌带二三千名前往应用，以期迅速蒇事。哈拉乌苏地方，现有三十九族番子，若辈本事精强，时常行猎，若调来使用，定必得力，令庆林、雅满泰等赶紧酌调数千名使用。[①] 这是最初清朝廷关于入藏的清军官兵安排情况。

关于此次入藏清军的后勤补给，清朝廷的分工是"内地满洲、绿营官兵及明正土司兵丁，共有三千名前往，所需路费，李世杰业经备办。其到藏以后所需口粮，着寄信庆林、雅满泰等，即照从前那囊等处买谷之案，并遵照朕节次所降谕旨，晓谕噶布伦等，迅速买备，今值仓猝之际，即使价值稍昂亦可"[②]。西藏地方离内地距离遥远，路途艰难，如果从内地调运口粮，沿途将会花费很多乌拉和时间。为了快速筹够进藏清军所需的口粮，只能采取从西藏地方购买青稞、白面、糌粑等食物。截至乾隆五十三年（1788年）九月二十五日，驻藏大臣庆林、雅满泰等在藏中采办得口粮四千六百石。虽然八世达赖喇嘛捐助一千一百只牛、一万只羊作为官兵口粮，但乾隆皇帝一再谕旨庆林按价付给，同时"唐古特兵丁亦必需口粮，即作为朕与达赖喇嘛之意，将办出米谷酌量略为赏给"[③]。驻藏大臣在藏采办的口粮可供进藏三千官兵四个月口粮之用[④]，这些都由清朝廷承担财政支付。

另外，清朝廷为了鼓励进藏清军将领和入藏办事官员，对他们也进行赏赐。理藩院侍郎巴忠奉命带领扎萨克喇嘛格勒克纳穆喀前往后藏，代表朝廷办理此次有关事情，所以乾隆五十三年（1788年）九月初九日，乾

① 《元以来西藏地方与中央政府关系档案史料汇编》第622页。
② 《元以来西藏地方与中央政府关系档案史料汇编》第625页。
③ 《元以来西藏地方与中央政府关系档案史料汇编》第628页。
④ 《元以来西藏地方与中央政府关系档案史料汇编》第631页。

隆皇帝谕旨赏巴忠和扎萨克喇嘛格勒克纳穆喀每人各银二百两，一同去往西藏的笔帖式庆德、永福等，各赏银五十两，均令一体驰驿。[①] 乾隆五十四（1789年）正月初三日，赏成都将军鄂辉、参赞大臣提督成德、御前侍卫副都统巴忠每人大荷包一对、小荷包二对。[②]

（二）乾隆时期第二次抗击廓尔喀入侵西藏地方战争的财政支出

第一次抗击廓尔喀军队入侵西藏战争结束后，仅仅过了两年时间，由于西藏地方政府没有按照第一次战后议和条件赔偿，廓尔喀政权悍然发动第二次入侵西藏的战争。消息传到清朝廷，乾隆皇帝君臣很是震惊并迅速做出反应，一面派遣官员查办，并处置在第一次反击廓尔喀军队入侵战争中，违背朝廷意愿私下签订有利于廓尔喀的密约的官员，一面积极筹措清军第二次进藏抗击廓尔喀军队入侵战争。

清军第二次进藏抗击廓尔喀军队入侵战争发生在乾隆五十六年（1791年）七月至五十七年（1792年）。此次战争与第一次入藏抗击廓尔喀军队入侵战争相较，战事激烈、持续时间长，所需兵力数额多、投入财政支出巨大。此次战争历时十六个月之久，结局是福康安率领军队不仅成功将廓尔喀军队驱逐出境，收复失地，而且翻越喜马拉雅山，继续追击廓尔喀军队直到廓尔喀首都加德满都郊外，兵临城下迫使廓尔喀国王出城投降议和。

率领清军第二次入藏抗击廓尔喀军队入侵的将军为福康安，参赞为海兰察、奎林，其余随在军营及派往各大员，俱着在领队行走，庶军营有所统摄，以专任使。[③] 此次进藏兵员的情况有东北的索伦兵一千名，跟随人员五百人，共计一千五百多人。征调四川屯土兵八千余人，西藏地方原驻守的清朝绿营兵五六百人，其他的兵员如族番兵丁、青海的汉蒙兵丁等共

① 《元以来西藏地方与中央政府关系档案史料汇编》第627页。

② 《元以来西藏地方与中央政府关系档案史料汇编》第636页。

③ 《元以来西藏地方与中央政府关系档案史料汇编》第681页。

计四千余名，总之此次战争清朝廷共调用了大约一万四千余人。[①]

大兵未行，粮草先行。在福康安率兵动身进藏前，清朝廷已令鄂辉、将军成德筹办西藏军粮买运支放各事宜。乾隆五十六年（1791年）十二月二十五日鄂辉向清朝廷奏陈为进藏官兵准备口粮情况："前后藏现办糌粑七万余石，足敷支应……所有官兵口粮，自应随时支给，以资饱腾。"[②] 同时因为兵动粮随，所有官兵口粮及运送支放、安设粮台等事，自应立定章程，以期源源接济，无误军行，形成西藏军粮买运支放事宜章程如下：

一、稞麦价值当为核定一款。

据称，前后藏现办口粮，间有麦石，其余尽系青稞。所报之数，除计算可以磨成糌粑之数，然既未炒磨，自应仍以稞麦核定。藏中今岁收成尚为丰稔，臣与达赖喇嘛酌议，每麦一石价银一两一钱，每青稞一石价银一两三钱，较之五十四、五年采买价值不少无多。但麦子磨面并青稞炒面糌粑，一切人工薪火，不应核计定价，每面一石加磨工银二钱，每糌粑一石加炒价磨工银三钱。等语。臣等查糌粑一项，既未炒磨，自应仍以青稞核定价值。查五十四年采买案内，经舒濂等奏明，每麦一石价银一两四钱八分，每青稞一石价银一两七钱四分。又五十五年采买案内，每麦一石价银一两一钱一分八厘，每青稞一石价一两三钱九厘。今据鄂辉奏称，今岁藏中收成丰稔，现在酌定每麦一石价银一两一钱，每青稞一石价银一两三钱，核之前次采买价值，俱属有减无浮，应如郭辉所奏办理。至麦子、青稞支给兵食，自当炒磨应用，但查上次办理巴勒布军需案内，并无开销磨价之条，况既据称番子等自行炒磨，更无庸另给工价。所有鄂辉奏每面一石加磨工银二钱，每糌粑一石加炒价磨工银三钱之处，应毋庸议。

一、官兵口粮应酌定斤数一款。

据称，每兵一名日给糌粑一斤，无论官役人等照此关支，用归划一。

① 高晓波：《乾隆朝第二次廓尔喀之役兵源及军费考略》，《西藏研究》，2013年第2期，第19页。

② 《元以来西藏地方与中央政府关系档案史料汇编》第692页。

并于各台制给大小准秤二杆，以便收放。等语。臣等查军需定例，每兵每名日给米八合三勺或面一斤。今西藏所办，多系糌粑，虽据称体质轻松，若以升给发，不敷果腹，但查上次巴勒布军需案内，每兵每名系折糌粑一升，并未有不敷饱食之虞。此次若折支一斤，未免多为糜费。应仍令查照上届办理成案，无论官兵人等每名每日支给糌粑一升，以昭划一。至各台应制大小秤二杆，系为给发糌粑斤数而设，今仍令以升支给，亦无庸再行制办。

一、各台应酌量安设一款。

据称，自前藏至后藏，原定二十三站半，自应照旧安设。其自后藏至胁噶尔，原定二十站。五十三年经部驳作兵行十站。但该处每站实有四、五、六十里不等，若竟减作十站，难以运供。应请仍安二十站，并于相隔四五站，安设一台，专员经理，以便接续转输。每台各派粮员一员，专司收发。等语。

臣等查军行粮食最为紧要，自应安设粮台，以便转输。但口外蛮荒，应就各该处地方，择其可以存扎者通融安设。今鄂辉奏拟安前藏一台，由前藏至曲水、由曲水至浪噶子、由浪噶子至江孜、由江孜至后藏、由后藏至乃安、由乃安至彭错岭、由彭错岭至纳子、由纳子直至胁噶尔，以上共安九台，每台各派粮员一员，专司收发。其内地派出文员未到之前，先派武弁接管，以专责成，自为慎重军粮起见，应如所奏办理。至所称前藏至后藏定为二十三站半，后藏至胁噶尔定为二十站之处，查上届办理巴勒布，经参赞成德奏明，前藏至后藏计程十二站，后藏至胁噶尔计程十站，各案军需，俱饰令道照报销。此次自应仍照奏定站数，未便以口外难行多开程缩，致额冒滥。至应用护台兵丁、仓斗，通译并油单棕单赏需器用，租赁制房等项，应悉令查照上届出师巴勒布之例办理，不得借端开销，致题浮冒。

一、运粮应酌定斤数一款。

据称，旧案每面一石五斗，用乌拉一只。此次所办糌粑，亦应照运面之例，每一石五斗用乌拉一只，每站给价银一钱六分，每二只给照料夫一名。查糌粑体质散细，若用毛袋装运，易于渗漏，请每糌粑一石五斗用皮袋二条，口绳二根。等语。臣等查上届出师巴勒布，经四川总督李世杰奏明，每糌粑一石五斗用乌拉一只，每站每只给价银一钱六分，每二只给照料番夫一名，折给口粮一分，遵照办理在案。此次军行，自应如鄂辉所奏。至所称用皮口袋装运之处，查军需定例，凡军营运粮，俱用毛麻口袋装运。况上届拨运糌粑，系用毛袋装运，报销有案，未便以糌粑体质散细，改用皮口袋，致与例案不符。应仍令鄂辉查照遵办。其折耗并入仓拨运支放，请照运米之例开销，并运送军器军装军饷送兵等差，均应如鄂辉所奏，照旧办理，统于事竣后报部核销。①

作战所需的铅药军需和饷银主要都是从四川运往西藏，其中箭支为行军利器，特别是索伦兵丁，骑射尤其所长，所以孙士毅在川省办箭一万支，惠龄复添制三万枝，共计四万支。② 这些军需从四川运到西藏再运到军营，沿途需要动用很多乌拉，需要派遣官员沿途分段督催，方能保证按期到达。为了使四川所运的饷银军火各项，及自藏至军营粮台运送粮石，迅速到位，惠龄与福康安详悉酌商，饬派建昌道徐长发驻扎察木多，松茂道倭什布驻扎前藏，候补道承勋驻扎后藏，沿途分投催趱。盐茶道林俊管理随营粮台，督办一切。惠龄在进藏途中密切关注军需运输，东路一带乌拉牲畜，办理间有迟延，惠龄经过南墩、察木多时，严饬该处呼图克图并头人等妥为经理。惠龄行至察木多以西，发现路险站长，屡次大雪，情形严峻，惠龄于途次逐站催趱，并严查头人等克扣乌拉价值之弊。福康安前已派甘肃藩司景安，驰往督催，并令林俊分派管事喇嘛，前赴各站，妥为催办。惠龄到藏，又与福康安酌商，再行派委干练妥员，设法雇办送兵乌拉，催运军需。③

由于西藏海拔高，广布雪山，地广人稀，行路困难，特别是后藏很多地方没有道路，另外西藏地方已经形成积习，遇到战事，自噶伦以及大小

① 《元以来西藏地方与中央政府关系档案史料汇编》第692—694页。

② 《元以来西藏地方与中央政府关系档案史料汇编》第716页。

③ 《元以来西藏地方与中央政府关系档案史料汇编》第723页。

头人，多不出备乌拉，惟派番民当差，远处住牧者，不能调集应付，而附近番民人等，轮番雇用，颇形苦累，凑办仍属无几。当从四川运送的粮石、军火、军装等到达西藏地方后，再运到后藏的军营，困难重重，几乎无法凑办，因此福康安到达西藏地方后传集噶伦等，谕以此次奉旨，特派大兵进剿贼匪，全为保护黄教，抚安番众，要求他们自应痛改积习，共思出力报效。如此明白开导，并令署理驻藏事务侍卫额尔登保同林俊赶紧督催。林俊自处行捐牛五百头，为之倡率，噶伦、戴琫、第巴、营官、头人等，均踊跃趋事。达赖喇嘛、班禅额尔德尼属下，及各寺呼图克图、大喇嘛等，亦愿将所养牛只，助出乌拉。募集牛一万五千头，分派各粮台，往来输运，保证通行无误，这样前藏至军营一路，穷苦番民均可毋庸差派，免致扰累。西藏地方大小头目捐助的牛用于战时运输乌拉的做法，得到乾隆皇帝赞许。乾隆皇帝在批阅福康安奏筹办乌拉等情形折时，朱批："好。"事后亦自加赏，先谕知之。[①] 亦即战争结束后清朝廷以赏赐的形式予以补偿。

福康安入藏时，宣谕圣主保全卫藏、辑定边徼至意，一切支应粮运乌拉等项悉动帑金，并未丝毫扰累卫藏，凡卫藏僧俗人等无不踊跃趋事。所以索伦各兵须用马匹，驻藏大臣等札商达赖喇嘛及济咙呼图克图在藏地采办。而达赖喇嘛已在后藏购办，犹恐不敷乘骑，遣人携商上银三万两，赴青海、蒙古番族地方采买马匹，以供进剿及凯旋时骑用。乾隆皇帝获知信息后，加赐珍物予达赖喇嘛，并照数赏给马价，达赖喇嘛感恩戴德。[②]

四、乾隆时期平定康区叛乱的财政支出

康区是联结内地与西藏地方的重要纽带，特别是川藏大道为清朝廷与西藏地方保持密切联系发挥不可替代的作用。为了满足治理西藏地方及西南边疆的需要，乾隆时期清朝廷在承认康区原有的土司基础上，又陆续设

---

① 《元以来西藏地方与中央政府关系档案史料汇编》第716—717页。

② 《元以来西藏地方与中央政府关系档案史料汇编》第743—744页。

置了许多土司。新老土司共同生活在康区，其中大多数土司虽然对清朝廷表现的“驯服”，但也有不服从朝廷管束进行叛乱的；有很多土司虽然表面服从清朝廷，但在暗地里由于各土司之间争夺地盘，互相火拼时有发生，导致新仇旧恨交织在一起。另外，“夹坝”问题严重，危害川藏道路上塘汛的安全，在川藏道路上时常发生抢劫饷银军粮的事情，甚至连报匣都不放过。土司纷争、叛乱，“夹坝”劫掠是影响川藏道路畅通的重大隐患。因此当进藏道路受阻，影响了西藏地方与清朝廷之间的联系时，清朝廷就必须通过施以兵威，震慑当地土司与“夹坝”。乾隆时期，清朝廷围绕进藏道路受阻问题，在康区三次大规模用兵，即平定瞻对叛乱，平定大、小金川，进剿三岩。乾隆时期，为了康区进藏道路畅通三次用兵，清朝廷承担了财政支出。

（一）乾隆时期平定瞻对叛乱的财政支出

瞻对地处道孚、炉霍、理塘、白玉、甘孜交界处。雅鲁江纵贯全境，自西北向东南流入，两岸山峦起伏，是当时入藏的交通要道，藏族是此地世居民族。由于其地处交通要道，地理位置险要，再加上瞻民强悍、善战的性格，所以有清一朝，一直是个“多事”的地区。康熙、雍正时期，瞻对“夹坝”尤为猛悍，经常单独或有组织地劫掠来往西藏的行商、使者以及清廷官兵。清兵黎雅营游击高奋志诱杀了下瞻对土司策冷工布，激起瞻民反抗。雍正五年（1727年）清朝廷首次用兵瞻对，结局是清军以掩事报功替代了草率收兵。

“下瞻对土司策冷工布被清军诱杀以后，其子班滚继位。班滚雄黠健武远胜于其父，由于父亲之死，他对清廷已极不信任，因而常与清军作对。”① 如乾隆九年（1744年）瞻民劫掠里塘所属渣吗隆黑牧民的帐房、牛只。乾隆十年（1745年）瞻民抢劫从西藏地方撤回的清军兵丁行李，同年还发生了在松塘地区拆毁房舍、抢去文书的事情。因此，川陕总督庆复

① 陈一石：《清代瞻对事件在藏族地区的历史地位与影响》，《西藏研究》，1986年第4期，第2页。

奏报朝廷“上、下瞻对番民惯为夹坝，前因劫夺沿塘撤站官兵行李，勒献赃贼，抗拒不遵，自宜大加惩创”。具体实施军事方案是：“上、下瞻对在鸦笼江东西，夹江而居，各二十余寨。东有大路二条，西、南、北共有大路三条，俱属要隘。界连四瓦述等土司，凡瞻对之出入内地者，俱由四瓦述地界经过。从前曾以万余兵攻彼，犹难一时慑服，今若兵力稍弱，不足示威。应选委镇、将各一员，为正、副都统，以建昌道为监纪，酌调提标各邻近镇协之汉兵四千名，杂谷、瓦寺、木坪等之土兵四千名，俱由打箭炉出口，向该土酋等近巢驻扎。并派拨该管之明正土司及附近之里塘土司等，于各隘口堵御。其四瓦述土司，向惧瞻对侵犯，不无暗相结纳，实非出于本心。应开导使弗党恶，则瞻对势孤。然后指定各夹坝姓名、寨分，令该土酋等擒献。如上瞻对悔悟，即奖令并攻下瞻对。并令杂谷、瓦寺等土司奋力前驱，大军随后进剿。”①

乾隆君臣经过思考后决定派兵镇压。乾隆十年（1745年）七月，由四川提督李质粹率领清兵、土兵一万五千余人，开始进攻瞻对。由于瞻对优越的地理位置和班滚部众的坚决抵御，以及长时间作战使清军中有兵丁产生厌战情绪，双方进入相持阶段。然而提督李质粹不但不把清兵糟糕的境遇奏报朝廷，反而谎报战功。川督庆复亲临战场发现清兵内部管理混乱、军械陈旧、士卒离心等不利情况，并亲自督战，但于事无济，于是决定改变战略，“便企图从内部瓦解班滚的势力。他派人进入瞻对联络班滚的异母弟俄木丁谋求里应外合，献出班滚驻守的要塞如朗。当时陕甘各路援兵陆续进入藏区，班滚亦自知兵力薄弱，不愿坚持阵地的消耗战。于是班滚与俄木丁将计就计，于乾隆十一年（1746年）四月二十三日引诱官兵深入，并且自焚泥日官寨，班滚及其部众全部暗中转移。庆复及其将领为了早日胜利班师，均人云亦云、异口同声，宣布班滚及主要头人恶木劳丁、姜错太等扮‘一并烧毙’，并藉此大肆夸耀战功。乾隆帝在批示庆复的奏折中，虽曾对班滚是否焚毙的问题表示怀疑，但亦言之无据，最后只

① 《清高宗实录》卷二三五，乾隆十年二月壬申。

好论功行赏，历时将近一年的镇压瞻对的战争，便在虚假的‘胜利’声中结束”[①]。乾隆十一年（1746年），川陕总督庆复在战后向朝廷奏报瞻对已平，贼首歼灭，清除余党，招抚逃散，次第就理。这次用兵瞻对，军饷开支共计白银五十余万两[②]。战争虽然结束，但瞻对地区不稳定因素并未从根本上消除。

（二）乾隆时期平定金川叛乱的财政支出

大金川位于川西北嘉绒地区，地处大渡河上游。其地绵亘一沟，南北不及三百里，东西不及二百里，大渡河由北而南贯穿其中。小金川地处大金川东南，大小金川地区山峦起伏，藏族民众世代在此聚居。彼时金川的局势是土司力量分立对峙，其中大金川土司莎罗奔势力最强。大金川土司莎罗奔在雍正朝时期被授予安抚司，经过十数年的发展，到乾隆朝时期，势力日盛，为了能够统一号令，经常在土司中引发争斗。正当朝廷在对瞻对用兵进入末期，朝廷和川省大吏在商讨对大金川是否用兵之时，乾隆十二年（1747年）二月，大金川土司莎罗奔带兵围攻革布什咱之正地，并劫杀明正土司所属之鲁密章谷，兵锋直逼内地门户打箭炉[③]，严重影响到川藏大道运转问题。乾隆皇帝闻知消息后，同意并决定用兵进剿大金川。

为了保证出师顺利，清朝廷将治理苗疆颇有成效的张广泗调任川陕总督，统率全军。进剿之初，清军一切尚属顺利，但随着深入，在金川坚碉险隘面前，清军陷入困境。川陕总督张广泗奏报：“大金川地势，尺寸皆山，险要处皆设碉楼，防范周密，枪炮俱不能破，应用火攻。现派弁兵多砍薪木，堆积贼碉附近，临攻时，各兵齐力运至碉墙之下，举火焚烧，再

---

① 陈一石：《清代瞻对事件在藏族地区的历史地位与影响》，《西藏研究》，1986年第4期，第2页。

② 李研军：《清代前期川藏大道塘汛设置研究》，西藏民族学院硕士学位论文，2013年，第27页。

③ （清）方略馆纂《平定金川方略》卷一，乾隆十二年二月丁亥；《西藏学汉文文献汇刻》第一辑，全国图书馆文献缩微复制中心，1992年。转引徐法言《第一次金川之役起因初探》，《四川大学学报》2012年第5期。

发大炮，易于攻克。”[①] 但最终张广泗用尽所能想到的办法，都对攻克金川碉楼无法奏效，再加上清军其他几路大兵在进剿过程中也屡屡出现失利状况，乾隆皇帝听从钦差兵部尚书班第密奏，启用在成都乡居的六十三岁的岳钟琪以提督衔赴金川统领军事，谕令大学士讷亲赴川省经略金川之役。但是讷亲和岳钟琪亦无法挽回清军颓势，无计可施情况下，乾隆帝易换主帅，让傅恒代替讷亲、张广泗成为统帅。从乾隆十二年（1747年）至十四年（1749年），这场费时两年的战争，用兵达七万，清朝廷耗银近一千万两，结局是朝廷以和局收场，使大金川在川西藏区威望必然得以空前增长。“在众土司中一跃而起，成为乾隆帝眼中治理川边最大的阻碍。之后二十余年间，清廷利用一切可趁之机遏制、削弱大金川，以强大的国家力量不断地介入当地的纷争，大金川也持之不懈地与之周旋、对抗，这一过程彻底打破了川边既有的政治格局与秩序，最终酿成了更为浩大的第二次金川之役。”[②]

第一次金川战争结束后，川西藏区的土司并没有停止相互之间的攻伐杀戮，反而愈演愈烈。乾隆三十五年（1770年），四川总督阿尔泰向朝廷奏报：“小金川、沃克什两土司争地起衅，用兵相攻。由于小金川土司泽旺年老，伊子僧格桑与多事头人怂恿生事。明正、革布什咱各土司劝阻不听。经委员前赴夷巢弹压，责以擅自发兵，小金川禀即停止用兵。但沃克什既诅伊父子致病，又斗时杀伤伊多人，应照蛮礼打伤人口罚赔命价，求断沃克什一、二寨与伊耕种。现饬委员严行查办，务使多事者知畏退敛。”[③] 乾隆三十六年（1771年），川省总督阿尔泰又向朝廷奏报：“革布什咱头人勾连大金川占据革地官寨，革酋不知下落。”阿尔泰派遣游击宋元俊驰往严谕，饬调土兵、土练前赴弹压。对于这次事件，阿尔泰认为：“革布什咱土司索诺木多、布丹素行苛虐，召祸实由自取，而蛮夷互相仇杀亦属常情。其事原可无庸查办。但金川土舍索诺木多幼小罔识利害，而

① 《清高宗实录》卷二九八，乾隆十二年九月庚子。

② 徐法言:《第一次金川之役起因初探》,《四川大学学报》，2012年第5期，第160页。

③ 《清高宗实录》卷八五五，乾隆三十五年三月丁未。

革地头人又复顽劣不法，则慑以兵。阿尔泰等一闻员弁禀报，即饬调兵练前赴分布防查，并先后亲往确勘情形，相机办理，颇为妥速协宜。”乾隆帝闻知此事后其态度是：“今索诺木多父故未久，辄擅发兵袭占邻地，实为非理。念索诺木多年幼无知，且受人怂恿，姑从原恕。特遣员明白晓谕该土舍速将土兵全行撤回，仍还革夷土地，本阖部亦不复加深究。使其晓然于恩威祸福，自当敛众归巢。”① 此时，乾隆帝已经准备再次用兵金川，并令四川总督阿尔泰驰驿回京商量部署。小金川僧格桑原本与明正土司郎舅素好，因僧格桑发兵围攻沃克什时，明正土司屡劝其停战，互相成仇。乾隆三十六年（1771年）六月小金川僧格桑发兵占据明正土司纳顶等寨②，开始攻袭明正土司，此事让乾隆帝下决心再次用兵金川。

第二次金川之战从乾隆三十六年（1771年）至四十一年（1776年）。在历时五年的战争，朝廷先后调兵近十万，“共动帑银六千一百六十万两，支销银五千五百五十余两……共调集十四省营十八路土司满汉屯土官兵一十二万五百余员名，内阵亡者一万四千七百三十一员名，伤者不计，调派民夫四十六万二千有奇，钦差大员及差派文官七百四十余员，运米二百九十六万三千五百余石，火药四百二十七万一千四百余觔，铅铁砲子三百余觔，铸砲六百五十余尊，设站马四千余匹，修理桥船道路派办物料器具，以及特恩赏功酧庸衈死褒生，一应销算，较前用帑，既已十倍”。③ 再加上在第一次金川战役中的消费，两次战争消耗白银将近一亿两④。第一次金川之战至第二次金川之战，靡费最巨，损兵最为惨重。

① 《清高宗实录》卷八八五，乾隆三十六年五月丙寅。

② 《清高宗实录》卷八八八，乾隆三十六年七月丁未。

③ 郑栖山编纂《平定两金川军需例案》，全国图书馆文献缩微复制中心，1992年。

④ 齐德舜：《论乾隆朝金川战役对清政府的影响》，《四川民族学院学报》，2010年10月第5期，第45—46页。

（三）乾隆时期进剿三岩的财政支出

三岩（清朝史料中也称之为三艾、三暗、三茇、山暗、萨安等）地处四川和西藏交界的金沙江峡谷两岸，被崇山峻岭包围着。由于当地海拔高、土地贫瘠、自然条件恶劣，人们生存条件有限，以抢劫为生。他们以血缘关系为纽带形成各种“夹坝”组织，凭借三岩是川藏大道必经之地，以及他们熟悉三岩险恶的地势，在川藏大道上屡放夹坝，无论过往商旅还是朝廷饷银军粮，他们都敢抢劫。乾隆三十五年（1770 年），在来往驻藏大臣经常住宿之地发生了劫掠巴塘副土司特玛骡马的事件[①]，引起清朝廷关注。于是清朝廷令四川总督阿尔泰等人派兵驻扎川藏交通线的重点防范地区，在理塘、巴塘、芒康、边坝等地安置营汛大员驻扎镇守，确保川藏交通线畅通。乾隆四十四年（ 1779 年），又发生抢劫达赖喇嘛茶包事件，引起清朝廷的重视。于是乾隆四十五年（ 1780 年），乾隆皇帝敕谕四川军与噶厦地方政府共同进剿三岩。

西藏办事大臣恒瑞、索琳遵旨令噶厦地方政府的公班第达于乾隆四十四年（ 1779 年）十一月初三日率领藏军由西藏启程。索琳赶办乌拉牲只，令游击纳其善等于十二月十八日带兵前赴班第达行营，抵察木多，与班第达酌办诸事。由于时逢雨雪天气，难以前行，所以只能等到次年草青时进兵三岩[②]。川军则派遣成都将军特成额亲自率兵进缴三岩，乾隆四十五年（ 1780 年）三月时，由于迫于兵威，三岩巴朗头人乌金桑珠、宗巴头人安却珠多、白马吉等在巴塘头人汪许带领下主动投靠清军军营，德尔格忒头人泽旺劳丁、上三暗节齿头人汤旺及大喇嘛罕错等，亦各率番众禀恳投诚。清军与藏军主要是针对宗巴、索古垄两处用兵，因为达赖喇嘛茶包就是被这两处贼人所抢。成都将军特成额飞饬总兵成德等，派副将鄂辉督兵捣其西北，成德、袁国璜带兵绕出西南，两面夹击，将贼人等一

① 《清高宗实录》卷八五六，乾隆四十五年四月丙辰。

② 《清高宗实录》卷一〇九九，乾隆四十五年正月庚子。

举就擒。①

进缴后清朝廷在三岩设流官治理，移驻绿营官兵稽查弹压，并令德尔格忒土司酌派大头人协同管束。三岩巴番人，只许留小头人零星分管地方，不许留大头人在三岩，以防再次滋事。为了保障川藏大道畅通，清朝廷移驻绿营官兵稽查弹压，在江卡地方派弁兵分防驻守，兵员从察木多军营抽出兵一百名，把总、外委各一员，拨归江卡守备管理，驻防弹压。“江卡既添兵防驻，自宜相地筑碉，以资栖止。”“炉厅米石起运在途，自应分别远近酌运收贮。其江卡支剩米面无多，即令该驻防守备收存，以供支领。”②

战后，清朝廷对进缴三岩的有功之士进行嘉奖。由于成都将军特成额亲力亲为，指挥得当，速战速决，着特成额等酌量奖赏，并送部引见③。参将张芝元因通三岩番语，谙练番情，在进缴三岩过程中发挥重要作用，实心出力，不避险难，加恩赏给副将职衔，遇有相当缺出，酌量补用，以示奖励。巴塘、德尔格忒土司派带士兵之大头目朗金多尔结、俄木三珠二人在进缴三岩过程中深入三岩，招徕番众，甚为出力，着加恩赏给土守备职衔，并着赏戴花翎。④

第六节　乾隆时期六世班禅进京朝觐财政支出

六世班禅额尔德尼洛桑巴丹益希于乾隆四十四年（1779年）率领僧俗众人自扎什伦布寺出发，经过长途跋涉，历时一年多时间，于乾隆

① 《清高宗实录》卷一一〇六，乾隆四十五年三月庚子。

② 《清高宗实录》卷一一〇九，乾隆四十五年六月庚午。

③ 《清高宗实录》卷一一〇九，乾隆四十五年六月癸亥。

④ 《清高宗实录》卷一一〇九，乾隆四十五年六月庚午。

四十五年（1780年）抵达热河朝觐并祝厘乾隆皇帝七十万寿。同年八月二十五日，六世班禅离开热河经古北口至北京，驻锡黄寺。乾隆四十五年（1780年）十一月二日下午，六世班禅因患天花病医治无效于黄寺圆寂。四十六年（1781年）二月，六世班禅的灵塔运往西藏札什伦布寺。六世班禅往返京城途中，驻锡热河、京城，圆寂于京城，清朝廷支付了巨额财政支出。

一、六世班禅进京途中财政支出

乾隆四十三年（1778年）十二月初六日，乾隆皇帝敕谕班禅允准赴京觐见。乾隆四十四年（1779年）正月初三日，福隆安等官员向乾隆皇帝奏拟班禅入觐路线及供顿赏顶等情折，获得乾隆皇帝同意。六世班禅进京路线经青海、西宁入边，自三眼井出边，通过阿拉善、鄂尔多斯游牧地，渡黄河，由归化城至岱海寺，经多伦诺尔而行，进入陕西，经过山西、直隶，到达热河，然后进京，最后返回西藏。六世班禅一行僧众沿途所需，清朝廷以西藏地方和青海交界为临界点，即班禅额尔德尼在西藏地方沿途所需主要由扎什伦布寺和噶厦政府负责，班禅额尔德尼抵达青海后，已属内地管辖，沿途所需主要由清朝廷负责。清朝廷关于承担六世班禅在内地的途中财政支出方式是："班禅额尔德尼入觐，所有经过沿途各省预备供顿等项一切经费，自应据实开销。着传谕各该督抚，于耗羡盈余及各闲款内酌量先行动拨，毋庸开支正项钱粮。即事竣后，亦只须造册折奏，交理藩院、内务府会同核销，拨给广储司银两归还原款，均毋庸具题报部核销。将此传谕直隶、山西、陕西、甘肃各督抚知之。"①

（一）六世班禅途径西藏地方财政支出

六世班禅在扎什伦布寺未动身启程东行时，乾隆皇帝令驻藏大臣索琳

① 第一历史档案馆、中国藏学研究中心编《六世班禅朝觐档案选编》，中国藏学出版社1996年版，第195页。

于乾隆四十四年（1779年）五月十三日前往扎什伦布寺颁给班禅金鼻烟壶。[①] 同年五月十五日，由军机处驿递赏给达赖喇嘛之哈达一方、系五色哈达嵌绿松石金曼扎一个、红妆缎四匹、黄龙金缎袍二袭、黄锦缎四匹、红倭缎四匹、明黄大缎五匹、红毡四条、鼻烟壶二个、蜜蜡碗二件、大荷包一对、花小荷包四对。[②] 六世班禅决定于同年六月十七日从扎什伦布启程，并向乾隆皇帝奏陈，乾隆皇帝闻知甚是喜悦，于同年三月二十一日赏班禅御用穿珠荷包一只，内装鼻烟壶一只。[③]

六世班禅从扎什伦布启程东行，随行的有达尔罕堪布强佐、岁本刚坚堪布、森本、卓尼尔等僧俗徒众共二百九十五人，随从七百六十四人，骑马二百九十五匹、驮驼八百只。驻藏大臣派遣噶伦索朗旺杰随班禅额尔德尼至木鲁乌苏备办船只，等待班禅安全渡河后方才返回。同时，为了保障班禅一行僧众及行李等安全，驻藏大臣派此处达木协领、佐领各一员，兵丁五十名，随行至喀喇乌苏，再由喀喇乌苏派三十九族番众五十人，随行至木鲁乌苏。驻藏大臣除了安排番兵护送班禅，还派遣三十名绿营兵护送。由于这三十名绿营兵是换防兵丁，照例发放四个月盐菜银。他们护送班禅一行僧众直到西宁，然后由西宁回成都，约需六十余日，相应由此发给绿营兵共计六个月盐菜银。[④] 班禅额尔德尼路经各游牧地所需盘费等项，均交所经地方盟长等预为定拟，事后报部奏销。[⑤] 钦差大臣留保住奉旨从扎西塘到通天河之间备有骡轿，班禅乘轿前行，身心安适。钦差大臣不辞沿途斜坡、峡谷及大雪之苦，一路亲自精心照顾，还命令从诺门浑乌巴什岭到通天河之间羌塘等地所需费用、烧柴及劳役等均由各地充分供应。班禅的牛马在广阔原野上失散后，钦差大臣还亲自协助收拢等。在通天河地方，由钦差大臣道客和将军伯等转来乾隆皇帝恩情深重之敕谕和珍贵御像

---

① 《六世班禅朝觐档案选编》第57页。

② 《六世班禅朝觐档案选编》第59页。

③ 《六世班禅朝觐档案选编》第41页。

④ 《六世班禅朝觐档案选编》第44页。

⑤ 《六世班禅朝觐档案选编》第38页。

盒、大荷包一对、宝石鼻烟壶等赏物。① 乾隆皇帝非常高兴六世班禅启程入觐，令热河等处僧人诵经祝祷班禅途次平安，并令福隆安寄信谕留保住转赏班禅御用镶珠玉石法器一个、金盒二只。② 获知班禅已过诺门浑乌巴什岭，清廷赏御用时钟一座，由驿赍往，俟喇嘛祗领，路途用之③ 。

（二）六世班禅途经青海、西宁财政支出

木鲁乌苏以北均为西宁办事大臣所属地方，由驻西宁办事副都统衔法福里，酌情遣派该处番丁等至木鲁乌苏交界地方随行。西宁办事副都统衔法福里在班禅额尔德尼未到木鲁乌苏之前，已到青海与西藏地方交界处整理青海蒙古所备乌拉、蒙古包等项，并从西宁带来班禅额尔德尼每日所食米面、果品、饼点等物。④ 班禅额尔德尼抵达青海后，清朝廷派要员迎接，理藩院侍郎一员、散秩大臣一员、领侍卫内大臣处章京二员往迎，偕同留保住护送。朝廷要员以存问礼颁给班禅额尔德尼敕书，并颁敕礼，赏班禅额尔德尼念珠一串、一等雕鞍一副、一等白马一匹、三十两银茶桶一个、茶酒壶一个、盅一只，各式大缎二十匹、大小哈达各十方。⑤

进入青海界内，钦差大臣道客和将军伯等通告青海王、贝子、扎萨克、台吉等为班禅备有乘骑和驮畜，从通天河到索力麻之间备有骆驼、马匹、牦牛等数百头和许多蒙藏兵丁。从索力麻起，则由内地大臣准备人力抬轿、骡轿及水果等。青海王公、扎萨克等备有骆驼、马匹、牦牛等数千头，并在每一宿营地备有蒙古包和帐篷等直到塔尔寺为止。⑥ 班禅额尔德尼从青海启程东行时，法福里率青海蒙古王公等预先备办好马匹、驮畜、廪给物件⑦ 。班禅额尔德尼入日月山后，经过西宁县所属之东果尔寺、丹

① 《六世班禅朝觐档案选编》第108页。

② 《六世班禅朝觐档案选编》第86页。

③ 《六世班禅朝觐档案选编》第92页。

④ 《六世班禅朝觐档案选编》第38页。

⑤ 《六世班禅朝觐档案选编》第9页。

⑥ 《六世班禅朝觐档案选编》第108页。

⑦ 《六世班禅朝觐档案选编》第9页。

噶尔、镇海堡等处，先前饬西宁道刘光昱亲往查勘，务将住宿房屋打扫洁净，裱糊整齐，以备安居。[①]

进入青海界内，已经是冬季，六世班禅一行僧众在西宁塔尔寺驻锡过冬，在此期间班禅食宿费用等都由钦差大臣筹办[②]。班禅额尔德尼及随行头等、二等喇嘛和三等、四等从役每日应用物件、食用物品：

班禅额尔德尼每日应用：羊三只、牛乳三斤、茶三斤、酥油一斤、木柴七斤八两、面六斤、盐一斤、五两重白蜡烛一枝、京米七合五勺、腌菜二两；

头等第一喇嘛每日应用：羊一只、牛乳一斤八两、茶二斤、酥油八两、木柴七斤八两、白米七合五勺、面二斤、盐一斤、三两重黄蜡烛一枝、腌菜二两；

头等第二及二等喇嘛，每十人每日用：羊一只、牛乳六两四钱、茶一斤、酥油二斤、木柴七十五斤、白米七升五合、面二斤、盐四两八钱、灯油一钟、腌菜一斤四两；

三等四等从役，每十二名每日用：羊一只、茶一斤、面二斤、牛乳四两、盐三两、灯油一钟、酥油二两；每名每日食用：白米七合五勺、腌菜二两、熬茶用木柴二斤八两、煮饭煮肉用木柴五斤。[③]

乾隆皇帝钦派万福、保泰前往塔尔寺迎接六世班禅，于乾隆四十四年（1779年）十月十八日举行初迎礼，在大殿筵宴班禅。总督勒尔谨、提督仁和率地方文武官员至塔尔寺，入班禅额尔德尼居室献伯勒克。班禅额尔德尼随行徒众顺序就座，近处之却藏呼图克图、察干诺们罕等大喇嘛及青海王纳干多尔济等王公、台吉等，概行入宴，观赏戏曲杂耍。班禅额尔德尼甚是喜悦，告诉伍弥泰等称，从抵达塔尔寺起，每日之食用物律，极为充裕，得以安然过冬。[④] 因班禅额尔德尼向不食牛肉猪肉，筵宴内俱未备

① 《六世班禅朝觐档案选编》第51页。

② 《六世班禅朝觐档案选编》第181页。

③ 《六世班禅朝觐档案选编》第180页。

④ 《六世班禅朝觐档案选编》第157页。

办，随从喇嘛及黑人等俱欢乐安静。[1] 为了筵宴班禅额尔德尼确保无误，考虑到外省官吏从未经见，清朝廷令曾在内廷行走的西宁镇绍涵，选派千把等弁提前预备演习，以期整肃。其应用果品、饽饽等物，并饬绍涵指示地方官办理，以免草率。[2]

因正值寒冬，先前班禅派遣堪布罗桑敦珠进京，乾隆皇帝赏班禅御用貂皮袍、新制貂尾通人冠，由其赍往。十一月十七日，乾隆皇帝再次赏班禅御用豹皮袍一件、一只嵌东珠火链。[3] 十一月十八日，内务府遵军机处传赏班禅用黑毡马皮包裹的鹿肉。[4] 十二月初二日，库使常福行抵塔尔寺，将佛手、鹿尾等赏物交付于伍弥泰，即行赏给班禅额尔德尼。[5] 十二月初三日，常宁传旨赏班禅额尔德尼乾隆帝用的金镶珠红蓝宝石四块瓦大鞋带一副（铜底版，上嵌小正珠十六颗，随束共嵌小正珠八颗），拴蓝缎拓金银线葫芦大荷包一对（珊瑚云六个，珊瑚坠角十六个）；小荷包二个（珊瑚豆一个，苗石豆一个），内盛养心殿内金八宝八件、银八宝八件、金锞二个、银锞二个、金钱二个、银钱二个；白春绸飘带一副；黄线带鞋一条；赏用火镰袋一件（珊瑚豆二个）；牛角商丝牙签筒一件。[6] 新年将临，乾隆皇帝于十二月初四日特遣乾清门侍卫佛尔庆额前往塔尔寺，向班禅祝贺新年，并赏乾隆皇帝亲笔福字一幅，御用荷包、火刀、带牙签筒嵌宝石腰带一副，镶绿松子石金如意一柄，金银八宝、金银钱、元宝、红糖、麻糖等物[7]。十二月十七日，又通过班禅进京的人员转赏班禅玻璃、瓷等器皿，由其返回交给班禅[8]。十二月二十七日，福隆安寄信代谕伍弥泰新年临近赏班禅福建、山东进献的九头柑、柑橘、柿饼、橘饼等果品，同日秦禄奉

---

① 《六世班禅朝觐档案选编》第106页。
② 《六世班禅朝觐档案选编》第51页。
③ 《六世班禅朝觐档案选编》第116页。
④ 《六世班禅朝觐档案选编》第117页。
⑤ 《六世班禅朝觐档案选编》第136页。
⑥ 《六世班禅朝觐档案选编》第135页。
⑦ 《六世班禅朝觐档案选编》第125页。
⑧ 《六世班禅朝觐档案选编》第126页。

旨赏班禅额尔德尼、达赖喇嘛每人一件绣金龙的黄宁绸袍面。[①]

乾隆四十五年（1780年）正月初三日，内务府按军机处赏班禅绣线释迦牟尼佛一轴、绣鹅黄缎龙袍面一件、蓝玻璃炉瓶盒一份、碧玉如意一柄、广珐琅瓶一对、广珐琅大盘一件、广珐琅碗一对、广珐琅盘二件、套蓝玻璃瓶一对、青花磁壶一对、白磁红花壶一件、鹅黄辫花大荷包一对、花小荷包五对、玻璃桌灯一对、红毡四块、黄妆缎二匹，配箱盛装，塞垫包裹，发往西宁。[②] 正月初四日，班禅所遣格桑策旺返回，乾隆皇帝以元旦内外同庆礼，赐班禅绣释迦牟尼佛一轴、绣黄龙袍料一块、黄色妆缎二匹、玉如意一柄、玻璃香炉盒一套、珐琅玻璃瓷器六对、瓷瓶一只、玻璃灯笼一对、大荷包五对、小荷包一对、红毡四块。又念强佐仲巴呼图克图罗桑晋巴为班禅之兄，特施恩赏其蟒缎妆缎各一匹、大缎一匹、红毡二块、珐琅玻璃瓷器各二对、大荷包一对、小荷包一对。赏班禅所遣格桑策旺蟒缎一匹、补子缎一匹、大缎四匹，布三十匹、大小哈达各二十方，赏跟役等各缎一匹、布十匹，均交格桑策旺赍往。同日，又敕谕班禅赏用御轿等并盼顺利抵达。[③] 正月二十日，库使德昌抵达塔尔寺，赏给班禅御赐果品。[④] 二月二十一日，福隆安寄信谕伍弥泰亲自交赏班禅额尔德尼大哈达一方、苏绣僧冠一顶、大荷包一对、小荷包二对、西洋鼻烟盒二个，以表达乾隆之心意。[⑤] 二月二十二日，常宁奉旨领用蓝缎拓金银线珊瑚云圆丈带大荷包一对，小荷包四个（珊瑚豆二个，苗石豆二个），赏班禅额尔德尼。[⑥]

班禅所带的蓝占巴四人带领从人五十名，先押牛驮二千物件，将于正月二十启程继续东行，总督勒尔谨派一名领催前往照料。先行的二千牛驮物件，需用驼五百头、车五百辆，足敷载运。总督勒尔谨当即飞饬附近

① 《六世班禅朝觐档案选编》第135页。
② 《六世班禅朝觐档案选编》第136页。
③ 《六世班禅朝觐档案选编》第137页。
④ 《六世班禅朝觐档案选编》第152页。
⑤ 《六世班禅朝觐档案选编》第150页。
⑥ 《六世班禅朝觐档案选编》第152页。

州、县，在先经雇备的驼只、车辆内，酌拨驼五百头、车五百辆，于正月二十日以前赶赴塔尔寺，并派游击二员带兵一百名，沿途护送至营盘水，交阿拉善王派拨官兵接收。蓝占巴等自塔尔寺启程，沿途所需的马匹、口粮及护送他们的领催应得分例，清朝廷饬令沿途地方官按站供应。到阿拉善暨鄂尔多斯地方，即令蒙古王公转饬接支。其余三千牛驮和随从六百二十人，随同班禅额尔德尼于三月十日起身东行。① 班禅额尔德尼及随从六百余人和护送大臣、官员所需马匹，勒尔谨已酌调附近营马，于班禅额尔德尼启程之前三日齐抵塔尔寺伺候，以便分拨。班禅额尔德尼所需抬轿的轿夫、车骡，勒尔谨已自行备办，临期送至西宁预备。沿途所要住的公馆、房屋先前勒尔谨亲加查看，业已修理完竣。勒尔谨还饬备蒙古包一百二十顶、帐房二百架，分为两种，卷站支搭，足敷应用。班禅一行众人日用羊只、米面、酥油、柴烛及草料等项，勒尔谨已饬沿途宽为采办，无误供受。一切准备就绪，再派各该镇道在于交界地方护送过境，并令按察使福崧总统照料至横城过河。②

班禅额尔德尼启程前，留八十人（后派六十四人暂回扎什伦布，仅留十六人）在塔尔寺看守行李物件，安派六十四人在青海牧放牲畜，这些人应需食物，总督勒尔谨已饬地方官照例供支。③ 西宁办事副都统法福里还派西宁地方官兵看守班禅留在塔尔寺的行李物件，以防所留物品被盗失窃④。班禅临行前，总督勒尔谨赶赴塔尔寺饯行，三月初十日率众官员护送班禅从塔尔寺启程，勒尔谨依奏护送数程至平番县便回任办理公务。提督仁和、按察使福崧、道员富宁径直护送过黄河至横城地方出甘肃境，福崧、富宁各回己任公务，提督仁和操演宁夏等地兵丁完毕才行回任。⑤ 西宁办事副都统衔法福里随行三日至碾伯县过河，翌日照料启程后返回

---

① 《六世班禅朝觐档案选编》第139页。

② 《六世班禅朝觐档案选编》第139—140页。

③ 《六世班禅朝觐档案选编》第140页。

④ 《六世班禅朝觐档案选编》第159页。

⑤ 《六世班禅朝觐档案选编》第157—158页。

西宁。

（三）六世班禅途经甘肃、宁夏、陕西财政支出

陕甘总督勒尔谨于二月下旬前往塔尔寺，筹备六世班禅一行僧众启程东行之事。僧众沿途所需口粮等项仍令各地方官供支，所驮运包裹，勒尔谨已飞饬宁夏镇道派委专员沿途护送，并多备渡船照料过河。三月十日，六世班禅启程离开塔尔寺，总督勒尔谨率同司道设筵款待，亲送班禅额尔德尼数站。六世班禅一行僧众自西宁启程行经碾伯、平番等处，由三眼井入草地，行走阿兰山，应备马、驼、骡头、羊、面、茶、奶油等物，清朝廷均饬陕甘总督勒尔谨充足供给。①

伍弥泰等照料班禅额尔德尼一路畅顺，三月十八日到平番县，凉州地方副都统伯成、庄浪城守尉希良率官兵迎接班禅额尔德尼，在班禅住处献伯勒克。三月二十三日，阿拉善亲王罗卜藏多尔济迎至营盘水，照原奏之例更换马驼。四月初三日，罗卜藏多尔济在阿达克乌苏为班禅额尔德尼备筵献伯勒克。初七日，宁夏将军莽古赉、副都统永多、署理总兵龙安、道员永灵率地方文武官员出迎于宁夏边界平羌堡地方。次日，将军莽古赉等率八旗官员在班禅额尔德尼住处备筵宴观戏，请班禅额尔德尼的随行徒众按序就座，并准阿拉善亲王罗卜藏多尔济、青海郡王纳干多尔济、索诺木多尔济、贝勒、贝子等概行入宴，观赏戏曲，而后入班禅居室献伯勒克。总督勒尔谨先前已命凉州知府李祝会同宁夏知府张金成在黄河渡口为班禅额尔德尼新造楼船一只，备大臣官员所坐的船二十只、小舟三百只。班禅额尔德尼之驮包先运过河，四月十一日照料禅额尔德尼从宁夏启程抵达黄河。将军莽古赉、副都统永多、署理总兵龙安、道员永灵、从塔尔寺护送前来之提督仁和、按察使福崧、道员富宁等偕同伍弥泰等护送班禅额尔德尼渡过黄河后住横城。鄂尔多斯王车凌多尔济、贝勒、扎萨克等亦皆迎至横城，更换乌拉马驼。陕西巡抚刘秉恬、布政使尚安、按察使浦霖、道员

① 《六世班禅朝觐档案选编》第9页。

翁遥、吴智飞、图萨布、徐宗知等派员献伯勒克，派延安知府阿勒春携为班禅额尔德尼所备坐轿、轿夫、驮轿骡头、食用果品等迎至横城，送行至归化城。班禅额尔德尼遂从横城乘陕西巡抚刘秉恬所备之轿启程。①

（四）六世班禅途经山西、蒙古财政支出

四月十二日，伍弥泰等护送班禅一行僧众从横城东行。班禅派堪布益西班珠于五月初四日至赵北口觐见乾隆皇帝，乾隆大悦。初五日，理藩院筵宴堪布益西班珠，观赏百戏，而后将其遣往京城，到京城后叩谒各大寺。初九日，乾隆在圆明园召见堪布益西班珠并令其返程迎接班禅。益西班珠返回时，乾隆帝特派乾清门侍卫佛尔庆额，以问安礼赍往班禅大哈达一方、江南地方绣制（朱批：朕定样制作毡夏帽一顶，装巴尔萨木香回疆文多斯塔勒地方所造玉石盒一只）御用黄细纱二匹、黄彭纱二匹、红细纱二匹、红彭纱二匹，敕谕班禅赏纱罗缝制衣服，避免在内地行走中暑。②

班禅一行及护送官兵进入鄂尔多斯境，所经地方王公、扎萨克等纷纷献礼筵宴，一路欢快。五月十一日行抵黄河毛岱渡口，山西省巡抚雅德为额尔德尼造大楼船一只，为大臣、大喇嘛备大船十只。归绥道员伊桑阿在河岸照料渡河，派同知富助、参将贵林、东占，都司佛敏、张石英率兵一百，携来轿夫及骡头迎至河岸。陕西巡抚刘秉恬所派的延安知府阿勒春、守备于文辉、高玉看守班禅轿辇等物，他们等班禅过河后与山西归绥道员伊桑阿交接完毕返回。归化城副都统纪山率官兵迎至黄河东岸，拜谒班禅额尔德尼。次日即行，更用土默特所备乌拉马驼，十四日抵达归化城。早在班禅到达归化城前，清朝廷从御前乾清门侍卫及扎萨克喇嘛中派数人往迎。派遣乾清门行走副都统乌尔都纳孙前往归化城迎接班禅，同时又派钦差喇果呼图克图、扎萨克喇嘛、二名达喇嘛随同，给予驿马，与乌尔都纳孙一同遣往。銮仪卫将御用车辇仪仗携往归化城迎接班禅额尔德

① 《六世班禅朝觐档案选编》第167页。

② 《六世班禅朝觐档案选编》第177页。

尼，给銮仪卫侍、卫官、校尉、披甲、匠役等驿马车辆，到达归化城。[①]班禅到达归化城时，欢迎仪式隆重，他们携赏御用轿辇供班禅额尔德尼乘坐外，赏伞幢等仪仗数对导引。再饬令巴延三、周远礼，多备抬轿、脚力及拉车骡头。[②]

乌尔都纳孙、达夫、喇果呼图克图等将御赐班禅额尔德尼之黄布城、四方蒙古包、轿辇、仪仗等项，搭在归化城外格尔根拜兴，班禅额尔德尼抵达，便入黄布城下榻。五月十五日，入归化城无量寺，将军洪尚、副都统纪山、官员等具筵宴，请各地来叩呼图克图、蒙古王公等按序入宴。宴中，俟班禅额尔德尼坐定，副都统纪山命摔跤、吹奏、跳布扎、唱戏等作乐，后入居室献伯勒克。对此，班禅额尔德尼极为欣喜，告诉伍弥泰等称，蒙文殊菩萨大皇帝屡施隆恩，赏其轿辇、黄布城、仪仗等。所赐轿辇，其一路交替使用，每到城镇，均备筵席，观戏赏乐，实为其之殊荣，似此皇恩，惟有由衷感激，实难还报。五月二十日，清朝廷派遣佛尔庆额至归化，赍来颁降班禅额尔德尼之敕谕，御赐凉帽等物，班禅额尔德尼欣喜领之。[③]

五月二十二日，班禅从归化城前往岱海。五月二十五日，乾隆皇帝闻知班禅随行僧众出痘痊愈，甚感欣慰，敕谕班禅并赏班禅额尔德尼哈达一方、大小荷包各一个、鼻烟壶一个、宝石一对、带刀玉带一根、金表一只等，赏强佐仲巴呼图克图大小荷包各一对，金表一只[④]。五月二十七日，福隆安等遵旨赏护送班禅额尔德尼驮包之五十名僧俗随从每人银二两，共计一百两。另外赏四名蓝占巴每人黄纱一匹、葛布一匹。[⑤]

上年十二月十七日，为班禅额尔德尼前来谒见之事，军机处遵乾隆帝旨意赏班禅额尔德尼四方蒙古包、账房一份，六阿哥永瑢前往岱海照料班

① 《六世班禅朝觐档案选编》第105页。
② 《六世班禅朝觐档案选编》第9页。
③ 《六世班禅朝觐档案选编》第175页。
④ 《六世班禅朝觐档案选编》第178页。
⑤ 《六世班禅朝觐档案选编》第179页。

禅额尔德尼所用蒙古包、帐房一份，总重一万七千二百六十二斤，实用驼七十三只。此项驼只，照例从直隶省饲养驼内取用；所需车五辆，饬交兵部拨给驿车；所需驮水马车，亦由兵部拨给旗马。赏班禅额尔德尼之蒙古包、帐房，由乌尔都纳孙携往，途中驼只所食草料，酌情交付地方官照例供给。赏班禅额尔德尼之蒙古包、帐房等物，送至归化城。由归化城去往热河，途经诸扎萨克，已逐程备有马驼。六阿哥前往岱海迎接班禅的队伍，沿途由上驷院供草，相应其驼及驮水马匹之饲料，亦由上驷院供给。六阿哥去往岱海，所用蒙古包一个、凉棚一个、帐房十九个，重七千四百八十一斤，共用驼二十八只。驮运六阿哥所用蒙古包、帐房等物之驼，随行人众所骑官马，倘有羸瘦者，以扎萨克等所备驼只酌情替换。派察哈尔蒙古等兵丁协助搭支蒙古包、帐房，先前已饬令察哈尔都统常青计班禅额尔德尼抵达归化城、六阿哥抵达岱海，将搭蒙古包、帐房之察哈尔兵，第一次派往归化城二十一名，第二次派往岱海三十名，赶赴归化城、岱海地方，以备协助搭支。班禅额尔德尼之黄布城一份，六阿哥之黄布城一份，照例由工部、护军统领等处备往搭支。六阿哥随从各项官差人等所需物件，照例拨发携往。[①] 六皇子永瑢获准带达喇嘛格桑格隆及唐古特学生呼松额等前往岱海迎接班禅，喇嘛即照中正殿之例支给盘费，唐古特学生则交该处照例支给盘费。[②]

班禅额尔德尼于乾隆四十五年（1780年）五月二十六日抵达岱海寺，六皇子永瑢与章嘉呼图克图前往岱海迎接班禅。是日，永瑢进入岱海寺大殿，赏乾隆皇帝所赐之敕谕以及有珍珠通人冠、珍珠祖衣、宝石念珠、宝骑一匹、碧玉马鞍一副、三十重镀金茶筒一个、银瓶一个、银碗一个、各类缎子五十匹、大小内库哈达各二十方等赏物。[③] 班禅额尔德尼一一过目，并将乾隆赏给永瑢献班禅额尔德尼之伯勒克，亦按序赠送，班禅额尔德尼欣然接受。六阿哥永瑢赠送班禅三十两重银曼扎一个、上用鹅黄大缎十

① 《六世班禅朝觐档案选编》第131—132页。

② 《六世班禅朝觐档案选编》第127页。

③ 《六世班禅朝觐档案选编》第201页。

匹、红亮花缎十匹、小卷鹅黄八丝缎十匹、小卷金黄八丝缎十匹、小卷红八丝缎十匹、红绵十匹、红漳绒十匹、黄毡十件、红大呢十件、头等哈达十方、二等哈达十方、三等哈达十方。① 又在寺庙附近择平整地方搭支乾隆皇帝所赏蒙古包、黄布城，派官兵唱戏，班禅额尔德尼非常喜欢，到归化城后，每日都住此处。二十七日，搭凉棚筵宴班禅额尔德尼，观赏戏曲、骑马、打枪、马戏、马步箭，立马技、喀尔喀舞等，具饼案，饮茶。②

班禅额尔德尼于六月初四日启程前往热河，侍卫及护军、章京等在班禅额尔德尼前方导引，皇子永瑢随后照料。③ 山西省巡抚雅德，归绥道员伊桑阿，参将贵林、哈福木布，游击穆尔占，都司德福、佛敏、张石英等率官兵送班禅额尔德尼至察哈尔旗察干地方，直隶总督袁守侗派布政使黄检、口北道员永保、大名副将富成、游击齐郎阿等率兵迎接，双方交接完毕，山西官员返回原任。所有班禅额尔德尼从岱海起行，安抵直隶境内。④

经山西巡抚喀宁阿查班禅额尔德尼自恒（横）城渡河至毛岱东岸，虽入山西境内，而自毛岱至察哈尔东四旗交界止，计程不过数百余里，行住之日不多，与直隶、陕甘日久路长者不同，在山西境内经由之地预备尖宿，俱系归化城属之土默特暨察哈尔属游牧办理，山西省并未备有供顿。至岱汉筵宴为费无几，亦可毋庸造报。⑤

（五）六世班禅途经直隶财政支出

护送班禅一行僧众的山西官员至察哈尔旗察干地方，与早已前往迎接班禅的直隶官员朝廷交接。班禅一行僧众进入直隶地界，由直隶官员护送，并提供后勤补给。早在乾隆四十五年（1780年）三月十八日，直隶总督袁守侗已经向清朝廷奏陈预备班禅途经直隶事宜折：“所有经行直隶

① 《六世班禅朝觐档案选编》第197页。
② 《六世班禅朝觐档案选编》第183页。
③ 《六世班禅朝觐档案选编》第184页。
④ 《六世班禅朝觐档案选编》第189页。
⑤ 《六世班禅朝觐档案选编》第195页。

口北、热河二道分隶旗分地方，一切车马、人夫、蒙古包、帐房、廪给等项，地方官应行预备，及派拨官兵照料护送事宜，前已详晰议定条款，檄行遵照在案。”①

五月十一日，途经牧厂之大济寺，班禅应邀入内，稍事休息，至吉布呼郎图下榻。牧厂总督衮布扎布率该处官兵向班禅献伯勒克，递丹书克。班禅抵达多伦诺尔后，乾隆皇帝派御前侍卫公丰绅吉伦和扎萨克喇嘛阿旺班珠赐赍敕谕和觐见圣上诵经时穿戴之珍珠帽等大量赏物。特由六阿哥、大国师章嘉活佛、公丰绅吉伦、扎萨克喇嘛阿旺班珠转赐。六阿哥、大国师章嘉活佛为首之内大臣副都统等钦差大臣皆遵从圣旨，为班禅赐赍大量日用品②。库使德昌二十一日晨行抵多伦诺尔，赏赉果品，班禅额尔德尼极为欣喜。③ 六月二十七日奉上谕：“既然班禅额尔德尼嗜食甜瓜，现再派库使带西瓜一担、甜瓜一担，仍前驿递前往。嗣后将相继送去瓜果等物，以备班禅额尔德尼食用。”④ 同月，恩赐押运班禅之古珍器皿贡品的四位随从蓝占巴，赏给防暑夏衣、药品，并派遣名医和宫中翻译等。⑤ 又因达尔罕强佐罗桑晋巴途中出痘病愈，乾隆皇帝赏赐其哈达一方、大荷包一对、小荷包两对、镶有宝石之精制时钟一座。⑥ 七月初三日，库使德昌行抵班禅额尔德尼下榻的杨树碑地方，将西瓜、甜瓜交付永贵，赏给班禅。七月初八日，福隆安等于碾子沟备办班禅住处。⑦

七月初九日，寄信给六阿哥，派佛尔庆额赍哈达、荔枝往赐班禅额尔德尼。⑧ 同日，福隆安等遵旨将班禅额尔德尼留于多伦诺尔之四十名僧俗

---

① 《六世班禅朝觐档案选编》第171页。

② 《六世班禅朝觐档案选编》第189—200页。

③ 《六世班禅朝觐档案选编》第194页。

④ 《六世班禅朝觐档案选编》第196页。

⑤ 《六世班禅朝觐档案选编》第203页。

⑥ 《六世班禅朝觐档案选编》第204页。

⑦ 《六世班禅朝觐档案选编》第210页。

⑧ 《六世班禅朝觐档案选编》第210页。

徒众移往岱海居住。① 同日，库使伊昌阿抵达翁牛特所属察丹沟站，将携往瓜桃等交付永贵、伍弥泰等，转赏班禅② 。因天雨连绵，河水不断涨发，已有桥座被冲，按察使衔直隶热河兵备道明山保，于十五日遵旨前赴碾子沟郭果斯台查勘道路桥梁，加倍多雇人夫，抓紧时间搭桥梁、修路。③ 七月十七日，先前抵达整备班禅额尔德尼进献物件之堪布格桑策旺并随行僧俗在内共六人，乘皇上外出，率领拜谒，领侍卫内大臣尚书忠勇公臣福隆安等照赏赐先前来使之例，赏堪布格桑策旺黄纱二匹、大葛布二匹；随行僧侣五人，各赏硬纱二匹，并缝制纱衣一套赏堪布格桑策旺。④ 同日，库使明希行抵赖萨苏穆站，将荔枝、西瓜、桃交付伍弥泰等，伍弥泰等率彼叩谒班禅赍往赏赐班禅。⑤ 班禅额尔德尼十八日住两家儿，十九日住郭果斯台，二十日到达热河扎什伦布庙。

二、六世班禅驻锡热河财政支出

六世班禅通过国师章嘉·若必多吉接受乾隆皇帝的邀请，入京朝觐并恭祝乾隆帝七十万寿。按照计划，班禅额尔德尼抵达热河的时间，是为乾隆帝万寿月，外藩毕集，班禅喇嘛于彼时到达并驻锡热河，对于乾隆朝是最为便宜。⑥ 因此按照乾隆帝旨意，为了迎接班禅在热河朝觐，理藩院、内务府、户部、军机处，兵部等部门做了精心细致的准备工作。

（一）六世班禅驻锡热河前期财政支出

为了迎接六世班禅，清朝廷在热河避暑山庄大兴土木，修建寺院，修葺房屋，改造建筑。乾隆帝接到章嘉若必多吉关于六世班禅准备进京朝觐

① 《六世班禅朝觐档案选编》第211页。

② 《六世班禅朝觐档案选编》第214页。

③ 《六世班禅朝觐档案选编》第221页。

④ 《六世班禅朝觐档案选编》第220页。

⑤ 《六世班禅朝觐档案选编》第223页。

⑥ 《六世班禅朝觐档案选编》第3页。

并恭祝乾隆帝七十万寿的奏报，考虑到六世班禅将要驻锡热河，于是谕令在热河仿照班禅驻地日喀则的扎什伦布寺，建造一座庙宇，即须弥福寿之庙，供班禅居住使用。须弥福寿之庙主要包括一座府邸寝殿、一座都罡殿、一座琉璃宝塔、佛堂僧舍等，须弥福寿庙建成后，所用工料佛像陈设供器以及周边建造的官兵营房，种树、修建道路等共用银835557.7两，须弥福寿之庙都罡殿铜鱼鳞瓦片等共用红铜120163斤、金叶15315.35两，白炭159.177斤，物料工价银80816两。① 由于班禅一行僧众携带五千多个包裹，带至热河将有两千个包裹，在避暑山庄存放这些包裹以及抵达热河的随行人员居住都需要房屋，而须弥福寿之庙无法容纳这些包裹和大部分随行僧众，因此清朝廷将普陀宗乘之庙的闲置房屋进行修葺，用来贮藏包裹。又利用现成木料，在须弥福寿之庙增建的厢房旁再建数间房舍，扩展庭院，既可存放班禅额尔德尼之物件，还能供随从僧俗人等居住。② 还征用避暑山庄其他部分宫殿的房屋，对其进行改造，以供使用。香远益清的部分建筑被改为藏传佛教佛堂陈设，为迎接班禅大师与供奉陈设大量相关密宗造像法器需要，新增了面阔五间的梵香室③；又将紫浮殿改造布置作为藏传佛堂使用，改名为“佛堂殿”④。

须弥福寿之庙竣工后，又对须弥福寿之庙进行装饰与陈设，内务府奉旨挑得库内一百七十九匹各色锦制作须弥福寿之庙应挂的门幡、锦欢门幡三十八堂，奉旨做成须弥福寿之庙应挂的拉古里顶子的伞盖六件、壁衣六件，做成须弥福寿之庙安设镀金嘛呢杆顶火焰三宝珠一座、制造红铜镀金嘛呢杆顶二对，通共约用红铜六百六斤九两，工料银四百四十二两五钱二分，镀金叶二十七两一钱四分五厘。至所需金叶工料银两，由造办处库内支领应用，完竣之日，详细查核，另行奏销。⑤ 和珅等遵旨将新建须弥

① 赖惠敏:《乾隆皇帝的荷包》，中华书局2016年版，第339—340页。

② 《六世班禅朝觐档案选编》第170页。

③ 姜英杰 :《逸韵风前别，生香雨后鲜——避暑山庄香远益清乾隆盛期原貌复原研究》，中央美术学院硕士学位论文，2020年，第15页。

④ 《逸韵风前别，生香雨后鲜——避暑山庄香远益清乾隆盛期原貌复原研究》第71页。

⑤ 《六世班禅朝觐档案选编》第132页。

福寿之庙按照普陀宗乘之庙仪仗添做御杖一份、瓜枪八十六对、伞、扇、旗、幡等项共一百九十对，改用芳园居存贮锦缎，折尺丈计，用锦缎、纱绸等项一千七十五匹，对须弥福寿之庙进行装饰。[①] 内务府奉旨将须弥福寿之庙内部进行陈设，造玉佛、三尊铜佛配龛、铜妙音佛母等佛配龛、铜无量寿佛配龛、金漆龛及铜佛配踏跺、铜文殊菩萨配龛配木墩、铜佛三尊配文雅龛、铜佛三尊配文雅龛亭式龛、紫檀木龛等背后刻四样字、铜佛三尊配文雅龛亭式龛、为制佛五尊配做紫檀木五屏峰一座、铜佛九尊配楠木悬山画云香露等、二十七尊铜佛配紫檀木三屏峰九座、镶配班禅源流画像、佛九尊配三层楠木悬山踏跺、为银轮配木座安供须弥福寿之庙，户部右侍郎金简奉旨将慈宁宫所供六品佛等供器及佛龛、供桌挪往须弥福寿之庙供用。[②]

军机处和珅等遵旨更换热河各庙仪仗，将其余六座庙仪仗俱各换新仪仗，总计约用各色锦六百十匹、各色缎十六匹、各色春绸四百四十五匹、黄芝麻漏地纱四匹。[③] 内务府奉旨为普陀宗乘庙御座楼安做菱花窗等装饰。福隆安与和珅遵旨查看热河各庙所存仪仗，勘估得布达拉庙、普宁寺、安远庙、普乐寺、溥仁寺等五庙，旧有仪仗内伞扇旗幡一百四十三对，颜色俱已糟旧，进行更换。其余瓜斧枪杖五十七对，油饰亦皆黝暗，照旧式油饰见新。五庙旧仪仗内，伞扇胎骨绦穗等项，均系零星小件什物，亦间有残损者，交与恒秀、永和，拆卸后详细查明残损件数报明，据实更换，统于造成后另行详查，汇案核销。又查布达拉庙、普宁寺、安远庙、溥仁寺等四庙，原存陈设伞幡九对、嘛呢幡八首、扬幡四首，颜色糟旧，更换见新，俾得一律鲜整适观。所需缎绸，用芳园居库贮锦缎春绸，并所用布匹、绒线、颜料、纸张、铜铁、倭铅等项，照例向各该处行取。办买椴木、煤炸暨成做工价，按例核银三百三十二两二钱九分七厘，至所需银

① 《六世班禅朝觐档案选编》第67页。

② 《六世班禅朝觐档案选编》第3页。

③ 《六世班禅朝觐档案选编》第67页。

两，即请在热河工程银库备工项下动支应用。[①]

另外，准备班禅一行僧众在热河的生活所需也是一笔财政支出。内务府遵旨进呈赏班禅和章嘉呼图克图在热河所乘两台亮轿，并事前将两台亮轿交行宫造办处修理。福隆安等为班禅额德尼抵达热河讽经，交付织造官员造办仗制服四千件。班禅额德尼随行喇嘛及热河所有众喇嘛，共计约有一千二三百人，相应将二千件仗制服送往热河，交副都统恒秀等妥为保管，以备随班禅额尔德尼而来众喇嘛等讽经之用。[②]

（二）清朝廷关于六世班禅驻锡热河期间财政支出

六世班禅于乾隆四十五年（1780年）七月二十一日抵达热河至避暑山庄，入住须弥福寿之庙。六世班禅一行僧众五百余人在热河驻锡一个多月，其间在清朝廷安排下，六世班禅参加了接受乾隆帝赐印颁敕、向乾隆帝递送丹书克等觐见活动，陪伴乾隆帝拈香，参加会晤讲经、开光诵经、受戒摩顶等宗教活动，参加赏赐筵宴、欣赏戏舞、观看焰火、跳布扎等娱乐活动，日日都有活动，十分充实。清朝廷对六世班禅驻锡热河期间财政支出，主要包括乾隆帝赐印颁敕于班禅，频繁召见赏赐六世班禅一行僧众，以及领侍卫内大臣福隆安、内务府、御茶缮房等按照旨意向六世班禅一行僧众提供佛教用品、生活用品等。

六世班禅抵达避暑山庄当日于澹泊敬诚殿丹墀向乾隆帝跪请圣安，是为初次瞻仰乾隆帝天颜。与此同时乾隆帝赏赐班禅师徒及强佐仲巴呼图克图等人大量佛教用品，生活用品，赏六世班禅金五百两。[③] 二十四日，乾隆帝初次宴请并赏赐班禅及其徒弟，赏班禅嵌东珠等衣一份（计八件，珠十八颗）、各色缎五十匹、哈达二十方、玻璃碗十件、玻璃盘十件、玻璃瓶十件、金五百两、银一万两、头等雕鞍一副、黄绰丝锦上添花龙袍料一件，赏给班禅徒弟十五人元宝四十六个、锦三十匹、漳绒三十匹、玻璃器

① 《六世班禅朝觐档案选编》第79页。

② 《六世班禅朝觐档案选编》第138页。

③ 《六世班禅朝觐档案选编》第230页。

六十件、绣黄宁绸龙袍料一件、绣黄缎龙袍料五件。[①] 同日乾隆帝又诣万树园宴请班禅、蒙古王公、土司等人并赏赉冠服金银缎匹。[②] 二十五日，乾隆帝于卷阿胜境召见杜尔伯特汗、土尔扈特郡王等同班禅、章嘉呼图克图等一并赐给小食。[③] 八月初三日赏班禅额尔德尼玉册、玉印事宜[④]，同日乾隆帝于卷阿胜境赐班禅与蒙古王公等四十四人小食[⑤]。八月初五日，乾隆帝又于卷阿胜境赐班禅与随驾蒙古王公等四十四人小食[⑥]。八月初七日赏与班禅同递丹书克的徒弟仲巴呼图克图等十五人，蟒缎共八匹、漳绒二十一匹、小卷八丝缎三十四匹、小卷五丝缎三十四匹、大小哈达十方、玻璃器八件、瓷器八件、鼻烟二瓶、大普洱茶六团、大荷包两对、小荷包六个。[⑦] 八月十二日，乾隆帝又于卷阿胜境赐班禅、章嘉呼图克图、王公大臣等四十四人小食。[⑧] 八月十四日，乾隆帝于万树园赐班禅、蒙古王公等四十四人观火戏。[⑨] 八月十六日，乾隆帝于卷阿胜境和万树园赐班禅蒙古王公等小食及观火戏[⑩]，于万树园赐宴班禅章嘉随驾王公大臣等[⑪]。

除了乾隆帝赐印颁敕、赏赐筵宴等直接的财政开支外，在六世班禅驻锡热河期间，领侍卫内大臣福隆安、内务府、御茶缮房等也按照旨意向六世班禅一行僧众提供佛教用品、生活用品等。七月二十二日，领侍卫内大臣福隆安由内务府支出十三件龙袍赏给班禅及其他呼图克图。[⑫] 七月

① 《六世班禅朝觐档案选编》第241—242页。
② 《六世班禅朝觐档案选编》第235页。
③ 《六世班禅朝觐档案选编》第236页。
④ 《六世班禅朝觐档案选编》第255页。
⑤ 《六世班禅朝觐档案选编》第257页。
⑥ 《六世班禅朝觐档案选编》第258页。
⑦ 《六世班禅朝觐档案选编》第243页。
⑧ 《六世班禅朝觐档案选编》第259页。
⑨ 《六世班禅朝觐档案选编》第264页。
⑩ 《六世班禅朝觐档案选编》第264页。
⑪ 《六世班禅朝觐档案选编》第265页。
⑫ 《六世班禅朝觐档案选编》第231页。

二十三日，诸阿哥前往须弥福寿庙会见班禅并献伯勒克[①]。同日，领侍卫内大臣尚书忠勇公福隆安自京城送抵两种夏帽一百一十五顶，赏赐给须弥福寿庙[②]。七月二十四日，福隆安等大臣按照旨意确定回赏班禅亲递丹书克时物件，同日确定普宁寺跳布扎时加赏班禅物品，同日内务府差遣匠役到万树园搭建大蒙古包，豫备烟火、筵宴，为八月十四、十六伺候班禅一行等做准备。[③] 七月二十五日，内务府奉旨将刻年款的金塔赏给班禅。[④] 七月二十九日，福隆安等遵旨将宫中两只玉碗、一只白玉碗赏给班禅。[⑤] 八月初三日，福隆安等人奉旨到须弥福寿庙赏赐班禅玉银和玉册[⑥]，同日福隆安等人又奉旨赏给与班禅同递丹书克的强佐[⑦]。八月十九日，福隆安等人奉旨赏班禅各式帽子两顶、黄绫帽盒一个、黑玉碗一个，同时赏给与班禅同行的呼图克图六件金龙袍[⑧]。御茶缮房奉旨承担一个多月在承德赏赐班禅的宴席用料、器具等。[⑨] 六世班禅及其随从在避暑山庄期间应发廪给，照顺治九年（1653年）达赖喇嘛来次发放廪给羊只等物之例办理。[⑩] 六世班禅初至热河之宴为二次，每次备桌六十，所需饼点、果品、肉食，照例办理外。班禅额尔德尼之桌，酌用银器，其余仍用铜器。每次酌增赏赐物件，初次筵宴时赏赐六世班禅金银，赏赐入宴呼图克图、堪布等缎匹银两，班禅献伯勒克礼回赏时，加赏哈达五百及玻璃、瓷器皿。末次筵宴时，将桌上陈设银器一并赏赐。[⑪]

随班禅额尔德尼而行三千余驮畜抵达热河后，因返程仍需驮畜，三千

---

① 《六世班禅朝觐档案选编》第233页。

② 《六世班禅朝觐档案选编》第234页。

③ 《六世班禅朝觐档案选编》第234—235页。

④ 《六世班禅朝觐档案选编》第236页。

⑤ 《六世班禅朝觐档案选编》第240页。

⑥ 《六世班禅朝觐档案选编》第255页。

⑦ 《六世班禅朝觐档案选编》第256页。

⑧ 《六世班禅朝觐档案选编》第265页。

⑨ 《六世班禅朝觐档案选编》第243—248页。

⑩ 《六世班禅朝觐档案选编》第48页。

⑪ 《六世班禅朝觐档案选编》第123页。

余驮畜交副都统恒秀在木兰以北指定草场妥为牧放，以备使用。[①] 班禅一行僧众在离开承德时，安派百名徒众携带行李包四百件前往岱海等候，其余徒众四百三十人，要将六千七百件行李包带往京城，理藩院为这两对运送行李包的队伍提供牲畜乌拉，热河地方官员负责先行启程送往京城。[②] 为接待六世班禅驻锡热河，将普陀宗乘庙、普宁寺、安远庙、普乐寺、溥仁寺、须弥福寿庙的仪仗按照布达拉庙仪仗对数进行新造，共计做成伞七十七对、扇三十七对、幡四十二对、旗三十六对、纛五对、扬幡三对、嘛呢幡六对、星十四对、立瓜十四对、卧瓜十四对、斧十三对、豹尾枪二十对、布套五百六十六件、挖单八件，用去芳园居库的各色锦六百八十一匹八丈八尺八寸二分，各色缎四十三匹七丈八尺，各色春绸三百零六匹零二寸，油漆彩画添买物料，并匠役工价饭食，共由热河工程银库备工项下领用过银九百二十一两五钱二分六厘[③]。

三、六世班禅驻锡北京财政支出

对于六世班禅驻锡北京城，清朝廷早已做好相关准备。乾隆四十四年（1779年）十一月十七日，銮仪卫云麾使阿克车阿将预备接班禅额尔德尼之红杆八人轿一乘、四人亮桥一乘、执事四十件，并武备院预备引伞一把、影伞一把、雨伞二把，所有随带一切什物及夹驾衣、带、帽各一百件，交与西黄寺喇嘛查收。黄车一辆及随带一切什物，车库管领神保亦交西黄寺喇嘛收讫。[④] 同年十一月，军机处遵旨查明给班禅敕书所用龙笺价值并定嗣后由懋勤殿发给应用，毋庸向工部支取。[⑤]

同年十二月十七日，内务府查明京城各庙应增修仪仗并需用工料银两

---

① 《六世班禅朝觐档案选编》第141页。

② 《六世班禅朝觐档案选编》第254页。

③ 《六世班禅朝觐档案选编》第270页。

④ 《六世班禅朝觐档案选编》第116 — 117页。

⑤ 《六世班禅朝觐档案选编》第122页。

情形，雍和宫、弘仁寺、东黄寺、玛哈噶（噶）拉寺、宝谛寺、仁寿寺、嵩祝寺、阐福寺、妙应寺、永宁寺、永慕寺、恩佑寺、恩慕寺、西黄寺、新正觉寺、昭庙、后寺、正觉寺、添做改做仁寿寺等十七处寺庙执事数目并需用工料银两，行取缎匹，颜料数目清单："共伞二百十二柄，共简幡一百三十首，共扁幡八十二首，共扇三十二柄，缎藤十杆，缎旗十杆，豹尾枪十杆，御杖二十二首，共原四十四杆。计需：竹宝盖银三十二两八钱三分，南木作银九十两九钱三分，伞作银一百四十九两七分二厘，油画作银一百二两七分七厘，藤作银二十四两八钱七分一厘，绳作银五十一两四钱三分六厘，裁作银二百三十六两一钱一分七厘，共需银六百八十七两三钱四分。行取官用各色妆缎四十匹一尺七寸二分六厘，官用杂色缎四百九十八匹一丈一尺五寸二分四厘，官用杂色锦一百八十匹三尺六寸，黄绫九十五匹二丈九尺一寸四分，杂色杭细一百八十八匹二丈九尺五寸五分六厘，黄布一千二百五十匹三尺四寸八分，粗布三匹九尺四寸八分，丝线六斤三两七钱，黄铜铃铛二万四十个。旒苏、伞穗用五色衣线七十九斤，豹尾二十五条，杉木见方尺六十七尺七寸，椴木见方尺五十七尺一分［寸］六分，径三寸毛竹长十六丈七尺一寸，鱼鳔一百三斤七两六钱，牛筋一百二斤六两九长十一文四尺四寸，连二组四十万一两四钱，五色绒五十六钱。黄相线六百五十六厅八钱，自丝十二斤四两，桐油二百十二两三钱，陀僧十斤五钱，土子十六斤十二两一钱，黄舟（升）斤五两八钱，夏布四十三丈五尺八寸，香油九斤十四两八钱，水胶六十四斤七两九钱，红土八十三斤三两三钱，银朱一百四十三厅四线，定粉七斤四两九（钱），广靛花一斤十两七钱，石大绿三斤三钱，石绿二斤九两六钱，天大青三斤三钱，胭脂二十七斤，土粉五斤七两一钱，黄金八块一百三十九张，红金八块八百九十八张半，贴金油十三斤四两二钱，广胶七斤八两七钱，蜂蜜二斤十二两一钱，胜［滕］黄五两四钱，香墨四两三钱，油黄六两七钱，白丝十三两三钱，木柴一百十四斤九两，长一丈、宽三寸竹瓦三块，刚竹二百三十根，线筋［藤］皮一百十五斤。"六阿哥永瑢奉旨照样做西番经一份，经文尾页添写西番字乾隆年月御书。又查经帘十件，用绰丝做成，交苏州织造处织办，于乾隆四十五年（1780年）二月送到京城。所有经板系黄漆做成，但漆活宜于夏令，为了颜色方得鲜明，永瑢改用紫檀木板拉道填金做成。[①]

乾隆四十四年（1779年）十二月十九日，銮仪卫遵旨预备车轿执事，并钦派堂官一员、官二员、旗民校尉八名，前往接班禅额尔德尼。所有应需车马，相应将衔名及校尉花名人数开单移咨兵部查照预备。所有车库管领一员、甲四名，由兵部行知。匠役二名坐车，由銮仪卫带往。銮仪卫预备带往执事等项应需马车，供应需匠役，执事车五辆装载前往，咨兵部备办。[②] 同年十二月二十日，内务府员外郎四德等奉旨做得巴令箭二支持进，交大监鄂鲁里呈进，俟班禅额尔德尼来京念经时用。[③] 乾隆四十五年（1780年）正月初四日，乾隆皇帝敕谕班禅同庆元旦赐赏礼物，告诉班禅："为尔来京驻锡，在京城修建房屋多处，已令尔使逐一察看。"[④]

六世班禅额尔德尼于乾隆四十五年（1780年）八月二十五日从热河启程，乾隆皇帝特派阿哥永瑢护送其至黄寺。九月初二日安全抵达京城黄寺，班禅额尔德尼入寺稍事休息，当日乾隆皇帝赏班禅额尔德尼饭食观戏。扎什伦布寺的强佐仲巴呼图克图因病一直停留在热河，康复后恒秀派遣云骑尉衔章京官保护仲巴呼图克图送至京城外，每日所需食物及物件，均由知府觉保如数办理，并派滦平县知县海成偕同护送入古北口。为备办由古北口送至京城所需饭食柴薪等项，恒秀咨文直隶总督袁守桐、巴昌道员熊思府备办妥当，并派贤能官员偕同护送至京城。[⑤] 仲巴呼图克图于九月十三日安抵黄寺。

九月初四、初五、初六三日，伍弥泰等随阿哥永瑢照料班禅额尔德尼游览长春园、圆明园、含经堂等地，观赏水法，班禅额尔德尼极为欣赏。

---

① 《六世班禅朝觐档案选编》第129—130页。

② 《六世班禅朝觐档案选编》第133页。

③ 《六世班禅朝觐档案选编》第122页。

④ 《六世班禅朝觐档案选编》第137页。

⑤ 《六世班禅朝觐档案选编》第273—274页。

班禅额尔德尼前往圆明园时，轿夫、仪仗等均由銮仪卫调配；班禅随行僧俗人等所骑马匹，由兵部调配；仪仗人等所骑马匹，由步兵三营调配；派内府三旗护军参领六员引导，派章京三员率护军校、护军等殿后；理藩院亦派章京等照管。班禅额尔德尼去住清净地时，近侍喇嘛二十二人，在清净地新修法圆楼周围的房屋外，又支蒙古包一个、帐房两个，以备为班禅额尔德尼熬茶用，其余僧俗随行均在西南门外搭帐房居住。[①] 随行僧俗之食物，均由金简遵旨按定例一一办理。步兵三营官兵，圆明园内府三旗护军统领及护军轮番演戏，内府捕役不时查看。留住黄寺之随行僧俗，金简派内府护军统领一员率护军等演戏，又派步兵三营官兵等演戏，由家臣如数办理其食物。饬派捕役等妥为巡查，严禁闲散人等入内。[②] 九月初十日，内务府奉旨赏班禅用黄片金绣佛字台大红缎里海龙皮喇嘛帽二顶，黄绫帽盒二个。[③] 九月初十七日，班禅额尔德尼诞辰，乾隆皇帝赏其御制匾额一块，亦赏扎什伦布寺御制匾额一块。由于匾大路远，不便携带，故饬计其字数分造四块，匾上刻铜字时，均照御制字体复写镀金，赍往西藏悬于扎什伦布寺。班禅额尔德尼喜爱乾隆御笔，又将原字一并赏给。[④]

九月十九、二十、二十一日，班禅额尔德尼在静宜园昭庙开光念经。六阿哥永瑢传御茶膳房每日赏班禅额尔德尼、胡土克图、堪布喇嘛、扎萨克、达喇嘛等饭食如下："九月二十一日，行清档与官仓。九月十九、二十、二十一此三日，每日赏班禅额尔德尼早、晚菜二桌，三日共用饭菜六桌，每桌八碗（二号黄碗，内有外膳房二碗），用羊肉六斤，肥鸭子一只，肥鸡一只，小鸡一只。盘肉三盘，攒盘肉一盘，蒸食一盘，炉食一盘。膳房饭，外膳房肉丝汤。九月十九、二十、二十一此三日，每日赏章嘉胡土克图、敏珠尔胡土克图、拉果胡土克图、颜嘉胡土克图、堪布喇嘛二人、藏里来钟巴胡土克图、堪布喇嘛一人，早晚菜十六桌。白

① 《六世班禅朝觐档案选编》第276页。

② 《六世班禅朝觐档案选编》第276—277页。

③ 《六世班禅朝觐档案选编》第277页。

④ 《六世班禅朝觐档案选编》第279页。

里黄碗菜二桌，雾红碗菜十四桌。每桌八碗，内有外膳房二碗，用猪肉二斤，菜鸡半只，肘子半个，肚子半个。蒸食一盘，炉食一盘，猪肉一盘，羊肉一盘，外膳房肉丝汤、饭。扎萨克喇嘛四人，早晚菜四桌。达喇嘛二十五人，早晚菜十二桌。班禅额尔德尼徒弟等二十三人，早晚菜十二桌。共二十四桌，每桌六碗，内有外膳房二碗，用猪肉二斤。蒸食一盘，羊肉一盘，外膳房肉丝汤、饭，以上共用饭菜一百二十六桌。共添白面一百三十六斤四两，白糖十斤十一两，澄沙八斤十二两，白盐五斤六两四钱，甜酱七斤八两，绿豆粉子七斤十四两，做糟江米三升一合五勺（送一次）。又行光禄寺，添行猪肉二百五十二斤，肘子二十七个，肚子二十七个，肥鸭子一只，肥鸡一只，菜鸡二十七只，小鸡一只（送一次）；菜库，添行，随时鲜菜二百五十二斤（送一次）；掌仪司添行核桃仁三斤六两，晒干枣一斤十一两，蒜十五头（送一次）。”①

九月二十三日，大学士阿桂等奏称，因八月为万寿之礼，例赏达赖喇嘛、班禅额尔德尼之物件，已当即赏赐。班禅额尔德尼在京，不必为八月递丹书克另行由宫内赏赐，明年正月班禅额尔德尼递丹书克后，再由宫内备坐褥靠垫、玻璃磁器等物赏赐。②

十月初三日，乾隆皇帝在保和殿筵宴班禅额尔德尼，赏赐入宴的呼图克图、喇嘛等。赏章嘉胡图克图小卷八丝缎三匹、小卷五丝缎二匹、黄毡一块、红毡一块；赏敏卓尔胡图克图小卷八丝缎二匹、小卷五丝缎一匹、黄毡一块、红毡一块；赏喇果胡图克图、堪卜桑斋鄂特杂尔、颜嘉胡图克图，每人八丝缎一匹、五丝缎一匹、黄毡一块；赏堪卜扎克巴丹达尔、扎萨克喇嘛阿旺班珠尔、扎萨克喇嘛阿旺贡格、扎萨克喇嘛丹巴格隆、扎萨克喇嘛格勒克那木喀、扎萨克喇嘛品级达喇嘛阿鲁拉，每人小卷八丝缎一匹、小卷五丝缎二匹。③

十月二十九日，乾隆皇帝闻知班禅额尔德尼佛体发烧，感觉不适，即

① 《六世班禅朝觐档案选编》第280—281页。

② 《六世班禅朝觐档案选编》第282页。

③ 《六世班禅朝觐档案选编》第284页。

刻特遣名医前往侍奉。十一月二日下午，六世班禅额尔德尼因患天花病医治无效在京城黄寺圆寂。清朝廷将班禅遗体在黄寺停放六天，供各界人士和佛教徒瞻仰。乾隆皇帝驾临班禅额尔德尼灵前祭奠，赏赐丰盛供物，令僧众诵经百日超度。① 乾隆皇帝为安放班禅舍利，御赐七千两黄金建造金塔，用来安葬班禅的遗体，又动用数万两白银，在班禅额尔德尼圆寂处建造塔院，即西黄寺清净化城塔院。② 章嘉呼图克图遵旨装塔衣物清单：塔内装法冠一顶、法衣三件、氆氇袈裟一件、斗篷一件、比肩一件、念珠一盘、净水瓶一个、米盒一个、碗一个（连座）、靴一双；仲巴胡图克图、岁本堪布恭递谢恩及助修塔寺物件清单：哈达一方、银曼达一个、佛四尊、经一部、金如意二柄、玉如意二柄、金一百两、银一千两。③ 须弥福寿之庙设喇嘛念经，应用各项器物工价银一千八百二十五两九钱六分八厘。④

乾隆四十六年（1781年）正月十八日，乾隆帝允准仲巴呼图克图派人返藏购茶带回扎什伦布寺，以备班禅灵榇抵达做好事用。仲巴呼图克图请求拨驮畜派兵护送，清朝廷拨给从役十五人、骑骡十五匹、驮骡八匹，俟抵四川购毕茶叶，由四川总督处照例办理遣往。二十日，内殿总管王成传旨赏班禅额尔德尼舍利大普洱茶十个、普洱芽茶五十瓶，赏商卓特巴、岁本堪卜每人普洱芽茶十瓶。⑤ 二十一日乾隆皇帝亲临黄寺，赏供班禅额尔德尼五十两重银满扎一个、大哈达二十方、小哈达三十方、蟒缎三匹、妆缎三匹、彩缎三匹、锦缎三匹、漳绒三匹、茶叶五十瓶、大普洱茶十团；赏仲巴胡图克图、岁本堪布每人大哈达十方、蟒缎一匹、漳绒二匹、茶叶十瓶、大荷包一对、小荷包四个。⑥ 二月初一日，福隆安奉上谕寄信驻藏大臣恒瑞加赏班禅师傅罗桑曲丕，赏给缎匹，使之虔心诵经，祈祷班

① 《六世班禅朝觐档案选编》第351—352页。

② 《清朝治藏典章研究》第1005页。

③ 《清朝治藏典章研究》第1011页。

④ 《六世班禅朝觐档案选编》第359页。

⑤ 《六世班禅朝觐档案选编》第347页。

⑥ 《六世班禅朝觐档案选编》第348页。

禅额尔德尼呼毕勒罕从速转世。①

四、六世班禅遗体返藏财政支出

六世班禅灵榇于乾隆四十六年（1781年）二月十三日由京城启程，返回西藏。清朝廷派遣理藩院尚书博清额、乾清门侍卫伊噜勒图等护送灵榇至扎什伦布寺。自京城起行时，御赐金佛、金塔、匾额等重大包裹，皆雇脚力赍往，从内地行走，按驿更换。② 护送灵榇的队伍从京城出发，进入直隶，所经之处的官员“备饼案、银缎等物供奉，并每日拈香火供案”，“直隶备办蒙古帐房、马驼、食物等项，均属丰足，仲巴呼图克图、岁本堪布等极为喜悦”。③

从直隶宣化府起行，二十一日出直隶，进入晋省，晋省沿途官员亦照直隶备办各项事务。“每日有地方官员供献饼菜香火，至大同府，道员方应庆率知府张世禄供献黄饼案、菜案、曼扎、缎匹等物，总兵邢逵亦率下属官员供献饼案、缎匹等物。至朔平府，将军弘晌来迎，偕同博清额等照料出杀虎口，自新店子地方率土默特官兵，备办马匹车辇，随行照管。三月初一日至归化城，将军弘晌念经三日，又供献饼案、菜案、匹缎等物。因仲巴呼图克图等告称多住二宿，整理行装，复留二日，初七日自归化城起行。初十日至毛岱，安渡黄河，入鄂尔多斯境 …… 护送队伍渡过黄河，鄂尔多斯盟长贝子达木巴达尔济等已备马驼，且陕西巡抚毕沅派知府贺明送来轿夫、骡头，及特制供灵榇之轻轿一乘，遂留其轿，以备抵达青海以南险途时使用。尚书博清额等至毛岱之日，将军伍弥泰、副都统萨秉阿、巡抚毕沅、提督马标、布政使尚阿、按察使蒲林、道员翁遥、吴知府派员供献嵌金曼扎、锦缎、妆缎、缎绸、香等物。”④

① 《六世班禅朝觐档案选编》第355页。

② 《六世班禅朝觐档案选编》第376页。

③ 《六世班禅朝觐档案选编》第362页。

④ 《六世班禅朝觐档案选编》第365—366页。

博清额等于乾隆四十六年（1781年）四月十日返抵宁夏，十三日自宁夏启程，三日入阿拉善境。班禅进京队伍途经阿拉善，阿拉善王罗布藏多尔济调派驼马、提供物资护送班禅队伍，后阿拉善遭遇水草枯萎的自然灾害影响，导致骆驼、马匹大量倒毙，因此阿拉善无法按量备办驼马。博清额与总兵吴灵阿商议，从其兵营匀出几百匹肥壮马匹补充到护送队伍，减轻阿拉善部负担。① 十三日，起行护送灵榇，计路程远近及搭支蒙古账房、凉棚等物，可住处住一日。道员富宁等，每日照供饼菜案、灯火。四月二十日抵中卫县，一路平安无事。二十三日安抵甘肃省营盘水驿站，二十五日启程，自此南行。由于兰州府撒拉尔地方新旧教回众引发叛乱，清军前往镇压，回众拒不降服，围攻村寨，杀害副将辛柱，知府杨世济正率兵进剿。因此护送灵榇队伍行进兰州一带，每日派兵二百名由护送官员管带，在灵榇前行，并派官兵殿后。其余官兵由博清额等管带，照料班禅额尔德尼灵榇、行装前行，夜间在营附近放哨，远处设卡，不致耽误灵榇前行，同时保证安全。②

乾隆四十六年（1781年）五月初六日抵达西宁，地方官员供给廪饩等项。博清额与仲巴呼图克图商酌，于西宁城内寻觅大房，供舍利、大喇嘛居住并存放要件，其余僧俗人等、包裹，安置于城内校场，四周砌有现成土墙，便于管理。由于驮包多达万余件，在西宁需要整理行装，因此护送队伍在西宁停留时间较长，检查前后抵达的包裹，将包裹分为两部分，重新包装，不重要的包裹将用驼牛运输，不再雇佣内地脚力，班禅额尔德尼之灵榇和重要的包裹继续雇佣内地之脚力。③ 自西宁起行时，又添加沿途所需食物等项包裹，总计有万余件。博清额等将不用之物，派扎萨克一名率兵看护，闰五月初三日启程。博清额偕同王公、扎萨克等初四日启程，护送班禅额尔德尼灵榇、要件等行抵阿希干。

西宁办事大臣副都统衔诺木欢先行抵达青海阿希干地方备办乌拉，整

① 《六世班禅朝觐档案选编》第372页。

② 《六世班禅朝觐档案选编》第372—373页。

③ 《六世班禅朝觐档案选编》第375—376页。

备驼马牛只，饬令王纳干多尔济、索诺木多尔济、贝勒吉克默特伊希等，将他们在阿希干地方所有驼马、牛只均赶至东科尔寺以备护送灵榇队伍使用。另外，诺木欢与道员刘广宇会商，携来六只皮船，又派笔帖式常泰在木鲁乌苏备皮船二十只，并经驻藏大臣奏准，派噶伦益西旺堆率皮船水手往木鲁乌苏备办。① 闰五月初一日，护送队伍行抵东科尔寺，闰五月初四日抵达阿希干，为了便于王纳干多尔济等念经祭祀，献伯勒克，护送队伍在阿希干停留一日。闰五月初六日，西宁办事大臣诺木欢返回。

护送队伍进入西藏地方，沿途的千户、百户等每日率兵前后护卫，夜则设哨巡察，极为勤敏，在多伦巴图尔地方，博清额等赏给他们绸缎、布匹、荷包、茶烟、银两等物，以示鼓励。② 沿途所需的马骡牛只、费用、柴薪等项，噶厦政府安排非常丰裕，四噶伦确属奋勉力行。而平素班禅额尔德尼往来行走，达赖喇嘛属下噶伦等并无备办乌拉之例，此次四噶伦备办妥贴，迎至多伦巴图尔，送至扎什伦布，均属感戴上恩，欣悦办理。事后赏噶伦益西旺堆、索朗旺杰以扎萨克台吉顶戴花翎，赏有花翎之噶伦公班智达及噶伦喇嘛格桑朗杰每人缎四匹。他们益加感戴皇恩，达赖喇嘛亦为欣喜。③

六世班禅灵榇于乾隆四十六年（1781年）七月初六日平安抵藏，事后清朝廷褒奖往返护送六世班禅的得力人士。班禅额尔德尼来时清朝廷派灵伦办理乌拉等项，所办甚好，员外郎灵伦即照博清额等所奏俟该部出缺升补。④ 参与往返护送队伍事项的驻藏笔帖式富善泰、赴西宁备宴之理藩院主事阿林、驻西宁笔帖式巴良事后俟各该应升员外郎、主事缺出，即行升补。⑤

① 《六世班禅朝觐档案选编》第378页。
② 《六世班禅朝觐档案选编》第382页。
③ 《六世班禅朝觐档案选编》第388页。
④ 《六世班禅朝觐档案选编》第389页。
⑤ 《六世班禅朝觐档案选编》第387页。

第六章　嘉庆、道光、咸丰时期治理西藏地方财政支出

第一节　嘉庆、道光、咸丰时期治理西藏地方财政支出历史背景

乾隆五十三年（1788年）清朝第一次反击廓尔喀军队入侵，乾隆五十六年（1790年）至五十七年（1791年）清朝第二次反击廓尔喀军队入侵。在两次反击廓尔喀入侵战争后，清朝廷都组织官员针对西藏地方实际情况制定颁布相关章程。特别是第二次反击廓尔喀入侵战争后，制定、颁布了治藏法规文件《钦定藏内善后章程二十九条》。该章程是清朝治理西藏地方的成文定制，为以后清朝各历史时期治藏各项政策的准则，直至清朝灭亡。嘉庆、道光、咸丰时期，清朝经略西藏地方，经略进藏要地川西地区，抗击外敌入侵战争。围绕这些历史背景，清朝廷治理西藏地方承担相关财政支出。

一、嘉庆、道光、咸丰时期经略西藏地方

嘉庆、道光、咸丰时期，清朝廷延续乾隆后期的治藏政策，亦即遵照《钦定藏内善后章程二十九条》，继续由驻藏大臣主持、总揽藏政的行政管理体制。这一时期，清朝廷共派驻五十六位办事大臣和帮办大臣。这些驻藏大臣大都能够按照朝廷旨意完成职务，因平庸无能或是懒政而贻误朝

廷治藏的驻藏大臣也有存在，但能够根据西藏地方社会实际情况提出建设性治藏方案的驻藏大臣人数更少，典型的是驻藏大臣琦善等人向清朝廷呈递《裁禁商上积弊章程二十八条》。该章程意在加强清朝廷对西藏地方的治理，增强军事力量，却削弱了驻藏大臣在藏职权。

这一时期，藏传佛教格鲁派达赖喇嘛世系的宗教领袖历经八世达赖喇嘛至十二世达赖喇嘛，其中九世达赖喇嘛、十世达赖喇嘛、十一世达赖喇嘛均是临近成年或是刚成年便圆寂。这几位达赖喇嘛没有真正意义上施政西藏地方。达赖喇嘛年幼，无法亲政，西藏地方噶厦政府也无真正意义的首领，因此清朝廷的做法是采取乾隆时期的摄政呼图克图。在八世达赖喇嘛圆寂后，嘉庆皇帝令八世济咙呼图克图达擦益喜罗桑丹贝贡布摄政，共计七年。八世济咙呼图克图圆寂后，嘉庆帝令七世第穆呼图克图罗桑图登晋美嘉措摄政，共计九年。七世第穆呼图克图圆寂后，嘉庆帝令二世策墨林活佛阿旺降白楚臣摄政，共计二十五年。二世策墨林活佛被放逐后，道光帝令三世热振活佛阿旺益西楚臣坚赞担任摄政，共计十八年。此时期摄政呼图克图均恪尽职守，为清朝廷治藏分忧，为治理西藏地方尽责。其中济咙呼图克图在乾隆时期参与制定《钦定藏内善后章程二十九条》，在嘉庆时期被任命为摄政，与驻藏大臣共同治理西藏地方，带领西藏地方政府维修了布达拉宫寝殿等。七世第穆呼图克图摄政九年，积极处理地方政府事务，取得了一定政绩。二世策墨林活佛阿旺降白楚臣摄政期间，精心奉旨办事，密切配合驻藏大臣的诸项治藏活动，协助驻藏大臣认定了九世达赖喇嘛的转世灵童；还经道光皇帝批准，担任达赖喇嘛的大经师，奉旨制定《铁虎清册》。道光时期，在清朝廷和驻藏大臣孟保的坚决支持下，摄政策墨林活佛领导西藏地方军民抗击森巴入侵战争，最终获得胜利，收复失地。后由于二世策墨林活佛阿旺降白楚臣与驻藏大臣琦善发生冲突，清朝廷将其放逐到黑龙江。热振活佛阿旺益西楚臣坚赞任摄政期间，协助驻藏大臣通过金瓶掣签仪式，先后掣定了七世班禅和十一世达赖喇嘛的转世灵童，协助清朝廷平息了察木多仇杀案，阻止了外国传教士进入拉萨和西藏其他地方。

此时期班禅额尔德尼世系历经七世班禅、八世班禅。二世策墨林活佛阿旺降白楚臣因与驻藏大臣琦善之间发生矛盾，被撤职，其后道光二十五年（1845年）清朝廷任命七世班禅丹贝尼玛暂理摄政。但七世班禅只担任摄政八个月，就以自己教政功德很低，年老有病，难以承担政教事务和重任[①]为由辞去摄政，返回后藏扎什伦布寺。

二、嘉庆、道光、咸丰时期经略进藏要地川西地区

川西地区是清朝入藏的必经之地，波密、乍丫正地处进藏的交通要道上。波密部落头人宜玛结布于道光元年（1821年）病故，由于其生前无子嗣，病故后无人承袭，致使其属下头人札木、旺鲁争权夺势而互相残杀，形势严峻到敢于杀死官方派遣的官员，且趁势到川藏塘汛的来往通道硕板多、边坝一带做夹坝，抢掠牛马、粮食，严重影响川藏道路的畅通。道光十三年（1833年），道光皇帝命驻藏大臣和西藏地方噶伦各带所属兵丁前往波密征讨，将滋事的凶犯押解至兵营，并要其赔偿所抢劫牛马。道光十五年（1835年）波密人反抗西藏地方官员统治，由于清朝廷将兵力主要用于镇压太平天国起义，没有多余的兵力调遣到波密，所以驻藏大臣只能动用西藏地方前藏和江孜的番兵对波密用兵。

乍丫地处川西，是入藏的川藏线必经之路，一直由当地呼图克图管辖。道光年间，乍丫大、二两呼图克图关系不睦。道光二十一年（1841年），二呼图克图属下调集番众与大呼图克图属下滋事打仗，严重影响川藏线乍丫地段畅通，致使该路段乌拉不齐，清朝廷与西藏地方信息往来不能按期进行。驻藏大臣派员前往调解，呼图克图不睬，清朝廷只好采取一面扬言派兵征讨乍丫，一面专派噶伦至乍丫，对两呼图克图进行调解，平息了乍丫两呼图克图争斗。

---

① 《班禅大师传》，转引自恰白·次旦平措等著，陈庆英等译《西藏通史》，西藏古籍出版社2008年版，第900页。转引自央珍：《西藏地方摄政制度研究》，中央民族大学博士学位论文，2010年，第44页。

三、嘉庆、道光、咸丰时期抗击外敌入侵西藏的战争

英国早在十七世纪通过东印度公司征服印度，建立英属印度，十八世纪六十年代又开始试图干涉廓尔喀事务，双方发生过战争，结局是廓尔喀军队获胜。嘉庆十九年（1814年）英国再次入侵廓尔喀，发动战争。此次战争由于英方准备充分，廓尔喀军队后勤补给不足，死伤惨重。廓尔喀王向清朝廷和驻藏大臣提出援助的请求，但此时清朝廷对廓尔喀采取观望政策，只是派遣成都将军赛冲阿率五百名绿营官兵前往西藏防卫边境。此次英廓战争，英方以压倒性优势战胜廓尔喀军队，使廓尔喀成为英国附属国。

森巴为原印度西北部的一个部落。道光二十一年（1841年），森巴三千余人入侵藏属拉达克、阿里等地区。由于道光二十年（1840年）爆发了第一次鸦片战争，所以清朝廷在森巴入侵西藏时，无暇顾及西藏地方，不过此时清朝廷和驻藏大臣的态度是坚决抗击。在清朝廷和驻藏大臣的坚决支持下，摄政二世策墨林活佛阿旺降白楚臣率领全藏军民与入侵者展开了英勇的战斗，最终获得胜利，收复了失地。

廓尔喀拉纳王朝在道光晚期，向清朝廷提出派兵进入清朝腹地帮助镇压太平天国起义，被清朝廷拒绝。到咸丰时期，拉纳王朝趁着清朝廷无暇顾及西藏地方的机会，诬陷中国人不讲信用，违规向廓尔喀人收税，还抢劫打死了许多廓尔喀平民，以此为借口，派兵大举入侵西藏。而此时帝国主义势力大规模入侵清朝版图，国内各地反抗清朝廷统治的战争此起彼伏，清朝廷已失去往日的辉煌，正加速走向腐败衰落。清朝廷已经无力顾及此次中廓战争，因此从廓尔喀军队入侵西藏之初，清朝廷和驻藏大臣就采取不抵抗态度，在藏军抵抗过程中还担心获胜，不允许继续追击敌军。由于清朝廷的腐败无能和错误的外交政策，这场战争最后在驻藏大臣的调停下结束，调停的结果是廓尔喀获得了在中国的相关政治与贸易特权，放弃了对聂拉木、济咙等西藏边地的领土要求。

第二节 嘉庆、道光、咸丰时期赏赐西藏地方政教上层人物财政支出

嘉庆、道光、咸丰时期，清朝廷沿袭乾隆时期的治藏政策，以《钦定藏内善后章程二十九条》为准则，继续由驻藏大臣主持、总揽藏政，达赖喇嘛未成年时由清朝廷任命的摄政呼图克图掌办商上僧俗事务，达赖喇嘛、摄政下属的办事机构噶厦地方政府在驻藏大臣和摄政的领导下办理西藏地方政务。因此，嘉庆、道光、咸丰时期，清朝对西藏地方政教上层人物的财政支出，主要包括赏赐达赖喇嘛世系，班禅额尔德尼世系，西藏地方摄政人员，其他活佛、喇嘛、贵族，以及噶厦政府噶伦等。

一、嘉庆、道光、咸丰时期赏赐西藏地方政教上层人物的定制

嘉庆、道光、咸丰时期，清朝廷的治藏政策虽然根本准则没有改变，但嘉庆时期根据实际情况针对西藏贡制、西藏进贡回赏等制度做了调整，使清朝赏赐西藏地方政教上层人物政策趋于符合实际。嘉庆时期清朝廷对赏赐西藏地方政教上层人物政策的调整，被道光、咸丰时期所延续。

（一）嘉庆《大清会典》关于西藏贡制的规定

凡西藏之贡以期至，（西藏每年遣使入贡一次，前藏、后藏各间一年轮值，所贡哈达、铜佛、舍利、珊瑚、琥珀、数珠、藏香、氆氇。其附前藏达赖喇嘛之使入贡者，有由京派往西藏办事之呼图克图，曾恩赐名号之呼图克图，及噶布伦四人，闲散辅国公一人，闲散扎萨克一等台吉一人，

闲散台吉四人。附后藏班禅额尔德尼入贡者，有曾恩赐名号之诺们罕及商卓特巴一人，其贡使堪布亦附贡，各贡哈达、铜佛，或益以数珠、红花、藏香、氆氇。其前藏达赖喇嘛，及由京派往西藏办事之呼图克图、四噶布伦、后藏班禅额尔德尼，各呈进庆祝之礼曰丹书克，所贡吉祥哈达、银曼达、吉祥佛、金字经、银塔、七宝八珍。察木多帕克巴拉呼图克图，四年遣使入贡一次，所贡金碗、黄连。嘉喇呼图克图间随帕克巴拉呼图克图入贡，无定时。）各优其赉予而遣焉。（达赖喇嘛、班禅领尔德尼贡使回时，皆降敕慰问。赐达赖喇嘛镀金银茶筒一、镀金银瓶一、银钟一、各色缎二十、大哈达五、小哈达四十、五色哈达十；正使二等雕鞍一、银茶筒一、银茶盆一、缎三十、毛青布四百、豹皮一、虎皮三、江獭皮五；副使三等蟒缎一、方补缎一、大缎一、三梭布二十四；从人彭缎各一、三梭布各八。赐班禅额尔德尼银茶筒一、银瓶一、银钟一、各色大缎二十、大小哈达各十；来使金黄蟒缎一、银茶盆一、缎一、毛青布六十二；从人缎各二、毛青布各二十；从役缎各一、毛青布各十。赐察木多帕克巴拉呼图克图银茶筒一、各色大缎十二、大小哈达各七；正使三等蟒缎一、缎二、布二十四；副使缎二、布十二；从人布六。）

廓尔喀亦如之。（廓尔喀额尔德尼王，五年遣使入贡一次，所贡象、马、孔雀、蜀币、象牙、犀角、孔雀尾无定物，赐廓尔喀额尔德尼王及来使人等，事隶内务府。）

凡贡使堪布，入境出境皆卫。（前后藏贡使，皆以堪布充之。堪布等来京回藏，例派理藩院郎中、员外郎一人，经过省分道员一人、副将一人，带领兵役，来时自西宁起，回时至西宁止，沿途弹压护送。各按本省程站，催令前进，报明入境出境日期。前藏堪布准给骡一百六十，后藏堪布准给骡一百二十，官为雇办开销例价。其堪布等自带货物，官为代雇脚力者，前藏堪布准代雇骡一百，后藏堪布准代雇骡八十，堪布徒众跟役不得过四十人。其同行商货自备脚力者，亦不得过二十驮，违例多带者不准放行。如堪布等中途不遵法度，护送之员具奏惩办。）[①]

（二）《钦定大清会典事例》关于西藏贡制、西藏进贡回赏的记载

1.《钦定大清会典事例》关于西藏贡制的规定

嘉庆二十三年谕：嗣后西藏堪布进贡来京，除正贡包物外，多带货物，听其自备夫马，所过驿概不准应付。

道光三年谕：嗣后堪布等进京，由驻藏大臣饬将正余各包及货物照例造册，仍将同行喇嘛及跟役并商上人等，先期咨会陕甘总督及西宁办事大臣，俟到丹噶尔时，委员按册查点，方准进口。回藏时，亦饬令造册查点出口，不准逗遛夹带。该堪布到藏，由驻藏大臣照册查点，如有汉奸蒙混，即照无票出口例办理。

十九年定：达赖喇嘛、班禅额尔德尼各间二年遣使堪布来京入贡。

二十年谕：前后藏距京万里，每年轮班入贡，跋涉间关，更增劳勋，殊非优体喇嘛之意。所有前藏堪布业已来京，其后藏著于道光二十二年入贡，轮至二十五年，前藏再行入贡。此后每间二年一次，以次递推。

又谕：向来帕克巴拉呼图克图每逾三年遣使进贡一次。惟念察木多地方，距京较远，嗣后著改为间五年一次，即自道光十九年为始，至二十五年，再行遣使进贡，以后照此递推，用示体恤。

同治十三年奏定：古竹巴喇嘛代进前藏贡物，内务府折给赏项，并照进贡堪布之跟役喇嘛例办给口粮，回藏时由院支给骡价路费。[②]

2.《钦定大清会典事例》关于西藏进贡回赏定例

嘉庆四年议准：嗣后堪布喇嘛等年班到西宁时，除骑乘骡只照例给予外，其驮载正贡及额外携带货物，照依前定骡只数目发给骡价。每只给予脚价银三钱，驮轿骡只，加倍给价，交护送道员按站支给。其例价不敷银两，即于陕甘、山西、直隶等省督抚藩臬养廉内均匀摊扣。

八年定：衍宗禅师之呼毕勒罕遣使同达赖喇嘛来使等赴京进贡，增给

① 《清朝治藏典章研究 》第956 — 957页。

② 《钦定大清会典事例》卷九八六，清光绪石印本。

骑驮骡三头。

十三年覆准：堪布等进京回藏携带货物，除旧例给予骑驮骡只及代雇驮骡外，其同行商货，不得过二十驮。如违例包揽多带，不准放行。偶遗失物件，毋庸官为查缉，以免堪布等藉词搅混。

十七年奏准：西藏堪布来京进贡，凡经过各省，遴派明干道员、副将弹压出境。仍将各省交替出境、入境日期，声明报院。至京交理藩院接管，出京之日，仍交直隶原派官员照料前往。

道光十四年奏定：前后藏贡使往返行走，派察罕托洛亥防所官兵一百员名，护送至札素拉青海界外，以防抢劫。驻藏大臣豫期密会，以便派兵在通天河等候接送。

十九年奏定：嗣后前后藏进京堪布与回藏堪布一律由柴达木行走，由青海大臣派兵一百名护送，其向派之察罕城防兵，暨各旗摊派之蒙古兵，并玉舒番兵，均免派往。①

二、嘉庆、道光、咸丰时期赏赐达赖喇嘛世系财政支出

（一）嘉庆时期赏赐八世达赖喇嘛财政支出

嘉庆三年（1798年）二月二十日，嘉庆皇帝敕谕达赖喇嘛遣员回藏存问赏物，赏八世达赖喇嘛六十两重镀金银茶筒一个、镀金银茶酒壶一个、银盅一个、各色缎三十匹、大哈达五方、小哈达四十方、五色新样哈达十方。赏物交给达赖喇嘛堪布衮楚克多布丹赍回，至时祗领。② 嘉庆五年（1800年）三月初一日，敕谕达赖喇嘛遣员回藏存问赏物，随敕赐八世达赖喇嘛六十两重镀金银茶筒一个、镏金银瓶一个、供盅一个、各色锦缎三十匹、大哈达五方、小哈达四十方、薄绫十匹，一并交来使曲觉等赍

① 《钦定大清会典事例》卷九八六，清光绪石印本。

② 《元以来西藏地方与中央政府关系档案史料汇编》第1726页。

回，至时祗领。[①] 嘉庆五年（1800年）十月二十一日，驻藏大臣和宁等代表达赖喇嘛等领赏谢恩："此次荷蒙文殊菩萨大圣皇帝倍加优渥，赏小僧等玉佛、如意、缎匹等数样珍物，委实不胜欢感。"[②] 嘉庆八年（1803年）六月，公爵拉布丹纳木扎勒在藏身故，着赏银二百两，交与达赖喇嘛，俾作好事，以示恩赉。[③] 嘉庆九年（1804年）二月初八日，敕谕八世达赖喇嘛遣员返藏特敕存问赏物，随敕赐八世达赖喇嘛六十两重镀金银茶筒一个、全镀金银瓶一个、银盅一个、各色绸缎三十匹、大哈达五方、小哈达四十方、五色新样哈达十方，一并饬交达赖喇嘛堪布桑扬扎布等赍回，至时祗领。[④]

八世达赖喇嘛因病咳嗽气喘，手脸浮肿，饮食减少，体质逐渐虚弱。嘉庆九年（1804年）十一月十五日，嘉庆皇帝谕令军机大臣寄信四川总督勒保安排医生前往治疗，令成都副都统文弼带同川省医生驰驿赴藏诊视，酌给盘费，回日分别量予奖赉，同时赏给达赖喇嘛黄哈达一方、佛一尊、念珠一串、荷包六个，以示恩注。[⑤] 八世达赖喇嘛于嘉庆九年（1804年）十月二十日圆寂。此后，成都副都统文弼等人才抵达拉萨。文弼按照先前朝廷旨意，祭奠达赖喇嘛，送布彦时仍赏曼达等物折银共五千两，及妆缎、蟒缎、各色缎、大缎二十匹、官用缎一百匹、大哈达二十方、小哈达三百方。所赐银五千两，即从藏库支付。[⑥] 清朝廷又饬命噶勒丹锡呼图呼图克图、敏珠尔呼图克图由雍和宫、广仁寺、北黄寺等三寺内选定一处，抽选足数喇嘛等，诚心实意诵经数日。

（二）嘉庆时期赏赐九世达赖喇嘛财政支出

八世达赖喇嘛圆寂后，生于嘉庆十年（1805年）十二月，来自西康

① 《元以来西藏地方与中央政府关系档案史料汇编》第1729页。

② 《元以来西藏地方与中央政府关系档案史料汇编》第1720页。

③ 《清仁宗实录》卷一一五，嘉庆八年六月己丑。

④ 《元以来西藏地方与中央政府关系档案史料汇编》第1739页。

⑤ 《元以来西藏地方与中央政府关系档案史料汇编》第1732—1733页。

⑥ 《元以来西藏地方与中央政府关系档案史料汇编》第1732—1734页。

的男童隆朵嘉措被西藏地方代表认定为转世灵童。西藏地方代表向清朝廷奏陈免于金瓶掣签，获得清朝廷允准，坐床前转世灵童居住于贡塘庙内。嘉庆十三年（1808年）四月二十八日，清朝廷派遣特清额进藏宣旨并察看达赖喇嘛等情形，并将恩赏的哈达、无量寿佛、铃杵、珍珠、记念碧霞玭念珠等物件分别赏给。同年五月驻藏大臣玉宁等奏为庆贺确定达赖喇嘛呼毕勒罕互赠礼物，玉宁以喜庆礼回赠达赖喇嘛呼毕勒罕大银曼达、银佛、塔、经、大缎、荷包等物。① 清朝廷又按惯例赏九世达赖喇嘛呼毕勒罕黄轿。② 嘉庆皇帝于同年五月十五日特派喀拉沁王满珠巴咱尔等赴藏照料。满珠巴咱尔等于闰五月初一日自京启程，所有赏赉达赖喇嘛物件，即着满珠巴咱尔等赍往。沿途经过直隶、山西、陕西、四川等处地方，各地方督抚派委、道、府、副参大员妥为护送。嘉庆帝令四川总督勒保于司库中提银一万两，俟满珠巴咱尔等到省时，交给带往，一并赏给达赖喇嘛。至打箭炉以西，着勒保知会前途，照例预备马匹。③

嘉庆十四年（1809年）七月十一日，嘉庆帝因达赖喇嘛遣员朝贡赏敕谕，随敕赏赐达赖喇嘛镀金六十两重银茶筒一个、银瓶一个、酥油灯一盏、各色绸缎三十匹、大哈达五方、小哈达四十方、五色哈达十方，交付巴雅尔堪布成勒仁钦携回。④ 嘉庆帝五十万寿，达赖喇嘛特遣员巴雅尔堪布进京庆贺。嘉庆十四年（1809年）十一月初一日，嘉庆帝谕达赖喇嘛遣员庆贺五十万寿存问颁赏，特颁敕以存问礼，赏九世达赖六十两重镀金银茶筒一个、镀金银茶酒壶一个、银盅一个、大立蟒缎二匹、蟒缎二匹、妆缎二匹、片金二匹、闪缎四匹、大八丝缎十四匹、大哈达五方、小哈达四十方、新样哈达十方；加赏玉佛一尊、铃杵一份、玉如意一柄、云产石珠一串、绣花黄蟒袍面一件、玉石器一件、珐琅大瓶二件、珐琅盘一对、玻璃大瓶一对、玻璃碗一对、玻璃盆一对、磁碗一对、黄大立蟒缎二

① 《元以来西藏地方与中央政府关系档案史料汇编》第1743 — 1746页。

② 《元以来西藏地方与中央政府关系档案史料汇编》第1748页。

③ 《元以来西藏地方与中央政府关系档案史料汇编》第1744页。

④ 《清朝治藏典章研究》第1014页。

匹、黄妆缎二匹、大荷包一对、小荷包三对、靠褥一份，一并交巴雅尔堪布和罗卜藏噶伦赍回，由达赖祗领。嘉庆十五年（1810年）三月初五日，嘉庆帝谕达赖喇嘛遣员回藏存问颁赏，赏达赖喇嘛六十两重镀金银茶筒一个、镀金银茶酒壶一个、大立蟒缎二匹、蟒缎二匹、妆缎二匹、金缎四匹、字缎四匹、大八丝缎十四匹、大哈达五方、小哈达四十方、五色新样哈达十方；加赏玉石佛一尊、铃杵一份、玉如意一柄、数珠一串、蟒缎袍面一件、香饼二盒、珐琅盒一对、珐琅盘二件、玉石盆一件、累丝银碗一对、紫色漆金花碗一对、珐琅碗一对、玻璃大瓶一对、玻璃碗一对、大荷包一对、小荷包五对、大立蟒缎二匹、妆缎二匹、桌灯一对、靠背褥一份。交堪布罗卜藏达尔杰等赍回，至时祗领。[①] 嘉庆十九年（1814年）二月初二日，嘉庆帝谕达赖喇嘛遣员回藏存问赏赐，赏达赖喇嘛六十两重镀金银茶筒一个、镀金银茶酒壶一个、银盅一个、大立蟒缎二匹、蟒缎三匹、妆缎二匹、片金二匹、闪缎四匹、字缎四匹、大八丝缎十四匹、大哈达五方、小哈达四十方、五色新样哈达十方；加赏佛一尊、铃杵一份、玉如意一柄、数珠一串、蟒缎袍面一件、香饼二盒、珐琅盒四件、磁珐琅碗一对、玉石笔洗一件、累丝银碗一对、珐琅碗一对、洋磁碗一对、玻璃大瓶一对、玻璃碗一对、大荷包一对、小荷包五对、蟒缎二匹、妆缎二匹、桌灯一对、靠背褥一份。交堪布罗卜藏格勒克、囊素噶尔藏达尔杰等赍回。[②]

嘉庆二十年（1815年）二月十六日，九世达赖隆朵嘉措在布达拉宫不幸暴亡，时年只有十一岁。嘉庆帝内心大为恻然，即派驻藏大臣喜明赏祭达赖喇嘛舍利，并在送布彦时折合曼达等物共赏银五千两，及妆缎、蟒缎、各样绸缎、大缎二十匹，小哈达三百方。所赏银五千两，由藏库动支，交付第穆呼图克图，先为达赖喇嘛舍利作好事外，其缎匹、哈达等物，饬理藩院仍照前例派遣司员送至西藏。[③]

---

① 《元以来西藏地方与中央政府关系档案史料汇编》第1754—1755页。

② 《元以来西藏地方与中央政府关系档案史料汇编》第1756页。

③ 《元以来西藏地方与中央政府关系档案史料汇编》第1759页。

（三）道光时期赏赐十世达赖喇嘛财政支出

九世达赖喇嘛圆寂后，西藏地方代表在藏区寻访转世灵童。嘉庆二十四年（1819年）五月十八日，驻藏大臣玉麟等遵旨传谕班禅等再寻灵童两名一同入瓶掣签十世达赖喇嘛。西藏地方代表先后寻访到三位灵童，驻藏大臣文干等向朝廷奏陈拟确验掣签达赖喇嘛呼毕勒罕。道光元年（1821年）九月初四日，道光皇帝谕军机大臣寄信驻藏大臣文干等，按照其先前所奏陈将各处呈报三名幼童携至前藏会同察看。

道光二年（1822年）二月二十五日，文干等奏遵旨照例掣签达赖喇嘛呼毕勒罕，来自理塘的罗布藏捻札之子噶勒桑坚参（后改名楚臣嘉措）被掣签为转世灵童，清朝廷特颁赏该呼毕勒罕哈达一方、无量寿佛一尊、铃杵一份、珊瑚念珠一挂，发交文干颁赏给领。① 为准备八月初八日的坐床仪式，清朝廷于道光二年（1822年）三月三十日将所有颁给敕书、赏赉等件，令理藩院拣派司员二人，驰驿赍往，途经直隶、山西、陕西、四川等处，各地方督抚派道、府、副参大员协助护送，并从川省台库中拨银一万两，俟该司员抵成都点交后，赏赐达赖喇嘛。自打箭炉起，援例预备马驮乌拉。② 清朝廷派驻藏大臣文干会同成都副都统苏崇阿及章嘉呼图克图看视达赖喇嘛坐床，章嘉呼图克图由京驰往，道光帝令广储司赏银三百两制办行装。③ 道光二年（1822年）六月初三日，内阁奉谕达赖喇嘛坐床赏用黄轿、黄缰、黄鞍坐等。④ 八月初八日坐床时，清朝廷特遣驻藏大臣文干、成都副都统苏冲阿、章嘉呼图克图、理藩院司员等前往拉萨照料坐床，颁赏给达赖喇嘛织锦唐卡、哈达、银净瓶、曼札、茶筒、杯子等物，颁赏黄缎袈裟一身、茧绸、百粒珊瑚珠串、玉、景泰蓝、玻璃等珍奇供器、上等绸缎座垫、靠背、华盖、大小荷包、四镶缎、妆缎、金丝缎、

① 《元以来西藏地方与中央政府关系档案史料汇编》第1775页。

② 《元以来西藏地方与中央政府关系档案史料汇编》第1778页。

③ 《元以来西藏地方与中央政府关系档案史料汇编》第1775页。

④ 《元以来西藏地方与中央政府关系档案史料汇编》第1778页。

平绒等无数匹、大小哈达三十方等。[①] 道光二年（1822年）八月二十四日，十世达赖喇嘛因为坐床按例进丹书克贡物，专差巴雅尔堪布进京朝贡。达赖喇嘛等恭进贡物包驮，委员点验监秤，派驻藏千总何际春由藏送至川省，并咨川省派员接替护送赴京。其自打箭炉进口以后，所需骑驮、马骡及口粮等项，俱已咨明经过省份，饬属照例办理。[②]

道光三年（1823年）二月，十世达赖喇嘛遣员呈进贡物，赐敕褒奖，赏赍如例。[③] 二月二十六日道光皇帝敕谕达赖遣员返藏并存问颁赏，赏十世达赖喇嘛六十两重镀金银茶筒一个、镀金银壶一个、盅一个、各色缎三十匹、大哈达五方、小哈达四十五方、彩色哈达十方；另赏玉石佛像一尊、铃杵一份、玉如意一柄，珊瑚数珠一串，袍一件、香饼二匣、丝盘一对、玉器一个、瓷盘一对、银瓷碗一片，璃花盘一对、雕案盒一对、珐琅碗一对、玻璃碗二件、大荷包口对、小荷包四对、蟒缎二匹、妆缎二匹、大五丝缎二匹、靠褥一份，交与堪布阿旺旦堆赍回，至时祇领。[④]

道光四年（1824年）二月十四日，道光皇帝敕谕达赖喇嘛遣员回藏存问颁赏，赏给十世达赖六十两重镀金银茶筒一个、镀金银壶一把、盅一个、龙缎二匹、蟒缎二匹、妆缎二匹、片金二匹、花缎四匹、字缎四匹、大八丝缎十四匹、大哈达五方、小哈达四十方、五色新样哈达十方；另增赏佛一尊、铃杵一份、玉如意一柄、素珠一串、锦袍一件、玉器一件、香饼二盒、珐琅盒四个、玳瑁碗二个、银丝碗二个、广东瓷碗二个、玻璃缸子一个、玻璃花盅二个、玻璃香炉二个、大荷包一对、小荷包五对、蟒缎二匹、妆缎二匹、黄大五丝缎二匹、靠褥一份，交贡格札巴等赍回，至时祇领。[⑤]

道光六年（1826年）二月，达赖喇嘛遣员呈进贡物，赐敕褒奖，赏

① 《元以来西藏地方与中央政府关系档案史料汇编》第1784页。

② 《元以来西藏地方与中央政府关系档案史料汇编》第1783页。

③ 《清宣宗实录》卷四九，道光三年二月丙寅。

④ 《元以来西藏地方与中央政府关系档案史料汇编》第1785—1786页。

⑤ 《元以来西藏地方与中央政府关系档案史料汇编》第1786页。

赉如例。[①] 二月十二日，敕谕达赖喇嘛遣员返藏存问赏赐，赏给六十两重镀金银茶筒一个、镀金银壶一个、盅一个、龙缎二匹、蟒缎二匹、妆缎二匹、片金二匹、花缎四匹、字缎四匹、大八丝缎十四匹、大哈达五方、小哈达四十方、五色新样哈达十方；增赏佛一尊、铃杵一份、玉如意一柄、珊瑚数珠一串、锦袍一件、玉器一件、香饼一匣、雕漆盒二个、银丝碗二个、瓷盘二个、玻璃花瓶一对、玻璃碗二个、托盘（饮具）二个、玻璃香炉一个、大荷包一对、小荷包五对、蟒缎二匹、妆缎二匹、黄大五丝缎二匹、靠褥一份，一并交罗卜桑丹木巴赍回。[②]

道光八年（1828年）二月，达赖喇嘛之呼毕勒罕遣员呈进贡物及丹书克，赐敕褒奖，赏赉如例。[③]

道光九年（1829年）二月，颁达赖喇嘛等赏件。[④] 二月十三日，敕谕达赖喇嘛遣员返藏存问赏赐，赏给六十两重镀金银茶筒一个、镀金银壶一个、盅一个、龙缎二匹、蟒缎二匹、妆缎二匹、片金二匹、花缎四匹、字缎四匹、大八丝缎十四匹、大哈达五方、小哈达四十方、五色新样哈达十方；另增赏佛一尊、铃杵一份、玉如意一柄、珊瑚数珠一串、锦袍一件、玉器一个、香饼二盒、雕漆盒二个、银丝碗二个、银丝盖碗二个、瓷盘二个、玻璃托盘二个、玻璃碗二个、玻璃蜡灯二个、玻璃香炉一个、大荷包一对、小荷包五对、蟒缎二匹、黄绸衣料二匹、五丝缎二匹、靠褥一份，交罗卜桑成林赍回。[⑤]

道光十年（1830年）二月，达赖喇嘛之呼毕勒罕遣员呈进贡物，赐敕褒奖，赏赉如例。[⑥] 二月十三日，敕谕达赖喇嘛遣员返藏存问赏赐，赏给六十两重镀金银茶筒一个、镀金银壶一个、盅一个、龙缎二匹、蟒缎二匹、妆缎二匹、片金二匹、花缎四匹、字缎四匹、大八丝缎十四匹、大哈

① 《清宣宗实录》卷九六，道光六年二月甲子。

② 《元以来西藏地方与中央政府关系档案史料汇编》第1787 — 1788页。

③ 《清宣宗实录》卷一三三，道光八年二月癸未。

④ 《清宣宗实录》卷一五四，道光九年二月戊寅。

⑤ 《元以来西藏地方与中央政府关系档案史料汇编》第1788页。

⑥ 《清宣宗实录》卷一六五，道光十年二月壬申。

达五方、小哈达四十方、五色新样哈达十方；另增赏佛一尊、铃杵一份、玉如意一柄、珊瑚素珠一串、蟒袍面子一件、玉器一件、香饼一匣、雕漆盒二个、珐琅盖碗四个、瓷盘二个、玻璃花炉二个、玻璃碗二个、玻璃香炉一个、大荷包一对、小荷包五对、蟒缎二匹、锦二匹、黄大五丝缎二匹、靠褥一份，交罗卜桑吹札赍回。① 同年十月二十二日，清朝廷允准达赖喇嘛派遣人员进京祝暇道光皇帝五十万寿，仍由四川行走，沿途各地方按例提供差役。②

道光十一年（1831年）九月，达赖喇嘛之呼毕勒罕遣员表贺万寿，赐敕褒奖，赏赍如例。③

道光十四年（1834年）四月初七日，十世达赖喇嘛受比丘戒，道光皇帝特降谕旨，并赏赐黄哈达一方、珊瑚念珠一串、金丝编制器皿一件、白玉器皿一件、镶饰珊瑚黄绊带大荷包一对、小荷包两对，均由驻藏大臣八月十二日在布达拉宫颁赐。又对十世达赖的正师傅掌办商上事务之诺门罕噶勒丹锡呼图萨玛第巴克什原赐衍宗禅师名号，赏加翊教二字；对副师傅强白益西丹贝坚赞赏给诺门罕敕书、印信，对副师傅甘丹池巴阿旺曲培恩赏班第达名号等。④ 同年七月，因达赖喇嘛呈进佛尊、哈达，传旨奖赍。⑤

道光十五年（1835年）七月初七日，清朝廷对达赖喇嘛、班禅额尔德尼俱着赏给金册，该衙门照例颁给。⑥

道光十六年（1836年）二月，达赖喇嘛遣员呈进贡物，赐敕褒奖，赏赍如例。⑦ 二月十二日，敕谕达赖喇嘛遣员回藏存问颁赏，赏给六十两重镀金银茶一个、镀金银壶一个、盅一个、龙缎二匹、蟒缎二匹、妆缎二

---

① 《元以来西藏地方与中央政府关系档案史料汇编》第1789页。
② 《元以来西藏地方与中央政府关系档案史料汇编》第1791页。
③ 《清宣宗实录》卷一九七，道光十一年九月丙子。
④ 《元以来西藏地方与中央政府关系档案史料汇编》第1791页。
⑤ 《清宣宗实录》卷二五四，道光十四年七月甲子。
⑥ 张其勤：《清代藏事辑要》，西藏人民出版社1983年版，第401页。
⑦ 《清宣宗实录》卷二七八，道光十六年二月乙丑。

匹、片金二匹、花缎四匹、字缎四匹、大八丝缎十四匹、大哈达五方、小哈达四十方、五色新样哈达十方；又赏佛一尊、铃杵一份、玉如意一柄、珊瑚数珠一串、锦袍面子一件、玉花瓶一件、香饼一匣、黑漆盖碗二件、珐琅杯十二件、珐琅酒盅二件、瓷盘二件、玻璃花瓶二件、玻璃碗二件、玻璃香炉一件、大荷包一对、小荷包五对、蟒缎二匹、妆缎二匹、黄大五绿缎二匹、靠褥一份，交罗卜桑吹札赍回，至时祗领。①

道光十七年（1837年）九月一日，十世达赖喇嘛楚臣嘉措于布达拉宫圆寂，年仅二十二岁。道光皇帝按照旧例行事，敕谕从西藏粮台银库垫支五千两银，仍按旧例办理。遣钦差赍赐哈达、绸缎等物。②因为西藏地方商上每年要承担藏军等开支，为了保证达赖喇嘛正常开销，从乾隆年间开始每年恩赏达赖喇嘛银两一千两。十世达赖喇嘛圆寂后，道光皇帝针对关圣保等人提出是否停止恩赏银，道光皇帝于十八年（1838年）五月谕内阁："今达赖喇嘛虽已圆寂，其每年恩赏银两一千两，仍照旧赏给。"③尽管达赖喇嘛已于道光十七年（1837年）圆寂，但前藏仍以达赖喇嘛名义派遣使者进京朝贡。道光二十年（1840年）正月，达赖喇嘛遣员呈进方物，赐敕褒奖，赏赉如例。④

（四）道光、咸丰时期赏赐十一世达赖喇嘛财政支出

十世达赖喇嘛圆寂后，西藏地方代表按惯例寻访转世灵童，寻访了四位灵童，道光二十一年（1841年）经过金瓶掣签选定来自康定地区的男童凯珠嘉措为转世灵童。达赖喇嘛呼毕勒罕坐床的日子定为道光二十二年（1842年）四月十六日。道光二十一年（1841年）八月十五日，道光皇帝谕内阁派孟保会同成都副都统什蒙额及章嘉呼图克图前往西藏看视坐床。章嘉呼图克图由京驰驿前往，着由广储司赏银三百两制办行装。所有

① 《元以来西藏地方与中央政府关系档案史料汇编》第1792—1793页。
② 《元以来西藏地方与中央政府关系档案史料汇编》第1797页。
③ 《清宣宗实录》卷三〇〇，道光十八年五月甲寅。
④ 《清宣宗实录》卷三三〇，道光二十年正月癸丑。

颁给金册，即着章嘉呼图克图赍往。随册赍往银满达一、镀金银茶筒一、镀金银执壶一、银钟一、珊瑚朝珠一、绣蟒袍面一、黄妆缎靠背、坐褥各一、大小哈达五十、五色哈达十、黄缎九、红缎九、漳绒九、玻璃器十、磁器十。① 道光二十一年（1841年）十二月初三日，颁给十一世达赖喇嘛敕书、赏赍等件，着理藩院拣派司员二人（派委额外主事强谦、委署主事福庆等）驰驿赍往。其沿途经过直隶、山西、陕西、四川等处地方，各地方督抚派委道、府、副参大员，妥为护送。并着四川总督宝兴于司库提银一万两，俟该司员等到省时，交给带往，一并赏给达赖喇嘛。章嘉呼图克图及理藩院司员等，先后行抵成都省城，暂住数日，于十二月初一、初八等日，分起赴藏，四川总督宝兴檄委成绵、龙茂道胡兴仁、建昌道朱鸣英，会同城守营游击马荣耀、护理阜和协副将伊萨布，分段护送打箭炉出口。自打箭炉出口以西，里塘、巴塘、察木多、拉里等处，已经传知各台粮员及土司人等，照例预备乌拉、马匹，并饬沿途台站营员一体带兵接护前进，均不致临时迟误。② 道光二十二年（1842年）四月十六日在章嘉呼图克图等人照料下，为十一世达赖喇嘛呼毕勒罕举行了坐床典礼，章嘉呼图克图按前世达赖喇嘛之例，将金册颁交呼毕勒罕祗领。③

道光二十八年（1848年）二月二十九日，敕谕班禅年班回藏特敕存问颁赏，另赏给达赖喇嘛之物品，一并交与噶沁洛布桑楚臣赍往。④ 因为十一世达赖喇嘛坐床以来敬遵皇帝旨意，谨习经典，殊甚可嘉，道光皇帝通过驿站赏十一世达赖喇嘛黄色哈达一方、汗子玛欠西、玉碗、玉盒、大小荷包等物。达赖喇嘛因为受戒，特派遣人员进京奏陈谢恩请安纳贡。同年三月二十九日，道光皇帝借着七世班禅额尔德尼派遣人员返藏之机，为十一世达赖喇嘛特颁敕礼，赏十一世达赖喇嘛蟒缎一匹、花缎一匹、大缎四匹、素缎四匹、小线绉缎十匹、平地绉缎七匹、素纺丝六匹、绫子四

① 《元以来西藏地方与中央政府关系档案史料汇编》第1803—1804页。

② 《元以来西藏地方与中央政府关系档案史料汇编》第1805页。

③ 《元以来西藏地方与中央政府关系档案史料汇编》第1804页。

④ 《元以来西藏地方与中央政府关系档案史料汇编》第1938页。

匹。所有赏赐物品，交班禅额尔德尼之堪布首席噶钦罗卜桑次成赍回。[①] 道光二十九年（1849年）十二月十一日孝和睿皇太后去世。道光三十年（1850年）正月初三日，敕谕十一世达赖喇嘛皇太后逝世在藏熬茶诵经，赏给达赖喇嘛六十两重镀金银茶筒一个、镀金银壶一个、银盅一个、大哈达五方、小哈达四十方、缎二十四匹，交兵部驿送。[②] 三十年（1850年）正月十四日，道光皇帝驾崩。同年二月二十三日，清朝廷敕谕十一世达赖喇嘛道光帝逝世在藏熬茶诵经，特颁敕赏给达赖喇嘛六十两重镀金银茶筒一个、镀金银壶一个、银盅一个、大哈达五方、小哈达四十方、缎子二十四匹。为至圣皇考诵经，赏给布达拉、扎什伦布、色拉、哲蚌等四大庙，每庙银各一千两、大哈达各一百方、小哈达各一千方、茶各一百块。又赏各庙通经银共四千两、茶一千块、小哈达四千方，一并交札萨克喇嘛江曲达瓦、达喇嘛罗桑曲丹、头等侍卫瑞元、三等侍卫安成、员外郎杜尔多阿、员外郎何勒多木布等赍往。[③] 同年三月，因达赖喇嘛为太皇太后去世讽经，清朝廷赏给达赖喇嘛珊瑚念珠一串、椰子念珠一串、大荷包一对、小荷包四个。[④]

达赖喇嘛在孝和睿皇太后和宣宗成皇帝去世时，率各寺庙喇嘛诵经修善，新帝咸丰继位时又派遣堪布进京上表，供献方物。咸丰元年（1851年）九月初九日，咸丰帝敕谕达赖喇嘛并赏给六十两重镀金银茶筒一个、镀金银壶一把、银盅一个、龙缎二匹、蟒缎二匹、妆缎二匹、片金二匹、花缎四匹、字缎四匹、大八丝缎十四匹、大哈达五方、小哈达四十方、五色新样哈达十方。[⑤] 咸丰三年（1853年）四月初五日，赏给达赖喇嘛六十两重镀金银茶筒一个、镀金银壶一个、银盅一个、蟒缎二匹、龙缎二匹、妆缎二匹、片金二匹、花缎四匹、字缎四匹、大八丝缎十四匹、大哈达五

① 《元以来西藏地方与中央政府关系档案史料汇编》第1805页。

② 《元以来西藏地方与中央政府关系档案史料汇编》第1814页。

③ 《元以来西藏地方与中央政府关系档案史料汇编》第1815页。

④ 《清文宗实录》卷六，道光三十年三月甲寅。

⑤ 《元以来西藏地方与中央政府关系档案史料汇编》第1816页。

方、小哈达四十方、五色哈达五十方；另增赏哈达一方、铃杵一份、佛一尊、玉如意一柄、珊瑚数珠一串、玉器一件、獐皮背垫一件、瓷盘二件、香饼一匣、珐琅盒二件、红漆盒二件、玻璃器皿二件、敞口玻璃匣子一件、玻璃盘一件、大荷包一对、小荷包五对、螺装二匹、妆缎二匹、靠褥一份，交堪布罗卜桑嘉措赍回。① 因太平军起义波及多省，使清朝廷疲于应付，十一世达赖率领众僧在藏各寺熬茶念经祷祝，以期清朝廷早日镇压太平军起义，大功早成。同年八月二十日，咸丰帝谕内阁十一世达赖喇嘛诵经祝告速灭太平军绝净，着加恩赏给达赖喇嘛哈达一方、念珠一串，着交驻藏大臣等转赏达赖喇嘛。② 咸丰四年（1854年）九月十九日，谕内阁达赖喇嘛等诵经祈速殄灭太平军，着加恩赏给达赖喇嘛哈达一块、念珠一串，交驻藏帮办大臣转给该达赖喇嘛等祇领。③

咸丰五年（1855年）达赖喇嘛已近成年，咸丰帝敕谕达赖喇嘛亲政。亲政不到一年，十一世达赖喇嘛凯珠嘉措于同年十二月二十五日在布达拉宫突然圆寂，年仅十八岁。次年二月二十四日，咸丰帝命满庆前往奠，照例优眷。④

（五）咸丰时期赏赐十二世达赖喇嘛财政支出

十一世达赖喇嘛圆寂后，西藏地方代表在藏区各地寻访转世灵童，由于西藏地方重修布达拉山上楼房工程，并办理寻访达赖喇嘛呼毕勒罕事宜，需要开销很多，驻藏大臣向清朝廷奏陈西藏民众甚属苦累。咸丰八年（1858年）三月，咸丰帝令在备存察木多、拉里、西藏三台盈余生息银内赏给银一万两，毋庸按年归还，以示体恤。⑤ 来自西藏的沃卡俱卓地方的男童成烈嘉措经金瓶掣签认定为十二世达赖喇嘛。达赖喇嘛呼毕勒罕于

① 《元以来西藏地方与中央政府关系档案史料汇编》第1817—1818页。

② 《清文宗实录》卷一〇三，咸丰三年八月壬辰；《元以来西藏地方与中央政府关系档案史料汇编》第1818页。

③ 《元以来西藏地方与中央政府关系档案史料汇编》第1821页。

④ 《元以来西藏地方与中央政府关系档案史料汇编》第1823页。

⑤ 《清文宗实录》卷二四七，咸丰八年三月丁丑。

咸丰十年（1860年）七月初三日坐床，清朝廷派遣满庆、恩庆前往看视，所有颁给敕书、赏赉等件，着理藩院拣派司员二人驰驿赍往。其沿途经过直隶、山西、陕西、西川等处地方，各地方督抚派委道、府、副参大员，妥为护送。并着四川总督有风于司库提银一万两，俟该司员等到省时交给带往，一并赏给达赖喇嘛。至打箭炉以西，着该督知会前途，照例预备马匹，勿致迟误。①

咸丰十一年（1861年）七月十七日，咸丰皇帝驾崩。达赖喇嘛、班禅额尔德尼、慧能呼征阿齐图呼图克图闻知咸丰皇帝升遐，不胜哀恸，都提出派遣代表进京请安，呈进佛尊、哈达的要求，并在藏聚集僧众念经修福。咸丰十一年（1861年）十二月初九日，清朝廷颁赏达赖喇嘛珊瑚念珠一串、椰子念珠一串、大荷包一对、小荷包四个，颁赏班禅额尔德尼玻璃小朝珠一串、菩提念珠一、大荷包一对、小荷包四个，颁赏慧能呼征阿齐图呼图克图玻璃念珠一串、大荷包一对、小荷包四个。俟来员二十七个月来京后转令祗领。②

三、嘉庆、道光、咸丰时期赏赐班禅额尔德尼世系财政支出

（一）嘉庆、道光、咸丰时期赏赐七世班禅财政支出

嘉庆二年（1797年）二月十六日，嘉庆皇帝敕谕七世班禅年班，对其来员纳贡存问颁赏，随敕赐七世班禅三十两重银茶筒一个、银瓶一个、银盅一个、各色大缎二十匹、大小哈达十方，交付堪布罗卜藏巴勒珠尔赍往。③ 七世班禅的母亲病故，嘉庆皇帝加恩派驻藏大臣英善至后藏祭奠，由藏库银动支五百两，携至后藏，赏与班禅额尔德尼。④

嘉庆九年（1804年）二月初八日，敕谕八世达赖喇嘛之人员返藏特

① 《元以来西藏地方与中央政府关系档案史料汇编》第1825页。

② 《元以来西藏地方与中央政府关系档案史料汇编》第1826页。

③ 《元以来西藏地方与中央政府关系档案史料汇编》第1922页。

④ 《元以来西藏地方与中央政府关系档案史料汇编》第1923页。

敕存问赏物，将另赐与七世班禅之物件，另缮清单，一并饬交达赖喇嘛堪布桑扬扎布等赍回。① 同年十一月二十四日，敕谕七世班禅存问赏赐，随敕赍往三十两重银茶筒一个、银瓶一个、银盅一只、大小哈达各十方、绸缎十二匹。②

七世班禅派遣人员进京庆贺嘉庆皇帝五十寿辰。嘉庆十四年（1809年）十一月初一日七世班禅所遣人员返藏时，敕谕回藏存问颁赏，并颁敕礼，赏给七世班禅镀金银茶筒一个、壶一个、盅一个、大八丝缎二十匹、大小哈达各十方，另加赏玉佛一尊、铃杵一份、玉如意一柄、云产石念珠一串、刺绣黄锦袍一件、珐琅盂二件、珐琅托盘一对、玻璃瓶一对、玻璃托盘一对、黄龙纹缎二匹、黄缎二匹、大荷包一对、小荷包三对、靠褥一份，一并交来员巴雅尔堪布噶秦罗布藏巴勒珠尔赍回。③

嘉庆十五年（1810年）三月初五日，嘉庆帝谕达赖喇嘛遣员回藏存问颁赏，另赏给班禅额尔德尼物件，开列清单，一并交堪布罗卜藏达尔杰赍回，至时祗领。④

嘉庆十八年（1813年）二月初九日，敕谕班禅年班回藏存问颁赐，赏七世班禅三十两重银茶筒一个、银茶酒壶一个、银盅一个、各色大缎二十匹、大小哈达各十方，加赏佛一尊、绣佛像一轴、玉如意一柄、玛瑙器一件、紫色宝石数珠一串、清蓝玻璃碗一个、累丝银碗一对、黑漆碗六件、琥珀色大瓶一对、黄玻璃碗一对、玻璃灯壶四件、珐琅盘二份、大荷包一对、小荷包五对、靠褥一份、香饼一盒，一并交堪布巴登次仁赍回，各其祗领。⑤

嘉庆十九年（1814年）二月初二日，嘉庆帝谕达赖喇嘛所遣人员回藏存问赏赐，另赏班禅额尔德尼物件，缮写清单，一并交堪布罗卜藏格勒

① 《元以来西藏地方与中央政府关系档案史料汇编》第1730页。
② 《元以来西藏地方与中央政府关系档案史料汇编》第1924页。
③ 《元以来西藏地方与中央政府关系档案史料汇编》第1925—1926页。
④ 《元以来西藏地方与中央政府关系档案史料汇编》第1754—1755页。
⑤ 《元以来西藏地方与中央政府关系档案史料汇编》第1926页。

克、囊素噶尔藏达尔杰等赍回，各其祗领。[①]

嘉庆二十年（1815年）十月初一日，嘉庆皇帝敕谕班禅额尔德尼，赏班禅三十两重银茶筒一个、壶一把、盅一个、各色大缎二十匹、大小哈达各十方；又增赏佛一尊、玉如意一柄、佛画一轴、玉石器皿一份、碧珠子一串、珐琅口一件、珐琅碗二件、珐琅瓷碗一对、银丝碗一对、黄瓷碟子四件、黄瓷透明瓶一对、透亮玻璃碗一对、透亮玻璃碟子一件、茶色玻璃口一对、玻璃鼻烟壶四件、大荷包一对、小荷包五对、靠褥一份、爬地柏一把。将赏给达赖喇嘛之物品开单，并交来员堪布巴尔丹策林赍回。[②]

嘉庆二十五年（1820年）正月初四日，七世班禅呈递丹书克，获赏佛一龛、铃杵一份、玉如意一柄、朝珠一盘、蟒袍一件、玉洗一件、香饼二盒、累丝银碗一对、珐琅瓶二件、玻璃盘二件、玻璃靶盘一对、大荷包一对、小荷包五对、蟒缎二匹、妆缎二匹、靠背坐褥一个。[③] 嘉庆皇帝驾崩，七世班禅在藏齐集众喇嘛念经，还派遣代表入京向新帝问安。道光皇帝于嘉庆二十五年（1820年）十一月赏班禅额尔德尼珊瑚小朝珠一盘、椰子念珠一盘、大荷包一对、小荷包四个，着玉麟等转行晓谕班禅额尔德尼等祗领赏项。[④]

道光元年（1821年）二月，班禅额尔德尼遣员呈进贡物，赐敕褒奖，赏赉如例。[⑤] 同年五月，道光皇帝敕谕允准七世班禅按照乾隆年间成例，派遣人员进京向皇太后恭进贡物。[⑥]

嘉庆帝去世时七世班禅聚集各庙喇嘛等念经拜忏，并遣堪布具表，呈进佛品。因此，道光二年（1822年）二月，道光皇帝颁给其诏书并赐七世班禅三十两重银茶筒一件、壶一件、盅子一个、各色大缎二十匹，大小

① 《元以来西藏地方与中央政府关系档案史料汇编》第1756页。

② 《元以来西藏地方与中央政府关系档案史料汇编》第1927页。

③ 《元以来西藏地方与中央政府关系档案史料汇编》第2156页。

④ 《清宣宗实录》卷八，嘉庆二十五年十一月甲子。

⑤ 《清宣宗实录》卷一八，道光元年二月辛卯。

⑥ 《清宣宗实录》卷一八，道光元年五月戊寅。

哈达各十方，交其所遣人员堪布罗布藏尼玛带回，到时衹领。[①] 同年二月二十五日，驻藏大臣文干等奏遵旨照例掣签达赖喇嘛呼毕勒罕，颁赏班禅额尔德尼哈达一方、无量寿佛各一尊，一同发交颁给。[②]

道光三年（1823年）二月，班禅额尔德尼遣员进京呈进贡物，赐敕褒奖，赏赉如例。[③] 道光四年（1824年）二月十四日，道光皇帝敕谕达赖喇嘛所遣人员回藏存问颁赏，另赏班禅额尔德尼物品，一并交来员赍回，至时衹领。[④] 道光五年（1825年）二月，班禅额尔德尼遣员呈进贡物，赐敕褒奖，赏赉如例。[⑤] 道光六年（1826年）二月十二日，敕谕达赖喇嘛遣员返藏存问赏赐，另赏给班禅额尔德尼物品，亦交所遣人员赍回，至时各自衹领。[⑥] 道光七年（1827年）二月，班禅额尔德尼遣员呈进贡物，赐敕褒奖，赏赉如例。[⑦] 道光八年（1828年）二月，颁班禅额尔德尼赏件。[⑧] 道光九年（1829年）二月，班禅额尔德尼遣员请安，呈进贡物及丹书克。赐诏褒奖，赏赉如例。[⑨]

道光九年（1829年）二月十三日，敕谕达赖喇嘛所遣人员返藏存问赏赐，另赏给班禅额尔德尼物品，一并交来员赍回，至时衹领。[⑩] 道光十年（1830年）二月十三日，敕谕达赖喇嘛所遣人员返藏存问赏赐，另赏给班禅额尔德尼物品，交来员赍回，至时衹领。[⑪]

道光十一年（1831年）九月，班禅额尔德尼遣员表贺万寿。赐敕褒

---

① 《清宣宗实录》卷三〇，道光二年二月甲辰。

② 《元以来西藏地方与中央政府关系档案史料汇编》第1775页。

③ 《清宣宗实录》卷四九，道光三年二月庚戌。

④ 《元以来西藏地方与中央政府关系档案史料汇编》第1786页。

⑤ 《清宣宗实录》卷七九，道光五年二月辛未。

⑥ 《元以来西藏地方与中央政府关系档案史料汇编》第1787—1788页。

⑦ 《清宣宗实录》卷一一四，道光七年二月丁巳。

⑧ 《清宣宗实录》卷一三三，道光八年二月癸未。

⑨ 《清宣宗实录》卷一五四，道光九年二月戊寅。

⑩ 《元以来西藏地方与中央政府关系档案史料汇编》第1788页。

⑪ 《元以来西藏地方与中央政府关系档案史料汇编》第1789页。

奖，赏赉如例。[①] 同年二月十四日，敕谕七世班禅年班回藏存问颁赏，特赏七世班禅三十两重银茶筒一个、银壶一个、银盅一个、各样大缎二十匹、大小哈达各十方，另赏给佛一尊、玉如意一柄、佛画一轴、玉盘一个、珊瑚数珠一串、珐琅圆盒一个、珐琅奓斗一个、珐琅碗一个、瓷盘四件、黑漆盖碗二件、有柄瓷碗二件、玻璃碗二件、玻璃花瓶二件、玻璃盘一个、玻璃烟壶四件、大荷包一对、小荷包五对、靠褥一份、香饼一匣，交堪布罗卜桑坚赞赍回。[②]

道光十四年（1834年），班禅额尔德尼为达赖喇嘛受戒，特赏班禅额尔德尼黄哈达一方、檀香念珠一串、金丝织帷幔一张、大荷包一对、小荷包二对。着隆文等谕知，将班禅额尔德尼赏项如数送达。[③] 同年七月，班禅额尔德尼呈进佛尊、哈达，传旨奖赉。[④]

道光十六年（1836年）二月，班禅额尔德尼，赐敕褒奖，赏赉如例。[⑤]同年二月十二日，敕谕达赖喇嘛所遣人员回藏存问颁赏，另赏给班禅额尔德尼物品，一并交来员赍回，至时祗领。[⑥] 道光十七年（1837年）二月，班禅额尔德尼呈进丹书克，赐敕褒奖，赏赉如例。[⑦]

孝全成皇后于道光二十年（1840年）去世。正月道光皇帝谕内阁，此次大行皇后事宜，应行颁给班禅额尔德尼、代理达赖喇嘛之噶勒丹锡呼图萨玛第巴克什恩诏，及颁赏物件，交回藏之来员堪布等赍往。在布达拉等四大庙及在各庙布施唪经等事，交驻藏大臣等办理。所有一切应用银两、茶叶，着四川总督照例拨给。[⑧] 清朝廷颁给七世班禅金册，七世班禅派遣堪布进京谢恩。道光二十年（1840年）三月十二日，道光皇帝在巴

---

① 《清宣宗实录》卷一九七，道光十一年九月丙子。

② 《元以来西藏地方与中央政府关系档案史料汇编》第1933—1934页。

③ 《元以来西藏地方与中央政府关系档案史料汇编》第2018页。

④ 《清宣宗实录》卷二五四，道光十四年七月甲子。

⑤ 《清宣宗实录》卷二七八，道光十六年二月乙丑。

⑥ 《元以来西藏地方与中央政府关系档案史料汇编》第1792—1793页。

⑦ 《清宣宗实录》卷二九四，道光十七年二月壬戌。

⑧ 《清宣宗实录》卷三三〇，道光二十年正月丙辰。

雅尔堪布返回时，令其返藏后代特问班禅身安，并颁敕礼，赏班禅额尔德尼三十两重银茶筒一个、银壶一个、盅一个、各样大缎二十匹、大小哈达各十方，另赏佛一尊、铃杵一份、玉如意一柄、珊瑚数珠一串、锦袍里子一件、玉瓶一件、香饼一盒、瓷挂瓶二件、红漆楷粑盒一个、珐琅笔洗一件、珐琅盒一件、玻璃碗二件、玻璃折合匣子一个、玻璃炉子一个、大荷包一对、小荷包五对、蟒缎二匹、妆缎二匹、靠褥一份，均交来员噶素罗卜桑吹培赍回，至时祗领。①

道光二十一年（1841年）八月二十日，谕内阁七世班禅今年六旬生辰，赏赐佛一龛，御笔福字一张、寿字一张、如意一柄、白玉念珠一串、银曼达一件、银瓶一件、黄蟒缎二匹、黄绉绸二匹，交付章嘉呼图克图赍往。②

道光二十五年（1845年）二月，敕封七世班禅额尔德尼册文，随册资往哈达一、鹅黄辫绿松石豆大荷包二、花小荷包二、玉罐一、牙丝宫扇一、铜胎珐琅碗二、铜胎珐琅五寸碟二、铜胎珐琅鼻烟壶一、鹅黄蟒缎一、鹅黄妆缎一、花锦二、红漳绒二，尚其祗受，无懈恭勤。③

道光二十八年（1848年）二月，达赖喇嘛、班禅额尔德尼遣员表进贡物。赐敕褒奖，赏赍如例。④ 同年二月二十九日，敕谕班禅年班回藏特敕存问颁赏，赏班禅三十两重银茶筒一个、壶一个、盅一个、新样大缎二十匹、大小哈达各十方；另赏给佛一尊、玉如意一柄、佛画一轴、玉盘一件、珊瑚数珠一串、有柄珐琅壶一把、珐琅瓶一件、珐琅碗一件、瓷盘四件、雕漆盒二件、有柄瓷碗二件、玻璃碗二件、玻璃瓶二件、玻璃盘一件、玻璃烟壶四件、大荷包一对、小荷包五对、靠褥一份、爬地柏一箱，交班禅所遣人员堪布噶沁洛布桑楚臣赍回。⑤

---

① 《元以来西藏地方与中央政府关系档案史料汇编》第1936页。

② 《清代藏事辑要》第405页。

③ 《元以来西藏地方与中央政府关系档案史料汇编》第1938页。

④ 《清宣宗实录》卷四五三，道光二十八年二月己巳。

⑤ 《元以来西藏地方与中央政府关系档案史料汇编》第1938页。

咸丰元年（1851年）八月，班禅额尔德尼七十生辰，赏给佛一尊、御笔福字一张、御笔寿字一张、大白哈达一方、如意一柄、白玉念珠一盘、银曼达一个、银瓶一件、黄蟒缎二匹、黄大八丝缎二匹、黄大卷五丝缎二匹、黄绉绸二匹、黄绫二匹、黄裹绸二匹，交达赖喇嘛差来之堪布降曲丹皮回程之便，带赴西藏转交。① 七世班禅额尔德尼于咸丰三年（1853年）正月初九日圆寂，咸丰帝即派驻藏帮办大臣谆龄前往奠祭。为七世班禅布施等项共折银五千两，另赏给小团龙妆缎、大缎二十匹，贡缎一百匹，大哈达二十方，小哈达三百方，赏银五千两由藏库动支，饬交札萨克喇嘛郎结曲批在班禅额尔德尼灵前做好事；颁赏缎匹、哈达等项，交理藩院，仿照从前派委司员送赴西藏；又将咸丰帝贴身所带珠子一串、珊瑚珠子一串、经一部，先由报匣内送交穆腾额等，俟抵藏时，即于班禅额尔德尼之灵前悬挂，以示咸丰帝轸念之至意。② 十一月二十五日七世班禅舍利奉入于金塔。咸丰三年（1853年）十二月，咸丰帝赏给七世班禅舍利白哈达一方、念珠一串，以附咸丰帝怀想有功之至意。③

（二）咸丰时期赏赐八世班禅财政支出

七世班禅圆寂后，扎什伦布寺派出大德高僧寻访灵童。咸丰六年（1856年）十一月二十三日在布达拉宫由驻藏大臣主持西藏地方代表参加的金瓶掣签仪式中，出生于后藏的男童拉木结旺堆嘉木参被选定为七世班禅丹必尼玛的转世灵童，亦即八世班禅。咸丰六年（1856年）十二月十九日，咸丰帝谕内阁认定拉木结旺堆嘉木参为班禅呼毕勒罕，非常高兴，着即颁赏给该呼毕勒罕大哈达一方、珊瑚数珠一串、玉如意一柄，赏呼征阿齐图呼图克图哈达一方、嵌玉如意一柄，赏色呼本诺们罕哈达一方、嵌玉如意一柄，交进藏大臣等转行晓谕该呼征阿齐图呼图克图等及阖

① 《清代藏事辑要》第452页。

② 《清代藏事辑要》第456页。

③ 《元以来西藏地方与中央政府关系档案史料汇编》第1941页。

藏喇嘛，着该呼毕勒罕妥为护持，以附咸丰帝广兴黄教之至意。① 咸丰十年（1860年）十月初二日八世班禅坐床，咸丰帝派恩庆会同色哷本诺们罕前往看视。所有颁给敕书及赏赉等件，着理藩院拣派司员二人驰驿赍往。其沿途经过直隶、山西、陕西、四川等处地方，着各地方督抚派委道、府、副参大员妥为护送。并着四川总督曾望颜于司库提银一万两，俟该司员等到省时交给带往，一并赏给班禅额尔德尼。至打箭炉以西，着该督知会沿途照例预备马匹，勿致迟误。② 咸丰十年（1860年）三月初一日，咸丰帝谕内阁派热振呼图克图赴扎什伦布照料八世班禅坐床受戒。

四、嘉庆、道光、咸丰时期赏赐摄政呼图克图财政支出

（一）嘉庆时期赏赐八世济咙呼图克图财政支出

嘉庆五年（1800年）三月初一日，敕谕达赖喇嘛所差人员回藏存问赏物，另赐济咙呼图克图等之物件，缮具清单，一并交来使曲觉等赍回。③ 嘉庆九年（1804年）十月二十日，八世达赖喇嘛圆寂，济咙呼图克图协助文弼祭奠达赖喇嘛。因济咙呼图克图等为达赖喇嘛做好事，赏其绸缎、哈达等物，饬交理藩院，派遣司员赍送西藏。④ 八世达赖喇嘛圆寂后，嘉庆帝谕令八世济咙呼图克图为首办理藏地诸务。八世济咙呼图克图所办诸务，一如达赖喇嘛在世，有条不紊。嘉庆十一年（1806年）二月初一日，赏济咙呼图克图三十两重银茶筒一件、各样大缎十二匹、大小哈达各七方。⑤ 嘉庆十三年（1808年）四月二十八日，清朝廷派遣特清额进藏宣旨并察看达赖喇嘛等情形，并将恩赏之哈达、无量寿佛、铃杵、珍珠、记

① 《元以来西藏地方与中央政府关系档案史料汇编》第1944—1945页。

② 《元以来西藏地方与中央政府关系档案史料汇编》第1945页。

③ 《元以来西藏地方与中央政府关系档案史料汇编》第1729页。

④ 《元以来西藏地方与中央政府关系档案史料汇编》第1732—1734页。

⑤ 《元以来西藏地方与中央政府关系档案史料汇编》第1999页。

念碧霞私念珠等件分别赏给[①]。嘉庆十五年（1810年）三月初五日，嘉庆帝谕达赖喇嘛所差人员回藏存问颁赏，另赏济咙呼图克图等物件，开列清单，一并交堪布罗卜藏达尔杰赍回。[②]济咙呼图克图摄政二十余载，一切事件俱能尽心办理，唐古特番众敬服安贴。

八世济咙呼图克图圆寂，嘉庆皇帝甚为悯恻，嘉庆十六年（1811年）四月三十日，赏银五百两，并派驻藏大臣阳春奠祭。自京城赏发大哈达一方、噶卜拉念珠一串、杵铃一份、摇鼓一个，于济咙呼图克图灵塔前永远陈设。所赏银两即于藏库动支赏给。[③]嘉庆二十五年（1820年）正月初四日，济咙呼图克图之呼毕勒罕呈递丹书克，获赏玉如意一柄、朝珠一盘、铃杵一份、玉洗一件、玻璃靶碗一对、玻璃碗二件、蟒缎一匹、妆缎一匹、黄大卷八丝缎二匹、绵一匹、大荷包一对、小荷包二对。[④]同年十一月，赏济咙呼图克图之呼毕勒罕催生石小朝珠一盘、大荷包一对、小荷包四个[⑤]。

（二）嘉庆时期赏赐七世第穆呼图克图财政支出

八世济咙呼图克图圆寂后，所遗协理藏务之缺，清朝廷派第七世第穆呼图克图充补。嘉庆十九年（1814年）二月初二日，嘉庆帝谕达赖喇嘛所差人员回藏存问赏赐，另赏第穆呼图克图等物件，缮写清单，一并交来员堪布罗卜藏格勒克、囊素噶尔藏达尔杰等赍回，至时祗领。[⑥]嘉庆二十三年（1818年）六月初六日，敕谕第穆呼图克图年班堪布回藏存问颁赏，赏赐第穆呼图克图三十两重银茶筒一个、各色锦缎十二匹、大小哈达各七方赍回，至时接旨祗领。[⑦]第七世第穆呼图克图数年办理达赖喇嘛

① 《元以来西藏地方与中央政府关系档案史料汇编》第1743页。
② 《元以来西藏地方与中央政府关系档案史料汇编》第1754—1755页。
③ 《元以来西藏地方与中央政府关系档案史料汇编》第2000—2001页。
④ 《元以来西藏地方与中央政府关系档案史料汇编》第2156页。
⑤ 《清宣宗实录》卷八，嘉庆二十五年十一月甲子。
⑥ 《元以来西藏地方与中央政府关系档案史料汇编》第1756页。
⑦ 《元以来西藏地方与中央政府关系档案史料汇编》第2004页。

商上事务尚属妥协，于嘉庆二十四年（1819年）圆寂。嘉庆皇帝忽闻其圆寂，甚为轸惜。嘉庆二十四年（1819年）七月十六日，恩赏哈达一方、绿松石数珠一盘，交驻藏大臣玉麟等悬挂第穆呼图克图之灵塔，并由彼处库内赏银五百两，令做好事。①

（三）嘉庆、道光时期赏赐二世策墨林活佛财政支出

七世第穆呼图克图圆寂后，嘉庆皇帝敕谕二世策墨林活佛阿旺降白楚臣摄政，替达赖喇嘛办理藏务。阿旺降白楚臣摄政长达二十五年。嘉庆二十四年（1819年）十月二十四日，阿旺降白楚臣派遣人员进京为嘉庆皇帝恭贺六旬万寿，捧举丹书克。嘉庆皇帝敕谕阿旺降白楚臣派遣的拜谒堪布返藏存问颁赏，赏阿旺降白楚臣三十两重银茶筒一个、各色大缎十二匹、大小哈达各七方；又加赠玉石如意一柄、铃杵一份、数珠一串、玛瑙器皿一件、珐琅碗一对、玻璃盘子一对、玻璃碗一对、蟒缎二匹、妆缎二匹、大荷包一对、小荷包一对。以上物品，一并交拜谒堪布罗桑班觉等赍回，至时祗领。② 嘉庆二十五年（1820年）正月初四日，阿旺降白楚臣派遣人员进京呈递丹书克，获赏玉洗一件、玻璃法盏二件、玻璃瓶二件、洋磁碗一件、蟒缎匹、妆缎一匹③。同年正月二十五日，为了嘉奖阿旺降白楚臣嘉措主持藏务，嘉庆皇帝赍赐三十两重银茶筒一个、各色大缎十二匹、大小哈达各七方赍往，至时祗领。④

道光元年（1821年），阿旺降白楚臣派遣堪布进京庆贺道光帝登极并致祭嘉庆帝。道光皇帝赐阿旺降白楚臣大哈达一方、大荷包一对、小荷包四个⑤。

道光二年（1822年）二月二十五日，阿旺降白楚臣协助驻藏大臣文

---

① 《元以来西藏地方与中央政府关系档案史料汇编》第2008页。

② 《元以来西藏地方与中央政府关系档案史料汇编》第2010页。

③ 《元以来西藏地方与中央政府关系档案史料汇编》第2156页。

④ 《元以来西藏地方与中央政府关系档案史料汇编》第2012页。

⑤ 《元以来西藏地方与中央政府关系档案史料汇编》第2014页。

干等遵旨照例掣签达赖喇嘛呼毕勒罕。清朝廷特颁赏该呼毕勒罕，并颁赏阿旺降白楚臣哈达一方、无量寿佛各一尊，一同发交颁给。[①] 同年二月，噶勒丹锡呼图萨玛第巴克什派遣人员进京朝贡，道光皇帝在来员回藏之时，另赏济咙呼图克图等赏件清单，交堪布阿旺罗布藏带回，到时祗领。[②] 同年二月二十九日，敕谕阿旺降白楚臣所遣堪布已经谒陵，特敕嘉奖并颁赏，赐阿旺降白楚臣三十两重银茶筒一个，各色大缎十二匹，大小哈达各七方，并额外赏给阿旺降白楚臣及济咙呼图克图等物件，另具清单，交堪布阿旺罗布藏带回，到时祗领[③]。

道光皇帝恩准十世达赖喇嘛坐床，十世达赖喇嘛派遣人员进京谢准坐床之恩。道光三年（1823年）二月二十六日，道光皇帝敕谕十世达赖喇嘛所差人员返藏存问颁赏，赏给阿旺降白楚臣之物品，一并交与堪布赍往，至时祗领[④]。

道光四年（1824年）二月十四日，道光皇帝敕谕达赖喇嘛所差人员回藏存问颁赏，另赏给阿旺降白楚臣物品，一并交来使赍回，至时祗领。[⑤]

道光六年（1826年）二月十二日，敕谕达赖喇嘛所差人员返藏存问赏赐，另赏阿旺降白楚臣等物品，亦交所差人员赍回，至时各自祗领。[⑥]

道光八年（1828年）二月，颁阿旺降白楚臣等赏件。[⑦]

道光九年（1829年）二月十三日，敕谕达赖喇嘛所差人员返藏存问赏赐，另赏阿旺降白楚臣等物品，一并交来员赍回，至时各自祗领。[⑧]

道光十年（1830年）二月十三日，敕谕达赖喇嘛所差人员返藏存问赏

① 《元以来西藏地方与中央政府关系档案史料汇编》第1775页。

② 《清宣宗实录》卷三〇，道光二年二月甲辰。

③ 《元以来西藏地方与中央政府关系档案史料汇编》第2015页。

④ 《元以来西藏地方与中央政府关系档案史料汇编》第1785—1786页。

⑤ 《元以来西藏地方与中央政府关系档案史料汇编》第1786页。

⑥ 《元以来西藏地方与中央政府关系档案史料汇编》第1787—1788页。

⑦ 《清宣宗实录》卷一三三，道光八年二月癸未。

⑧ 《元以来西藏地方与中央政府关系档案史料汇编》第1788页。

赐，另赏给阿旺降白楚臣等物品，亦一并交来员赍回，至时各自祇领。①

道光十一年（1831年）九月，阿旺降白楚臣遣员表贺万寿，赐敕褒奖，赏赉如例。②

道光十六年（1836年）二月十二日，敕谕达赖喇嘛所差人员回藏存问颁赏，另赏阿旺降白楚臣等物品，一并交来员赍回，至时各自祇领。③

道光十七年（1837年）六月，以阿旺降白楚臣总理藏内事务，赏赉如例。④

道光二十年（1840年）正月二十八日，孝全皇后逝世，敕谕阿旺降白楚臣孝全皇后逝世熬茶诵经，赏给阿旺降白楚臣三十两重银茶筒一个、大小哈达各五方、缎八匹，交班禅额尔德尼之差使堪布赍回，至时祇领。⑤

道光二十三年（1843年），道光皇帝令琦善赴藏任驻藏大臣。琦善进藏后不久就因治藏与阿旺降白楚臣发生了冲突。道光二十五年（1845）清朝廷将阿旺降白楚臣放逐至黑龙江，交该地将军严加管束，不许随意交往。

（四）道光、咸丰时期赏赐三世热振活佛财政支出

阿旺降白楚臣被放逐后，清朝廷令七世班禅丹白尼玛暂代摄政，掌管西藏地方僧俗事务，但七世班禅摄政只有八个月，便以年纪大，后藏事务无人照管为由辞去摄政，返回扎什伦布寺。

七世班禅丹白尼玛辞去摄政一职后，清朝廷令三世热振活佛阿旺益西楚臣坚赞出任摄政，其摄政十八年。因三世热振活佛查办番务出力，清朝廷先后授予其呼图克图、呼征阿齐图诺们罕、呼征阿齐图呼图克图封号。道光三十年（1850年）三月，因达赖喇嘛为太皇太后去世讽经，清朝廷

---

① 《元以来西藏地方与中央政府关系档案史料汇编》第1789页。

② 《清宣宗实录》卷一九七，道光十一年九月丙子。

③ 《元以来西藏地方与中央政府关系档案史料汇编》第1792—1793页。

④ 《清宣宗实录》卷二九八，道光十七年六月丙辰。

⑤ 《元以来西藏地方与中央政府关系档案史料汇编》第2021页。

赏达赖喇嘛物品，另赏给呼征阿齐图诺们罕水晶念珠一串、大荷包一对、小荷包四个，均于抵藏之时转行赏给。① 咸丰帝于元年（1851年）九月初九日，敕谕达赖喇嘛所差人员业已谒陵，并颁敕赏达赖喇嘛物品。另赏给阿齐图诺门罕等物品，并交来员堪布降吹达木丕携往，至时各自祗领。② 咸丰三年（1853年）四月初五日，赏给达赖喇嘛物品。另赏给网济图诺门罕等物品，一并交来员赍往。③ 咸丰四年（1854年）九月十九日，谕内阁达赖喇嘛等诵经祈速殄灭太平军，着加恩赏给达赖喇嘛物品；赏呼征阿奇图呼图克图哈达一方，交驻藏帮办大臣转给该达赖喇嘛等祗领。④ 咸丰九年（1859年）十月十一日，敕谕阿旺益西楚臣坚赞竭力照护达赖喇嘛呼毕勒罕，赐阿旺益西楚臣蟒缎一匹、妆缎一匹、闪缎一匹、八丝缎四匹、大哈达五方，至时祗领。⑤ 咸丰十年（1860年），阿旺益西楚臣协助清朝廷平息了察木多仇杀案。咸丰皇帝赏加热振呼图克图"慧能"二字名号，并赏用黄轿。咸丰十一年（1861年），咸丰帝驾崩，阿旺益西楚臣差堪布进京请安，深得清廷欢心，获赏念珠等物。同治元年（1862年），拉萨发生布施争讼案，清朝廷听信驻藏大臣满庆的奏陈，下令解除热振活佛的摄政职务。

五、嘉庆、道光、咸丰时期赏赐其他活佛、喇嘛、贵族等财政支出

察木多帕克巴拉呼图克图圆寂后寻访到三位灵童。驻藏大臣松筠等向清朝廷奏陈，经过金瓶掣签，认定里塘地方番民玉勒杰之子为转世灵童。达赖喇嘛为其取名为罗卜藏吉克米特班丹达木拜尼玛。嘉庆元年（1796

---

① 《清文宗实录》卷六，道光三十年三月甲寅。

② 《元以来西藏地方与中央政府关系档案史料汇编》第1816页。

③ 《元以来西藏地方与中央政府关系档案史料汇编》第1817—1818页。

④ 《元以来西藏地方与中央政府关系档案史料汇编》第1821页。

⑤ 《元以来西藏地方与中央政府关系档案史料汇编》第2028页。

年）九月十三日，嘉庆皇帝命罗卜藏吉克米特班丹达木拜尼玛为帕克巴拉呼图克图之呼毕勒罕，赏其俐玛无量寿佛一尊、塔一座、经一套、大哈达一方、玉如意一柄、杵铃一份、念珠一串、蟒缎一匹、锦缎一匹、妆缎一匹、黄缎一匹、大荷包一对、小荷包四对赍往，俟其祗领。①

九世达赖喇嘛之叔父洛桑年札南杰辞去三品土司之职，到拉萨侍奉达赖喇嘛。嘉庆十三年（1808年）七月初一日，谕内阁赏给九世达赖喇嘛之叔洛桑年札南杰头品顶戴。② 西藏地方辅国公林沁彭楚克病故，嘉庆皇帝念其军功，令林沁彭楚克之子泽旺珠承袭。③ 嘉庆二十五年（1820）正月初四日，西藏地方僧侣、贵族派遣使者进京呈递丹书克，清朝廷回赏单：赏公策旺珠美珐琅碗二件、玻璃盘二件、妆缎一匹；赏扎萨克台吉策旺楚克多尔济玻璃盒一件、玻璃碗一件、妆缎一匹；赏达赖喇嘛之叔台吉罗布藏念扎那木结玻璃盒一件、玻璃碗一件、妆缎一匹；赏札萨克喇嘛敦珠拉布斋玻璃盒一件、玻璃碗一件、妆缎一匹；赏札萨克喇嘛善巴伊什玻璃盒一件、玻璃碗一件、妆缎一匹；赏荣增班第达之呼毕勒罕坚巴伊什丹巴嘉勒灿玻璃碗一件、玻璃奓斗一件、妆缎一匹；赏台吉敏珠尔索诺木班珠尔玻璃碗一件、玻璃奓斗一件、妆缎一匹；赏台吉色伦彭磋玻璃碗一件、玻璃奓斗一件、妆缎一匹；赏阿齐图诺们汗之商卓忒巴达喇嘛扎什仲鼐玻璃碗一件、玻璃奓斗一件、妆缎一匹；赏来使二人，每人洋磁碗一件、漳绒一匹。④ 嘉庆皇帝驾崩，达赖喇嘛之师荣增班第达在藏齐集众喇嘛念经，还派遣人员入京向新帝问安。道光皇帝于嘉庆二十五年（1820年）十一月赍赏达赖喇嘛之师荣增班第达之呼毕勒罕金珀小朝珠一盘、大荷包一对、小荷包四个，着玉麟等转行晓谕班禅额尔德尼等祗领赏项。⑤

---

① 《元以来西藏地方与中央政府关系档案史料汇编》第2140页。

② 《元以来西藏地方与中央政府关系档案史料汇编》第2147页。

③ 《元以来西藏地方与中央政府关系档案史料汇编》第2152页。

④ 《元以来西藏地方与中央政府关系档案史料汇编》第2156—2157页。

⑤ 《清宣宗实录》卷八，嘉庆二十五年十一月甲子。

道光二年（1822年）六月二十四日，十世达赖喇嘛之父罗布藏年扎到拉萨奉养达赖喇嘛，内阁奉谕赏十世达赖喇嘛之父头品顶戴。[①] 道光二年（1822年）十一月十四日，赏十世达赖喇嘛经师名号。[②] 道光八年（1828年）十月二十八日，恩准七世班禅其侄孙索诺木策丕承袭四品顶戴。[③] 道光八年（1828年）二月，颁噶勒丹锡哷图萨玛第巴克什等赏件。同年察木多之帕克巴拉呼图克图、西瓦拉呼图克图遣使请安，赐敕奖赏，并颁赏件。[④] 道光十一年（1831年）九月，察木多帕克巴拉呼图克图遣使表贺万寿。赐敕褒奖，赏赉如例。[⑤] 道光十六年（1836年）二月，帕克巴拉呼图克图遣使呈进贡物。赐敕褒奖，赏赉如例。[⑥] 道光二十八年（1848年）六月二十七日，准十一世达赖喇嘛之父策旺顿柱请赏戴顶戴花翎。[⑦] 道光十四年（1834年），班禅额尔德尼为达赖喇嘛受戒，道光皇帝内心喜悦，达赖喇嘛正师傅萨玛第巴克什，前已有衍宗禅师名号，赏加翊教二字；赏副师傅嘉木巴勒伊什丹贝嘉木磋诺门罕敕书、印信；赏副经师甘丹池巴阿旺曲培班智达职衔。谕旨及赏品在布达拉宫大殿由驻藏大臣宣赏。[⑧]

咸丰四年（1854年）五月，因太平天国起义使清朝廷疲于应对，察木多帕克巴拉呼图克图、西瓦拉呼图克图情愿带领众呼图克图、喇嘛在察木多地方所有庙内专心念经，以祈速灭太平天国起义。咸丰帝赏给帕克巴拉呼图克图、西瓦拉呼图克图哈达各一方，交驻藏帮办大臣转赏给帕克巴拉呼图克图等。[⑨]

---

① 《元以来西藏地方与中央政府关系档案史料汇编》第2157页。

② 《元以来西藏地方与中央政府关系档案史料汇编》第2158页。

③ 《元以来西藏地方与中央政府关系档案史料汇编》第2162页。

④ 《清宣宗实录》卷一三三，道光八年二月癸未。

⑤ 《清宣宗实录》卷一九七，道光十一年九月丙子。

⑥ 《清宣宗实录》卷二七八，道光十六年二月乙丑。

⑦ 《元以来西藏地方与中央政府关系档案史料汇编》第2168页。

⑧ 《元以来西藏地方与中央政府关系档案史料汇编》第2018页。

⑨ 《清宣宗实录》卷一二九，咸丰四年五月庚子。

六、嘉庆、道光、咸丰时期赏赐噶伦财政支出

嘉庆四年（1799年）乾隆皇帝驾崩，西藏地方噶厦政府噶伦特遣堪布喇嘛贡布顿珠经由北路赴京。堪布主仆所乘骡等总计六十头，由西宁库中赐给，另雇用骡子二十头。仆从三名俗人，留住西宁差马地，余者前往北京，所有主仆之费用，皆由库拨。[①] 嘉庆二十四年（1819年），西藏地方噶厦政府噶伦为嘉庆皇帝祝寿，遣堪布格西仑央札巴，带领侍从格西十五名、噶久十六名、俗人十九名；囊素格西洛桑旺秋，带领侍从格西十一名、噶久十六名、俗人十二名等前往京城，其乘骑、骡驮照例由库内动支。遵旨赏驮骡一百六十三头，其中赏堪布驮轿骡三头，驮行李骡一头，十八名侍从噶久、侍从格西骑骡十八头，驮贡品骡六十一头，囊素乘骑骡三头，行李骡一头，十二名侍从噶久、格西乘骑骡十二头，驮贡品骡六十一头，萨玛第巴克什诺门罕活佛贡品乘骑、驮骡三头等，共计乘骑、驮骡一百六十三头。库赏骡不敷，由堪布格西、囊素格西分别雇用，堪布需驮骡五十头，囊素需驮骡五十头。以上库赏、雇用驮骡共计二百六十三头。赴京及暂住西宁之粮饷，按例库赏。[②] 嘉庆二十五年（1820年）正月初四日，派遣人员进京呈递丹书克，赏噶伦敦珠布多尔济等四人，每人玻璃盒一件、玻璃杯四件、妆缎一匹、黄大卷八丝缎一匹、大荷包一对、小荷包一对。[③] 嘉庆皇帝驾崩，西藏地方噶厦政府噶伦遣员进京祭奠，咸丰皇帝恩准依嘉庆四年之例办理。[④]

---

① 《元以来西藏地方与中央政府关系档案史料汇编》第2055页。

② 《元以来西藏地方与中央政府关系档案史料汇编》第2054页。

③ 《元以来西藏地方与中央政府关系档案史料汇编》第2056页。

④ 《元以来西藏地方与中央政府关系档案史料汇编》第2055页。

第三节 嘉庆、道光、咸丰时期治理西藏地方军事财政支出

乾隆时期两次出兵抗击廓尔喀军队入侵西藏地方的战争，暴露了西藏地方军事的弱点。战后清朝廷针对西藏地方原有驻军及防御情况作了进一步调整和完善。乾隆帝决心整顿和健全西藏各项制度，令第二次率兵入藏抗击廓尔喀的大将军福康安等人筹划、制定善后章程。乾隆五十八年（1793年）二月最终形成并颁布了《钦定藏内善后章程二十九条》（藏文本称为《水牛年文书》），标志着清朝廷治藏政策的改革和清朝治藏政策最终形成。该章程成为以后清朝廷治藏各项政策的准则。清朝治理西藏地方军事制度也是在此时期得以完善并成为定制，各项军事政策一直坚持到清朝末年，其间虽然小有变动，但主体上没有变化。嘉庆、道光、咸丰时期，清朝廷治理西藏地方军事政策小有调整，即在《钦定藏内善后章程二十九条》治藏军事政策的基础上，明确了嘉庆以后驻藏清军官兵的更换和饷银等问题，进一步明确了清朝廷治理西藏地方军饷的财政支出。另外，清朝治理西藏地方财政支出还包括嘉庆时期清朝由于廓尔喀与英军交战派遣川军入藏防卫边境的财政支出，道光年间清朝对波密用兵、解决乍丫两活佛争斗案、抗击森巴入侵的财政支出等。

一、嘉庆、道光、咸丰时期驻藏清军的财政支出

嘉庆十五年（1810年）四月，皇帝关于驻藏清军粮银敕谕："向来驻藏官兵所食之米，俱系先将米价银两交商上噶布伦，由帕克哩、错拉二处营官采办。秋、冬二季兵米，随时采买支放。其米价即由各兵盐折银内扣

除。惟春、夏米价昂贵，须于每年秋成后预为购买存贮，以备支放。约需用银一千八百余两。该营向无公项可动，皆借用粮库银两通融办理等语。驻藏官兵食米，动借粮库银两采买，始自乾隆五十九年，相沿已久，究系私自挪用。兹既据文弼等奏，实因官兵办米需用，着照所请。嗣后采买驻藏官兵春、夏两季食米。准其由粮库预发银一千八百两，交该营守备承领，转交商上采办米石运贮。该守备衙门俟按月支放后，仍将各兵盐折银两扣存归款，以清库项而裕兵食。”①

嘉庆帝在位二十五年，道光帝在位近三十年，咸丰帝在位十一年，共计六十六年。在这六十六年清朝廷对驻藏清军的粮银共支出十一万八千八百两。

嘉庆二十年（1815年）十一月，皇帝关于驻藏清军火药敕谕："常明等会议前后藏需用火药均由川省制运一摺，已降旨依议行矣。藏中需用火药原额本止二千余斤。嗣经松筠条奏添设行操、合操，每年需用火药四千八百余斤，加增至一倍有余。此时前后藏应用火药，统归川省采办，工料、脚价费用较繁。着喜明等查明西藏旧例，每年各营共操演若干次，自松筠奏添行操、合操，每年共操演若干次，悉心筹酌，将后添之行操、合操次数，量为核减，较之旧例次数仍属加增，其每年动用火药约计以三千斤内外为率，于制运略为节省，而钱粮亦归核实。将此谕令知之。"②

道光二十一年（1841年）五月，皇帝关于驻藏清军抬炮敕谕："添设西藏抬炮二十二位。从驻藏大臣孟保等请也。"③

嘉庆、道光、咸丰三位皇帝在位六十六年。嘉庆继位之时，驻藏大臣为松筠，松筠当时根据西藏地方实际情况，每年由川省向西藏地方提供火药四千八百余斤，直到嘉庆二十年（1815年）十一月，按二十年计算，四川省制运火药共计九万六千斤。此时期余下四十六年，按照嘉庆二十年（1815年）十一月皇帝关于驻藏清军火药调整为每年三千

① 《清仁宗实录》卷二二八，嘉庆十五年四月癸卯。

② 《清仁宗实录》卷三一二，嘉庆二十年十一月乙酉。

③ 《清宣宗实录》卷三五二，道光二十一年五月壬申。

斤内外，四川省制运火药共计十三万八千斤。道光二十一年（1841年）按照驻藏大臣所提出的要求，又为西藏地方添设二十二架抬炮。每月应支四百五十五名兵丁饷银，共二千二百二十九两五钱，六十六年共一百七十六万五千七百六十四两。

二、嘉庆、道光、咸丰时期驻藏大臣巡视驻藏清军和藏军的财政支出

乾隆五十七年（1792年）抗击廓尔喀第二次侵藏战争胜利之后，为了加强边防、稳定政局，清朝廷决定在边防要隘、交通枢纽、重要城镇，以及川边至拉萨的台站，均派兵驻防，总计一千三百余名。这些作为定制，直到清朝末年，始终坚持不变。其对巩固和加强清代多民族国家的统一、维护国家对西藏的主权、巩固西南边防所发挥的重要作用，早已为历史所证明①。击退廓尔喀之后，福康安遵旨筹议番兵（藏军）章程，其中规定虽然藏军由商上给予口粮，并免徭役，即与官兵无异，但“驻藏大臣每于巡查之便，亲为校阅，练习纯熟者，酌加奖赏，并将该管之番目记名升擢，如有技艺生疏者，严行惩责，屡教不悛，即予斥革”②。可见驻藏大臣奖赏优秀的藏兵，需要从清朝在西藏地方府库中支出银两。

另外，驻藏大臣按照惯例，每年秋季都要亲自查阅后藏营伍边界。在此期间唯独道光十三年（1833年）因为筹办博窝军务，驻藏大臣无法前往后藏查阅营伍边界，其余时间驻藏大臣每年都要前往后藏查阅营伍边界。驻藏大臣此行往返脚价、盘费、例赏各等项，是清朝廷财政支出的一部分。③

① 《清朝治藏典章研究》第1048页。

② 《清朝治藏典章研究》第1118页。

③ 《清宣宗实录》卷三〇〇，道光十七年八月甲戌。

三、嘉庆时期因廓尔喀与英军交战派遣川军入藏的财政支出

由于英国早在十七世纪初通过东印度公司获得莫卧尔帝国皇帝贾汗吉尔的青睐，逐步建立了英属印度。到十八世纪六十年代又开始试图干涉与印度毗邻的廓尔喀事务，双方发生过战争，结局是廓尔喀军队获胜。嘉庆十九年（1814年）英国再次向廓尔喀发动战争，廓尔喀军队死伤惨重，因此廓尔喀王派遣使臣到西藏向驻藏大臣求援，希望通过驻藏大臣转奏清朝廷能够赏给金银，资助廓尔喀军队。清朝廷在接到驻藏大臣喜明等人的奏折后，嘉庆皇帝君臣对于英廓交战采取观望态度。嘉庆二十年（1815年）四月二十一日，军机大臣寄信喜明等，明确谕令廓、英交兵当置不问，但在边界需密为防御。嘉庆二十一年（1816年）正月二十三日，嘉庆皇帝谕军机大臣严拒廓尔喀请兵帮助，并着喜明防范边界，派遣成都将军赛冲阿率兵前往西藏防卫边境。

此次成都将军赛冲阿数十名文武官员率绿营官兵五百名前来西藏防卫边境，大兵未行，粮草先行。嘉庆皇帝敕谕："成都将军赛冲阿数十名文武官员率绿营官兵五百名前来藏中查办事件，沿途各地须备办所需粮饷，不得有误，谕令粮务委员遵饬执行。凡购办糌粑、碗豆等，皆储于各驿站，待官兵行抵，即行发放，不得短缺。所需款项，据实呈报，刻即支付。"因此，驻藏大臣喜明等人于嘉庆二十一年（1816年）三月初五日，为赛冲阿率军赴藏需备办粮饷事致函摄政第穆呼图克图，饬令噶伦即刻购办糌粑等，以备官兵到达拉萨食用。"所需食粮数千石及牦牛、绵羊等，饬令噶伦备齐，并事先炒磨，以备随时调运。所需款项，据实呈报，一并支付。倘一时无处购买，则可暂由沿途各宗豁库内支用，待办买后即予补存。"①

此次进藏五百余名清军官兵具体所用米面事项，在赛冲阿为供应进藏官兵米、面事给第穆呼图克图译会中明确记录：

① 《元以来西藏地方与中央政府关系档案史料汇编》第847—848页。

窃照此次奉派西番办夷务。各营官弁、马步兵丁关领盐粮银两，自行办买口食，并地可比，甚属维艰。今副将等拟议官兵每月支打米面数目，理合开具清折，具文呈详，伏候爵宪将军俯赐垂怜，移咨第穆呼图克图路饬噶布伦、营官等遵照，每月照依定各官兵支打米面数目给散。应需价值，令各官弁兵丁亦即按照米买价值照数交给，合无仰恩宪恩施移咨施行。计呈清折一件。等情。据此，合就译知。为译会第穆诺门罕查照，即便转饬噶布伦、营官等一体遵照施行。

清折计开：

一、副将、参将，每月打米二克、面五十斤。

二、游击、都司，每员每月打米二克、面四十斤。

三、守备、千把总、云骑尉，每员每月打米一克半，面三十斤。

四、外委，每员每月打米一克，面三十斤。

五、兵丁，每兵每月打米一克，面二十斤。

六、满营佐领，每员每月打米二克，面四十斤。

七、骁骑校，每员每月打米一克半，面三十斤。

八、甲兵，每名每月打米一克，面二十斤。①

此次出征的副将二员、参将二员、游击三员、都司八员、守备五员、千总十员、把总十九员、云骑尉二员、外委二十一员、额外外委五员、满营佐领三员、骁骑校二员、蓝翎候补骁骑校五员，总共满汉官员八十七员；马步兵丁五百六十五名，前锋领催甲兵三十名，满汉兵五百九十五名，官兵总共六百八十二员名。每月共打米七百一十六克半，面四千五百三十六斤。

此次英廓战争，最终英军以压倒性优势战胜了廓尔喀军队，战争于嘉庆二十一年（1816年）结束。双方签订了《苏高利条约》，廓尔喀割地赔款，将近三分之一的领土割与英属印度，廓尔喀也沦为英国的保护国。成都将军赛冲阿率兵于同年三月从川省出发，五月抵藏，八月二十五日由后

① 《元以来西藏地方与中央政府关系档案史料汇编》第854—855页。

藏启程回返，十月二十日驰抵成都。驻藏时间三个多月，返程近两个月，共计五个月，共用米三千五百八十克，面两万两千六百八十斤。

在嘉庆十九年（1814年）至嘉庆二十一年（1816年）英廓战争中，清朝廷虽然后期派兵入藏护卫边境，但没有动用一兵一卒，保障了西藏地方敉宁。因此赛冲阿等奏，班禅额尔德尼、第穆呼图克图因廓尔喀与披楞（英属印度）息争议和，欣喜感激，呈进吉祥哈达一方、古佛一尊。军机大臣于嘉庆二十一年（1816年）九月二十一日，寄信喜明等传谕七世班禅等边境敉宁当感激朝廷厚恩，并发去大哈达一方、黄碧霞玭念珠一串、白玉烟壶一个、云玉奶茶碗一个、黄辫大荷包一对、小荷包四个，赏给班禅额尔德尼；又赏给第穆呼图克图大哈达一方、菩提子念珠一串、白玉烟壶一个、云玉奶茶碗一个、黄辫大荷包一对，小荷包四个。①

四、道光年间对波密用兵、解决乍丫两活佛争斗案、抗击森巴入侵的财政支出

（一）道光年间对波密用兵的财政支出

波密部落头人宜玛结布于道光元年（1821年）病故，由于其生前无子嗣，病故后无人承袭头人，致使其属下头人札木、旺鲁争权夺势而互相残杀，导致波密地区局势不稳。道光十三年（1833年），西藏商上派卓泥罗桑坚赞前往查办，被波密人杀死。波密人还杀死边坝地区官员，甚至趁势到川藏塘汛来往的通道硕板多、边坝一带做夹坝，抢掠牛马、粮食，严重影响川藏道路的畅通。同年，道光皇帝命驻藏大臣和西藏地方噶伦各带所属兵丁前往波密查办，头人札木、旺鲁因畏惧兵丁，将滋事的凶犯押解至兵营，并赔偿所抢劫牛马。道光十五年（1835年），波密人投归商上，获得清朝廷认可。道光皇帝御批用前藏官员管束波密部落头人、百姓，原波密头目旺鲁等亲信承当商上的差使。由于商上所遣官员治理波

① 《元以来西藏地方与中央政府关系档案史料汇编》第869页。

密地方暴虐严苛，差役沉重，激起波密人反抗，驻藏大臣文蔚令噶伦策垫多结率兵前往征讨。此次征讨从道光十五年（1835年）年底持续到道光十八年（1838年），波密头人札木等才认罪投诚，但提出“求减差使，以免苦累”的要求。

此次波密用兵，驻藏大臣只是动用西藏地方前藏和江孜的番兵，清朝廷没有派遣清军。为了鼓励噶伦策垫多结率领番兵征缴波密，在道光十六年（1836年）十月二十八日，番兵前往波密征缴之始，清朝廷已经赏给在事出力番官等许多翎顶。[①] 道光十八年（1838年）征缴结束后，道光皇帝于九月十三日谕内阁，被扰地方妥为安抚在事官兵，分别抚恤鼓励奉行：“此次出征汉番官兵、口粮、赏需等项俱系捐办，着免其造册报销。其打仗阵亡之番官、番兵等家属，即着关圣保等会同噶勒丹锡呼图萨玛第巴克什妥为抚恤，并查明打仗出力及捐备赏需之汉番官弁，分别奏请鼓励。所有单开善后章程，该大臣等务当实力奉行，以期边陲永靖。”[②] 此次进缴波密，调派番土征防各兵、催运粮饷、拨派乌拉、运送军火等项，俱系该达赖喇嘛正师傅噶勒丹锡呼图萨玛第巴克什一手督办，毫无贻误。道光十八年（1838年）十二月十三日，谕内阁褒奖噶勒丹锡呼图萨玛第巴克什：“除将禅师旧号准其作为本身名号外，着加恩于原得衍宗翊教禅师名号内赏加靖远二字，并赏给蟒缎二匹、大缎二匹。乍丫大呼图克图图布丹济墨吹济加木参调派土兵，捐助军需，亦属急公出力，加恩赏给敕书，以示鼓励……以剿办博窝番贼出力，赏游击瑞周、商卓特巴萨尔冲巴、仔带夺卡尔娃花翎，余升赏、承袭有差。”[③]

（二）道光年间乍丫两活佛争斗案的财政支出

乍丫地处川西，是入藏的川藏线必经之路。清朝廷根据川西社会实际状况、川西局势、地理位置、自然环境，一直是任命当地的呼图克图治理

① 《元以来西藏地方与中央政府关系档案史料汇编》第880页。
② 《元以来西藏地方与中央政府关系档案史料汇编》第889页。
③ 《元以来西藏地方与中央政府关系档案史料汇编》第890页。

乍丫。乍丫大、二两呼图克图彼此关系素来不睦，道光二十一年（1841年）二呼图克图属下调集番众与大呼图克图属下滋事打仗，严重影响川藏线乍丫路段畅通，致使该路段乌拉不齐，清朝廷与西藏地方信息往来不能如期进行。驻藏大臣孟保派遣守备谢国泰驰往打箭炉，会同粮务王椿源设法开导，以期疏通通藏大道。道光皇帝考虑到“惟乍丫、阿足、王卡一带地方，为前藏通衢，未可令其阻梗”。因此于同年九月十三日谕军机大臣乍丫两活佛欲图打仗，“孟保等派员前往开导，仅止会同粮员，恐不足以资弹压，着宝兴即委干员驰往，会同妥协办理”。①

大呼图克图居住在打箭炉所属之少悟石地方，藉称患病不回乍丫，以致来往差使行抵乍丫，每多阻滞。大呼图克图不听从大学士四川总督宝兴和驻藏大臣孟保、海朴等人的开导，居住在悟石不去乍丫接受调解，二呼图克图依仗势强人众，不接受驻藏大臣派遣的守备和粮务调解。“已悍不遵断，如果劫杀滋扰，事皆属实，其抗审不服，犹在意中”②。针对乍丫实际情况，军机大臣廉敬等筹议：“该两造均有不合，空言开导，恐难望其慑服，自应劝戒兼施，使之迅速就范。该督业经就商上所属及土司管辖附近乍丫之土兵分饬预备，扬言进剿，使知儆惧。仍专派噶布伦汪曲结布直至乍丫，向两造喇嘛详晰开导，并晓谕夷民随宜惩戒，相机酌办。着即照议妥办，总期夷情帖服，道路常通，是为至要。”③ 这样清朝廷采取以兵威助阵、调解为主的方式平息了波密二呼图克图争斗。

道光二十七年（1847年）十月二十六日，道光帝谕内阁对办理乍丫案出力的西藏官员、头人等分别给予奖赏：“派往查办此案奋勉出力之噶布伦汪曲结布前已赏戴花翎，给予二等台吉，着再准承袭一次；德尔格特二品顶带土司达木齐夺尔结策凌拉木结着赏戴花翎；其大头人江卡格勒着赏给五品顶带、花翎；商卓特巴噶桑曲敦着赏给达尔汉堪布虚衔，荣及其身；唐古特二等台吉坚参欧柱、硕第巴觉尔结、六品江达营官策垫伦珠、

① 《元以来西藏地方与中央政府关系档案史料汇编》第894页。

② 《元以来西藏地方与中央政府关系档案史料汇编》第897页。

③ 《元以来西藏地方与中央政府关系档案史料汇编》第898—899页。

六品作岗营官江巴克珠均着以应升之缺尽先用，以昭激劝。”[①]

（三）道光年间抗击森巴入侵战争的财政支出

道光二十一年（1841年）森巴生番三千余人入侵西藏所属的拉达克，直至西藏阿里，侵占了西藏所属之茹妥、堆噶尔本二处营官寨，声称西藏所属之茫玉纳山以外，均系拉达克从前所管界址，将来务必占至茫玉纳山乃止。与此同时掳掠百姓，令其改便服装颜色，使之帮同驱进，又逼近补仁营官寨地方，其势甚属猖獗。[②] 藏军戴琫比喜发现后，一面调集各处土兵五百名，在于噶尔冻地方驻守；一面派人向驻藏大臣报告，请速派番兵前往，急行防堵。此次抗击森巴入侵的战争从道光二十一年（1841年）持续到道光二十二年（1842年），此时正逢鸦片战争，清朝廷将主要兵力、财力、物力投入到鸦片战争中，道光皇帝君臣已是焦头烂额，因此没有太多精力顾及西藏地方森巴战争，但仍谕令驻藏大臣和摄政、噶伦，要严守国门、抗击外来侵略。驻藏大臣孟保和西藏地方政府，率领全藏军民，同仇敌忾，夺取了抗击森巴入侵战争的胜利。

此次抗击森巴入侵战争，驻藏大臣孟保派遣前后藏番官、番兵共计二千余名。关于口粮问题，驻藏大臣孟保向摄政达赖喇嘛正师傅噶勒丹锡呼图萨玛第巴克什下令：“将现在各营官寨所贮青稞通盘计算，共有八万九千一百余克，每五克一石，合计一万七千八百余石，统为运至军营，足敷派去之番官番兵等九个月口粮之用，可以接至来年春融雪化再为运送。”关于运送官兵口粮，孟保“随即咨商将前项军粮令札什伦布帮同运送。旋准班禅额尔德尼咨复，现系军粮要务，情愿帮同运送。至札什伦布应差之百姓内，间有寒苦处所，孟保与噶勒丹锡呼图萨玛第巴克什相商，酌给银两资助，以期无误。孟保等即将所备口粮，拣派妥实番目沿途照料，源源督运，计至九月内均可运至军营，已在大雪封山之前。其军粮

① 《元以来西藏地方与中央政府关系档案史料汇编》第904页。

② 《清朝治藏典章研究》第1296页。

一项，尚不致有误”[1]。由于此次战争班禅额尔德尼捐资藏兵、助赏百姓银粮，摄政萨玛第巴克什服从驻藏大臣安排，积极调兵，征调军粮，所以道光二十三年（1843年）七月十九日，道光皇帝加封班禅额尔德尼宣化绥疆封号，赏萨玛第巴克什懋功封号，以示劝励。将班禅额尔德尼之金册、金印、萨玛第巴克什之敕谕、钤记，遣可信之人赍来理藩院办理。[2]

五、咸丰年间中尼战争的财政支出

嘉庆年间发生的英廓战争，结局是英军以压倒性优势战胜了廓尔喀军队，双方签订了《苏高利条约》，廓尔喀也沦为英国的保护国。道光二十六年（1846年），廓尔喀首相江格·巴哈都尔·拉纳联合英国人，安插亲信，架空廓尔喀王室，建立了拉纳王朝。就在拉纳王朝建立不久，清朝爆发了太平天国起义。拉纳最初是派遣使臣向清朝廷提出派兵助力镇压太平天国起义军，被清朝廷直接拒绝。由于清朝廷忙于镇压太平天国运动，无暇顾及西藏地方，拉纳趁此机会，诬陷中国人不讲信用，违规向廓尔喀人收税，还抢劫打死了许多廓尔喀平民，以此为借口，派兵大举入侵西藏。

由于在道光时期经历鸦片战争，现在又要镇压太平天国运动，咸丰时期的清朝廷与乾隆时期不可同日而语，所以此时清朝廷疲于迎战尼泊尔。咸丰皇帝从尼泊尔入侵西藏伊始，谕军机大臣廓尔喀有意寻衅，令驻藏大臣谆龄派噶伦等驰往后藏暗为布置兵丁，对尼方既不可示之以弱也不得过事矜张，又令军机大臣赫特贺秉公讯办廓尔喀借口被藏人欺凌事件，尽力将战争势态熄灭在萌芽中。当廓尔喀军队侵占济咙等地时，咸丰帝谕令驻藏大臣赫特贺要晓以大义，速行撤回听候秉公查办，勿轻议出兵征剿。清朝廷在此次中尼战争政策是：“现在只可一面防堵，一面与之理论，勿轻

① 《元以来西藏地方与中央政府关系史料汇编》第909—910页。

② 《元以来西藏地方与中央政府关系史料汇编》第924页。

议征剿。”[①] 虽然期间清朝廷也令黄宗汉酌拨三千名川军交给乐斌率领赴藏察看情形相机办理，但由于“四川兵勇，现因湖北、贵州两省纷纷调拨，酉阳、秀山逼近贼地应筹防堵，越隽苗匪复行滋事，亟须剿办，势不能再行分拨赴藏。该大臣等惟当就现有之兵分拨布置，以资防剿。现当中原贼匪未平，兵饷两缺，此次藏属用兵，诚出于万不得已”。[②]

咸丰五年（1855年）九月二十四日，廓尔喀军队意图扑向中方营盘，经噶伦督兵进剿，杀毙廓尔喀士兵数百名，立将帕嘉岭贼巢平毁，大举反攻聂拉木。获胜消息传到清朝廷，咸丰帝谕军机大臣，帕嘉岭既经接仗，兵难中止，“着黄宗汉迅速筹拨银五六万两解往后藏，交该大臣作为犒赏之需”[③]。藏军在聂拉木反攻战中失利，而四川没有多余兵勇抽调进藏支援作战，因此清朝廷只好谕军机大臣赫特贺，在“所有前藏挑备僧俗土兵，调派二千名，前赴通拉山策垫军营，藉资防剿。应需口粮、铅药，即着满庆速为筹备，俾得克日启程”[④]。

咸丰年间中尼战争最后在驻藏大臣的调停下结束，调停的结果是廓尔喀获得了在中国的相关政治与贸易特权，放弃了对聂拉木、济咙等西藏边地的领土要求。咸丰六年（1856年）十二月初三日，咸丰帝谕内阁奖励办理廓尔喀侵扰案出力各员：

试用知县张祺著免补本班，仍留四川，以同知直隶州知州希，先换顶戴，再赏戴花翎。丹棱县知县陈填，著赏加同知衔，并重戴蓝翎。试用知县张嗣成，著赏加同知衔。候选未入流郭镇，著免选本班，以县丞分发陕西尽先补用，并赏戴蓝翎。候补从九品马珍。著以从九品不论双单月尽先选用，并赏戴蓝翎。松潘中营游击沐恩，著赏加参将衔。维州营都司戴廷超，著以游击尽先补用，先换顾戴。泰宁营都司童星魁，著赏戴花翎。把总辜建勋，著以千总拔补。并赏加守备衔。把总岳维坦、外委叶友蕙，均

① 《元以来西藏地方与中央政府关系史料汇编》第975页。
② 《元以来西藏地方与中央政府关系史料汇编》第994页。
③ 《元以来西藏地方与中央政府关系史料汇编》第991页。
④ 《元以来西藏地方与中央政府关系史料汇编》第994页。

著赏戴蓝翎。额外骁骑校恩续、腾辉，均著赏戴蓝翎，添赐著以骁骑校尽先补用。教习马升云，著以把总尽先拔补。学生吴国英，著以外委尽先拔补。译字房书马腾蛟，著以把总尽先拔补。额外外委彭元、马云龙，均著以外委尽先拔补。

噶布伦汪曲结布，前经赏给虚衔公爵并二等台吉，准其承袭三次，著再准其承袭二次。扎什伦布商卓特巴宜玛顿柱，著赏给三品顶戴，并戴花翎。噶厦卓尼尔朗结夺结，著赏给五品顶戴，并赏戴花翎。后藏戴琫工布彭错，著赏戴花翎。前藏戴琫期美夺结，著赏给三品顶戴。定日戴琫夺结甲布、仔琫宜玛仓珠，均著遇有噶布伦缺尽先升补。扎什伦布管马达琫顿柱策忍，著赏给三品顶戴。博窝营官滚桑格旺、堆噶尔本之营官彭错策旺夺结、大昭业尔仓巴策旺边坝、朗仔辖密琫策忍彭错，均著赏给四品顶戴。噶厦中译夺结三柱、策忍顿柱，噶厦卓尼尔朗结策垫，均著赏给五品顶戴。甲琫巴桑洛布、札喜达结，均著赏给五品顶藏。如琫巴桑洛布、明足尔夺结、夺结朗结、工噶策垫、策旺朗结，均著以应升之缺升用。革职留营大昭商卓特巴拉旺工布，著开复原参顶翎。齐咙营官四朗格勒，著开复原官。①

另外，乍丫掌教诺们罕在此次战争中积极配合驻藏大臣和西藏地方政府，咸丰六年（1856年）十二月初三日，咸丰帝谕内阁赏乍丫掌教诺门罕禅师名号②。

① 《元以来西藏地方与中央政府关系史料汇编》第1004—1005页。

② 《元以来西藏地方与中央政府关系史料汇编》第1081页。

第四节　嘉庆、道光、咸丰时期驻藏大臣财政支出

乾隆时期，清朝廷第二次出兵抗击廓尔喀军队入侵西藏战争，清军取得了战争的胜利。乾隆帝决心整顿和健全西藏各项制度，令此次入藏清军将领福康安筹划、制定善后章程，于乾隆五十八年（1793年）二月最终形成并颁布实施了《钦定藏内善后章程二十九条》（藏文本称为《水牛年文书》）。该章程成为以后清朝廷治藏各项政策的准则，明确规定了驻藏大臣在西藏地方的社会地位、政治地位、权利职责、随员数量等，确立了法定驻藏钦差大臣兼西藏地方最高行政长官的政治地位和总揽藏政的行政管理体制。章程中关于驻藏大臣的相关规定为以后清朝廷所遵守，直到清朝灭亡。嘉庆、道光、咸丰时期清朝对驻藏大臣的财政支出，主要包括驻藏大臣俸禄、奖赏、病故等财政支出，驻藏大臣随员饷银开支等。

一、嘉庆、道光、咸丰时期驻藏大臣俸禄、奖赏、病故等财政支出

表6-1　嘉庆、道光、咸丰时期驻藏大臣任职时间[①]

姓名	应任职期间	备注（实际任职时间）
和宁	嘉庆元年正月至嘉庆五年正月（1796年2月—1800年1月）	实际任职时间三年十一个月

① 根据吴丰培、曾国庆:《清朝驻藏大臣制度的建立与沿革》，中国藏学出版社1989年版整理。

续表

姓名	应任职期间	备注（实际任职时间）
松筠	嘉庆元年正月嘉庆四年正月（1796年2月—1799年2月25日）	实际任职三年
英善	嘉庆四年正月庚辰至八年十一月辛丑（1799年2月25日—1803年12月23日）	嘉庆四年五月到任，九年五月换回，实际任职四年十个月
和宁	嘉庆五年正月至五年七月（1800年1月—1800年7月）	嘉庆六年离任，实际任职五个月
福宁	嘉庆六年四月癸亥至九年十月甲戌（1801年5月29日—1804年11月20日）	嘉庆六年六月到任，嘉庆十年五月换回，实际任职三年十一个月
成林	嘉庆八年十一月辛丑至十年十月壬辰（1803年12月23日—1805年12月3日）	嘉庆九年五月抵藏，十年十一月换回，实际任职一年六个月
策拔克	嘉庆九年十月甲戌至十年十月壬辰（1804年11月20日—1805年12月3日）	嘉庆十年五月抵藏，十一月换回实际任职六个月
文弼	嘉庆十年十月甲申至十六年二月癸未（1805年11月25日—1811年2月26日）	嘉庆十年十一月二十二日已在藏，嘉庆十五年二月换回，实际任职四年三个月
玉宁	嘉庆十年十月壬辰至十三年十月乙巳（1805年12月3日—1808年11月30日）	嘉庆十一年二月十九日到藏，十三年十二月换回，实际任职二年十个月
隆福	嘉庆十三年十月乙巳至十四年六月甲午（1808年11月30日—1809年7月17日）	嘉庆十三年十二月抵藏，十四年七月换回，实际任职七个月
阳春	嘉庆十四年六月甲午至十七年三月庚寅（1809年7月17日—1812年4月28日）	实际任职二年九个半月
庆惠	嘉庆十六年二月癸未至十七年三月庚寅（1811年2月26日—1812年4月28日）	嘉庆十六年三月已在藏，十七年五月换回，实际任职一年两个月

续表

姓名	应任职期间	备注（实际任职时间）
瑚图礼	嘉庆十六年十月乙亥至十八年九月壬申（1811年12月15日—1813年10月2日）	嘉庆十七年三月十八日抵藏，十九年七月换回，实际任职二年四个月
丰绅	嘉庆十七年三月辛卯至十七年四月丙辰（1812年4月29日—1812年5月24日）	嘉庆十七年五月抵藏，七月奉旨回任，在藏仅住四十天，实际任职四十天
祥保	嘉庆十七年四月丙辰至十九年二月戊辰（1812年5月24日—1814年3月27日）	嘉庆十七年七月抵藏，十九年七月换回，实际任职二年
喜明	嘉庆十九年二月癸丑至二十二年五月辛酉（1814年3月12日—1814年3月27日）	嘉庆十九年七月抵藏，嘉庆二十三年三月换回，实际任职三年九个月
珂实克	嘉庆十九年二月戊辰至二十四年十一月丙寅（1814年3月27日—1819年12月24日）	嘉庆十九年七月抵藏，二十五年四月二十九日换回，实际任职五年十个月
玉麟	嘉庆二十二年五月辛酉至二十五年十月戊子（1817年7月2日—1820年11月10日）	嘉庆二十三年三月抵藏，道光元年三月换回，实际任职三年
灵海	嘉庆二十四年十一月丙寅至道光元年十月甲申（1819年12月24日—1821年11月1日）	嘉庆二十五年四月抵藏，道光二年三月换回，实际任职十一个月
文干	嘉庆二十五年十月戊子至道光三年六月（1820年11月10日—1823年6月）	道光元年三月抵藏，实际任职二年三个月
那丹珠	道光元年十月甲申至元年十月乙酉（1821年11月1日—1821年11月2日）	实际任职一日
保昌	道光元年十月乙酉至五年十月甲戌（1821年11月2日—1825年11月30日）	道光二年三月抵藏，六年六月换回，实际任职四年三个月
松廷	道光三年七月壬午至七年正月癸卯（1823年8月21日—1827年2月22日）	道光三年十一月抵藏，七年八月换回，实际任职三年十个月

续表

姓名	应任职期间	备注（实际任职时间）
敦良	道光五年十月甲戌至五年十二月丙子（1825年11月30日—1826年1月31日）	实际任职两个月
广庆	道光五年十二月丙子至八年十月壬午（1826年1月31日—1828年11月22日）	道光六年六月抵藏，九年四月换回，实际任职二年十个月
惠显	道光七年三月癸卯至十年七月丁丑（1827年4月23日—1830年9月8日）	道光七年八月抵藏，十年十月换回，实际任职三年两个月
盛泰	道光八年十月壬午至十年四月壬寅（1828年11月22日—1830年6月5日）	道光九年四月抵藏，十一年四月因病启程回京，实际任职二年
兴科	道光十年四月壬寅至十三年正月己卯（1830年6月5日—1833年2月28日）	道光十年十月抵藏，道光十三年八月换回，实际任职两年十个月
文干	道光十年十月癸卯至十四年八月癸丑（1830年12月3日—1834年9月23日）	道光十一年四月抵藏，实际任职三年四个月
徐锟	道光十三年正月己卯至十四年八月甲寅（1833年2月26日—1834年9月24日）	道光十三年六月抵藏，十五年五月换回，实际任职一年十一个月
文蔚	道光十四年八月甲寅至十五年十月庚辰（1834年9月24日—1835年12月14日）	道光十五年三月抵藏，十六年七月换回，实际任职一年四个月
嵩濂	道光十四年八月甲寅至?（1834年9月24日—?）	
那当阿	道光十四年九月己巳至十四年十月丁酉（1834年10月9日—1834年11月6日）	实际任职近一个月
庆禄	道光十四年十月丁酉至十六年八月丙辰（1834年11月6日—1836年9月15日）	道光十五年四月抵藏，道光十六年十月十九日离藏，实际任职一年六个月

续表

姓名	应任职期间	备注（实际任职时间）
鄂顺安	道光十五年十二月乙亥至十七年九月戊戌（1836年2月7日—1837年10月22日）	道光十六年十月初四日接职，实际任职十一个月
关圣保	道光十六年八月丙辰至十九年十月辛卯（1836年9月15日—1839年12月4日）	实际任职三年两个半月
讷尔经额	道光十七年九月戊戌至十八年十月庚寅（1837年10月22日—1838年12月8日）	实际任职一年一个半月
孟保	道光十八年十月庚寅至二十二年十一月丁未（1838年12月8日—1842年12月4日）	道光十九年四月抵藏，实际任职近四年
海濮	道光十九年十月辛卯至二十三年三月丙寅（1839年12月4日—1843年4月22日）	实际任职三年四个半月
讷勒亨额	道光二十二年十一月丁米至二十二年十一月辛亥（1842年12月4日—1842年12月8日）	实际任职四日
钟方	道光二十二年十一月辛亥至二十四年五月庚寅（1842年12月8日—1844年7月9日）	道光二十三年六月十二日抵藏，实际任职十一个月
孟保	道光二十三年三月丙寅至二十三年十月庚戌（1843年4月22日—1843年12月2日）	实际任职七个多月
琦善	道光二十三年十月庚戌至二十六年十二月庚午（1843年12月2日—1847年2月4日）	实际任职三年两个月
瑞元	道光二十四年五月庚寅至二十六年四月庚戌（1844年7月9日—1846年5月20日）	实际任职近一年十一个月
文康	道光二十六年四月庚成至二十六年六月甲子（1846年5月20日—1846年8月2日）	实际任职近两个半月

续表

姓名	应任职期间	备注（实际任职时间）
穆腾额	道光二十六年六月甲子至咸丰二年六月壬寅（1846年8月2日—1852年8月8日）	咸丰三年十二月仍在藏，实际任职六年六个月
斌良	道光二十六年十二月庚午至二十八年正月己丑（1847年2月4日—1848年2月18日）	道光二十七年七月抵藏，十月十九日因病出缺，实际任职三个月
崇恩	道光二十八年正月己丑至二十八年十二月乙丑（1848年2月18日—1849年1月19日）	实际任职十一个月
鄂顺安	道光二十八年十二月乙丑至咸丰元年三月己丑（1849年1月19日—1851年4月3日）	实际任职二年两个半月
恩特亨额	咸丰元年三月己丑至咸丰二年九月（1851年4月3日—1852年）	实际任职一年六个月
宝清	咸丰二年二月丙午至三年正月乙丑（1852年4月14日—1853年2月27日）	实际任职十一个半月
海枚	咸丰二年六月壬寅至三年二月（1852年8月8日—1853年4月）	咸丰三年二月二十九日丑时赴藏，行抵四川打箭炉所属河口因病出缺，实际任职无
谆龄	咸丰二年九月癸丑至四年九月乙酉（1852年10月18日—1854年11月9日）	实际任职二年半个月
文蔚	咸丰三年三月丁卯至三年五月戊午（1853年4月30日—1853年6月20日）	实际任职一个半月
赫特贺	咸丰三年五月戊午至七年正月乙未（1853年6月20日—1857年7月6日）	咸丰七年七月初四日离藏返京，实际任职四年七个半月
毓检	咸丰四年九月乙酉至五年正月（1854年11月9日—1855年1月）	实际任职近三个月

续表

姓名	应任职期间	备注（实际任职时间）
满庆	咸丰五年正月乙亥至同治元年五月己丑（1855年2月27日—1862年6月4日）	咸丰五年五月抵藏，同治四年八月十九日交卸，十月十二日离藏咸丰时期实际任职近七年
安成	咸丰七年五月乙未至咸丰七年七月乙未（1857年7月6日—1857年9月4日）	实际任职近两个月
恩庆	咸丰七年七月乙未至同治元年五月己丑（1857年9月4日—1862年6月4日）	同治四年十二月九日在藏病卒，咸丰时期实际任职四年九个月
崇实	咸丰九年十月壬戌至咸丰十一年七月丙午（1859年11月20日—1861年8月25日）	实际任职一年九个余月
景纹	咸丰十一年七月戊申至同治八年二月辛亥（1861年8月27日—1869年3月21日）	同治四年八月十九日才抵藏，八年四月十九日离藏返京

（一）嘉庆、道光、咸丰时期清驻藏大臣俸禄财政开支

嘉庆、道光、咸丰时期，清朝廷共派遣五十六位驻藏大臣、帮办大臣驻藏。他们当中有的人是任职时间超过朝廷原定期限，有的是任职尚未届满因朝廷需要提前离开，有的是因为身体不适应高原气候而患病提前离藏甚至于路途去世。按照清朝廷原谕任免期，前后任驻藏大臣接续时间是不间断的，但实际情况是因为身体不适，进藏途中交通、气候、朝廷急令离藏等，部分前后任驻藏大臣中间接续时间出现短暂中断。嘉庆、道光、咸丰时期，所有驻藏大臣实际任职时间共计为一百二十五年。驻藏大臣联豫在驻藏奏稿中提到，“从前西藏设立驻藏大臣两员，每年每员各支公费银六千两，由四川藩库支发”①。依此计算，嘉庆、道光、咸丰时期，清朝廷支付驻藏大臣俸禄银共计约为七十五万两。

① 《联豫驻藏奏稿》第68页。

（二）嘉庆、道光、咸丰时期驻藏大臣奖赏

清朝廷根据驻藏大臣的施政西藏地方的情况进行奖赏。嘉庆五年（1800年）二月，加恩赏英善四品顶戴，令其随同和宁仍在西藏办事。[①]嘉庆六年（1801年）四月，由于驻藏大臣职任紧要，升三等侍卫福宁为头等侍卫。[②]嘉庆十四年（1809年）六月，以驻藏帮办大臣隆福为宁夏将军，赏和阗办事大臣阳春二等侍卫，为驻藏帮办大臣。[③]嘉庆十七年（1812年）三月，赏成都将军丰绅都统衔，为驻藏帮办大臣。[④]同年四月，以驻藏帮办大臣丰绅亲老，命回成都将军任，赏新授成都将军祥保都统衔，为驻藏帮办大臣。[⑤]嘉庆十九年（1814年）闰二月，以驻藏大臣祥保为西安将军，驻藏帮办大臣喜明为驻藏大臣，赏太仆寺卿珂什克副都统衔，为驻藏帮办大臣。[⑥]嘉庆二十四年（1819年）十一月，命驻藏帮办大臣珂什克回京，赏内阁侍读学士灵海二等侍卫，为驻藏帮办大臣。[⑦]嘉庆二十五年（1820年）十月，命驻藏办事大臣玉麟、库伦办事大臣布彦图回京，赏已革河南巡抚文干副都统衔为驻藏办事大臣。[⑧]

道光元年（1821年）十月，命驻藏帮办大臣灵海来京，赏鸿胪寺卿那丹珠副都统衔为驻藏帮办大臣。[⑨]同年十月，命新授驻藏帮办大臣那丹珠仍留原任，赏内阁侍读学士保昌头等侍卫为驻藏帮办大臣。[⑩]道光五年（1825年）十二月，新授驻藏帮办大臣敦良中途车覆伤足，命回京调理，

---

① 《清仁宗实录》卷六〇，嘉庆五年二月丁未。

② 《清仁宗实录》卷八二，嘉庆六年四月癸亥。

③ 《清仁宗实录》卷二一三，嘉庆十四年六月甲午。

④ 《清仁宗实录》卷二六五，嘉庆十七年三月辛卯。

⑤ 《清仁宗实录》卷二六六，嘉庆十七年四月丙辰。

⑥ 《清仁宗实录》卷二八六，嘉庆十九年闰二月戊辰。

⑦ 《清仁宗实录》卷三六四，嘉庆二十四年十一月丙寅。

⑧ 《清宣宗实录》卷六，嘉庆二十五年十月戊子。

⑨ 《清宣宗实录》卷二四，道光元年十月甲申。

⑩ 《清宣宗实录》卷二四，道光元年十月乙酉。

赏前任库伦办事大臣广庆三等侍卫，为驻藏帮办大臣。[①] 道光十年（1830年）闰四月，驻藏帮办大臣盛泰因病解任，赏前任奉天府府尹兴科头等侍卫，为驻藏帮办大臣。[②] 同年十月，赏驻藏帮办大臣兴科副都统衔，为驻藏办事大臣[③]。道光十四年（1834年）八月，赏都察院左副都御史文蔚副都统衔，为驻藏办事大臣，命驻藏帮办大臣徐锟来京，赏鸿胪寺卿嵩濂头等侍卫，为驻藏帮办大臣。[④] 同年十月，调驻藏帮办大臣那当阿为哈密帮办大臣，赏陕西潼商道庆禄副都统衔，为驻藏帮办大臣。[⑤] 道光二十二年（1842年）十一月，赏驻藏帮办大臣海朴为驻藏大臣，赏通政使司通政使讷勒亨额副都统衔，为驻藏帮办大臣。[⑥] 道光二十三年（1843年）十月，命驻藏大臣孟保回京，赏已革热河都统琦善二等侍卫，为驻藏大臣。[⑦] 道光二十六年（1846年）六月，驻藏帮办大臣文康，因病解任，赏户部郎中穆腾额头等侍卫，为驻藏帮办大臣。[⑧] 道光二十八年（1848年）正月，赏驻藏帮办大臣穆腾额副都统衔，为驻藏大臣，已革山东巡抚崇恩蓝翎侍卫，为驻藏帮办大臣。[⑨]

咸丰二年（1852年）二月，赏已革刑部左侍郎宝清三等侍卫，为驻藏帮办大臣。[⑩] 同年六月，驻藏办事大臣穆腾额，因病解任，赏科布多帮办大臣海枚二等侍卫，为驻藏办事大臣。[⑪] 同年九月，赏正黄旗满洲参领谆龄副都统衔，为驻藏帮办大臣。[⑫] 咸丰四年（1854年）九月，驻藏帮

① 《清宣宗实录》卷九三，道光五年十二月丙子。
② 《清宣宗实录》卷一六八，道光十年闰四月壬寅。
③ 《清宣宗实录》卷一七七，道光十年十月癸卯。
④ 《清宣宗实录》卷二五五，道光十四年八月甲寅。
⑤ 《清宣宗实录》卷二五八，道光十四年十月丁酉。
⑥ 《清宣宗实录》卷三八四，道光二十二年十一月丁未。
⑦ 《清宣宗实录》卷三九八，道光二十三年十月庚戌。
⑧ 《清宣宗实录》卷四三一，道光二十六年六月甲子。
⑨ 《清宣宗实录》卷四五一，道光二十八年正月己丑。
⑩ 《清文宗实录》卷五四，咸丰二年二月丙午。
⑪ 《清文宗实录》卷六四，咸丰二年六月壬寅。
⑫ 《清文宗实录》卷七一，咸丰二年九月癸丑。

办大臣谆龄因病解任，赏大理寺卿毓检副都统衔，为驻藏帮办大臣。[①] 咸丰七年（1857年）闰五月，驻藏大臣赫特贺因病解任，以驻藏帮办大臣满庆为驻藏大臣，赏前任英吉沙尔领队大臣安诚副都统衔，为驻藏帮办大臣。[②] 同年七月，驻藏帮办大臣安成因病解任，赏古城领队大臣恩庆副都统衔，为驻藏帮办大臣。[③]

（三）嘉庆、道光、咸丰时期驻藏大臣病故支出

驻藏办事大臣镶红旗汉军副都统斌良，素日身体强壮，到藏后因水土不服，不时呕逆，于道光二十七年（1847年）十月初间，染患脾泻，继复转成痢疾。由于西藏医药两乏，难以调治，于十一月十九日亥刻，痰气上逆，喘息愈时，旋即去世。驻藏大臣穆腾额当即与随任斌良次子、理藩院学习笔帖式庆福及文武官员，料理棺殓毕，将驻藏大臣关防及奏事报匣等件，逐一点收。斌良身后囊箧萧然，穆腾额查照例案，在西藏粮库内动支恩赏移榇银三百两，交斌良之子庆福承领，料理扶榇自藏启程回旗，并照例拣派弁兵护送。其由川赴京应行照料之处，移咨四川督臣办理。[④]

二、嘉庆、道光、咸丰时期驻藏大臣亲自巡查边境财政支出

嘉庆、道光、咸丰时期涉及驻藏大臣的权利职责，需要清朝廷承担财政支出的，主要是驻藏大臣应亲身巡查边境之费用。

嘉庆帝在位二十五年，道光帝在位近三十年，咸丰帝在位十一年，共计六十六年。驻藏大臣每年在春、秋两季轮流前往后藏巡查边界，顺便操演番兵。除了在道光年间因为驻藏大臣忙于波密用兵，无法抽身巡查边境，获得道光帝允准之外，其余年份每年都亲身巡查边境。每次往返须两

① 《清文宗实录》卷二二八，咸丰四年九月乙酉。

② 《清文宗实录》卷二二七，咸丰七年闰五月乙未。

③ 《清文宗实录》卷二三二，咸丰七年七月乙未。

④ 《元以来西藏地方与中央政府关系档案史料汇编》第1651页。

个多月，共计二百六十二个月，其间驻藏大臣所用乌拉、人夫，俱令自行给予价值，即动用清朝廷藏库支银。

三、嘉庆、道光、咸丰时期驻藏大臣在藏随员财政开支

（一）驻藏大臣衙门及文武各员酌定听差兵丁数目

查西藏戍兵原因镇守地方而设，若大臣官员等多挑兵丁使唤应差，必致操演乏人，殊属不成事体。此等应差兵丁原无定数，乾隆五十四年鄂辉等筹议善后章程时，酌定名数，以示限制。

今将各处应差兵丁，复遵旨再加裁减，庶在藏兵丁皆归实用，不致有名无实。应请嗣后驻藏大臣衙门应差兵丁，每人三十名；游击八名、都司六名、守备二员，每员四名；驻藏司员四名；笔帖式二名，千总、把总每员一名；前藏粮员，酌定看库兵丁八名；其新设之前后藏文员，毋庸给与兵丁。统计应差兵丁，不过百余名而止。每遇操演日期，仍着一体操演，毋许借口应差，致有旷废。如此则边地营伍制度愈昭整肃矣。①

（二）驻藏大臣衙门及文武各员等饷银

一、理藩院司员一员，管理达木蒙古八旗官兵、三十九族番民事务，承办驻藏大臣衙门清字档案，三年更换。

……

二、理藩院笔帖式一员，专司驻藏大臣衙门文移翻清译汉，三年更换。

三、前藏服务一员，管理仓库粮饷，承办驻藏大臣委审案件，三年更换。

四、应支驻藏大臣两衙门每月丰折加增及通译口粮，共银四百四十三两零，又应支司员笔帖式二员每月丰折、通事口粮，共银八十五两九钱

① 《清朝治藏典章研究》第314页。

零，又应支前藏粮务一员每月折色月费及通译口粮，共银一百三十六两八钱零，又应支副粮务一员每月折色月费及通译口粮，共银七十一两三钱，又应支游击一员每月折色盐菜及通事口粮，共银四十二两一钱零，又应支守备一员每月折色盐菜，共银三十两四钱零，又应支千总二员每月折色盐菜，共银三十六两八钱，又应支把总二员每月折色盐菜，共银三十四两四钱，又应支外委五员每月折色盐菜，共银四十四两五钱，又应支兵丁四百五十五名每月饷银，共二千二百二十九两五钱，又应支仓夫六名每月口粮，共银十七两六钱。

五、应支关帝庙春秋祭祀银十六两，又达赖喇嘛每年领恩赏银一千两，俱年终造报。前藏仓额贮青稞二千七百石，小麦三百石，共三千石。后藏江孜、定日分驻官兵二百零八员，每年共应发月费口粮等项银一万二千两。

六、副粮务一员，专司监造银钱，一年更换。后藏粮务一员，专司监放番兵口粮及驻藏大臣委查事务，三年更换。拉里粮务一员，管理支放兵饷，承办该处委审案件，三年更换。拉里各塘汛弁兵三年共需月费口粮银三万六千两零。拉里仓额贮稞麦一千二百石。

七、察木多粮务一员，管理支放兵饷，承办该处委审案件，三年更换。察木多暨所属各塘汛官兵三年共需月费口粮银三万四千七百两零。察木多仓额贮稞麦一千二百石。①

此时期嘉庆帝在位二十五年，道光帝在位近三十年，咸丰帝在位十一年，共计六十六年。应支驻藏大臣衙门丰折加增及通译口粮，共银三十五万八百五十六两。应支司员笔帖式二员每月丰折、通事口粮，共银六万八千零三十二两八钱。应支前藏粮务一员每月折色月费及通译口粮，共银十万八千三百四十五两六钱。应支副粮务一员折色月费及通译口粮，共银五万六千四百六十九两六钱。应支游击一员折色盐菜及通事口粮，共银三万三千三百四十三两二钱。应支守备一员折色盐菜，共银两万四千零

① 《卫藏通志》卷十二《条例》，清光绪渐西村舍刻本。

七十六两八钱。应支千总二员折色盐菜，共银二万九千一百四十五两六钱。应支把总二员折色盐菜，共银两万七千二百四十四两八钱。应支外委五员折色盐菜，共银三万五千二百四十四两。应支兵丁四百五十五名饷银，共一百七十六万五千七百六十四两。又应支仓夫六名每月口粮，共银一万三千九百三十九两二钱。

第七章 同治、光绪、宣统时期治理西藏地方财政支出

第一节 同治、光绪、宣统时期治理西藏地方财政支出历史背景

同治、光绪、宣统时期，西藏地方局势风云变幻，英帝国主义者对中国西藏欲做长远图谋，先后发动两次侵略西藏战争。俄国也觊觎中国西藏很长时间，通过多种渠道和方式染指西藏事务。腐朽无能的清朝廷采取了错误的外交政策，对外奉行不抵抗政策，经略西藏墨守成规。即便是晚清实行西藏新政，但清朝气数已尽，无济于事。

一、同治、光绪、宣统时期西藏地方局势

同治、光绪、宣统时期，随着英、俄帝国主义势力渗透，特别是英国征服南亚大部分国家和地区后，环喜马拉雅山国家、地区的传统格局已被打破，中国西藏地方的局势也变得复杂。

（一）英国对中国西藏的图谋与侵略

英国在印度大陆取得统治地位，建立英属印度，随后占领了孟加拉和比哈尔地区，将侵略的目标明确指向环喜马拉雅山其他国家和地区，中国西藏地区也成为英国人侵略的目标。西藏地方丰富的自然资源，深深地吸

引着印度次大陆的人，他们一直认为西藏是个盛产黄金的地方，也将这个传说带到英国人的耳朵里。乾隆四十年（1775年），六世班禅喇嘛赠送给华伦·黑斯廷斯（又译赫斯定）一些金锭和金矿粉末。在拉萨和日喀则的寺院里华伦·黑斯廷斯看到了金碧辉煌的佛像和各种装饰，证实了传说的真实性，大大地激起了英国人对西藏黄金的欲望。

十八世纪七十年代，英属孟加拉发生经济危机，希望对外扩张市场，于是派兵入侵不丹，不丹国王向西藏藏传佛教格鲁派领袖六世班禅求援，六世班禅给当时的东印度公司总督赫斯定写了封调解信，赫斯定则以回报六世班禅为借口，趁机派人进入西藏。赫斯定派遣的是东印度公司的秘书波格尔等人，他们进入西藏后，对西藏的物产，外国在西藏的货物以及金、银、麝香、大黄的产量，由孟加拉到拉萨的道路和拉萨至附近各地区的道路情况，拉萨政府及其税收，风俗习惯，去西伯利亚、中国内地和克什米尔的道路，沿途的气候、人情和建筑等都做了详细的了解和记录。由于当时中国封锁海关，英国在中国的贸易受牵制，英国人想经由西藏进入中国内部直接和中国通商，并希望班禅做中间人①。此行波格尔在西藏收获了与六世班禅的个人友谊，而且了解了传说中的西藏，但他向西藏当局提出两者直接经商贸易，遭到西藏地方当局的拒绝。与他接洽的西藏官员直接告诉波格尔等人，西藏属于中国大皇帝管辖，通商的事情他们不能做主。波格尔等人还要与班禅辖区订立商约，也遭到六世班禅的拒绝。

十八世纪八十年代，随着英国海外贸易的扩张，东印度公司为了扩充商业市场的需求，再一次把目光投向西藏。“1783年东印度公司总督赫斯定以庆贺七世班禅坐床为名，派遣忒涅为代表的一个代表团入藏。摄政仲巴呼图克图接见了忒涅等，忒涅此行侦探到有俄国货物运来西藏。谈到通商问题，仲巴说他曾和达赖通信数次，均不同意。特别是清朝大皇帝不同

① 【英】彼得·霍普柯克著，向红笳、尹建新译《闯入世界屋脊的人》，西藏人民出版社1989年版，第33页。

意。”①

随着资本主义国家纷纷过渡到垄断阶段，十九世纪七十年代中期这些资本主义国家进入长期的经济萧条阶段，他们只能通过侵占世界上尚未被侵占的部分地区和国家来转嫁国内的经济萧条危机，对西藏虎视眈眈。而此时的清朝对外疲于应付帝国主义列强入侵，对内镇压各地起义运动，无暇也无力顾及西藏地方。英、俄等国趁机以派遣“探险家”秘密测绘侦探进行勘察的方式进入西藏。这些“探险家”进入西藏广泛收集情报资料，包括清军在西藏的实际情况、西藏交通情况、西藏的山川湖泊、西藏的贸易情况、采金情况等，为以后发动入侵西藏的战争提供了可靠情报信息。

英国逐渐控制了尼泊尔、哲孟雄和不丹等西藏周边国家和地区，这些地方逐渐成为英国侵略西藏的基地。十九世纪八十年代英国开始将侵略矛头直接指向西藏，先是在大吉岭（今属印度）设立军事基地，西藏地方政府派兵在隆吐山（今锡金龙头山）设卡护卫。英军对藏军护卫之举动表示不满，无理要求限期撤卡。被藏军拒绝后，于光绪十四年（1888年）向隆吐山发起进攻，这是英军发动第一次侵略西藏的战争。光绪三十年（1904年）英驻印度部队再次入侵西藏，直接攻入拉萨。此时摇摇欲坠的清朝廷腐朽无能，采取不抵抗的错误政策，导致这两次战争西藏地方都以失败告终，签订了不平等的条约，损害了西藏地方的权益。

（二）俄国对中国西藏的图谋与染指

十七世纪下半叶俄国为了寻找出海口，规划过俄国至中国新疆、西藏，至印度洋的路线。沙俄彼得一世大帝曾派遣费道尔·特鲁施尼可夫到中国西部地区侦察出产沙金情况。当费道尔·特鲁施尼可夫向彼得一世大帝报告西藏盛产沙金，引起了彼得一世极大的兴趣，他对枢密院下达诏令:“与中国的赛里木城、达巴城及达赖喇嘛住地亦应有商务往来。但此等商务往来的目的并不在于谋利，而在于派出机敏人员随商贾一起活动，

① 杨公素:《中国反对外国侵略干涉西藏地方斗争史》，中国藏学出版社2001年版，第18页。

以便探访何地出产黄金、产量如何、欲往其地何路可通，即便路甚艰险，亦须查明能否到达其地并加以占领。”① 不过此时清朝国力强盛，俄国与清朝廷直接或间接交战，大都没有取胜，所以俄国图谋侵占中国西藏的计划只能搁浅，但没有放弃接近西藏。俄国殖民统治的土尔扈特人、布里亚特蒙古人因藏传佛教信仰的原因经常入藏朝佛和经商，与西藏保持着十分密切的宗教关系。俄国便借助他们向西藏销售俄国商品，刺探相关消息。“俄国政府十分重视对西藏的研究，鼓励俄国学术界首先从研究藏文文献入手，并令有关专业人员对1717年和1718年先后在雅梅舍沃和铿格尔图赤发现的大批藏文文献进行了研究和整理，将这些文献译成俄文。同时俄国科学院派遣有关专家到土尔扈特部居住的伏尔加河流域和布里亚特蒙古人居住额色楞格河流域，收集有关蒙藏的政治、宗教、经济、地理等各种情况以及蒙藏刻本、抄本文献。充分利用沙俄东正教在华布道团的便利条件，对西藏进行调查、了解。”②

十九世纪末二十世纪初，俄国又花费重金，以“科学考察”为名派遣人员进入西藏。他们活动范围广，窃取情报内容丰富，包括气象、天文、各种标本，以及所经地区的地理、历史、人类及有关商业方面的情报。③ 到了同治、光绪、宣统时期，特别是光绪时期俄国的势力已经延伸到拉萨，成功地派遣俄属蒙古人德尔智作为十三世达赖喇嘛侍读，与十三世达赖喇嘛为首的噶厦地方政府直接建立了密切的联系。而此时清朝廷对英国侵略西藏的不抵抗态度和做法，让十三世达赖喇嘛对清朝廷产生了信任危机。德尔智从俄国带了许多礼物到拉萨，厚赂西藏宗教上层人物，甚至煽动十三世达赖喇嘛投靠俄国。十三世达赖喇嘛为首的西藏地方政府与俄国密切联系，而英国人屡次与达赖喇嘛接触都被拒绝。在英、俄争夺西藏的

① 张广达:《沙俄侵藏考略》,《中央民族学院学报》1978年第1期，第21页。

② 梁启俊:《清朝关于西藏地方经济政策研究》，中央民族大学博士论文，2013年，第141页。

③ 徐尔灏:《青康藏西人考察史略》，国立中央大学理科研究所地理学部丛刊第8号，1946年版，第10页。

斗争中，英国人从西藏没有得到好处。不甘心落后于俄国的英国人，决定采取武力侵略、征服西藏。英军第二次入侵西藏进入拉萨前，十三世达赖喇嘛外逃至库伦。他通过德尔智向沙皇提出帮助西藏的请求，但俄国忙于日俄战争，从俄国自身利益出发，也不想分散精力和兵力与英国为敌，没有同意达赖喇嘛的请求。

英、俄争夺西藏，但是为了能够共同对抗德国的挑战，均认为双方要减少摩擦，避免战争为了减少在亚洲的矛盾。英俄两国都有意在争夺西藏方面谋求妥协，最后双方缔结了非法协议。

（三）光绪时期西藏地方喇嘛与廓尔喀商人的冲突

光绪时期，英帝国主义势力已经入侵南亚大部分国家和地区，西藏周边国家和地区也沦为英国附属国。这些附属国在英国势力的支持甚至怂恿之下，与西藏地方不断制造摩擦。光绪九年（1883年）三月初一日，西藏地方喇嘛与廓尔喀商人在拉萨发生了冲突。驻藏大臣色楞额根据咸丰年间中尼战争调停的相关约定对此次冲突进行折价评估，让西藏民众捐银和商上出资，结果凑不齐银两，清朝廷令由四川先行筹拨银两解藏，令藏中分年归还。

二、同治、光绪、宣统时期经略西藏地方

同治、光绪、宣统时期，西藏地方的局势极其复杂，清朝廷针对西藏地方局势风云变幻的实际情况，在延续前朝治藏模式的基础上，也提出一些变革的政策措施。但这些变革是被动的，清朝廷迫于英、俄入侵西藏的形势而进行一些变革，西藏地方民众则被动地接受清朝廷的这些变革举措。

此时期，清朝廷延续前朝治藏政策，亦即主要遵照《钦定藏内善后章程二十九条》的各项治藏制度、政策，继续由驻藏大臣主持、总揽藏政。但清朝廷派遣的驻藏大臣良莠不齐，庸者多于智者。他们大多是在朝廷犯

了错误，被朝廷以惩罚的形式派遣到西藏地方任职的满、蒙官员。他们当中很多人接到任命状后在京迟迟不肯赴藏任职，有的则在途中消磨时间，故意放慢行程，不肯入藏。而在职的驻藏大臣抵藏后，渴望早日返京，无心治理西藏地方，不了解西藏地方局势，贻误国事，甚至在英国侵略西藏后与之签订丧权辱国的条约，使得英国在藏攫得一系列优惠待遇，使西藏地方逐渐步入半殖民地状态。

同治元年（1862年）拉萨发生布施争讼案，清朝廷听信驻藏大臣一面之词，解除时任摄政热振活佛的职务，迫使热振活佛不得不私自进京洗刷冤屈，最终没有等到平反冤屈，含恨圆寂。热振活佛被解除摄政职务后，噶伦世俗贵族夏扎·汪曲结布摄政三年。摄政期间他组建一支小小的远征军，对西藏边界模糊地带采取武力解决措施，奉清朝廷旨意会同驻藏大臣满庆派兵前往康区，配合川兵剿灭康区工布朗结之乱，攻占了瞻堆，严禁外国传教士入藏，后因病去世。德珠活佛罗藏青饶汪曲摄政九年，其间与驻藏大臣密切合作。班丹敦珠之乱发生时，德珠活佛与驻藏大臣派兵围剿，平息叛乱，后因病圆寂。十世济咙活佛阿旺白丹却吉坚赞摄政十二年，其间寻访十二世达赖喇嘛的转世灵童，向清朝廷提出免于掣签仪式。他操办主持八世班禅葬礼，坚决反对外国人入藏，光绪时期积极配合驻藏大臣解决拉萨喇嘛与廓尔喀商人摩擦事件，后因病圆寂。九世第穆呼图克图阿旺罗桑赤烈绕结摄政九年。其间爆发英国人第一次入侵西藏，九世第穆呼图克图领导西藏军民不顾驻藏大臣反对，坚决抗击英军，与驻藏大臣参加九世班禅坐床典礼，为班禅授沙弥戒。英军发动第二次入侵西藏战争，在英军到达拉萨前，十三世达赖喇嘛已逃往库伦，临行前任命第八十六任甘丹赤巴罗桑坚赞为摄政，署理西藏政教事宜，摄政六年。英国人要求签订战后条约，甘丹赤巴持反对态度并努力斡旋，竭尽所能维护民族利益。而在此期间，清朝廷为了巩固在西藏地方的统治，进行西藏新政改革。

此时期班禅额尔德尼世系历经八世班禅、九世班禅。八世班禅圆寂后，扎什伦布寺派高僧寻找转世灵童，结果在西藏地方找到了三个灵童，经过金瓶掣签抽取达布地区的仓珠嘉措为转世灵童，认定为第九世班禅额尔德尼。在第一次抗英战争中达赖方面和班禅方面的态度是完全一致的，共同致力于反抗英国入侵战争。英军发动第二次入侵西藏战争，英帝国主义者率英、印军队到达日喀则，威逼九世班禅赴印度。九世班禅于光绪三十一年（公元1905年）十月十二日离开日喀则去印度，九世班禅此行未做丝毫有损中国主权的事情。

同治、光绪、宣统时期，清朝已经失去了康乾盛世的辉煌，积弊已久的各项制度已经严重阻碍社会的发展。积贫积弱、千疮百孔的清朝，面对帝国主义的坚船利炮，逐渐走向沉沦。特别是到了二十世纪，清朝统治者也深切感受到统治基础已经发生根本性动摇，不得不通过新政的方式，试图努力拯救。光绪二十六年（1901年）十二月初十，清朝廷颁发了新政上谕，开始施行清末新政。光绪三十二年（1906年）四月，清朝廷派遣五品京堂候补的张荫棠进藏查办藏事，并根据西藏地方实际状况制定各项经营措施，开启了西藏地方新政。由于新政有些内容脱离西藏地方实际情况，西藏民众的认知没有达到理解新政各项内容的高度，因此新政实施起来不被西藏民众认可和接受。

同治、光绪、宣统时期，清朝廷内外交困，西方列强及西方资本主义进一步深化入侵，帝国主义列强利用西方先进的坚船利炮打开了清朝大门，清朝廷被迫签订了很多不平等条约，促使清朝赖以统治的农村自然经济开始解体。在多重压迫和剥削之下，清朝统治之下的各民族、各阶级开始了反抗和探索。积弱积贫的晚清在风雨飘摇、四面楚歌的状况下，艰难地维持着治理西藏地方的财政支出，向世界宣示中国对西藏地方的主权。

第二节 同治、光绪、宣统时期赏赐西藏地方政教上层人物财政支出

同治时期，清朝廷治理西藏地方的举措主要还是延续前朝的做法，几乎没有调整。光绪时期，根据西藏地方实际情况及清朝廷所面临的世界局势，对治理西藏地方的相关法律进行续纂、修改，重新制定颁布了《钦定理藩部则例》。宣统时期，尽管清朝廷迫于外部压力和西藏地方僧俗民众的抗议，对治理西藏地方有进行革新的想法，但无奈无力回天。同治、光绪、宣统时期对西藏地方政教上层人物财政支出，主要包括赏赐达赖喇嘛世系、班禅额尔德维尼世系，西藏地方摄政人员，其他活佛、喇嘛、贵族等，以及噶厦政府噶伦等。

一、同治、光绪、宣统时期赏赐西藏地方政教上层人物的定制

同治时期，清朝廷赏赐西藏地方政教上层人物的定制，只是延续前朝，没有变化。光绪时期，清朝廷根据现状和西藏地方实际情况续纂、修改，制定颁布了《钦定理藩部则例》，其赐西藏地方政教上层人物的定制有别于同治时期。宣统时期，清朝廷赏赐西藏地方政教上层人物则是延续光绪朝定制，直至清朝灭亡。

光绪《钦定理藩部则例》有关条款：

前藏达赖喇嘛、后藏班禅额尔德尼各间二年遣使堪布来京入贡，均于每年十二月念洞礼经以前到京，恭候次年新正呈递丹书克。

达赖喇嘛、班禅额尔德尼各每间二年轮班遣使朝贡，由西宁至京，寓

居西黄寺，由部奏到带领瞻觐，恭进哈达、铜佛、舍利、珊瑚、琥珀、数珠、藏香、氆氇等物。其来使亦准附进哈达、铜佛、藏香、氆氇等物。元旦次日进丹书克，系五色哈达、银曼达、七珍、八宝、八吉祥佛像、金字经、银塔、银轮杵瓶、红花诸物，均予折赏外，回藏时皆降敕慰问。并赏达赖喇嘛重六十两镀金银茶筒一，镀金银瓶一，银钟一，蟒缎二匹，龙缎二匹，妆缎二匹，片金二匹，闪缎四匹，字缎四匹，大卷八丝缎十四匹，大哈达五个，小哈达四十个，五色哈达十个。正使二等雕鞍一，重三十两银茶筒一，银执盂一，缎三十匹，毛青布四百匹，豹皮五张，虎皮三张，獭皮五张；跟役喇嘛十八人，每人各给缎二匹，毛青布各二十匹；跟役一名，缎一匹，毛青布十匹。副使三等蟒缎一匹，方补缎一匹，大缎一匹，梭布二十四匹；跟役喇嘛十二人，每人各给彭缎一匹，毛青布十匹。赏班禅额尔德尼重三十两银茶筒一，银瓶一，银钟一，各色大缎二十匹，大、小哈达各十个；来使金黄色蟒袍一，重三十两银执盂一，缎二匹，毛青布六十二匹；跟役喇嘛二十八人，每人各给缎二匹，毛青布二十匹；跟役一名，缎一匹，毛青布十匹。俱系会同内务府颁给。

西藏堪布来京进贡，凡经过各省，遴派明干道府副将弹压出境，仍将各省交替出境入境日期声明报部，至京交理藩部接管。出京之日，仍交直隶原派官员照料前往。

增纂西藏来使应用骡头数目

一、达赖喇嘛所进贡物及堪布等乘骑驮载骡头，应给一百六十头。其堪布等自带货物，官为代雇之骡不得过一百头。班禅额尔德尼所进贡物及堪布等乘骑驮载骡头，应给一百二十头。其堪布等自带货物，官为代雇之骡不得过八十头。每骡一头为二百斤。至堪布等所带跟役徒众，不得过四十名。到西宁时，定数给与，咨行经过省分督抚一体遵办。

增纂西藏来使骡价数目

一、堪布喇嘛等年班来京，到西宁时，除骑骡照例给与外，其驮载正贡及携带货物，照定例数目发给骡价，每头给与脚价银三钱，驮轿之骡价加倍给发，交护送道员，按站交给。其例价不敷银两，于甘肃、陕西、山西、直隶等省督抚藩臬养廉内均匀摊扣。

增纂骡价银两按站放给

一、堪布喇嘛应用骡价银两，由部库照数发，交直隶所派护送之道员，按站放给。至山西交界，即交山西所派道员接管。至陕西、甘肃交界均同。

增纂前藏年班增给骡头

一、衍宗禅师之呼弼勒罕遣使同达赖喇嘛来使等赴京进贡，增给骑驮骡三头。

增纂古竹巴喇嘛代进前藏贡物由藏办给骡价路引

一、古竹巴喇嘛代进前藏贡物，由部咨行内务府，照所进贡物折给赏项，并照进贡堪布之跟役喇嘛例办给口粮。回藏时，由部银库支给骡价路费，咨行陆军部办给路引，并知照沿途地方妥为照料。

增纂西藏来使不得滥行应付

一、西藏达赖喇嘛、班禅额尔德尼年班来使进京经过地方，各督抚派委妥实道员沿途护送行走，并严饬各州、县照例供给，不得滥行应付。

续纂西藏喇嘛来往差使所带箱包发给印单木牌注明号数斤数照单支应

一、喇嘛来往，应由部与四川总督先期行知一班人役箱包车马数目，填写印票，令其自执，每至州、县，验票支应。如无印票，概不支应。通事伴送人员如有通同舞弊，立即惩处。

二、喇嘛行抵成都，由四川总督给予长印单，应支各项，均照驻藏大臣开写数目单点验支应前进。如无印单，概不支应。至所给封条，应查照该大臣原报包装与所系木牌数目给予，如有不符，不给封条。

三、喇嘛由藏启程，应将所进贡物箱包斤重数目报明驻藏大臣，按包发给烙印木牌，编列字号，沿途逐号点验。如有浮报，即详督抚咨部，照数令其呈缴。

四、喇嘛由藏起身，行李等项示以限制，不得过五千斤之数。其箱包斤数，亦照贡物给予编号木牌，如有浮冒，概不支应。

五、喇嘛回藏，由京启程，由陆军部给予勘合，由部给予印单，沿途传示州县。其得赏物及行李等项、悉照来时川督印单办理，注明箱包斤数，用木牌编号，分别赏物行李，沿途察验。如有浮冒，概不支应。

六、喇嘛回藏，由京启程时，首站州县用传单，照抄印单各项数目，传之下站。如用差信，听从通事人等勒索浮冒者，即将该州县查参。

七、喇嘛所用夫骡，定给折价数目，不准多报勒索。其贡物行李等项，不准分起行走。如人多，必须分起者，各给印单，以便沿途查验。至伯克、土司来往支差，一并比照办理。

八、官员等赴藏，各项差使，经过各省地方，遵照定例支应。如有滥支滥应情事，应由各督抚大臣查参。

增纂与堪布同行商货不得逾额

一、堪布等进京、回藏，携带货物除照例给与骑驮骡头及代雇骡头外，其同行商货不得过二十驮。如违例包揽多带，不准放行。偶遇遗失物件，毋庸官为查缉。

增纂班禅额尔德尼来使牧放牲畜处所

一、扎萨克班第所遗柴达木巴颜托辉岳和磊等旧游牧地方赏给班禅额尔德尼，为每年来京进贡来使人等牧放牲畜之处。

增纂帕克巴拉呼图克图等朝贡赏赉

一、察木多帕克巴拉呼图克图遣使恭进金碗、黄连均予折赏外，降敕慰问，并赏帕克巴拉呼图克图重三十两银茶筒一，各色大缎十二匹，大、小哈达各七个。嘉喇呼图克图恭进铜佛、藏香、哈达等物均予折赏外，并赏各色大缎四匹，大、小哈达各四个。正使三等蟒缎一匹、缎二匹、布二十四匹。副使缎二匹，布十二匹。从人六人，每名各给布六匹。

增纂帕克巴拉呼图克图等来使应用骡头

一、帕克巴拉呼图克图、嘉喇呼图克图隔五年遣使来朝一次，事竣即令启程。照例雇给骑驮之骡二十头，由西安一路至四川界，由总督派员护送至打箭炉，令其自行回归。如私带贸易货物，毋庸官为办理。

换班堪布身故骨殖回藏办给路引路费

一、凡由藏调来换班堪布，如在差所及途次身故，经该徒众呈请扶柩回藏者，由部具奏，准其比照住京堪布身故骨殖回藏例办理。[1]

续纂西藏堪布来使在京病故赏赉

一、凡西藏年班堪布在京病故，由部咨行度支、农工商二部，按台吉病故例办给棺木、缎布，并舁抬人夫。除该堪布故后应愿赏银两哈达临时请旨外，所有该已故堪布及随从人等列赏，仍照例赏给。启程时，于该堪布例给骡头内给驮载灵柩骡十头，该徒众每名各给骑骡一头，每行李二百斤给驮骡一头。照例支给四十日路费。其路费并骡价均由本部银库照数给发，交护送该堪布地方官员，沿途陆续支放。其例带回藏之达赖喇嘛等应得赏项由部行咨各该衙门暂存，俟下届西藏来使旋回时，由都行知交令带往颁给。如遇前藏年班有囊素同来年分，一切典礼由囊素恭代。其例带回藏赏项，交囊素带回颁给。[2]

修改呼图克图堪布喇嘛等钱粮徒众分别数目

一、章嘉呼图克图、噶勒丹锡呼图呼图克图、敏珠勒呼图克图、济咙呼图克图等四人，前辈俱曾驻京，品秩较大，其月廪向照扎萨克达喇嘛例支给本身钱粮一分，随带噶布楚兰占巴二十名、格隆六名、班第六名、苏拉喇嘛三名，随带徒众六名，其应食钱粮及喂养牛马草豆等项，一体照前支给。至其余呼图克图等，如授为正、副（掌）印扎萨克达喇嘛，方准照章嘉呼图克图等例支给，否则按照所授职分支领，止准各带徒众二十名，每名每月各支食钱粮二两，作为分例，不入正额。

二、调来驻京之呼图克图，跟役徒众不得过二十名。诺们汗及有名号堪布、总理堪布，徒众不得过十五名。其余堪布，徒众不得过十名。乌穆匝特徒众不得过五名。诺们汗以上徒众支食二两钱粮，有名号堪布以下徒众支食一两五钱钱粮，均俟雍和宫唐古忒喇嘛缺出，按新旧名次坐补、裁汰。倘该呼图克图等于定额外情愿多带数人，由该大臣查验明确，于报部文内声明，俟到京，或去或留，听其自便，均不准支食钱粮。

三、在京呼图克图等圆寂后，如曾经封为国师名号者，由原部奏留二

① 光绪《钦定理藩部则例》卷五七。

② 光绪《钦定理藩部则例》卷五九。

两钱粮二十分；封为禅师名号者，留二两钱粮十五分；未得国师、禅师名号者，留二两钱粮十分。其原设有苏拉喇嘛者，仍留苏拉喇嘛三名。至总理堪布等身故后，其徒众均令扶柩回藏。如驻京年久，未能全数带回，应由该掌印呼图克图查明报部，酌减支食一两五钱钱粮五分，准其驻京，候缺出，即行裁汰。

续纂教习唐古忒之喇嘛准其告退回藏

一、教习唐古忒字、话之喇嘛，在京不服水土，情愿告退回藏者，准其办给驮骡五头。其随带徒众五名，每名给骑骡一头，每骡一头折给价银十三两七钱。该喇嘛及徒众每名每日给盘费银一钱，共给四十日，由本部库放给，咨行陆军部办给路引，并行文沿途经过省分督抚查照。

续纂四学西番缺择经卷精通者坐补

一、雍和宫四学旧有西番钱粮八十四分，后因西番僧人到京不服水土，缺浮于人，因于西藏调来堪布徒众内坐补。但堪布徒众无非执鞭随侍之人，素不谙习经典文义，遽令其入学学艺，实属扞格难通。嗣后，遇有西番钱粮缺出，不论西番、蒙古、汉人，但择其经卷精通者坐补。其堪布在京病故者，将其徒众拨回原籍，其派往伊犁等处驻扎者，亦令其徒众随同前往，钱粮归公。①

喇嘛廪给

原定：凡朝贡来京之呼图克图呼毕勒罕、札萨克达喇嘛，各日给银八钱五分、米一斗五升、坐马三匹、养马十四匹；副札萨克达喇嘛，日给银七钱三分、米一斗三升、坐马三匹、养马十二匹；札萨克喇嘛，日给银六钱二分、米一斗二升、坐马二匹、养马十匹；达喇嘛、副达喇嘛，各日给银四钱七分、米九升、坐马一匹、养马七匹；嘎布楚、兰占巴，各日给银三钱七分、米七升、坐马一匹、养马六匹；德木齐、格思规、格隆日给银三钱、米六升、坐马一匹、养马五匹；格素尔班第日给银五分、米一升、坐马一匹；斋桑喇嘛，日给银五钱、米二升、坐马一匹。均核定五日廪

① 光绪《钦定理藩部则例》卷六十。

给，如居住诵经者无定例。

又定：西藏来使堪布并随来之兰占巴等，各日给米二升；跟役每日给米一升。正使每十日给蒙古羊十只、黄茶二十包、面二十斤、乳油五斤、牛乳十五斤、盐十两、黄蜡烛十枝；兰占巴等，日给羊肉二斤，间日给羊肉一盘、黄茶一包、面一斤、乳油灯油各二两；跟役日给羊肉一斤八两。均各给盐一两。间四日筵宴一次。正使日给木柴二十斤，兰占巴等每人给木柴十斤，跟役每日给木柴四斤。各例给九十日，如事竣在九十日内，即于事峻日裁除。遇年节除夕，在京来使等各给汉羊一。

回程路费：正使日给银二钱，副使给银一钱五分，跟役各给银一钱，共支给四十日。

乾隆二十七年定：察木多帕克巴拉呼图克图等遣使来京，正使日给银五钱，副使日给银三钱，米各二升；从人日给银五分、米一升。

回时路费：正使日给银二钱，副使一钱五分，从人各给银一钱。共支给四十日。

嘉庆二十四年又定达赖喇嘛、班禅额尔德尼之来使，支给九十日廪饩。

同治十三年奏定：教习唐古特字、话之喇嘛告退回藏，给驮骡五头；其徒众五名，每名给骡一头，每骡折给价银十三两七钱。该喇嘛及徒众每日给盘费银各一钱，共给四十日。[①]

西藏来使供给定额

西藏来使堪布本身并随来之兰占巴等，每日各支给米二升，跟役每名每日各给米一升，由户部支领。其应领食物桌张，正使每十日一次，给蒙古羊十只，黄茶二十包，面二十斤，牛乳十五斤，盐十两，黄蜡烛十枝。兰占巴、噶布楚等，每日各给羊肉二斤，隔一日，各给羊肉一盘，黄茶一包，面一斤，乳油、灯油各二两。跟役等每日各给羊肉一斤八两，均各给盐一两。隔四日第五日筵宴一次。正使席一，余每五人给席一，每十五人

① 光绪《钦定理藩部则例》卷十四。

茶一筒，每七席用蒙古羊一只，正使桌内小猪一口、鹅一只。副使每日给羊一只，二日给黄茶一包，面二斤，乳油四两，灯油八两。兰占巴、噶布楚、跟役等应给食物及第五日设席，均与正使同。正使每日给木柴二十斤，兰占巴、噶布楚每名每日各给木柴十斤，跟役每名每日各给木柴四斤。以上食物木柴例给九十日，如事竣在九十日内，即照事竣日裁除。遇年节除夕，在京来使等，各给汉羊一只。其食物及汉羊，由院咨行礼部札光禄寺供备；蒙古羊，由院咨行礼部札两翼税务衙门供备；木柴，由院咨行工部供备。

回程路费：每日正使给银二钱，副使给银一钱五分，跟役各给银一钱，共支给四十日。①

喇嘛等廪饩定额

一、胡图克图、呼弼勒罕、扎萨克达喇嘛本身，每日给银二钱、米二升。应带徒弟格隆四名，每日各给银一钱、米二升；班第三名、跟役二名，每日各给银五分、米一升。每日共合银八钱五分，米一斗五升。拴马三匹。

副扎萨克达喇嘛本身，每日给银一钱八分，米二升。应带徒弟格隆三名，每日各给银一钱、米二升；班第三名、跟役二名，每日各给银五分、米一升。每日共合银七钱三分，米一斗五升。拴马三匹。

二、扎萨克喇嘛本身，每日给银一钱二分，米二升。应带徒弟格隆三名，每日各给银一钱、米二升；班第二名、跟役二名，每日各给银五分、米一升。每日共合银六钱二分，米一斗二升。拴马二匹。

三、达喇嘛、副达喇嘛本身，每日给银一钱二分，米二升。应带徒弟格隆二名，每日各给银一钱、米二升；班第二名、跟役一名，每日各给银五分、米一升。每日共合银四钱七分，米九升。拴马一匹。

四、噶布楚、兰占巴本身，每日给银一钱二分，米二升。应带徒弟格隆一名，每日给银一钱、米二升；班第二名、跟役一名，每日各给银五

① 光绪《钦定理藩部则例》卷十五。

分、米一升。每日共合银三钱七分，米七升。拴马一匹。

五、德木齐、格斯贵、格隆本身，每日给银一钱，米二升。应带徒弟二名、跟役二名，每日各给银五分、米一升。每日共合银三钱，米六升。拴马一匹。

六、格素尔班第本身，每日给银七分、米一升，拴马一匹。

七、斋桑喇嘛本身，每日给银五钱、米二升，拴马一匹。①

唐古特学支出

顺治十四年题准：每旗各选人学习唐古特字义，给教习人六品俸。

乾隆五年议准：唐古特学助教，原为教训学生及缮译所降达赖喇嘛之旨，并西藏所到一应文书而设。八旗满洲、蒙古各学舍，皆有额设助教。嗣后唐古特学助教，亦定为额设之官。

五十年议准：唐古特学生，连往返之期，定限五年期满，由达外来之程赖喇嘛考试后，再行保题更换。若所学平常，停止保题，令其再备用狼皮及学一二年，务令学习精熟，方准更换。

道光十九年定：唐古特学额设承办学务司业一缺，由本学助教升授。助教一缺，由本学教习及内阁唐古特中书补放。学生二十四名、额外学生十六名，缺出，咨取咸安宫国子监蒙古官学生拣补，令其学习唐古特文义。②

二、同治、光绪、宣统时期赏赐达赖喇嘛世系财政支出

1. 同治、光绪时期赏赐十二世达赖喇嘛财政支出

同治元年（1862年）三月二十日，同治皇帝敕谕十二世达赖喇嘛派遣进京拜谒的堪布，返藏存问颁赏，赐达赖喇嘛六十两重镀金银茶筒一个、镀金银瓶一个、银盅一具、各色绸缎三十匹、大哈达五方、小哈达四十方、五色哈达十方；另增赐玉佛一尊、玉如意一柄、念珠一串、铃杵

---

① 光绪《钦定理藩部则例》卷十五。

② 光绪《钦定理藩部则例》卷九九二。

一份、玉器一件、瓷器两件、珐琅器皿两件、玻璃折边匣一件、玻璃念珠两串、爬地柏一箱、玻璃盘一件、雕花盒一对、蟒袍面一件、大荷包一对、小荷包十个、蟒缎四匹、靠背坐褥一份，交付来使堪布罗卜藏成勒赍往。[①] 同年四月初五日，敕赐达赖喇嘛六十两重镀金银茶筒一个、镀金银壶一把、银盅一个、大哈达五方、小哈达四十方、绸缎二十四匹。

布达拉、扎什伦布、色拉、哲蚌四大寺为已故咸丰帝念经，赏赐四大寺每寺银各一千两、大哈达各一百方、小哈达各一千方、茶各一百块。其余各寺念经，赏银共四千两、茶一千块、小哈达四千方。一并交付清朝廷派遣的钦差大臣扎萨克喇嘛凯鲁布多尔济、达喇嘛罗卜藏凯珠、头等侍卫林夫、二等侍卫西朗瑞、额外主事和清、额外主事富萨喀等赍敕携往，至时祗领。[②] 同年六月十六日，因十二世达赖喇嘛等为咸丰帝逝世讽经，同治皇帝赏达赖喇嘛珊瑚珠一串、椰珠一串、大荷包一对、小荷包四个。[③]

同治二年（1863年）十月，因甘肃、西宁地方回民大起义，同治皇帝敕谕达赖喇嘛堪布班垫曲扎、囊素沙克嘉降白等行至境内，饬地方官妥为照料，应付前进，不得将该员截回，亦不可任令行程阻滞。其行抵直隶时，着刘长佑一体照办，以示怀柔。[④]

同治三年（1864年）二月，同治皇帝颁赏满、蒙、汉、夷四体字迹福田妙果匾额，经驻藏二位大人转赍至布达拉山上。[⑤] 四月，十二世达赖喇嘛从正师傅受格隆小戒，同治皇帝认为是吉祥之事，于七月加恩赏给达赖喇嘛黄哈达一方、椰子念珠一串、玉碗一个、大荷包一对、小荷包二对。着满庆接奉此旨，谕知达赖喇嘛照数祗领。[⑥]

同治五年（1866年）六月十四日，因十二世达赖喇嘛遣员进京谒陵，同治皇帝敕谕达赖喇嘛来员，颁赏十二世达赖喇嘛六十两重镀金银茶筒一

① 《元以来西藏地方与中央政府关系档案史料汇编》第1828页。

② 《元以来西藏地方与中央政府关系档案史料汇编》第1828—1829页。

③ 《元以来西藏地方与中央政府关系档案史料汇编》第1829页。

④ 《清穆宗实录》卷八二，同治二年十月甲申。

⑤ 《元以来西藏地方与中央政府关系档案史料汇编》第1830页。

⑥ 《清穆宗实录》卷一一〇，同治三年七月癸亥。

个、镀金银瓶一个、银盅一个、蟒缎四匹、锦缎六匹、片金缎二匹、闪缎四匹、绫缎四十匹、克什米尔织物二十五匹、花哈达十方赍往。①

同治七年（1868年）正月，西藏丰收安乐，达赖喇嘛应僧俗人等恳请下山诵经，同治皇帝为十二世达赖喇嘛发去黄哈达一方、银曼达一个、铃杵一份、嘎巴拉念珠一串、玉碗一个、玉盘一个、黄缎二卷。传谕达赖喇嘛令其祇领，用昭恩赉。②

同治十年（1871年），十二世达赖喇嘛亲至大昭唪经攒招、为国祈福，六月同治皇帝，着发去黄哈达一方、银曼达一个、铃杵一份、菩提念珠一串、玉碗一个、玉盘一个、黄缎二匹。交恩麟等转给达赖喇嘛祇领，用昭恩赉。③

同治十一年（1872年）五月二十一日，十二世达赖喇嘛派遣的进京喇嘛回返，同治皇帝随敕赐达赖喇嘛蟒缎一匹、闪缎一匹、大缎四匹、素缎四匹、小线绉绸十匹、平底绉绸七匹、素纺丝六匹、绫子四匹。此项赏赐物品交付达赖喇嘛所遣喇嘛扎布伊西等赍回，至时祇领。④

同治十二年（1873年）达赖喇嘛下山唪经，率领众僧亲赴大昭，攒招唪经，为国祈福，二月同治皇帝令恩麟等前往布达拉山，妥为照料，并发去黄哈达一方、银曼达一个、铃杵一分、菩提念珠一串、玉碗一个、玉碟一个、小卷五丝缎二匹，传谕达赖喇嘛令其祇领，用昭恩赉。⑤

同治十三年（1874年）正月间达赖喇嘛率领僧众，亲赴大昭，攒招唪经，为国祈福。同治皇帝令驻藏大臣承继等前往布达拉山，妥为照料，并发去黄哈达一方、银曼达一个、铃杵一分、菩提念珠一串、玉碗一个、小卷五丝缎二卷。传谕达赖喇嘛祇领，用昭恩赉。⑥

光绪元年（1875年），光绪帝继位，颁给达赖喇嘛敕书，并赏给达

① 《元以来西藏地方与中央政府关系档案史料汇编》第1833页。

② 《清穆宗实录》卷二二二，同治七年正月壬戌。

③ 《清穆宗实录》卷三一三，同治十年六月丁卯。

④ 《元以来西藏地方与中央政府关系档案史料汇编》第1839页。

⑤ 《清穆宗实录》卷三四九，同治十二年二月乙卯。

⑥ 《清穆宗实录》卷三六二，同治十三年正月甲寅。

赖喇嘛六十两重镀金银茶筒一个、镀金银壶一把、银盅一个、大哈达五块、小哈达四十块、绸二十四匹。赏给布达拉、札什伦布、色拉、哲蚌四大寺，每寺银各一千两、大哈达各一百块、小哈达各四千块、茶各一百块。又赏其余各寺银共四千两、茶一千块、小哈达四千块。一并交札萨克喇嘛堪布降养楚称、达喇嘛臣烈确达拉、二等侍卫官通、二等侍卫瑞光、主事景桂、额外主事文俊，赍诏携往，至时祗领[①]。正月，达赖喇嘛遣员呈进贡物，按惯例赏赉。[②]正月间达赖喇嘛下山，率领僧众，亲赴大昭攒招讽经，为国祈福，光绪皇帝令希凯前往布达拉山，妥为照料，并发去黄哈达一方、银曼达一个、铃杵一份、菩提念珠一串，玉碗一个、玉碟一个、小卷五丝缎二卷，传谕达赖喇嘛祗领，用昭恩赉。[③]三月，光绪皇帝谕内阁，喇嘛、土司等遣差赴京，向由各省派员接替护送，俟后西藏地方此项差役到川省，即着四川总督将贡物各包照驻藏大臣原秤斤数查验，应用骡夫若干，咨明沿途照例供支，不准额外支给；并着该督派员送至陕西首站，即由陕西、山西、直隶各督抚派员接替护送入京。其差竣回藏时，着沿途各该省督抚，查照办理。[④]达赖喇嘛年班遣员进京朝贡，七月初三日，光绪帝敕谕达赖喇嘛颁赐六十两重镀金银茶筒一个、镀金银瓶一个、银盅一个、各色绸缎三十匹、大哈达五方、小哈达四十方、五色哈达十方；另赐玉佛一尊、玉如意一柄、珊瑚念珠一串、铃杵一份、玉碗一个、瓷器二件、珐琅器皿二件、玻璃折边匣一件、珐琅盘二件、香饼一盒、玻璃盘一个、雕茶盒一对、蟒缎袍面一件、大荷包一对、小荷包十个、蟒缎四匹、绣花靠背坐褥一份，交付达赖喇嘛来员堪布班第延曲扎赍往。[⑤]十二世达赖喇嘛于光绪元年（1875年）圆寂，年仅20岁，清朝廷恩赏圆寂达赖喇嘛布施镘达等物，折银五千两，由藏库动支[⑥]。

---

① 《元以来西藏地方与中央政府关系档案史料汇编》第1842页。

② 《清德宗实录》卷三，光绪元年正月丁未。

③ 《清德宗实录》卷四，光绪元年二月癸未。

④ 《清德宗实录》卷五，光绪元年二月癸未。

⑤ 《元以来西藏地方与中央政府关系档案史料汇编》第1845页。

⑥ 《元以来西藏地方与中央政府关系档案史料汇编》第1846页。

2.光绪、宣统时期赏赐十三世达赖喇嘛财政支出

十二世达赖喇嘛圆寂后，出生于光绪二年（1876年），来自西藏东南部塔布地区朗顿村的孩童罗布藏塔布克甲木措被认定为转世灵童。光绪四年（1878年）六月，光绪帝赏带领喇嘛讽经祈祷之呼毕勒罕达木定扎布银二百两。① 光绪五年（1879年）十三世达赖喇嘛坐床，清朝廷按照咸丰九年（1859年）赏十一世达赖喇嘛的物件数目颁赏，同时又赏给摄政济龙呼图克图物件。② 令丁宝桢于司库内提银一万两，派员送至西藏，交色楞额给领，交给商上。③

光绪七年（1881年）正月，达赖喇嘛所遣人员由京城返藏，清朝廷随敕书发去六十两重镀金银茶筒一件、镀金银瓶一个、银钟一个、蟒缎二匹、龙缎二匹、妆缎二匹、片金二匹、闪缎四匹、字缎四匹、大卷八丝缎十四匹、大哈达五个、小哈达四十个、五色哈达十个，交来员巴雅尔堪布青饶隆热傥曲赍去。④ 同年慈安太后薨逝，清朝廷敕谕十三世达赖喇嘛在藏熬茶念经，五月初六日随敕赏赐达赖喇嘛六十两重镀金银茶筒一个、镀金银瓶一个、银盅一个、大哈达五方、小哈达四十方、缎二十四匹，交付兵部由驿递往，至时祗领。⑤ 七月二十七日，因十三世达赖喇嘛为慈安太后薨逝念经，清朝廷赏给达赖喇嘛珊瑚珠一串、椰珠一串、大荷包一对、小荷包四个。⑥ 清朝廷颁给达赖喇嘛等敕书赏件，由驿颁发，交四川总督转递。布施念经各事宜，令驻藏大臣办理，给赏项银八千两及茶块，着四川总督备办。⑦ 十三世达赖喇嘛年班派遣堪布进京朝贡，十二月十八日光绪帝敕谕十三世达赖喇嘛，并颁赐六十两重镀金银茶筒一个、镀金银瓶一件、银盅一个、各色绸缎三十匹、大哈达五方、小哈达四十方、五色哈达

① 《清德宗实录》卷七六，光绪四年六月辛丑。

② 《元以来西藏地方与中央政府关系档案史料汇编》第1857页。

③ 《元以来西藏地方与中央政府关系档案史料汇编》第1861页。

④ 《清德宗实录》卷一二六，光绪七年正月乙亥。

⑤ 《元以来西藏地方与中央政府关系档案史料汇编》第1862页。

⑥ 《元以来西藏地方与中央政府关系档案史料汇编》第1864页。

⑦ 《元以来西藏地方与中央政府关系档案史料汇编》第1869页。

十方；另加赐佛一尊、玉如意一柄、念珠一串、黑沉香一束、铃杵一份、瓷器二件、玉器一件、铜香炉一座、铜提炉一座、雕茶盒二个、玻璃盘一件、玻璃碗二个、玻璃折边匣一件、蟒袍面一件、大荷包一对、小荷包十个、蟒缎四匹、靠背坐褥一份，交达赖喇嘛来员堪布青饶丹曲培赍往。[①]

光绪八年（1882年），十三世达赖喇嘛受沙弥戒。清朝廷于四月十二日加恩赏赐黄色大哈达一方、桓子珠一串、玉碗一个、玉盒一个、大荷包一对、小荷包二对，一并交色楞额晓谕祇领。[②] 光绪十年（1884年）二月初八日，敕谕十三世达赖喇嘛年班堪布回藏存问颁赏，随敕赐达赖喇嘛六十两重镀金银茶筒一个、镀金银瓶一个、银盅一个、各色绸缎三十匹、大哈达五方、小哈达四十方、五色哈达十方；另加赐佛一尊、玉如意一柄、念珠一串、铃杵一份、玉器一件、瓷器二件、铜器二件、玻璃折边匣一个、玻璃碗二个、沉香一块、玻璃盘一个、雕花盒一对、蟒袍面一件、大荷包一对、小荷包十个、蟒缎四匹、靠背坐褥一份，交付达赖喇嘛堪布杰荣丹增赍往。[③]

光绪十一年（1885年）正月间，达赖喇嘛下山讽经，为国祈福。清朝廷令色楞额等前往布达拉山，妥为照料，并发去黄哈达一方、银曼达一个、铃杵一份、镀金念珠一串、玉碗一个、玉碟一个、小卷五丝锻二匹，传谕达赖喇嘛祇领，用昭恩赉。[④] 同年八月，赏达赖喇嘛物件。[⑤] 达赖喇嘛在本籍陲弼胜地方建立庙宇，八月间动工，一直没有完竣。清朝廷先是赏银五千两，光绪十四年（1888年）四月另行赏银二千两，由甘肃藩库给发[⑥]。光绪十五年（1889年）正月，十三世达赖喇嘛亲赴大昭攒招讽经，为国祈福。光绪帝令驻藏大臣升泰派妥员前往布达拉山，妥为照料，并发去黄哈达一方、银曼达一个、铃杵一份、金念珠一串、玉碗一个、玉碟一

① 《元以来西藏地方与中央政府关系档案史料汇编》第1863页。

② 《元以来西藏地方与中央政府关系档案史料汇编》第1866页。

③ 《元以来西藏地方与中央政府关系档案史料汇编》第1868页。

④ 《清德宗实录》卷二〇四，光绪十一年二月丙申。

⑤ 《清德宗实录》卷二一四，光绪十一年八月丁亥。

⑥ 《德宗实录》卷二五四，光绪十四年四月甲午。

个、小卷五丝缎二卷。传谕达赖喇嘛祇领，用昭恩赉。[①]

光绪十七年（1891年）皇帝万寿，达赖喇嘛遣堪布进京祝寿，九月光绪帝敕谕达赖喇嘛祝寿堪布存问赏赐，赐十三世达赖喇嘛六十两重镀金银茶筒一个、镀金银瓶一个、银盅一个、各色绸缎三十匹、大哈达五方、小哈达四十方、五色哈达十方；另加赐佛一尊、玉如意一柄、念珠一串、铃杵一份、玉碗一个、蟒袍面一件、瓷器二件、香饼一盒、珐琅器二件、雕花盒两件、玻璃碗二件、玻璃折边碗一件、玻璃盘一个、大荷包一对、小荷包十个、蟒缎四匹、靠背坐褥一份，交付达赖喇嘛来使堪布罗卜桑曲纠赍往。[②] 同年十一月十五日，光绪帝谕达赖喇嘛使者回藏存问赏赐，赏达赖喇嘛六十两重镀金银茶筒一件、镀金银瓶一个、银盅一个、蟒缎二匹、龙缎二匹、妆缎二匹、片金二匹、闪缎四匹、字缎四匹、大卷八丝缎十四匹、大哈达五方、小哈达四十方、五色哈达十方，交达赖喇嘛所遣堪布赍往。[③]

光绪二十一年（1895年），达赖喇嘛年班遣员进京纳贡。六月初九日，光绪帝敕谕达赖喇嘛年班纳贡颁赏，赏达赖喇嘛六十两重镀金银茶筒一件、镀金银瓶一个、银盅一个、蟒缎二匹、龙缎二匹、妆缎二匹、片金二匹、闪缎四匹、字缎四匹、大卷八丝缎十四匹、大哈达五方、小哈达四十方，五色哈达十方；又加赏达赖喇嘛佛一龛、铃杵一份、玉如意一柄、珊瑚朝珠一串、蟒袍面一件、玉器一件、香饼一盒、雕漆盘二件、玻璃奓斗二件、珐琅香炉一件、珐琅茶瓶一件、瓷盘二件、玻璃茶瓶二件、玻璃碗二件、玻璃盘一件、大荷包一对、小荷包五对、蟒缎二匹、锦缎二匹、大卷五丝缎二匹。[④] 同年六月十五日，光绪帝敕谕十三世达赖喇嘛遣员祝贺慈禧太后六十寿辰存问颁赏，赐十三世达赖喇嘛六十两重镀金银茶筒一个、镀金银瓶一个、银盅一个、各色大缎三十匹、大哈达五方、小哈

① 《清德宗实录》卷二六四，光绪十五年正月癸丑。

② 《元以来西藏地方与中央政府关系档案史料汇编》第1875页。

③ 《元以来西藏地方与中央政府关系档案史料汇编》第1875页。

④ 《元以来西藏地方与中央政府关系档案史料汇编》第1885页。

达四十方、五色哈达十方；并另赐佛一尊、铃杵一份、玉如意一柄、珊瑚念珠一串、蟒袍面一件、玉器一件、香饼一盒、雕花漆盘二件、玻璃折边匣二件、珐琅香炉一件、珐琅花瓶一件、磁盘二件、玻璃花瓶二件、玻璃碗二件、玻璃盘一件、大荷包五对、小荷包五对、蟒缎二匹、锦缎二匹、大卷五丝缎二匹，交付达赖喇嘛所遣巴雅尔堪布嘉木洋曲第延等赍往，到时祗领。[①] 光绪二十一年（1895年），达赖喇嘛恩承执掌西藏政教权，由策门林府邸负责派贡使循例为天命文殊大皇帝祈福请安并献礼。光绪二十二年（1896年）贡使回藏后，向噶厦面交光绪帝所赐礼品，造册如下："青瓷大盘三只、绛色大盘三只、蓝玻璃盅三对、大小荷包各三对、四相黄缎三匹、内库黄缎三匹、耳边黄缎四匹、绿底花纹缎五匹、红黄缎四匹、朱红缎两匹、蓝缎六匹、白缎两匹、祖札兰缎十三匹、紫缎四匹、朱红缎七匹、紫金丝缎六匹、蓝绫九十匹、红绫一匹。阿嘉呼图克图赠耳边朱红缎一匹，章嘉活佛赠耳边紫缎两匹，张禅师赠朱红金丝缎一匹。另将包裹布折价购得耳边绿底花纹缎一匹、蓝缎一匹。合计缎六十三匹，蓝、红绫九十一匹。"[②] 光绪二十四年（1898年）四月，达赖喇嘛所遣人员于乾清宫呈进贡物，赏赉如例。[③]

光绪二十八年（1902年）六月三十日，光绪皇帝敕谕达赖喇嘛年班回藏存问颁赏，赏达赖喇嘛六十两重镀金银茶筒一件、镀金银瓶一个、银盅一个、蟒缎二匹、龙缎二匹、妆缎二匹、片金二匹、闪缎四匹、字缎四匹、大卷八丝缎十四匹、大哈达五方、小哈达四十方、五色哈达十方，交付来员赍往。[④]

慈禧太后薨逝、光绪帝驾崩，清朝廷两次布施前后藏讽经赏项。宣统元年（1909年）正月十八日，清朝廷颁给达赖喇嘛、班禅额尔德尼等敕书，所赏物件，应缮入敕书，交内阁撰拟。光绪帝驾崩颁赏达赖喇嘛敕

① 《元以来西藏地方与中央政府关系档案史料汇编》第1887页。

② 《元以来西藏地方与中央政府关系档案史料汇编》第1891页。

③ 《清德宗实录》卷四一八，光绪二十四年四月辛亥。

④ 《元以来西藏地方与中央政府关系档案史料汇编》第1895页。

谕，赏达赖喇嘛六十两重镀金银茶筒一件、镀金银壶一件、银盅一件、大哈达五方、小哈达四十方、缎二十四匹。为慈禧太后薨逝颁赏达赖喇嘛敕谕，赏达赖喇嘛六十两重镀金银茶筒一件、镀金银壶一件、银盅一件、大哈达五方、小哈达四十方、缎二十四匹。①

三、同治、光绪、宣统时期赏赐班禅额尔德尼世系财政支出

1.同治、光绪时期赏赐八世班禅财政支出

同治元年（1862年）五月初三日，同治帝敕谕班禅年班堪布回藏存问颁赏，随敕赐班禅三十两重银茶筒一个、银瓶一个、银盅一个、各色大缎二十匹、大小哈达各十方；又增赐佛尊一座、玉如意一柄、佛画一轴、玉碗一件、珊瑚念珠一串、珐琅耳瓶一件、珐琅花瓶一件、珐琅笔筒一个、磁器四件、雕花盒一对、磁碗二件、玻璃碗二件、玻璃花瓶二件、玻璃盘一件、玻璃烟壶一件、香饼一匣、大荷包一对、小荷包五对、靠背坐褥一份，交付班禅来使堪布嘎久罗卜藏班垫楚臣丹增赍往。所赐札萨克喇嘛罗卜藏拉布杰什物，一并交付来员赍回。② 同年八世班禅为咸丰帝逝世讽经，清朝廷赏班禅额尔德尼玻璃小念珠一串、菩提珠一串、大荷包一对、小荷包四个。③

查定例，凡给班禅额尔德尼进贡所遣堪布驮骡应给一百二十头，每骡摊驮二百斤。此项骡价银两，由理藩院院银库动支，交付直隶派出照料包库［裹］护送委员按站陆续放给，行抵山西，即行转交山西派出照料包裹护送委员按站陆续放给，行抵陕西、四川，亦皆如此。又，应给八世班禅贡使等每日路费银两，堪布每日二钱，跟随每日各一钱，均给四十日。

同治二年（1863年）三月十四日，重庆府为八世班禅贡使返藏供应驮畜盘费事致巴县札，理藩院决定：司员会同直隶派出照料包裹护送直隶

---

① 《清朝治藏典章研究》第1044—1045页。

② 《元以来西藏地方与中央政府关系档案史料汇编》第1947—1948页。

③ 《元以来西藏地方与中央政府关系档案史料汇编》第1829页。

省知州衔候补知县耿觐光，当面领取官秤，一并称得班禅额尔德尼遣使堪布罗卜藏班垫楚成丹增等驮捆，并折赏班禅额尔德尼贡物物件，照例赏项另行所贡物件共一万六千八百斤，计每骡摊驮二百斤，共驮骡一百一十八头。再，堪布罗卜藏班垫楚成丹增驮轿，需骡四头，跟来僧俗三十名骑骡三十头，连四头，共需骡一百一十八头。照前所办，每骡按照时价计银一千六百一十六两六钱，此项脚银照前所办，交付照料包裹护送直隶省知州衔候补知县耿觐光沿途陆续放给。又，堪布一员四十日路费银八两，连自藏跟来僧俗三十名四十日路费银，每日三两，共计盘费银一百二十两。此项银两即行支给堪布喇嘛等，以便沿途使用。由司复行核算，与该派出委员等所呈额数无异，应行文本院银库照前所办，将骡价银两交付直隶派出委员，盘费银两支给该堪布喇嘛，所需此项银两照旧归入月汇核销。①

同治四年（1865年），同治皇帝赏赐八世班禅三摩正觉匾额②。同治十三年（1874年）六月初十日，敕谕班禅年班堪布回藏问候颁赏，赐八世班禅三十两重银茶筒一个、银瓶一个、银盅一个、各色大缎二十匹、大小哈达各十方；又另加赐佛尊一座、佛画一轴、玉如意一柄、玉盅一件、珊瑚念珠一串、双耳瓶一对、花磁瓶一件、磁盘四件、雕花漆盒二件、磁碗二件、玻璃碗二件、玻璃瓶二件、玻璃盘一件、玻璃烟壶四件、大荷包一对、小荷包十件、靠背坐褥一份、香饼一匣，交付班禅来员堪布嘎沁伊玛曲培赍往。③

同治帝驾崩，清朝廷敕谕班禅在藏熬茶念经。同年光绪帝登极，颁诏赏赐，赏给班禅额尔德尼三十两重银茶筒一个、银壶一把、银盅一个、大小哈达各十方、绸十二匹。赏给扎什伦布寺银一千两、大哈达一百方、小哈达一千方、茶一百块。又赏后藏其余各庙银、茶、哈达。一并交札萨克喇嘛降养楚成、达喇嘛臣烈确达拉、二等侍卫官通、二等侍卫瑞光、主事

① 《元以来西藏地方与中央政府关系档案史料汇编》第1949页。

② 《元以来西藏地方与中央政府关系档案史料汇编》第1955页。

③ 《元以来西藏地方与中央政府关系档案史料汇编》第1956页。

景桂、额外主事文俊赍诏携往，至时祇领。①

光绪四年（1878年）四月，班禅额尔德尼派遣扎萨克喇嘛呈进贡物，自藏启程日期，并遵奉前次谕旨，请饬成都将军、四川总督于该员到川时一体办理，开单呈览各折片。因当时山西、陕西饥民尚多，仍恐沿途阻滞，所有班禅额尔德尼等呈进各项贡物，着恒训、丁宝桢仍遵前旨，于该员使行抵川省时，将表文贡物存留，派员赍京呈进，以示体恤。②

慈安太后薨逝，光绪七年（1881年）五月初六日光绪帝敕谕八世班禅在后藏熬茶诵经，赏赐班禅额尔德尼三十两重银茶筒一个、银瓶一个、银盅一个、大小哈达各十方、绸缎十二匹，交付兵部由驿递往，至时祇领。③ 十二月，为慈安太后薨逝念经赏八世班禅珊瑚小数珠一串、椰珠一串、大荷包一对、小荷包四个。④

光绪八年（1882年）八月，八世班禅圆寂。光绪皇帝派遣驻藏办事大臣色楞额于班禅额尔德尼灵前赐奠，并赏布施等项，共折银五千两，又赏给团龙妆缎大缎二十匹、贡缎一百匹、大哈达二十方、小哈达三百方。赏银五千两由藏库动支，交札什伦布札萨克喇嘛罗布藏顿柱在班禅额尔德尼灵前做善事。缎匹、哈达等赏物，交理藩院仿照从前拣派司员送赴西藏，并将光绪皇帝贴身所带蜜蜡珠一串、沉香数珠一串、经一部，先随报匣送交色楞额，奉到时即在班禅额尔德尼灵前悬挂，以示光绪皇帝轸念之至意。⑤

八世班禅生前遣使堪布罗卜藏顿珠进京致祭同治帝。光绪十年（1884年）四月初五日，光绪皇帝在堪布返回时特随敕赐八世班禅舍利三十两重银茶筒一个、银瓶一个、银盅一个、各色大缎二十匹、大哈达十五方。已圆寂之班禅额尔德尼应得什物，交付罗卜藏顿珠陈置舍利前。⑥ 光绪十一

---

① 《元以来西藏地方与中央政府关系档案史料汇编》第1957页。

② 《清德宗实录》卷七二，光绪四年四月癸卯。

③ 《元以来西藏地方与中央政府关系档案史料汇编》第1958页。

④ 《元以来西藏地方与中央政府关系档案史料汇编》第1959页。

⑤ 《元以来西藏地方与中央政府关系档案史料汇编》第1961页。

⑥ 《元以来西藏地方与中央政府关系档案史料汇编》第1964页。

年（1885年）四月初八日，八世班禅额尔德尼入葬金塔，光绪皇帝加恩赏给白哈达一方、念珠一串，追念勤奋喇嘛之至意。将此交色楞额转饬该徒众祇领，献于班禅额尔德尼金塔之前。①

2.光绪、宣统时期赏赐九世班禅财政支出

八世班禅圆寂后，来自塔布地区的孩童仓珠嘉措，经过金瓶掣签被认定为八世班禅转世灵童，即九世班禅。驻藏大臣将仓珠嘉措被认定为转世灵童的奏折上报到清朝廷，光绪皇帝于十三年（1887年）九月十九日加恩赏给转世灵童大哈达一方、珊瑚珠一串、玉如意一柄。② 光绪十四年（1888年）三月十五日又谕军机大臣认定班禅呼毕勒罕着颁赏，加恩赏给呼毕勒罕大哈达一方、珊瑚珠一串、玉如意一柄；赏第穆呼图克图哈达一方、嵌玉如意一柄；赏苏呼诺们罕哈达一方、嵌玉如意一柄，交驻藏大臣传谕该第穆呼图克图等并阖藏众喇嘛等，将该呼毕勒罕妥为照料，以副光绪皇帝振兴黄教之至意。③

光绪十八年（1892年）正月初三日九世班禅额尔德尼于札什伦布寺坐床，光绪皇帝派驻藏大臣升泰和苏呼诺们罕前往看视，所有颁发敕书赏赉等件，由驿驰递往，沿途经过地方妥为护送。并令刘秉璋于司库提银一万两，派员迅速解往，一并赏给班禅额尔德尼祇领。④ 班禅额尔德尼坐床后，札什伦布寺遣人馈送驻藏大臣升泰哈达、佛尊、藏香、氆氇各物，升泰酌量收受，回送班禅额尔德尼哈达、玉如意、缎匹、茶叶以为答贺之仪⑤。

光绪三十四年（1908年）光绪帝驾崩，九世班禅为光绪帝驾崩做佛事。清朝廷颁敕书一道，御赐三十两重银茶筒一件、银壶一件、银盅一件、大小哈达各十方、缎十二匹。清朝廷在札什伦布寺院熬茶布施银一千

① 《清德宗实录》卷二一二，光绪十一年七月壬戌。

② 《元以来西藏地方与中央政府关系档案史料汇编》第1969页。

③ 《元以来西藏地方与中央政府关系档案史料汇编》第1972页。

④ 《元以来西藏地方与中央政府关系档案史料汇编》第1973页。

⑤ 《元以来西藏地方与中央政府关系档案史料汇编》第1980页。

两、大哈达一百方、小哈达一千方、茶叶三百块等项，由委员知府海珠恭赍前往。九世班禅率领众僧在历辈班禅金塔前燃灯千盏，供献五色大绫哈达各一方，每处诵经喇嘛三十名，每喇嘛散给哈达一方、布施银钱一元。另外，桑昂菊巴札仓、广佑等寺院，攒集喇嘛五百名，念诵经卷，每一名喇嘛散给布施银钱五钱、哈达一方。札什伦布本寺攒集喇嘛三千八百余名，熬茶二十三次，每名喇嘛散给布施银钱四钱，每五名喇嘛散给哈达一方。①

光绪三十四年（1908年）慈禧太后薨逝，班禅为慈禧太后诵经布施，清朝廷派遣驻藏大臣联豫转赐谕旨，并赏九世班禅三十两银茶筒一个、银壶一把、银盅一个、大小哈达各十方、绸缎十二匹等。又赏札什伦布寺布施银一千两、大哈达一百方、小哈达一千方、茶砖一百块。向札什伦布寺属各寺布施银一千两、小哈达一千方、茶砖二百块。用于在四、五、六、七、八世班禅灵塔前各设五千供，在卫各寺设五千供，并敬献上等哈达，给经咒密院札仓及贡觉林等寺五百余名僧众布施茶粥。尔后，向坛城献哈达，向每个僧人布施哈达一方、银五钱，向札什伦布寺三千八百余名僧侣施茶二十二天，每人施银四钱，每五人哈达一方及回向礼。另向札什伦布寺所属各寺僧侣二万二千四百余名施茶供养，送回向礼，按教仪诵经祈祷。②

四、同治、光绪、宣统时期赏赐摄政呼图克图财政支出

1. 同治、光绪、宣统时期赏赐摄政呼图克图财政支出

同治元年（1862年）三月二十日，十二世达赖喇嘛派遣堪布进京拜谒，堪布返藏时，同治帝敕谕其存问颁赏，赏赐热振呼图克图等什物，交其堪布赍往。③ 同年六月十六日，因十二世达赖喇嘛、慧能呼征阿齐图呼

① 《元以来西藏地方与中央政府关系档案史料汇编》第1985 — 1986页。

② 《元以来西藏地方与中央政府关系档案史料汇编》第1988页。

③ 《元以来西藏地方与中央政府关系档案史料汇编》第1828页。

图克图等为咸丰帝驾崩讽经，同治皇帝赏慧能呼征阿齐图呼图克图玻璃珠一串、大荷包一对、小荷包四个。[①]

十二世达赖喇嘛正师傅罗布藏青饶汪曲卸任甘丹池巴已久，据驻藏大臣考察其办理商上事务，事无巨细，集于一身，恳请清朝廷施恩赏给罗布藏青饶汪曲名号、俸禄或额外赏给封爵。同治三年（1864年）十一月三十日，同治帝敕谕罗布藏青饶汪曲办理商上事务并赏给诺门罕名号，颁赐罗布藏青饶汪曲呼图克图封号敕书[②]。同治五年（1866年），达赖喇嘛遣员进京谒陵。同年六月十四日，同治帝敕谕达赖喇嘛来员颁赏，赐辅佐办理商上事务之罗布藏青饶汪曲诺门罕等各种什物，一并交付来员堪布扎克巴楚征赍往，到时祗领。同治八年（1869年）七月二十日，同治帝赐罗布藏青饶汪曲呼图克图敕印[③]。同治九年（1870年）四月初八日，同治帝敕谕罗布藏青饶汪曲所派遣的进京向皇太后请安的喇嘛，返藏时特敕嘉勉颁赏，赏赐江章达木曲什物，一并交付赍往。[④]

光绪元年（1875年），达赖喇嘛年班遣员进京请安纳贡。七月初三日，光绪帝赏赐协理商上事务诺门罕等什物，交所遣人员赍往，至时各自祗领。[⑤] 同年十一月初一日，驻藏大臣奏陈达赖呼毕勒罕未转世前，西藏地方是济咙呼图克图阿旺班垫曲吉坚参代办商上一切事务，均臻妥协。光绪三年（1877年）正月初四日，着照驻藏大臣所请，赏给济咙呼图克图通善名号。嗣寄前辈达赖喇嘛圆寂布彦差便，即降敕书发往。[⑥] 光绪七年（1881年）正月，十三世达赖喇嘛差遣巴雅尔堪布进京呈进贡物，返回时，光绪帝赏协理商上事务济咙呼图克图等物件，交来员巴雅尔堪布青饶隆热傥曲赍去。[⑦] 十二月十八日，敕谕十三世达赖喇嘛年班堪布回藏存问颁赐，

---

① 《元以来西藏地方与中央政府关系档案史料汇编》第1829页。

② 《元以来西藏地方与中央政府关系档案史料汇编》第2029页。

③ 《元以来西藏地方与中央政府关系档案史料汇编》第1883页。

④ 《元以来西藏地方与中央政府关系档案史料汇编》第2031页。

⑤ 《元以来西藏地方与中央政府关系档案史料汇编》第1845页。

⑥ 《元以来西藏地方与中央政府关系档案史料汇编》第1845页。

⑦ 《清德宗实录》卷一二六，光绪七年正月乙亥。

赏赐办理商上事务之济咙呼图克图等什物，一并交付来员赍往。[①] 十二月二十日，驻藏大臣色楞额奏十三世达赖喇嘛等为慈安薨逝念经，清朝廷赏通善济咙呼图克图青金石珠一串、大荷包一对、小荷包四个。[②] 光绪十年（1884年）二月初八日，敕谕十三世达赖喇嘛之年班堪布回藏存问颁赏，赏赐哈福赛音济咙呼图克图等什物，交付来者赍往，至时遵领。[③]

通善济咙呼图克图阿旺班垫曲吉坚参圆寂后，由第穆呼图克图阿旺洛桑称勒拉普结代办商上事务。光绪十三年（1887年）六月十三日，经过驻藏大臣文硕考察，噶伦等公举，奏陈作为掌办商上事务诺门罕之阿旺洛桑称勒拉普结代办商上事务期满，请朝廷赏赐敕书及名号，获得清朝廷允准。光绪十七年（1891年）九月，清朝廷敕谕达赖喇嘛所遣祝寿堪布存问赏赐，赏赐办理商上事务之第穆呼图克图等什物，交付来者赍往，至时祗领。[④] 同年十一月十五日，清朝廷敕谕达赖喇嘛之来员进贡回赏，赏掌办商上事务荣增师傅第穆呼图克图阿旺洛桑称勒拉普结三十两重银茶筒一件、各色大缎十二匹、大小哈达各七个；赏呼征呼图克图大缎六匹。[⑤] 光绪二十一年（1895年）六月初九日，清朝廷敕谕达赖喇嘛之年班纳贡颁赏，赏掌办商上事务靖善禅师第穆呼图克图三十两重银茶筒一件、各色大缎十二匹、大小哈达各七方；赏济咙呼图克图大缎六匹；赏呼征呼图克图大缎六匹；赏德柱呼图克图大缎六匹；赏策汪洛布等四名噶伦每名大缎各七匹[⑥]。

光绪二十八年（1902年）六月三十日，光绪皇帝敕谕达赖喇嘛之年班回藏存问颁赏，赏第穆呼图克图阿旺罗布藏称勒拉普结大缎六匹；赏济咙呼图克图之呼弼勒罕阿旺吐布丹改桑丹贝卓蜜大缎六匹；赏呼征呼图克

① 《元以来西藏地方与中央政府关系档案史料汇编》第1863页。

② 《元以来西藏地方与中央政府关系档案史料汇编》第1864页。

③ 《元以来西藏地方与中央政府关系档案史料汇编》第1868页。

④ 《元以来西藏地方与中央政府关系档案史料汇编》第1875页。

⑤ 《元以来西藏地方与中央政府关系档案史料汇编》第1875—1876页。

⑥ 《元以来西藏地方与中央政府关系档案史料汇编》第1885页。

图阿旺罗布藏伊喜丹贝坚参大缎六匹。①

2. 同治、光绪、宣统时期赏赐堪布财政支出

同治时期，西藏地方堪布数量没有变化，人员没有变动，财政支出定制没有改变。光绪九年（1883年）五月初一日，色楞额等代奏罗布藏顿柱谢加总堪布名号。同年十二月十五日，色楞额等代奏罗布藏顿柱受赏苏呼诺门罕名号谢恩。② 光绪十年（1884年），清朝廷敕谕罗布藏顿柱所遣来使纳贡回赐，赏赐扎萨克喇嘛罗布藏顿柱等什物，交付使者赍往，至时祗领。③ 驻藏大臣向清朝廷奏陈九世班禅额尔德尼之呼毕勒罕所出幼童察验属实，掣定奏闻，光绪皇帝十分喜悦。光绪十四年（1888年）三月十五日赏赐呼毕勒罕、第穆呼图克图、苏呼诺们罕，其中赏苏呼诺们罕哈达一方、嵌玉如意一柄。④

五、同治、光绪、宣统时期赏赐其他活佛、喇嘛、贵族等财政支出

同治元年（1862年）闰八月二十八日，清朝廷允准驻藏大臣满庆等为十二世达赖喇嘛请赏正师傅名号并另拣副师傅事代奏请。同年十月二十八日，清朝廷批准驻藏大臣满庆奏陈二等台吉策垫边觉尔病辞，允准其子策忍汪曲承袭。⑤ 同治七年（1868年）六月七日同治帝准赏十二世达赖喇嘛之兄益西诺布旺秋等顶戴。⑥

光绪二年（1876年）闰五月，达赖喇嘛来使堪布伊喜曲结在京病故，清朝廷赏银一百两、哈达一方。⑦ 光绪五年（1879年）五月初四日，光绪

① 《元以来西藏地方与中央政府关系档案史料汇编》第1895页。

② 《元以来西藏地方与中央政府关系档案史料汇编》第2118页。

③ 《元以来西藏地方与中央政府关系档案史料汇编》第2120页。

④ 《元以来西藏地方与中央政府关系档案史料汇编》第1972页。

⑤ 《元以来西藏地方与中央政府关系档案史料汇编》第2170页。

⑥ 《元以来西藏地方与中央政府关系档案史料汇编》第2174页。

⑦ 《清德宗实录》卷三三，光绪二年闰五月丙寅。

帝赏给十三世达赖喇嘛呼毕勒罕之父工噶仁青公爵，准其戴用宝石顶戴花翎。[①] 光绪六年（1880年）十月，朝廷下旨：“达赖喇嘛之父公衔工噶仁青进献贡物，出于至诚，着照所请，准其随同达赖喇嘛应进贡物交巴雅尔堪布，一并呈进。嗣后达赖喇嘛例贡之年，并准其随同呈进。”[②]

光绪六年（1880年）十月，清朝廷因帕克巴拉呼图克图诚心向化，赏给三十两重银茶筒一件、各色大缎十二匹、大小哈达各七方，交来员赍回。另外赏锡瓦拉呼图克图等物件一并赍回，其各祗领。[③]

光绪七年（1881年）二月，达赖喇嘛来员堪布青饶隆热侻曲在京病故，光绪帝赏银一百两、哈达一方，治丧银两、哈达均由广储司给发。[④] 同年十一月，光绪帝赏故敏珠勒呼图克图银物有差。[⑤] 光绪十一年（1885年）十月，察木多各呼图克图派员进贡，获赏。[⑥] 光绪十五年（1889年）六月二十九日，驻藏大臣升泰代奏热振呼图克图受赏敕书印信谢恩折。[⑦]

光绪十七年（1891年）九月二十一日，因十二世达赖喇嘛之兄伊喜洛布汪曲因病出缺，驻藏大臣升泰奏陈清朝廷由伊喜洛布汪曲之子济克美朗结承袭其职衔。[⑧] 同年十一月十五日，光绪帝敕谕十三世达赖喇嘛等来员进贡回赏，赏十三世达赖喇嘛之兄公顿柱夺吉大缎六匹；赏十二世达赖喇嘛之兄公噶伦伊喜洛布汪曲大缎六匹；赏扎萨克喇嘛丹增曲坚大缎四匹；赏公朗结策丹大缎六匹；赏扎萨克喇嘛罗布藏协克珠大缎四匹；赏扎萨克喇嘛夷喜曲批大缎四匹；赏霍尔康扎萨克四朗多卜结大缎四匹；赏十世达赖喇嘛之侄彭错汪垫大缎三匹；赏桑柱颇章台吉洛布占堆大缎三

① 《元以来西藏地方与中央政府关系档案史料汇编》第2180—2181页。
② 《清德宗实录》卷一二一，光绪六年十月壬寅。
③ 《清德宗实录》卷一二一，光绪六年十月丙午。
④ 《清德宗实录》卷一二七，光绪七年二月壬戌。
⑤ 《清德宗实录》卷一三九，光绪七年十一月甲午。
⑥ 《清德宗实录》卷二一七，光绪十一年十月辛未。
⑦ 《元以来西藏地方与中央政府关系档案史料汇编》第2188页。
⑧ 《元以来西藏地方与中央政府关系档案史料汇编》第2189页。

匹；赏来员堪布罗布藏曲觉二等雕鞍一副、三十两重银茶筒一件、银执盂一件、缎三十匹、毛青布四百匹、豹皮五张、虎皮三张、獭皮五张；赏跟役喇嘛十八名每名大缎各二匹、毛青布各二十匹；赏跟役俗人一名大缎一匹、毛青布十匹；赏来员囊素降养念扎三等蟒缎一匹、方补缎一匹、大缎一匹、梭布二十四匹；赏跟役喇嘛十二名每名彭缎各一匹、毛青布各十匹。[①] 同年十月二十六日，驻藏大臣恩承等奏遵议酌赏九世班禅之外祖期美汪布公爵职衔。[②]

光绪二十年（1894年）十二月十八日，光绪帝允准台吉拉木结策忍出缺，以其继子仁增白玛汪青承袭职衔。[③] 达赖喇嘛年班遣员进京纳贡，光绪二十一年（1895年）六月初九日，光绪皇帝敕谕赏十三世达赖喇嘛之兄公爵顿柱夺吉大缎三匹；赏十二世达赖喇嘛之亲公爵济克美朗结大缎三匹；赏第穆呼图克图之管家扎萨克喇嘛夷喜饶丹大缎四匹；赏辅国公朗结策丹大缎六匹；赏十一世达赖喇嘛之亲公爵彭错仑珠大缎三匹；赏十世达赖喇嘛之亲头品顶戴彭错汪垫大缎三匹；赏济咙永安寺管家扎萨克喇嘛罗布藏协珠大缎四匹；赏呼征呼图克图管家扎萨克喇嘛罗布藏口巴大缎四匹；赏霍尔康扎萨克四朗多布结大缎三匹；赏头品台吉洛布占堆大缎三匹；赏来员巴雅尔堪布嘉木养曲垫宫用缎十五匹、毛青布五十匹；赏跟役喇嘛等十九名每名宫用缎各一匹、毛青布各十匹。[④] 同年八月，班禅额尔德尼遣员堪布罗布藏荣垫在京病故，光绪帝赏银一百两、哈达一方。[⑤] 光绪二十二年（1896年）四月，班禅额尔德尼之已故来者堪布徒众恳领应得赏件，回藏销差，得到清朝廷允许。[⑥]

九世班禅外祖父期美汪布病故，驻藏大臣文海代向朝廷奏陈请将公爵职衔顶翎转赏其胞弟札喜汪结。光绪二十四年（1898年）十月二十八日，

① 《元以来西藏地方与中央政府关系档案史料汇编》第1876页。

② 《元以来西藏地方与中央政府关系档案史料汇编》第2254页。

③ 《元以来西藏地方与中央政府关系档案史料汇编》第2192页。

④ 《元以来西藏地方与中央政府关系档案史料汇编》第1885页。

⑤ 《清德宗实录》卷三七四，光绪二十一年八月壬午。

⑥ 《清德宗实录》卷三八八，光绪二十二年四月甲戌。

光绪帝允准。光绪二十六年（1900年）三月初七日，光绪帝允准头等台吉洛布占堆出缺，以其弟松簪吉夺承袭，并赏给二品顶戴。①

光绪二十八年（1902年）六月三十日，光绪皇帝敕谕达赖喇嘛年班回藏存问颁赏，赏达赖喇嘛之兄公爵顿柱夺吉大缎六匹；赏十二世达赖喇嘛之侄公爵济克美朗结大缎六匹；赏十一世达赖喇嘛之侄公爵彭错仑珠大缎六匹；赏十世达赖喇嘛之侄头品顶戴彭错汪堆大缎三匹；赏济咙呼图克图之商卓特巴扎萨克喇嘛罗布藏协珠大缎四匹；赏第穆呼图克图之商卓特巴扎萨克喇嘛桑木丹意喜大缎四匹；赏呼征呼图克图之商卓特巴扎萨克喇嘛罗布藏尽巴大缎四匹；赏□□呼图克图之商卓特巴扎萨克喇嘛罗布藏朗结大缎四匹；赏辅国公朗结策丹大缎六匹；赏霍尔康扎萨克四朗多布结大缎四匹；赏头等台吉洛布占堆大缎三匹；赏来者堪布□养森□二等雕鞍一副、三十两重银茶筒一件、银执盂一件、缎三十匹、毛青布四百匹、豹皮五张、虎皮三张、獭皮五张；赏跟役喇嘛十八名每名缎各二匹、毛青布各二十匹；赏跟役俗人一名缎一匹、毛青布十匹；赏来者囊素□藏彭错三等蟒缎一匹、方补缎一匹、大缎一匹、梭布二十四匹；赏跟役喇嘛十二名，每名彭缎各一匹、毛青布各十匹。②

光绪三十二年（1906年）六月十三日，因扎萨克台吉四朗多布结出缺，光绪帝允准四朗多布结之子汪青彭错朗结承袭其职衔。光绪三十三年（1907年）四月初十日，因公爵彭错仑珠出缺，光绪帝允准赏给公爵彭错仑珠之子扎喜夺吉头等台吉③。清朝廷将十三世达赖喇嘛革职，藏中僧俗抗拒清朝廷此举，唯独哲蚌寺僧众始终恭顺守法。宣统二年（1910年）九月十八日，清朝廷颁发"输诚向化"匾额字样，恭制匾额一方，交发哲蚌寺悬挂。④

① 《元以来西藏地方与中央政府关系档案史料汇编》第2194—2197页。

② 《元以来西藏地方与中央政府关系档案史料汇编》第1895—1896页。

③ 《元以来西藏地方与中央政府关系档案史料汇编》第2199—2201页。

④ 《元以来西藏地方与中央政府关系档案史料汇编》第2209页。

六、同治、光绪、宣统时期赏赐噶伦财政支出

光绪十七年（1891年）十一月十五日，光绪皇帝敕谕达赖喇嘛等来员进贡回赏，赏噶布伦伊喜洛布汪曲、策江洛布、拉旺夺结、扎喜达结等四人大缎各七匹。① 光绪二十一年（1895年）六月初九日，光绪皇帝敕谕达赖喇嘛年班纳贡颁赏，赏策汪洛布等四名噶伦每名大缎各七匹。②

十三世达赖喇嘛亲政，策门林府邸负责派遣专员循例进京为光绪皇帝祈福请安并献礼。光绪二十七年（1901年）所差人员回藏，向噶厦政府当面交回赐礼品，赏赐夏札、苏康、雪康、强青等公馆绿金丝缎各一匹，耳边黄缎、绿底花纹缎、红黄缎、蓝缎各一匹，祖札兰缎各两匹、朱红缎各一匹、蓝绫各十四匹、瓷盘各一只、荷包各一对。赏集中处理当时西藏事务之夏札、苏康、宇妥等公馆四相黄缎各一匹、内库黄缎各一匹、祖札蓝缎各一匹、祖札紫缎各一匹、兰绫各四匹；赏布达拉宫五位卓尼、孜仲蓝绫各三匹、蓝玻璃盅各一只；赏诸噶学赠祖札蓝缎一匹、蓝绫两匹；赏噶厦四位收发蓝绫各一匹；赏房管员祖札蓝缎一匹；赏秘书、厨师、清扫工等祖札朱红缎一匹、蓝绫一匹；赏诸噶厦通事祖札朱红缎一匹、蓝绫一匹；赏厨师、房管员、清扫工等蓝、红绫两匹；赏新增秘书绫两匹。赏其余人员朱红金丝缎一匹、四相紫缎两匹、绿底花纹金丝缎两匹、耳边朱红缎一匹、方纹白缎两匹、绿底花纹缎两匹、黄缎一匹、蓝缎一匹、红黄缎一匹、朱红祖札缎两匹，交噶厦。③ 光绪二十八年（1902年）六月三十日，光绪皇帝敕谕达赖喇嘛年班回藏存问颁赏，赏四名噶伦四人大缎各七匹。④

---

① 《元以来西藏地方与中央政府关系档案史料汇编》第1876页。

② 《元以来西藏地方与中央政府关系档案史料汇编》第1885页。

③ 《元以来西藏地方与中央政府关系档案史料汇编》第1891页。

④ 《元以来西藏地方与中央政府关系档案史料汇编》第1895页。

第三节　同治、光绪、宣统时期治理西藏地方军事财政支出

同治、光绪、宣统时期，清朝廷治理西藏地方军事政策主要还是延续前朝的相关政策。同治时期相关军事政策基本没有变动，光绪时期关于驻藏清军的饷银有所调整，宣统三年（1911年）清朝廷对驻藏清军准备裁撤，其后清朝覆亡。同治、光绪、宣统时期，清朝治理西藏军事财政支出主要包括驻藏清军官兵、西藏地方喇嘛与廓尔喀商人冲突案、英国入侵西藏战争、川军入藏等方面。

一、同治、光绪、宣统时期驻藏清军财政支出

同治时期，清朝延续前朝政策，即应支兵丁四百五十五名每月饷银，共二千二百二十九两五钱，共一百三十三万七千七百两。每年约需用银一千八百余两为驻藏清军购买粮食，同治在位十三年，共支付驻藏清军口粮银二万三千四百余两。每年由川省向西藏提供火药约三千斤，同治在位十三年，共支付火药三万九千余斤。同治十一年（1872年）清朝廷规定驻藏官兵饷银项每年拨银六万两应用[①]，截至同治十三年（1874年）共拨银十八万两。

光绪时期，清朝廷延续同治时期政策，驻藏官兵饷银项每年拨银六万两。在光绪八年（1882年）四川总督丁宝祯奏明，希望自光绪八年起改为三年拨银十三万两给驻西藏清军，如有不敷，即照原案酌拨。但清朝廷

① 《清德宗实录》卷一四四，光绪八年三月己亥。

考虑到西藏饷需关系紧要，每年仍行筹解银六万两，以应要需。① 光绪在位三十四年，四川为驻藏清军拨解饷银二百零四万两，共支付火药十万零两千斤。

宣统时期，由于清末新政，宣统时期驻藏绿营官弁制兵共计一千余名，系由川省委派粮员，经理饷项，每年通计领饷银九万三千两。② 截至清朝灭亡，宣统时期四川为驻藏清军拨解饷银二十七万九千两，共支付火药九千余斤。

二、光绪年间西藏地方喇嘛与廓尔喀商人冲突案财政支出

前藏地方每年于正月初起，三月初止，商上僧俗番官头目人等，均于大、小昭寺内熬茶布施，讽经祈福。是时各寺院喇嘛以及外来瞻礼僧俗，云集前藏，不下数万，良莠不齐，向由商上拣派正副铁棒喇嘛二人管辖，以资约束；当攒招期内，一切事宜，统归铁棒喇嘛管理，番官等不得参与过问，此系藏中向来定章，相沿已久。光绪九年（1883年）三月初一日，攒招将毕，适有喇嘛数人，与廓尔喀商民因购买货物致滋口角，经铁棒喇嘛前往弹压，尚未了息。时值昏夜，正在开导间，忽有喇嘛多人闻风而至，附和滋事，有将廓尔喀商民住屋门窗击毁者，有乘间攘夺该廓尔喀商民财物。驻藏大臣色楞额闻信，立即传谕掌办商上事务通善济咙呼图克图等，迅往弹压解散，勿令酿成巨端，其滋事僧众，始行陆续星散。查验廓尔喀商民，幸无伤损，惟货财多有失遗。

咸丰年间，中尼战争调停的条约规定："廓尔喀商人百姓财物被唐古特百姓抢劫者，唐古特之官查明，将财物退还廓尔喀失主；如行劫之人将财物一时不能归结者，唐古特之官勒限退还。"③ 驻藏大臣色楞额与廓尔喀头目反复协商，廓尔喀在拉萨多家商民被抢劫，须偿银

① 《清德宗实录》卷一四四，光绪八年三月己亥。

② 《宣统政纪》卷五〇，宣统三年三月丙午。

③ 《元以来西藏地方与中央政府关系档案史料汇编》第1097页。

十八万三千四百一十六两一钱。关于赔偿银两，商上认筹和达赖喇嘛等报捐银及能够折抵货物之银，共有十一万五千八百三十六两一钱七分，尚不敷银六万七千五百七十九两九钱三分，藏中无力再筹，光绪帝令由四川先行筹拨银八万两解藏。尚不敷银六万七千五百七十九两九钱三分，当于八万两内照数提取，其余银一万二千四百二十两零七分，发交西藏粮库存储，作为藏饷，由川省于光绪十二年（1886年）分藏饷内照数扣收，以归简易。至垫发商上银六万七千五百七十九两九钱三分，令藏中分年归还。①

三、英国入侵西藏战争清廷财政支出

近代，英国在南亚通过军事征服以及经济贿赂收买等方式先后将哲孟雄（今锡金）、克什米尔、不丹等发展为英属国，纳入其殖民势力范围。随着英印在南亚加快侵略步伐，到十九世纪八十年代开始将侵略矛头指向西藏，英印先是在大吉岭（今属印度）设立军事基地，西藏地方政府派兵在隆吐山（今锡金龙头山）设卡护卫。英军对藏军护卫之举动表示不满，无理要求限期撤卡，被藏军拒绝后，于光绪十四年（1888年）向隆吐山发起进攻。西藏地方政府调动军民给以反击，但是清朝廷却再三命令驻藏大臣阻止藏军反击。藏军陈旧的军事装备和落后的战斗技法，以及清朝廷不抵抗政策，导致西藏地方第一次抗英战争失败。

在西藏地方军民抗击英国入侵第一次战争中，清朝廷采取完全不抵抗政策，阻扰西藏地方政府出兵反击，因此此次战争过程中清朝廷几乎没有投入财政支出。战争失败后，驻藏大臣奎焕与委员何长荣驰往大吉岭会商画押，所有经过沿途住宿处所以及柴草等项，柴草价值、看房人夫，由驻藏大臣分别给资。另外，大吉岭地方觅房不易，需要租公馆一所，画押事毕，驻藏大臣自当按日给以房租。②

① 《元以来西藏地方与中央政府关系档案史料汇编》第1102页。

② 《元以来西藏地方与中央政府关系档案史料汇编》第1256页。

光绪三十年（1904年），英驻印度部队再次入侵西藏，西藏地方政府和十三世达赖喇嘛组织兵民顽强抵抗，而此时清朝廷对于西藏兵民顽强抵抗英军队做法持反对政策，命令驻藏大臣极力设法阻止，当然也不会投入财政支出。

四、宣统时期川军入藏财政支出

清朝末期，帝国主义列强掀起了瓜分中国的狂潮，清朝辽阔的边疆被帝国主义列强蚕食。英军一直对西藏蠢蠢欲动，于光绪十四年（1888年）至光绪三十年（1904年）直接发动两次入侵西藏的战争，并签订了损害中国西藏主权和中国领土完整的条约。此时沙俄也对西藏虎视眈眈，打着各种旗号派遣人员进入西藏考察地理地貌，暗地里绕开清朝廷和驻藏大臣私自接触十三世达赖喇嘛和噶厦政府官员等。英俄帝国染指西藏，这使清朝廷产生迫在眉睫的危机感，如果清朝廷丧失了西藏地方主权，那么基本上就丢失了西南地区的大好河山。为了维护主权，保证领土完整，时任四川总督丁宝桢针对当时西南局势实际状况，提出保川固藏的方案。驻藏大臣文硕首先提出“在藏练兵，派兵入藏”的举措，但正值光绪初期，此举措没有被朝廷采纳。随后驻藏大臣张荫棠在查办藏事，改革藏政过程中多次提到“编练新军、派川军入藏”举措，驻藏大臣则把“编练新军、派川军入藏”的举措变为现实。

光绪三十四年（1908年）四月，光绪皇帝谕令：“召川兵三营，派员统带，以备随同进藏之用。此项军队将来出关，茹苦含辛，请仿陆军部章程，所有薪饷一切概从优给，以慰军心。”① 宣统元年（1909年）六月二十一日，知府钟颖统领川军自成都拔队西进入藏，入藏川军在川省地界内所需薪粮刍草、驮运牲畜等，由边务大臣赵尔丰派员照料供给。进入西藏地界内入藏川军所需则由三十九族预备乌拉柴草，以供军用，传集土

① 《清德宗实录》卷五八九，光绪三十四年四月戊午。

兵，以供调遣。联豫奏川军进藏情形并请奖叙在事人员折中提到："此次川军西来，跋山越岭，艰险备尝，且战且前，再接再厉。将弁则调度有方，咸知仰体德意；兵士则忠勇奋发，且能恪守营规；即奴才卫队、营兵等，戒严数月，毫无懈志，幸免疏虞，皆不无微劳足录，合无仰恳天恩，准将在事出力人员由奴才择尤保奖，兵丁每名酌赏一月钱粮，以昭激劝。其布赉绷寺，拟恳赏给匾额一方，以资观感，出自逾格鸿施。"清朝廷谕："准其择尤酌保，余着照所请，各该衙门知道。"①

第四节 同治、光绪、宣统时期驻藏大臣财政支出

同治、光绪、宣统时期，清朝廷关于驻藏大臣的管理制度主要还是延续前朝，遵循《钦定藏内善后章程二十九条》的相关规定。受世界局势和西藏地方实际情况的影响，宣统二年（1910年）十二月驻藏大臣联豫向朝廷奏陈利弊，请求改制。宣统三年（1911年）二月，清朝廷决定同意驻藏办事大臣联豫所奏，裁帮办大臣一缺，改设左参赞一员，右参赞一员。②同年三月，将驻藏帮办大臣一缺，改设左、右参赞两缺，罗长椅补授驻藏左参赞；钱锡宝补授驻藏右参赞。但实施还未到一年，清朝统治被推翻。此时期清朝对驻藏大臣的财政支出依旧遵循旧例。

① 《元以来西藏地方与中央政府关系档案史料汇编》第1606页。

② 《宣统政纪》卷四九，宣统三年二月丙戌。

一、同治、光绪、宣统时期驻藏大臣俸禄、奖赏、病故等财政支出

表7-1　同治、光绪、宣统时期驻藏大臣任职时间[①]

姓名	任职期间	备注（实际任职时间）
景纹	同治四年八月十九日才抵藏，八年四月十九日离藏返京。（1865年10月3日—1869年5月23日）	实际任职时间三年八个月
瑞昌	同治五年二月丁酉至同治六年三月己卯（1866年3月23日—1867年4月29日）	实际任职时间一年一个月
恩麟	同治六年三月己卯至十一年七月戊戌（1867年4月29日—1868年8月5日）	同治七年八月仍未到川去西藏赴任，同治八年四月初七日抵藏，十二年七月十二日离藏返京，实际任职时间四年三个月
德泰	同治七年六月癸亥至十一年十二月癸亥（1868年8月5日—1873年1月11日）	同治八年七月十六日抵藏，实际任职时间三年五个月
承继	同治十一年七月己亥至十三年九月壬寅（1872年8月20日—1874年10月12日）	同治十二年七月初十日抵藏，十三年七月初四日寅时因病出缺实际任职时间近一年
希凯	同治十一年十二月甲子至光绪二年四月甲戌（1873年1月12日—1876年5月6日）	同治十三年五月十九日抵藏，实际任职时间一年十一个月
松溎	同治十三年九月壬寅至光绪五年十一月庚午（1874年10月12日—1879年12月13日）	光绪元年十二月初二日抵藏，六年四月二十八日到川，实际任职时间四年四个月
桂丰	光绪二年四月甲戌至光绪四年十月丁亥（1876年5月6日—1878年11月5日）	实际任职时间两年六个月

① 根据吴丰培、曾国庆:《清朝驻藏大臣制度的建立与沿革》，中国藏学出版社1989年版整理。

续表

姓名	任职期间	备注（实际任职时间）
锡缜	光绪四年十月丁亥至五年二月辛丑（1878年11月5日—1879年3月19日）	实际任职时间四个余月
色楞额	光绪五年二月壬寅至十一年十一月丙辰（1879年3月20日—1885年12月27日）	光绪五年八月十八日抵藏，实际任职时间五年九个余月
维庆	光绪五年十一月庚午至八年正月丁酉（1879年12月13日—1832年2月27日）	光绪六年五月十一日由川赴藏，六年九月初一日抵藏，实际任职时间近一年五个月
鄂礼	光绪八年正月丁酉至八年三月庚戌（1882年2月27日—1882年5月11日）	实际任职时间两个半月
崇钢	光绪八年三月庚戌至十二年五月丁酉（1882年5月11日—1886年6月6日）	实际任职时间近四年
文硕	光绪十一年十一月丙辰至十四年正月癸酉（1885年12月27日—1888年3月3日）	光绪十三年四月仍未到任，光绪十四年六月五日离藏返京，实际任职时间约一年
尚贤	光绪十二年五月庚子至十二年十月已卯（1886年6月9日—1886年11月15日）	实际任职时间五个月
升泰	光绪十二年十月已卯至十六年五月丙子（1886年11月15日—1890年6月24日）	光绪十四年五月二十六日抵藏，实际任职时间约两年
长庚	光绪十四年正月癸酉至十六年五月乙亥（1888年3月3日—1890年6月23日）	光绪十四年七月初二日由伊犁赴藏，实际任职时间一年十个月
升泰	光绪十六年五月丙子至十八年八月丙寅（1890年6月24日—1892年10月1日）	实际任职时间两年三个余月
绍諴	光绪十六年五月丙子至十七年二月丙午（1890年6月24日—1891年3月21日）	实际任职时间近九个月

续表

姓名	任职期间	备注（实际任职时间）
奎焕	光绪十七年二月丙午至二十二年二月壬申（1891年3月21日—1896年3月20日）	光绪十七年十二月到任光绪二十三年三月十三日交卸，四月十一日启程回京，实际任职时间近五年三个月
延茂	光绪十八年九月甲辰至二十年四月戊辰（1892年11月8日—1894年5月26日）	实际任职时间一年六个半月
讷钦	光绪二十年五月戊子至二十四年七月壬申（1894年6月15日—1898年9月6日）	光绪二十一年十月抵藏，二十四年九月二十六日离藏返京，实际任职时间近三年
文海	光绪二十二年二月乙亥至二十六年三月庚戌（1896年3月23日—1900年4月7日）	光绪二十二年十一月二十九日行至拉里接准讷钦二十六年二月在王卡塘出缺，实际任职时间三年三个月
裕钢	光绪二十四年七月甲戌至二十六年九月甲戌（1898年9月8日—1900年10月28日）	光绪二十五年六月初三日抵藏，实际任职时间一年三个月
庆善	光绪二十六年三月甲寅至二十六年八月（1900年4月11日—1900年8月）	光绪二十六年八月十一日卯时行至昂地行寓因病出缺，实际任职时间无
裕钢	光绪二十六年九月甲戌至二十八年十一月己未（1900年10月28日—1902年12月2日）	光绪二十六年十一月十七日接任，二十九年十二月二十六日交卸，实际任职时间三年一个月
安成	光绪二十六年九月乙亥至二十八年十一月壬午（1900年10月29日—1902年12月25日）	光绪二十七年七月初六日到藏，二十九年四月初六日因病离藏，实际任职时间一年九个月
有泰	光绪二十八年十一月己未至三十二年十月癸未（1902年12月2日—1906年12月5日）	光绪二十九年十二月二十四日抵藏，二十六日接任，实际任职时间两年十个月
讷钦	光绪二十八年十一月壬午至二十九年正月甲戌（1902年12月25日—1903年2月15日）	实际任职时间一个半月
桂霖	光绪二十九年正月辛巳至三十年四月乙卯（1903年2月22日—1904年5月21日）	光绪二十九年五月十七日抵川，实际任职时间约九个月

续表

姓名	任职期间	备注（实际任职时间）
凤全	光绪三十年四月乙卯至三十一年三月甲戌（1904年5月21日—1905年4月5日）	实际任职时间十一个半月
联豫	光绪三十一年三月壬辰至民国元年六月（1905年4月23日—1912年）	光绪三十二年七月二十二日抵藏，民国元年六月出藏返京，清朝时期实际任职时间四年五个月
张荫棠	光绪三十二年十月癸未至三十四年三月（1906年12月5日—1908年）	光绪三十二年四月癸卯查办藏事，八月已在藏办事，实际任职时间约一年四个月
赵尔丰	光绪三十四年二月庚申至宣统三年三月辛酉（1908年3月6日—1911年4月21日）	实际任职时间三年一个月
温宗尧	光绪三十四年六月己卯至宣统二年正月壬戌（1908年7月23日—1910年2月26日）	实际任职时间一年七个月

（一）同治、光绪、宣统时期驻藏大臣俸禄财政开支

同治、光绪、宣统时期，清朝廷共派遣三十三位驻藏大臣、帮办大臣驻藏。他们当中有的人是任职时间超过朝廷原定期限，有的是任职没有届满因朝廷需要提前离开，有的是因为自身身体不适应高原气候患病提前离藏甚至于路途去世。按照清朝廷原谕任免期，前后任驻藏大臣接续时间是不间断的，但实际情况上部分前后任驻藏大臣中间接续时间出现短暂中断。同治、光绪、宣统时期，驻藏大臣所有实际任职时间为七十六年零三个月。驻藏大臣联豫在驻藏奏稿中提到，“从前西藏设立驻藏大臣两员，每年每员各支公费银六千两，由四川藩库支发”[①]。依此计算，同治、光绪、宣统时期清朝廷支付驻藏大臣俸禄银共计约为四十五万七千五百两。

① 《联豫驻藏奏稿》第68页。

（二）同治、光绪、宣统时期驻藏大臣奖赏

驻藏大臣景纹于同治四年（1865年）八月十九日抵藏，驻藏帮办大臣恩庆转赏交给景纹福字、荷包、银锞、莲子等物。[①] 同治五年（1866年）二月，同治帝赏已革山西按察使瑞昌三等侍卫，为驻藏帮办大臣。[②] 同治六年（1867年）三月，驻藏帮办大臣瑞昌因病解职，同治帝赏前任甘肃布政使恩麟三等侍卫，为驻藏帮办大臣。[③] 同治七年（1868年）六月，同治帝赏驻藏帮办大臣恩麟副都统衔，为驻藏办事大臣。以副都统衔正红旗汉军参领德泰为驻藏帮办大臣。[④] 驻藏大臣德泰于同治八年（1869年）七月十六日抵藏，十八日接任。前驻藏大臣恩麟将先前蒙恩所赏荷包、银锞、银钱、食物等项，赍送于德泰。[⑤] 同治十一年（1872年）七月，同治帝赏通政使司副使承继副都统衔，为驻藏办事大臣。[⑥] 同年十二月，同治帝赏前任驻藏大臣恩麟副都统衔，俟驻藏大臣承继到任后，恩麟护送哲布尊丹巴之呼毕勒罕前赴库伦，再行回京。[⑦] 驻藏办事大臣承继于同治十二年（1873年）七月初十日行抵西藏，十二日前驻藏大臣恩麟将钦差大臣关防、奏事报匣、文卷等项并所恩赏福字、荷包、银锞、银钱、莲子等物，一并赍送于承继。[⑧] 同治十三年（1874年）九月，同治帝赏内阁学士松溎副都统衔，为驻藏办事大臣。[⑨]

光绪二年（1876年）四月，驻藏帮办大臣希凯因病乞休，光绪帝赏镇国公桂丰副都统衔，充驻藏帮办大臣。[⑩] 光绪四年（1878年）十月，光

① 《元以来西藏地方与中央政府关系档案史料汇编》第1654页。
② 《清穆宗实录》卷一六八，同治五年二月丁酉。
③ 《清穆宗实录》卷一九九，同治六年三月己卯。
④ 《清穆宗实录》卷二三六，同治七年六月癸亥。
⑤ 《元以来西藏地方与中央政府关系档案史料汇编》第1656页。
⑥ 《清穆宗实录》卷三三七，同治十一年七月己亥。
⑦ 《清穆宗实录》卷三四六，同治十一年十二月癸亥。
⑧ 《元以来西藏地方与中央政府关系档案史料汇编》第1657页。
⑨ 《清穆宗实录》卷三七一，同治十三年九月壬寅。
⑩ 《清德宗实录》卷二九，光绪二年四月甲戌。

绪帝命驻藏帮办大臣桂丰来京，赏内阁侍读学士锡缜副都统衔，为驻藏帮办大臣，未到任前，以驻藏办事大臣松溎暂署。[①] 光绪五年（1879年）十一月，光绪帝命驻藏办事大臣松溎来京，以色楞额为驻藏办事大臣，赏成都副都统维庆副都统衔，为驻藏帮办大臣。[②] 驻藏大臣色楞额抵藏后，前任驻藏大臣松溎于光绪六年（1880年）二月初三日派员将驻藏办事大臣关防一颗、报匣、文案卷宗并藏署《钦定廓尔喀纪略》四部、总理各国事务衙门咨行各国条约公函文件等项，一并赍送于色楞额。[③] 驻藏帮办大臣维庆于同年九月初一日驰抵西藏，色楞额将先前蒙恩赏荷包、银锞、银钱等物，派员赍送于维庆。[④] 光绪八年（1882年）三月，光绪帝赏四川成绵龙茂道崇纲副都统衔，为驻藏帮办大臣。[⑤] 光绪十一年（1885年）十一月，光绪帝赏内阁学士文硕副都统衔，为驻藏办事大臣。[⑥] 驻藏大臣长庚于光绪十六年（1890年）正月初二日行至硕板多地方，光绪帝允准驻藏帮办大臣升泰派员将钦差大臣关防一颗、奏事报匣、文卷等项，并恩赏福字、荷包、银锞、银钱、莲子等物，一并赍送于长庚。[⑦] 同年五月，光绪帝以驻藏帮办大臣升泰为驻藏办事大臣，赏前山西布政使绍诚副都统衔，为驻藏帮办大臣。[⑧] 光绪十七年（1891年）二月，光绪帝赏记名副都统奎焕副都统衔，为驻藏帮办大臣。[⑨] 光绪十八年（1892年）九月，光绪帝以驻藏帮办大臣奎焕为驻藏办事大臣，赏大理寺少卿延茂副都统衔，为驻藏帮办大臣。[⑩] 光绪二十二年（1896年）二月，光绪帝简放文海为驻藏办事

① 《清德宗实录》卷七九，光绪四年十月丁亥。

② 《清德宗实录》卷一〇三，光绪五年十一月庚午。

③ 《元以来西藏地方与中央政府关系档案史料汇编》第1660页。

④ 《元以来西藏地方与中央政府关系档案史料汇编》第1661页。

⑤ 《清德宗实录》卷一四四，光绪八年三月庚戌。

⑥ 《清德宗实录》卷二二〇，光绪十一年十一月丙辰。

⑦ 《元以来西藏地方与中央政府关系档案史料汇编》第1662页。

⑧ 《清德宗实录》卷二八五，光绪十六年五月丙子。

⑨ 《清德宗实录》卷二九四，光绪十七年二月丙午。

⑩ 《清德宗实录》卷三四二，光绪十八年九月甲辰。

大臣，并赏副都统衔。① 光绪二十三年（1897年）二月，清朝廷拣派雅州府知府裕钢，入藏随同驻藏帮办大臣宣示谕旨，并筹给赏需银两。② 光绪二十四年（1898年）七月，光绪帝赏四川雅州府知府裕钢副都统衔，为驻藏帮办大臣。③ 驻藏大臣裕钢于光绪二十五年（1899年）六月初二日抵藏，初三日接事。前驻藏大臣文海差员谨将年底蒙恩受赏荷包、银锞、银钱、食物等项赍于裕钢④。光绪二十六年（1900年）三月，光绪帝赏四川候补道庆善副都统衔，为驻藏办事大臣。⑤ 同年九月，光绪帝赏四川候补道安成副都统衔，为驻藏帮办大臣。⑥ 光绪二十八年（1902年）十一月，驻藏帮办大臣安成，因病解职，光绪帝赏革职前盛京副都统讷钦三品顶戴，为驻藏帮办大臣。⑦ 驻藏大臣有泰于光绪二十九年（1903年）十二月二十四日驰抵西藏。二十六日，前任办事大臣裕钢派员将驻藏办事大臣关防一颗赍送于有泰。⑧ 光绪三十年（1904年）四月，驻藏帮办大臣桂霖以目疾解职，光绪帝赏四川候补道凤全副都统衔，为驻藏帮办大臣。⑨ 光绪三十一年（1905年）三月，光绪帝赏四川雅州府知府联豫副都统衔，为驻藏帮办大臣，迅速赴任。⑩ 光绪三十二年（1906年）四月，光绪帝命直隶特用道张荫棠以五品京堂候补，前往西藏查办事件。⑪ 驻藏大臣联豫于同年七月二十二日行抵西藏，并谨领先前蒙恩所赏荷包、银锞、银钱、食物等件。⑫ 同年十月，光绪帝命驻藏办事大臣有泰来京当差，以帮办大臣

① 《清德宗实录》卷三八五，光绪二十二年二月乙亥。

② 《清德宗实录》卷四〇一，光绪二十三年二月己卯。

③ 《清德宗实录》卷四二五，光绪二十四年七月甲戌。

④ 《元以来西藏地方与中央政府关系档案史料汇编》第1664页。

⑤ 《清德宗实录》卷四六一，光绪二十六年三月甲寅。

⑥ 《清德宗实录》卷四七二，光绪二十六年九月乙亥。

⑦ 《清德宗实录》卷五〇八，光绪二十八年十一月壬午。

⑧ 《元以来西藏地方与中央政府关系档案史料汇编》第1668页。

⑨ 《清德宗实录》卷五二九，光绪三十年四月乙卯。

⑩ 《清德宗实录》卷五四三，光绪三十一年三月壬辰。

⑪ 《清德宗实录》卷五五八，光绪三十二年四月癸卯。

⑫ 《元以来西藏地方与中央政府关系档案史料汇编》第1671页。

联豫为办事大臣；赏候补五品京堂张荫棠副都统衔，为驻藏帮办大臣。[①]光绪三十四年（1908年）二月，光绪帝赏川滇边务大臣赵尔丰尚书衔，为驻藏办事大臣，仍兼边务大臣。[②]同年六月，光绪帝赏江苏候补道温宗尧副都统衔，为驻藏帮办大臣。[③]宣统元年（1909年）七月，清朝廷赏道员钱锡宝头等侍卫，为驻藏参赞。[④]

（三）同治、光绪、宣统时期驻藏大臣病故支出

驻藏帮办大臣恩庆驻藏六年，因水土恶劣，每至春冬时倍觉气喘，于同治四年（1865年）十二月初九日，病势转剧，是夜子时，痰壅气喘，精神耗散，旋即因病去世。驻藏大臣景纹查照例案，在西藏粮库内动支恩赏移榇银三百两，交恩庆之子瑞麟承领，料理扶榇回旗，并照例拣派弁兵护送。其由川赴京应行照料之处，移咨四川督臣办理外，所有遗折一合代为恭进。[⑤]光绪二十六年（1900年）九月，新任驻藏大臣庆善在途中病故，由于没有实际抵藏接任驻藏大臣，所以没有抚恤银两记录。

二、同治、光绪、宣统时期驻藏大臣亲自巡查边境财政支出

同治、光绪、宣统时期，驻藏大臣的权利职责中需要清朝廷承担财政支出的，主要是驻藏大臣每年应亲身巡查边境之费用。

同治帝在位十三年，光绪帝在位三十四年，宣统帝在位三年，共计五十年。驻藏大臣按例每年在春、秋两季轮流前往后藏巡查边界，顺便操演番兵，每次往返须两个多月。但清朝晚期，特别是光绪后期至宣统时期，驻藏大臣大都玩忽职守，以及西藏地方局势复杂化，每年在春、秋两

① 《清德宗实录》卷五六五，光绪三十二年十月癸未。

② 《清德宗实录》卷五八七，光绪三十四年二月庚申。

③ 《清德宗实录》卷五九三，光绪三十四年六月己卯。

④ 《宣统政纪》卷一七，宣统元年七月庚戌。

⑤ 《元以来西藏地方与中央政府关系档案史料汇编》第1654页。

季驻藏大臣轮流前往后藏巡查边界、操演番兵很多时候是难以完成的。即便完成，按成例，驻藏大臣所用乌拉、人夫，俱令自行给予价值，不得扰累番民，以示体恤。

三、同治、光绪、宣统时期驻藏大臣在藏随员财政开支

（一）驻藏大臣衙门及文武各员酌定听差兵丁数目

查西藏戍兵原因镇守地方而设，若大臣官员等多挑兵丁使唤应差，必致操演乏人，殊属不成事体。此等应差兵丁原无定数，乾隆五十四年鄂辉等筹议善后章程时，酌定名数，以示限制。

今将各处应差兵丁，复遵旨再加裁减，庶在藏兵丁皆归实用，不致有名无实。应请嗣后驻藏大臣衙门应差兵丁，每人三十名；游击八名、都司六名、守备二员，每员四名；驻藏司员四名；笔帖式二名，千总、把总每员一名；前藏粮员，酌定看库兵丁八名；其新设之前后藏文员，毋庸给与兵丁。统计应差兵丁，不过百余名而止。每遇操演日期，仍着一体操演，毋许借口应差，致有旷废。如此则边地营伍制度愈昭整肃矣。①

（二）驻藏大臣衙门及文武各员等饷银

一、理藩院司员一员，管理达木蒙古八旗官兵、三十九族番民事务，承办驻藏大臣衙门清字档案，三年更换。

……

二、理藩院笔帖式一员，专司驻藏大臣衙门文移翻清译汉，三年更换。

三、前藏服务一员，管理仓库粮饷，承办驻藏大臣委审案件，三年更换。

四、应支驻藏大臣两衙门每月丰折加增及通译口粮，共银四百四十三

---

① 《清朝治藏典章研究》第314页。

两零，又应支司员笔帖式二员每月丰折、通事口粮，共银八十五两九钱零，又应支前藏粮务一员每月折色月费及通译口粮，共银一百三十六两八钱零，又应支副粮务一员每月折色月费及通译口粮，共银七十一两三钱，又应支游击一员每月折色盐菜及通事口粮，共银四十二两一钱零，又应支守备一员每月折色盐菜，共银三十两四钱零，又应支千总二员每月折色盐菜，共银三十六两八钱，又应支把总二员每月折色盐菜，共银三十四两四钱，又应支外委五员每月折色盐菜，共银四十四两五钱，又应支兵丁四百五十五名每月饷银，共二千二百二十九两五钱，又应支仓夫六名每月口粮，共银十七两六钱。

五、应支关帝庙春秋祭祀银十六两，又达赖喇嘛每年领恩赏银一千两，俱年终造报。

六、前藏仓额贮青稞二千七百石，小麦三百石，共三千石。

七、后藏江孜、定日分驻官兵二百零八员名，每年共应发月费口粮等项银一万二千两。

八、副粮务一员，专司监造银钱，一年更换。

九、后藏粮务一员，专司监放番兵口粮及驻藏大臣委查事务，三年更换。

十、拉里粮务一员，管理支放兵饷，承办该处委审案件，三年更换。

十一、拉里各塘汛弁兵三年共需月费口粮银三万六千两零。

十二、拉里仓额贮稞麦一千二百石。

十三、察木多粮务一员，管理支放兵饷，承办该处委审案件，三年更换。

十四、察木多暨所属各塘汛官兵三年共需月费口粮银三万四千七百两零。

十五、察木多仓额贮稞麦一千二百石。①

同治帝在位十三年，光绪帝在位三十四年，宣统帝在位三年，共计

① 《卫藏通志》卷一二。

五十年。其间清朝廷应支付驻藏大臣衙门丰折加增及通译口粮，共银二十六万五千八百两。应支司员笔帖式二员每月丰折、通事口粮，共银五万一千五百四十两。应支前藏粮务一员折色月费及通译口粮，共银八万零八十两。应支副粮务一员折色月费及通译口粮，共银四万二千七百八十两。应支游击一员折色盐菜及通事口粮，共银二万五千二百六十两。应支守备一员折色盐菜，共银一万八千二百四十两。应支千总二员折色盐菜，共银两万两千零八十两。应支把总二员折色盐菜，共银两万零六百四十两。应支外委五员折色盐菜，共银两万六千七百两。应支兵丁四百五十五名饷银，共一百三十三万七千七百两。又应支仓夫六名每月口粮，共银一万零五百六十两。支关帝庙春秋祭祀银共八百两。支付达赖喇嘛恩赏银共计五万两。

第五节　十三世达赖喇嘛在内地的财政支出

光绪年间，英帝国主义列强先后两次发动入侵西藏战争，每一次战争十三世达赖喇嘛和噶厦政府都无视清朝廷的不抵抗政策，组织西藏地方军民积极抵抗。十三世达赖喇嘛抗英态度非常坚决，他拒绝与来藏的英国使者见面，甚至不允许他们入藏。英人却探知十三世达赖喇嘛在拉萨与俄国派遣的使臣来往密切，甚至身边近侍之一德尔智就是俄属蒙古人。在英俄角逐入侵西藏之际，十三世达赖喇嘛向俄国示好，这是英国人无法接受的，因此英驻印度部队第二次入侵西藏。英驻印度部队进入拉萨前夕，在驻藏大臣和清朝廷不知情的情况下，十三世达赖喇嘛被迫带着大堪布和侍卫等人取道哈拉乌苏前赴蒙古库伦，英驻印度部队进入拉萨后，驻藏大臣有泰在英军威逼之下被迫签订了拉萨协定。

清朝廷不希望达赖喇嘛私自与俄国接触，另外达赖喇嘛作为藏传佛教格鲁派宗教领袖之一，在蒙藏地区具有广泛的影响力。因此，为了维护主权，以安众心，以固西北之屏蔽，清朝廷在达赖喇嘛驻锡库伦期间一直派遣官员劝说其返藏，并且派遣官员前往照料，提供一切供应。十三世达赖喇嘛发现无法将希望寄托于俄国，最后听从清朝廷建议返藏。此时清朝为了能够顺利在西藏地方实行新政，保证四川藏区实行改土归流，就以修养名义，让十三世达赖喇嘛驻锡塔尔寺。在塔尔寺时，十三世达赖喇嘛向清朝廷提出入京朝觐，获得清朝廷允准。十三世达赖喇嘛从西宁动身进京，途经陕甘、山西，并在五台山朝礼，在京城驻锡八十四天，于光绪三十四年（1908年）十一月二十八日离京返藏，宣统元年（1909年）十一月初九日回至拉萨。十三世达赖喇嘛出走内地至库伦，驻藏大臣和清朝廷不知情，所以清朝廷只承担了十三世达赖喇嘛僧众驻锡库伦、进京朝觐，由库伦至西宁至京城，由京城返藏的财政支出。

一、十三世达赖喇嘛驻锡库伦期间财政支出

英帝国主义列强第二次侵略西藏，十三世达赖喇嘛被迫出走库伦。十三世达赖喇嘛一行僧众于光绪三十年（1904年）九月二十进入喀尔喀地区，后抵达库伦。清朝廷获知达赖喇嘛抵达库伦，所有一切供应，均经库伦办事大臣德麟等派委司员，妥为预备，并派员逐日照料，德麟不时亦复亲查。达赖喇嘛驻锡库伦期间一切供应由库伦办事大臣德麟到朝廷核实造报。[①] 后因库伦办事大臣德麟与八世哲布尊丹巴关系不睦，清朝廷派遣延祉前往库伦接任办事大臣，迎护达赖喇嘛，延祉未到任以前，仍着德麟妥为照料。延祉到达库伦后，即将蟒袍料钦遵懿旨做成皮袍，同缎八卷、银六千两，于十一月初六日赍交达赖喇嘛。[②]

---

① 中国第一历史档案馆、中国藏学研究中心编《清末十三世达赖喇嘛档案史料选编》，中国藏学出版社2002年版，第78页。

② 《清末十三世达赖喇嘛档案史料选编》第85页。

由于藏传佛教格鲁派在西北及北方蒙古地区具有广泛的影响力和号召力，因此宗教领袖十三世达赖喇嘛对于清朝廷卫番蒙以固西北之屏蔽起到举足轻重的作用。另外，清朝廷也很清楚达赖喇嘛与俄国交好，且在库伦达赖有前往俄国之意图。清朝廷于光绪三十年（1904年）十一月初十日谕军机大臣着准达赖在库伦过冬，第二年春天前赴西宁。而达赖喇嘛没有从俄国获得军事援助，光绪三十一年（1905年）八月十七日终于由库伦启程，从西路回藏。

二、十三世达赖喇嘛由库伦至京城到返藏途中财政支出

十三世达赖喇嘛一行僧众决定离开库伦返藏，库伦办事大臣延祉等行知五处，妥为预备台站、驼马、乌拉、毡房、食羊等项，并传库伦印务处蒙古五品官车林彭楚克等沿途妥为护送。[①] 护送达赖喇嘛预备沿途应用各款，延祉由库伦统捐总局正款项下提市平银二千两，实际用银：察哈尔委员佐领图麟率领兵丁等薪津银二百七十四两九钱三分五厘，委员车林彭楚克等沿途开销薪津公用赏需等项银四百两。[②] 车林彭楚克于光绪三十一年（1905年）八月十七日护送达赖喇嘛由库伦启程，因沿途与达赖不和，光绪三十二年（1906年）五月二十日回库伦销差。清朝廷派遣前驻藏大臣奎焕与钦差大臣公博迪苏、内阁学士达寿等于光绪三十二年（1906年）四月二十六日至哑雅班第达胡图克图库伦，将御赐诸物面交达赖，朝廷专使赐诏存问，赏赉极优，劝令早日西进返藏。[③]

达赖喇嘛一行僧众于光绪三十二年（1906年）五月二十七日由哑雅班第达胡图克图库伦启程，六月初一日行抵三音诺彦旗，七月初七日由该王旗西进，二十二日已出三盟交界，于七月二十五日进抵吐尔扈特贝勒府第，九月二十日间抵达西宁入驻塔尔寺。张荫棠向清朝廷奏陈请达赖暂缓

① 《清末十三世达赖喇嘛档案史料选编》第102页。

② 《清末十三世达赖喇嘛档案史料选编》第113页。

③ 《清末十三世达赖喇嘛档案史料选编》第111页。

回藏，以免牵动全局，且冬令严寒，应准其在西宁过冬，以示体恤。[①] 朝廷敕谕十三世达赖喇嘛驻锡西宁，可是达赖喇嘛却以西宁地方寒冷，水土不宜，时生疾病为由，于光绪三十三年（1907年）九月十五日向清朝廷提出率领徒众前往五台山，瞻仰圣境，借资休养，一俟藏务大定，即应遵旨由五台山回藏，获得清朝廷允准。同时光绪帝谕军机大臣着陕甘总督速备驼马俾达赖早日启程赴五台山，以示体恤。[②]

达赖喇嘛于光绪三十三年（1907年）十一月二十七日由塔尔寺起行，十二月初九日行抵兰州，小住三日，旋于十三日由兰东发。达赖喇嘛离开塔尔寺时，留下十名僧人，看守辎重和骡马数十匹。留下的人、畜由西宁县计口发给食用，作正开销。达赖喇嘛此行五台山，所有甘省供给达赖行款、坐款银两，作正开销，各州县供支驼脚、帐房、食物、煤、柴、油、烛等项需款，由藩库随时筹发。[③] 陕、甘、山西三省，按站派认，食用各物，逐日照单措付，另案核报。[④] 陕甘总督一面派员飞饬经过各州县，妥加预备，并出示严禁胥役借端苛索，一面选派干员驰抵入陕首站，协同甘员，认真照料。

达赖喇嘛一行僧众于光绪三十四年（1908年）正月初六日行抵西安省城，休息七日。正月十二日由陕启程前进，正月二十日行抵黄河，安稳过渡，过河以东，系属山西界内，即由山西官员负责接同护送。达赖率同堪布等于正月二十日入永济县首站，二月初八日至太原省城，山西巡抚在城外迎迓劳问，休息三日，十二日启程赴五台，二月十八日安抵五台。由于五台地区荒僻，山西巡抚宝棻在达赖喇嘛没有到达前已经酌调员弁会同地方官防护，妥慎照料，直到达赖喇嘛离开五台山为止。达赖喇嘛随从三百六十余人，驼马甚多，所需帐房、毡炕、食物、油烛、脚价、麸料以及住台每日支应，为数不赀，山西省实属无款可动，清朝廷援照甘省成

① 《清末十三世达赖喇嘛档案史料选编》第115页。
② 《清末十三世达赖喇嘛档案史料选编》第123页。
③ 《清末十三世达赖喇嘛档案史料选编》第126页。
④ 《清末十三世达赖喇嘛档案史料选编》第127页。

案，作正开销。[①] 达赖喇嘛在五台山驻锡六余月，其间向清朝廷奏陈进京朝觐，得到清朝廷允准，于八月二十七日由五台山启程进京。达赖一行僧众驻锡五台山期间，所有一切开支由清朝廷支付，但由于当时司库款项支绌，奏明在河东道盐库内协拨银四万两，后达赖离开五台山前往京城陛见，沿途各项开支及从前未发各州县垫款所需，又于盐库正杂引课项下再行拨解银四万两，共计八万两，事后作正销在案。[②]

十三世达赖喇嘛于光绪三十四年（1908年）八月二十七日由五台山启程进京陛见。达赖喇嘛随从临行前另拨一百余随从，径由山西省南取道西安、兰州，折回塔尔寺。折回塔尔寺徒众山西巡抚宝棻亦经预饬各属，一体妥慎保护应付。余下二百六十一随从护送达赖喇嘛进京，山西巡抚宝棻分咨直隶、陕甘督抚臣，一面札派平道缪彝、太原营参将沈兆梁，督率营县，沿途小心护送，严饬印委将所需驼马、毡帐、食物、草料等项，在出发前赶紧分起筹办，经过道路、桥梁妥为修筑，经营月余，到达赖喇嘛出发时诸已齐备。达赖喇嘛于八月二十九日安抵直隶所属之阜平县境，该处已先经商定由直隶督臣饬派印委守待迎护，预备一切，往后各事，虽有顺直各员衔接照料，晋省所派之缪彝、沈兆梁二员，自当仍令伴送至京，以昭慎重。[③] 达赖喇嘛于九月初三日行抵定州，布政使以下各地方官同在车站迎迓，至定州乘坐初四日火车抵京。

达赖为回藏由京至西宁沿途支应口食器具夫马等项致理藩部，列单如下：

佛厨房每日应用贡尖茶十斤、羊肉二只、白米八斤、高白面十斤、黄油十五斤、猪肉二斤、白糖二斤、青盐五斤、碱一斤、好沥（奶）子二十大碗、海菜各样四两，新鲜水菜及酱油、香油、醋、调料均备，鸡蛋三十个，西洋蜡九只，佛坐马十八匹用豌豆料一百四十斤、麸三十斤、干草足用。

① 《清末十三世达赖喇嘛档案史料选编》第128页。
② 《清末十三世达赖喇嘛档案史料选编》第155页。
③ 《清末十三世达赖喇嘛档案史料选编》第147页。

大堪布四名，每日每名口食白面二斤、白米二斤、羊肉三斤、黄油二斤、茶六两、沥（奶）子二碗、青盐三两。

小堪布及列赞巴共四十四名，每日每名口食白面一斤、白米二斤、羊肉二斤、茶六两、黄油一斤、沥（奶）子一碗，盐一两。

居麻九十九名，每日每名白面一斤、白米一斤半、羊肉二斤、茶六两、黄油一斤、沥（奶）子一碗、盐一两。

跟役及兵丁共一百二十三名，每日每名白面一斤、白米一斤、羊肉一斤、茶四两、黄油半斤、盐一两。

以上统共白面二百七十四斤、白米三百六十七斤半、羊肉四百二十一斤、茶八十五斤十四两、黄油二百一十二斤八两、沥（奶）子一百五十一碗、青盐十七斤六两、碱十斤、羊油蜡四百支。佛厨及堪布等人所烧干柴足用、木炭七百斤、石煤九百斤。又自马三十匹，草料足用。

每日尖站需用好沥（奶）子十大碗、羊肉十五斤、干柴、干草、木炭、石煤均备。

每站插帐地基宽大洁净，即用账房八十顶，铁钉、木杆俱全，红毡一百七十条、白毡一百六十条。

铁锅连盖大小一百零五口、坑（炕）桌一百三十张、铁锅架五个、水缸带盖八十个、火盆六十个、灯笼六十个、拴马围绳及盘灶土坯均备齐，蜡台一百个。

每日尖站帐房四顶，铁锅连盖五口、水缸带盖三口、坑（炕）桌十二张、红毡十二条、白毡八条，土坯足用。

骑马二百九十匹、骆驼五百八十头、驮马连鞍五匹、引马十一匹。抬轿夫三班，共二十四名；捧（纤）夫及执事夫二十二名；马夫、火（伙）夫一百二十余名。宿站所用檀香、柏香备用。

以上所用，请照单转传备齐，以免临时有误。谨呈。①

达赖喇嘛于光绪三十四年（1908年）十一月二十八日离京返藏，清

① 《清末十三世达赖喇嘛档案史料选编》第200—201页。

朝廷派御前大臣科尔沁辅国公博迪苏送至保定。达赖喇嘛沿途经过地方，清朝廷着沿途各督抚、将军等酌派文武大员妥为护送照料。① 达赖喇嘛离京，仍乘火车达豫，至下火车改行旱站，由陆军部发给勘合，缮人原呈所开需用马匹、驼只、口食等项，以凭按站支发，而利遄行，所有沿途各站，由各地督抚飞饬预备。沿途各督抚将军、都统派文武大员护送、照料、供应，经过各省地方官以暨巡警队均迎迓。此次达赖由豫入陕达甘，所有经过省城地方，均照来时礼节办理。② 达赖返程路线是由京城入豫，由豫入陕，前赴西宁，理藩部、邮传部事前传令途径各省地方官派员妥为护送，并饬沿途各属预备供应。③

十三世达赖喇嘛于同年十一月二十九日乘火车行抵河南卫辉，十二月初九日护送至阌乡县出河南地界。行走于河南时，河南巡抚吴重憙遴派记名总兵玉寿，候补道许葆连、吕敩琦进京迎护；并派河北镇总兵张相泰、彰卫怀道石庚迎于豫省入境首站；河陕汝道胡祖谦亦迎送于辖境交界。同时吴重憙电饬沿途地方官妥速预备供应所需，并饬各镇营分别拨队护送。此次供应所需，援照陕、晋成案，准其作正开支。④

达赖喇嘛于光绪三十四年（1908年）十二月初九日进入陕西界内，由陕西委员接护前进，一路均称安谧。达赖往返京城两次途经陕西，沿途州县供应夫脚、牲价等项，计共用过银七万四千三百三十两五钱一分三毫，由于陕库现无闲款可筹，陕西巡抚恩寿向理藩院提出查照甘肃成案，作正开销，于地丁款内动支。⑤

十三世达赖喇嘛于宣统元年（1909年）正月二十九日始行抵西宁，在西宁小住数日，于二月初七日即驰赴塔尔寺住坐，于四月十六日启程回藏。西宁办事大臣庆恕率同文武各官等送出西宁城外，并由庆恕及西宁镇

---

① 《清末十三世达赖喇嘛档案史料选编》第188页。

② 《清末十三世达赖喇嘛档案史料选编》第180页。

③ 《清末十三世达赖喇嘛档案史料选编》第150页。

④ 《清末十三世达赖喇嘛档案史料选编》第198—199页。

⑤ 《清末十三世达赖喇嘛档案史料选编》第220页。

总兵马福祥派员带兵护送至藏界交替，复饬令各蒙番沿途派兵照料，并妥为保护，不致疏虞。至于一路供支各物，俱经西宁府知府廉兴预备齐楚，切俱臻妥善。[①] 达赖喇嘛于宣统元年（1909年）十一月初九日回至拉萨。

三、十三世达赖喇嘛驻锡京城财政支出

十三世达赖喇嘛于光绪三十四年（1908年）农历九月初四日抵达京城，理藩部安排了隆重欢迎仪式。“巡警队、乐队在车站排列迎迓，达赖喇嘛下火车乘轿至官厅外下轿，理藩部堂官、内务府大臣、步军统领、顺天府府尹出官厅迎迓，与达赖喇嘛同立。互递哈达毕，达赖喇嘛同各堂官均进官厅，达赖喇嘛坐，各堂官依次序坐，寒暄数语。在京首领各喇嘛向达赖喇嘛呈递哈达毕，各堂官让茶。达赖喇嘛出官厅，各堂官送至官厅外，视达赖喇嘛乘轿，巡警队送至黄寺。”[②] 顺天府将预备的车辆、夫马、驼只，于是日在正阳门外西车站，分班接送至黄寺。[③]

达赖喇嘛抵达黄寺后，清朝廷派达寿、张荫棠随时照料。由陆军部酌调营队在黄寺驻守弹压，发放津贴、茶、烛及建盖铅房，共用银二千五百七十二两一钱八分七厘，度支部会同民政部平垫道路等项，所用经费银一千七百九十三两二分五厘六毫五丝。[④] 十三世达赖喇嘛在京朝觐活动共计八十四天，其间度支部遵照军机处交单，备办赏给达赖喇嘛等银两、缎绸、物件，并铺陈、器具、逐日供给、筵宴，及官员饭食、杂支等项用过银两共计十七万一千九两五钱三分七厘六毫。另外，在达赖喇嘛抵京前，度支部因各喇嘛居住房间不敷分开，因此添盖厨房十余间，并改安门窗、隔断、糊饰暖窗等工，共用银二千八百三十五两。前后度支部

---

① 《清末十三世达赖喇嘛档案史料选编》第218 — 219页。

② 《清末十三世达赖喇嘛档案史料选编》第144页。

③ 《清末十三世达赖喇嘛档案史料选编》第150页。

④ 《清末十三世达赖喇嘛档案史料选编》第214页。

支付银两十七万三千八百四十四两五钱三分七厘六毫。① 达赖喇嘛在京期间榷算司为达赖添派翻译人员，分班随同照料，垫发夫马食用等费共银三千十五两七钱七分。②

十三世达赖喇嘛于十一月二十八日五时三刻由黄寺起行，前往西车站。巡官广印等跟随达赖由黄寺启程。七时至车站，七时三刻乘专车前往。所过沿途均无事故，十二时至保定府下车，有京旗陆军并直督巡警等在车站迎接。该车站傍支搭黄蒙古包，达赖即在彼驻锡。随有直督藩臬司进送达赖活计、缎匹、银两等物。并派有工巡消防队及巡警等，昼夜守护。二十九日早五时，达赖赴香案前叩恩谢辞。五时十分直隶藩司率同翼长等往香案前跪请圣安。五时二刻十分，达赖由保定府乘专车起行，已达前途。广印等于六时三刻保护博贝子乘专车回京，途中赏给警官、巡官点心食品等物。至十一时三刻到京，有内外城马步队在车站迎接，巡官广印等并内城马巡队护送进城至府邸。③

第六节　清末新政中西藏地方财政支出

二十世纪初，八国联军利用坚船利炮打开清朝国门，攻占北京城，迫使慈禧太后携光绪皇帝西逃。国内义和团运动此起彼伏，声势浩大。地方官违背朝廷意愿，与帝国主义列强议定《东南保护约款》，规定了地方官和侵华帝国的各自保护范围，规定互不开战，甚至地方官在军事、财政等方面和清朝廷抗衡。在清朝统治阶级内部，部分汉族官僚支持资产阶级革命派以达到政治诉求，民主革命的潮流已经兴起。清朝的统治基础已经发生根本动摇，为了努力拯救摇摇欲坠的清朝统治，光绪二十六年（1901

① 《清末十三世达赖喇嘛档案史料选编》第206页。

② 《清末十三世达赖喇嘛档案史料选编》第199页。

③ 《清末十三世达赖喇嘛档案史料选编》第323—324页。

年）十二月，西逃的慈禧太后迫于局势，不得不一面派遣官员与八国联军谈判议和，一面励志图强。光绪二十七年（1901年）一月二十九日，清朝廷颁发了新政上谕，开始施行清末新政。而清朝廷考虑到西藏地方的民众的实际情况，对西藏地方没有立即实施新政，而是“着文海、裕钢传谕该达赖喇嘛。开导番众人等，因时制变，知己知彼，务释群疑而防后患。并将应办事宜和衷商酌，及时整顿，毋再因循贻误。藏卫为川、滇屏蔽，应如何未雨绸缪预为防范之处，并着奎俊、崧蕃、丁振铎统筹全局，协力维持。勿得稍存观望，以期外绥藩服，内固边防”。[①] 光绪三十二年（1906年）四月，清朝廷派遣五品京堂候补的张荫棠进藏查办藏事，令其制定西藏地方新政的各项经营措施，开启了西藏地方新政。

结合清末新政形势和西藏地方实际情况，驻藏大臣张荫棠入藏后，首先于光绪三十三年（1908年）二月传谕藏众善后问题二十四条，并邀请、召集西藏地方政教上层人物汇集到拉萨讨论，为实行新政普及知识，奠定基础。同年正月十三日，张荫棠致外务部电陈述治藏刍议；三月，咨外务部为西藏议设交涉等九局并附办事草章；十二月初十日，奏拟西藏善后事宜十六条清单等治藏维新内容。这些新政内容涉及清朝在西藏地方习俗改革、行政、经济、教育、宗教、邮递、外交、对英帝国货物入藏征税等，是张荫棠在西藏地方推行新政的基本大纲。后清朝廷派遣张荫棠前往印度参加谈判，西藏地方新政由驻藏大臣兼帮办大臣联豫继续推行。联豫在张荫棠的西藏新政的各项改革措施基础上进行了补充、完善和细化。另外，奉命在川滇边实行改革的边务大臣兼驻藏大臣赵尔丰也筹划西藏新政，以达到固川保藏目的。

实施新政离不开大量经费。张荫棠于光绪三十二年（1906年）四月查办藏事，八月已在藏办事，倡导和主持西藏改革，后于三十四年（1908年）三月清朝廷派其前往印度，担任唐绍仪与英印谈判的副手。藏政由驻藏帮办大臣联豫主持，联豫继续筹划西藏新政并且付诸开发。经清朝廷的

① 《清德宗实录》卷四四八，光绪二十五年七月庚戌。

度支部会同陆军部和农工商部会商，由四川广东两省各拨银十万两，又议将四川重庆铜圆局机器运拨入藏，以便鼓铸，共约合银四十余万两。[①]宣统二年（1910年），清朝廷准四川督臣赵尔巽咨钞粘度支部议复该督第二次奏请截款拨解藏饷原片内开，至西藏经费，川省应遵旨随时接济，藏中每年奉拨经费银五十万两。[②]清朝廷在光绪三十四年（1909年）拨付西藏地方新政银二十万两，运拨四川重庆铜圆局机器等实物约计二十万两，共约合银四十余万两。宣统初年（1910年），清朝廷拨付西藏地方新政银二十万两。宣统二年、三年，拨付西藏地方新政银百余万两。这些银两是清朝廷从各部门、各地方筹措而来，拨付的银两具体大都花费到军事上，如拨经费银子五十万两，就有四十余万两用于军事支出。这样其他新政事宜无法实施，联豫只好频频向清政府奏陈拨款不敷请饬部宽裕筹措西藏新政经费，但积贫积弱的清朝已经无能为力了。

---

① 《联豫驻藏奏稿》第50页。

② 《联豫驻藏奏稿》第147页。

结　语

清朝廷在不同阶段、不同方面对西藏地方进行治理，与此同时也在治藏过程中承担不同的财政支出，从而达到西藏地方的安定，缓解西藏地方人民的生存压力。根据目前的研究状况及材料的可利用情况，清朝治理西藏地方财政支出研究是一个时间跨度长、难度很大的研究课题，由于作者史学基础薄弱、能力有限，前文仅就作者力所能及进行了尝试性的论述。通过不成熟的论述，仍然可以提纲挈领地勾勒出清政府在不同时段对西藏地方的财政支出。

努尔哈赤、皇太极时期，清政权势力范围主要是在东北地域，与西藏地方之间的关系不密切，发生关系也是间接关系。所以此时期对西藏地方财政支出多是以间接形式为主，即通过接触在满蒙地区的藏传佛教高僧而产生的财政支出，以及借助蒙古高僧或是大商人出使西藏地方产生的间接财政支出。

顺治时期，清军已入关，定鼎中原，将清政权的版图扩大，与西藏地方产生了直接联系。但清朝版图内局势不稳，边疆不稳，藏传佛教格鲁派对于稳定西南、西北、北方边疆地区起到举足轻重的作用。因此，此时期清朝对西藏地方的财政支出以直接支出形式为主，主要体现在对政教上层人物的财政支出，以及派遣入藏钦差大臣的财政支出。

康熙时期，随着清政权内地局势逐渐稳定，清朝廷开始注重对边疆地区的经略。此时期清朝对西藏地方的财政支出，除了对政教上层人物的财政支出、派遣入藏钦差大臣的财政支出，还增加了西藏地方的军事财政支出。

经过顺治、康熙两朝努力经略西藏地方，已经结束了和硕特蒙古汗王以及准噶尔部蒙古在西藏的统治。雍正时期，清朝廷按照意愿，结合西藏地方实际情况建立了众噶伦联合施政西藏地方的治藏模式，但由于噶伦内讧，发生了阿尔布巴之乱。于是，清朝廷正式派遣大臣驻扎西藏地方。此时期清朝治理西藏地方除了关于政教上层人物的财政支出、派遣入藏使臣的财政支出、军事财政支出，还增加了派遣驻藏大臣的财政支出。

乾隆前期，西北地区的蒙古准噶尔部是清朝廷最为棘手的问题。到了乾隆中期，北方蒙古也出现动乱状态。因此在这一时期，清朝治理西藏地方除了关于政教上层人物的财政支出、派遣入藏钦差大臣的财政支出、军事财政支出、派遣驻藏大臣的财政支出，还由于经略蒙古准噶尔部增加了准噶尔部三次入藏熬茶的财政支出。

由于清朝中前期已为清朝的版图、局势、边疆、治藏模式和策略等奠定了基础，摸索出经验，所以嘉庆、道光、咸丰时期，清朝廷治藏几乎没有新的建树，治理西藏地方的财政支出还是延续传统模式，主要为赏赐西藏地方政教上层人物财政支出、治理西藏地方军事财政支出、驻藏大臣财政支出等。而世界局势已发生翻天覆地变化，欧洲列强早已登陆南亚，扩张殖民地，将入侵矛头指向西藏地方。

同治、光绪、宣统时期，由于清朝国门被帝国主义列强打开，清政权摇摇欲坠。迫于形势所需，清政权希望通过新政达到励精图治的目的。因此，此时期清朝治理西藏地方还是以传统财政支出为主，即西藏地方政教上层人物财政支出、治理西藏军事财政支出、驻藏大臣财政支出、十三世达赖喇嘛出走内地财政支出，只增加了清末新政在西藏地方的财政支出。

参考文献

一、汉文古籍

1.（清）周霭联撰，张江华、季垣垣点校《西藏纪游》，中国藏学出版社2006年版。

2.（清）杜昌丁《藏行纪程》，上海书店出版社1994年版。

3.《清史列传》，中华书局2006年版。

4. 陈观浔编《西藏志》，巴蜀书社1986年版。

5. 洪涤尘《西藏史地大纲》，正中书局1936年版。

6. 姚莹著，欧阳跃峰整理《康輶纪行》，中华书局2018年版。

7. 乾隆《甘肃通志》，国家图书馆胶片。

8. 任乃强著《康藏史地大纲》，西藏古籍出版社2000年版。

9. 乾隆《大清一统志》，清乾隆九年内府刻本。

10. 嘉庆《卫藏通志》，清光绪渐西村舍刻本。

11.《清史稿》，中华书局1984年版。

12.《清实录》（影印本），中华书局1986年版。

13.（清）方略馆纂《平定金川方略》，全国图书馆文献缩微复制中心1992年版。

14.（清）祁韵士《皇朝藩部要略》，全国图书馆文献缩微复制中心1993年版。

15.《钦定大清会典事例》，清光绪石印本。

16.（清）方略馆纂《钦定廓尔喀纪略》，全国图书馆文献缩微复制中心1991年版。

17.（清）方略馆纂《钦定巴勒布纪略》，全国图书馆文献缩微复制中心1992年版。

二、史料汇编

1.吴丰培辑《清季筹藏奏牍》，商务印书馆1938年版。

2.吴丰培辑《川藏游踪汇编》，四川民族出版社1985年版。

3.吴奉培辑《抚远大将军允禵奏稿》，全国图书馆文献缩微复制中心1991年版。

4.吴燕绍、吴丰培辑《廓尔喀纪略辑补》，中国社会科学院民族研究所历史室1977年版。

5.陈燮章、索文清、陈乃文辑《藏族史料集》，四川民族出版社1993年版。

6.贺文宣编《清朝驻藏大臣大事记》，中国藏学出版社1993年版。

7.吴丰培辑《清代藏事奏牍》，中国藏学出版社1994年版。

8.中国第二历史档案馆、中国藏学研究中心合编《西藏亚东关档案选编》，中国藏学出版社1996年版。

9.王彦威辑《清季外交史料》，书目文献出版社1987年版。

10. 中国第一历史档案馆编《雍正朝汉文朱批奏折汇编》，江苏古籍出版社1989年版。

11. 中国第一历史档案馆编《雍正朝满文朱批全译》，黄山书社1998年版。

12. 赵心愚、秦和平、王川编《康区藏族社会珍稀资料辑要》，巴蜀书社2006年出版。

13.中国社会科学院民族研究所、西藏自治区档案馆合编《西藏社会历史藏文档案资料译文集》，中国藏学出版社1997年版。

14.西藏历史档案馆、西藏社会科学院、西藏农牧科学院、中国科学院地理研究所编译《灾异志——雪灾篇》，西藏人民出版社1985年版。

15. 西藏历史档案馆、西藏社会科学院、西藏农牧科学院、中国科学院地理研究所编译《灾异志——水灾篇》，中国藏学出版社1990年版。

16. 扎西旺都编，王玉平译《西藏历史档案公文选·水晶明鉴》，中国藏学出版社2006年版。

17. 西藏研究编辑部编辑《清实录藏族史料》，西藏人民出版社1982年版。

18. 中国藏学研究中心、中国第一历史档案馆、中国第二历史档案馆、西藏自治区档案馆、四川省档案馆编《元以来西藏地方与中央政府关系档案史料汇编》，中国藏学出版社1994年版。

19. 张羽新编著《清朝治藏典章制度研究》，中国藏学出版社2002年版。

20. 第一历史档案馆、中国藏学研究中心编《六世班禅朝觐档案选编》，中国藏学出版社1996年版。

21. 中国第一历史档案馆、中国藏学研究中心编《清初五世达赖喇嘛档案史料汇编》，中国藏学出版社1998年版。

22. 中国第一历史档案馆、中国藏学研究中心编《清末十三世达赖喇嘛档案史料选编》，中国藏学出版社2002年版。

三、藏译汉及藏文史料

1. 格桑卓噶、洛桑坚赞、伊苏编译《铁虎清册》，中国藏学出版社1991年版。

2. 策仁旺杰著，周秋有译《噶伦传》，西藏人民出版社1986年版。

3. 多卡夏仲·策仁旺杰著，汤池安译《颇罗鼐传》，西藏人民出版社1988年版。

4. 土观·洛桑却吉尼玛著，陈庆英、马连龙译《章嘉国师若必多吉传》，民族出版社1988年版。

5. 嘉木央·久麦旺波著，许得存、卓永强译，祁顺来、李钟霖校《六世班禅洛桑巴丹益希传》，西藏人民出版社1990年版。

6. 丹津班珠尔著，汤池安译《多仁班智达传》，中国藏学出版社1995年版。

7、恰白·次旦平措主编，陈庆英等译《西藏通史》，西藏古籍出版社1996年版。

8. 第穆呼图克图·洛桑图丹晋麦嘉措著，冯智译《八世达赖喇嘛传》，中国藏学出版社2006年版。

9. 章嘉·若贝多杰著，蒲文成译《七世达赖喇嘛传》，中国藏学出版社2006年版。

10. 洛桑·赤烈朗杰著，罗桑译《十世达赖喇嘛传》，西藏人民出版社2013年版。

11. 普布觉活佛洛桑楚臣强巴嘉措著，熊文彬译《十二世达赖喇嘛传》，中国藏学出版社2006年版。

12.（藏文）洛桑益西、班典益西:《第五世班禅洛桑益西传》，中国藏学出版社2014年版。

13.（藏文）贡觉晋美旺布:《六世班禅白丹益西传》，中国藏学出版社2002年版。

14. 喜饶尼玛、韩敬山:《九世班禅传略》，五洲传播出版社2020年版。

四、外文译著

1.[英]荣赫鹏著，孙煦初译《英国侵略西藏史》，西藏社科院资料情报研究所1983年版。

2.[意]伯戴克著，周秋有译《十八世纪前期的中原和西藏》，西藏人民出版社1987年。

3.[英]克莱门茨·R·马克姆编著，张皓、姚乐野译，石硕、王启龙校，王启龙主编《叩响雪域高原的门扉》，四川民族出版社、中国社会科学出版社2002年版。

4.[英]彼得·霍普柯克著，向红笳、尹建新译《闯入世界屋脊的人》，西藏人民出版社1989年4月版。

5.[美]约翰·麦格雷格著，向红笳译《西藏探险》西藏人民出版社1985年版。

6.[英]麦克唐纳著，孙梅生、黄次晋译《旅藏二十年》，商务印书馆民国二十五年版。

7.[英]彼得·霍普柯克著，向红笳、尹建新译《闯入世界屋脊的人》，西藏人民出版社1989年版。

五、汉文专著

1.吴丰培、曾国庆:《清朝驻藏大臣制度的建立与沿革》，中国藏学出版1989年版。

2.吴丰培、曾国庆:《清代驻藏大臣传略》，西藏人民出版社1988年版。

3.周伟洲:《英国、俄国与中国西藏》，中国藏学出版社2000年版。

4.苏发祥:《清代治藏政策研究》，民族出版社2001年版。

5.马连龙:《历辈达赖喇嘛与中央政府关系》，青海人民出版社2008年版。

6.牙含章:《班禅额尔德尼传》，华文出版社2000年版。

7.牙含章:《达赖喇嘛传》，华文出版社2000年版。

8.赵云田:《清末新政研究——20世纪初的中国边疆》，黑龙江教育出版社2004年版。

9.拉巴平措、陈庆英主编《西藏通史》，中国藏学出版社2015年版。

10.顾祖诚编著《明清治藏史要》，西藏人民出版社、齐鲁书社1999年版。

11.成崇德、张世明:《清代西藏开发研究》，北京燕山出版社1996年版。

12.杨公素:《中国反对外国侵略干涉西藏地方斗争史》，中国藏学出版社2001年8月第二版。

13.周昆田:《蒙藏民族史略》，台湾中华书局1982年版。

14.朱梓荣:《帝国主义在西藏的侵略活动》，西藏人民出版社1980年版。

15.冯明珠:《中英西藏交涉与川藏边情》，中国藏学出版社2007年版。

16.王绳祖:《中英关系史论丛》，人民出版社1981年版。

17.王森:《西藏佛教发展史略》，中国社会科学出版社1987年版。

18.王辅仁、陈庆英编《蒙藏民族关系史略》，中国社会科学出版社1985年版。

19.许涤新、吴承明主编《中国资本主义的萌芽》，人民出版社1985年版。

六、论文集

1.中央民族学院藏族研究所编《藏族研究论文集》，1982年。

2.吴丰培:《藏学研究论丛：吴丰培专辑》，西藏人民出版社1999年版。

七、学位论文

1.陈小强:《清朝治理西藏的财政政策》，中央民族大学博士论文，2001年。

2.李秀梅:《清朝统一准噶尔史实研究——以高层决策研究为中心》，中央民族大学博士论文，2006年。

3.齐德舜:《清乾隆攻打川西北大小金川战役研究》，兰州大学硕士论文，2007年。

4.王力:《清代蒙古与西藏格鲁派关系研究》，兰州大学博士论文，2008年。

5.马啸:《17至18世纪清政府与蒙藏地区政治互动模式研究》，西北师范大学博士论文，2008年。

6.赵荣耀:《乾嘉时期清朝与廓尔喀封贡关系研究》，山东大学博士论文，2009年。

7.央珍:《西藏地方摄政制度研究》，中央民族大学博士论文，2010年。

8. 王惠敏:《清军难以攻克大小金川之原因探析》，中国社会科学院研究生院博士论文，2011年。

9.白丽娜:《清代驻藏大臣制度研究——以选任制度、职责及其实践活动为中心》，陕西师范大学博士论文，2015年。

10.陈鹏辉:《清末张荫棠藏事改革研究》，陕西师范大学博士论文，2016年。

11.刘再营:《清代西藏地方边防研究》，陕西师范大学博士论文，2019年。

12.李沛轩:《清前期四川总督在藏区经营中的作用研究》，四川师范大学硕士论文，2020年。

13.孙昌涛:《清代西藏赈灾政策研究》，西藏大学硕士论文，2021年。

14. 才项卓玛:《西藏第巴制度研究》，西藏大学博士论文，2021年。

八、期刊论文

1.张羽新:《努尔哈赤与喇嘛教》,《西藏民族学院学报》，1983年第2期。

2.冯智:《略论五世班禅在康雍治藏中的历史作用》,《中国藏学》，2005年第1期。